ABITUR-TRAINING

FOS · BOS Nichttechnik

Analysis und Stochastik 1

Reinhard Schuberth

Autor: Reinhard Schuberth, selbst Absolvent einer Berufsoberschule, ist langjährige Lehrkraft und Schulleiter.

Jahrzehntelange Unterrichtserfahrung an verschiedenen bayerischen Fachoberschulen und Berufsoberschulen, die Mitarbeit an der virtuellen Berufsoberschule (ViBOS) und das Verfassen verschiedener Lehrbücher bilden eine gute Grundlage, um verständliche und schülergerechte Lernhilfen im Bereich Mathematik zu erstellen. Das Herausarbeiten und Einüben von Schlüsselstellen des Mathematikstoffes, die für eine erfolgreiche Teilnahme am Unterricht und der Abschlussprüfung zentrale Bedeutung haben, ist ihm besonders wichtig.

Als ausgebildeter Beratungslehrer weiß er aus erster Hand, wo die Nöte von Schülerinnen und Schülern im Mathematikunterreicht liegen. Ihnen über diese Hürden mit hinwegzuhelfen und sie zu einem erfolgreichen Abschluss zu führen, ist ihm ein besonderes Anliegen.

© 2019 STARK Verlag GmbH, Claudius-Keller-Str. 3c, 81669 München, info@stark-verlag.de

www.stark-verlag.de

1. Auflage 2017

Inhalt

Vorwort

Autor: Reinhard Schuberth

Vorwort

Liebe Schülerin, lieber Schüler,

dieser Trainingsband ist für die 11. Jahrgangsstufe der Fachoberschule (FOS) in den nichttechnischen Ausbildungsrichtungen konzipiert. Auch Schülerinnen und Schüler der Berufsoberschule (BOS) können damit lernen. Für die Vorklassen und zum Wiederholen von Grundkenntnissen steht Ihnen der Trainingsband „Grundwissen Algebra" (Stark Verlag, Best.-Nr. 92416) zur Verfügung.

Die modulare Struktur der Kapitel erlaubt es Ihnen, an vielen Stellen mit dem Lesen zu beginnen, ohne den Kontext zu verlieren. Daher können Sie sich sofort mit genau den Themenbereichen beschäftigen, die Ihnen noch Probleme bereiten. Die folgenden Punkte helfen dabei, das Lernen mit diesem Buch zu erleichtern:

- In den grün umrandeten bzw. getönten Kästen finden Sie – präzise und schülergerecht formuliert – die wichtigen **Definitionen, Regeln und Merksätze,** die Sie sicher beherrschen müssen.
- Anhand passgenauer, kommentierter **Beispiele** lässt sich die Theorie unmittelbar nachvollziehen, verstehen und wiederholen.
- Die **Übungsaufgaben** eines jeden Abschnitts sind im Schwierigkeitsgrad steigend angeordnet und beinhalten auch anwendungsorientierte Aufgaben.
- Wichtige **mathematische Definitionen und Schreibweisen** sind in einem separaten Teil übersichtlich zusammengestellt.
- Am Ende des Buches finden Sie zu jeder Aufgabe eine vollständig ausgearbeitete, kleinschrittige **Lösung** zur Selbstkontrolle.

Bleibt mir nur noch, Ihnen viel Erfolg bei der Arbeit mit diesem Trainingsband und in der Schule zu wünschen!

Ihr

Reinhard Schuberth

Funktionen

Funktionen sind das unentbehrliche Standardwerkzeug der höheren Mathematik. Mit ihrer Hilfe werden beliebige Zusammenhänge und Abhängigkeiten mathematisch erfasst. Der Verlauf von Brückenbögen lässt sich damit ebenso modellieren wie Satellitenbahnen oder Klimaveränderungen.

1 Grundlegende Begriffe

1.1 Funktionsbegriff

Grundlegend für die gesamte Analysis und für viele Anwendungen ist der Begriff der **Funktion**.

Definition

Der Funktionsbegriff
Eine **Zuordnungsvorschrift**, die jedem Element x aus einer Menge D, der **Definitionsmenge**, genau ein Element y aus einer anderen Menge W, der **Wertemenge**, zuordnet, bezeichnet man als **Funktion**.

Demnach lässt sich eine Funktion so veranschaulichen:

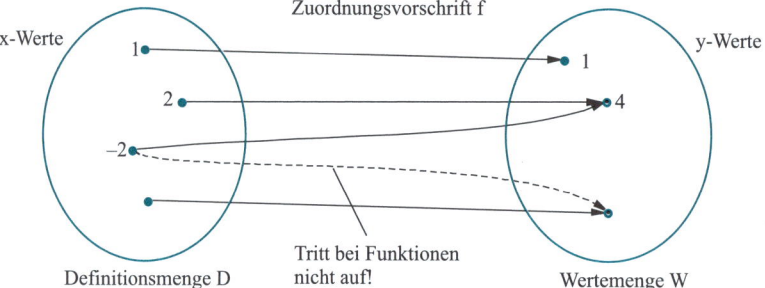

Wie in der Abbildung angedeutet, dürfen bei Funktionen einem x-Wert nicht mehrere y-Werte zugeordnet werden, weil laut Definition jedem x-Wert **genau ein** y-Wert zugeordnet ist.
Funktionen werden mit einem Symbol bezeichnet, üblicherweise mit dem Buchstaben f. Ist f bereits vergeben, so fährt man im Alphabet fort mit g und h. Die oft benutzte Schreibweise **f(x)**, sprich: „f von x", meint den **Funktionswert** der Funktion f an der Stelle x; das ist der y-Wert, der dem x-Wert zugeordnet ist. Statt von Zuordnung spricht man auch von einer **Abbildung**. In dieser Vorstellung wird jeder x-Wert auf genau einen y-Wert abgebildet. Dies kommt auch in der folgenden Schreibweise für Funktionen zum Ausdruck:

$$f: \ x \mapsto y = f(x) \quad \text{oder einfacher} \quad f: \ x \mapsto f(x)$$

Dabei heißen x die **unabhängige Variable** oder das **Argument** der Funktion f und y bzw. f(x) die **abhängige Variable** oder der **Funktionswert**.

Die Menge D der x-Werte nennt man **Definitionsmenge** oder **Definitions-bereich**. Will man deutlich machen, dass es sich um den Definitionsbereich der Funktion f handelt, so schreibt man auch D(f) oder D_f.

Wenn der Definitionsbereich einer Funktion eine Teilmenge der reellen Zahlen oder diese selbst ist, also $D \subset \mathbb{R}$, und das Gleiche für die Wertemenge gilt, so spricht man auch von einer **reellen Funktion**. Da im Folgenden nur solche Funktionen auftreten, wird meist auf die Angabe dieses Zusatzes verzichtet.

Beispiele

1. Praktische Beispiele für Funktionen sind u. a. die folgenden Zuordnungen: Die gefahrene Strecke und der verbrauchte Treibstoff, das Datum und der Kurs einer bestimmten Aktie, die produzierte Stückzahl und die Kosten, das Lebensalter und die Körpergröße.

2. In diesem Beispiel ist der Zusammenhang zwischen Uhrzeit und Außentemperatur dargestellt. Wenn man stündlich die Außentemperatur misst, kann man eine Wertetabelle wie folgt aufstellen:

Uhrzeit	9	10	11	12	13	14	15	16
Temperatur in °C	8	11	14	16	17	15	13	11

Hier ist die Uhrzeit die unabhängige Variable und die gemessene Außentemperatur die abhängige Variable.

Anschaulich wird der Temperaturverlauf an diesem Tag, wenn man die **Messwertepaare** grafisch darstellt (das kann man z. B. mit einem Tabellenkalkulationsprogramm machen):

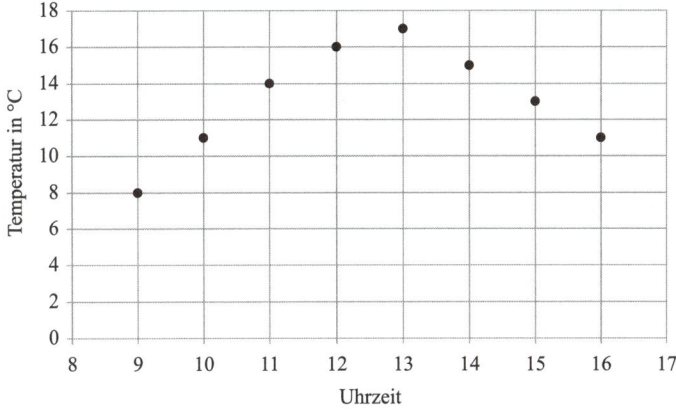

Definition

> **Funktionsterm und Funktionsgleichung**
> In der Mathematik sind Funktionen gewöhnlich durch einen Rechenausdruck ge-
> geben, der angibt, wie aus den x-Werten des Definitionsbereiches die zugehörigen
> y-Werte zu berechnen sind. Diese Rechenausdrücke nennt man **Funktionsterme**,
> sie werden ebenfalls mit **f(x)** bezeichnet.
> Manchmal gibt man eine Funktion auch in der Form f: $y = f(x)$ an und bezeichnet
> $y = f(x)$ als **Funktionsgleichung**.
> Funktionen werden meist in Form von Funktionstermen angegeben.
> Allgemein ist **f(x)** der Funktionsterm und **y = f(x)** die Funktionsgleichung.

Beispiele

1. Die Funktion f: $x \mapsto x^2$ hat den Funktionsterm x^2, den man in der Regel
   als $f(x) = x^2$ schreibt. Die Funktionsgleichung von f lautet f: $y = x^2$.

2. Entsprechend hat die Funktion g: $x \mapsto x - 2$ den Funktionsterm
   $g(x) = x - 2$ und die Funktionsgleichung g: $y = x - 2$.
   Wenn klar ist, dass die Funktion g gemeint ist, lässt man den Funktions-
   buchstaben gelegentlich auch weg, schreibt also einfach:
   $y = x - 2$

Da mathematische Funktionen in der Regel als Funktionsterm gegeben sind, kann
man leicht Funktionswerte der Funktion berechnen.

Regel

> **Berechnen von Funktionswerten**
> Hat man eine Funktion in Form eines Funktionsterms vorliegen, so können die zu
> bestimmten x-Werten gehörenden **Funktionswerte** durch Einsetzen der x-Werte
> in den Funktionsterm berechnet werden.

Beispiele

1. Gegeben ist $f(x) = \frac{1}{2}x^2 - 3x + 2$, $D_f = \mathbb{R}$.
   Berechnen Sie den Funktionswert für $x = 1$.
   Lösung:
   Soll der Funktionswert an der Stelle $x = 1$ berechnet werden, dafür
   schreibt man f(1), sprich: „f von 1", so wird für sämtliche x eben 1
   eingesetzt.
   $f(1) = \frac{1}{2} \cdot 1^2 - 3 \cdot 1 + 2 = -\frac{1}{2}$

   Bemerkung: Wenn die Berechnung der Funktionswerte komplizierter
   wird, nimmt man den Taschenrechner zur Hilfe.

2. Nicht selten benötigt man von einer Funktion – vor allem, wenn sie gezeichnet werden soll – mehrere Funktionswerte. Diese stellt man dann übersichtlich in einer sogenannten **Wertetabelle** dar.
Beispielsweise sei $g(x) = x^3$; es soll eine Wertetabelle von $x = -2$ bis $x = 3$ mit der **Schrittweite** $\Delta x = 0,5$ (sprich: „Delta x gleich 0,5") erstellt werden. Beginnend mit $x = -2$ wird $g(-2) = (-2)^3 = -8$ berechnet, dann $g(-1,5) = (-1,5)^3 = -3,375$ usw., bis man zu $x = 3$ gelangt.
Die Wertetabelle stellt man übersichtlich so dar:

x	−2	−1,5	−1	−0,5	0	0,5	1	1,5	2	2,5	3
g(x)	−8	−3,375	−1	−0,125	0	0,125	1	3,375	8	15,625	27

In den meisten Fällen genügt es, die Funktionswerte auf zwei Nachkommastellen zu runden.

Regel

> **Maximaler Definitionsbereich**
> Bei reellen Funktionen wird häufig kein Definitionsbereich angegeben sein. Dann ist automatisch immer der größtmögliche oder **maximale Definitionsbereich** (auch mit D_{max} bezeichnet) in der Grundmenge $\mathbb{R}$ gemeint. Dies bedeutet, dass jede Zahl $x \in \mathbb{R}$ zu D gehört, für die sich beim Funktionsterm ein berechenbarer Funktionswert ergibt.
> Gibt es in der Berechenbarkeit der Funktionswerte keinerlei Einschränkungen, so ist der maximale Definitionsbereich ganz $\mathbb{R}$.

Es gibt natürlich Beispiele für Funktionen, bei denen Einschränkungen notwendig sind:
- **Gebrochene Funktionen:** Bei gebrochenen Funktionen muss man alle Zahlen ausschließen, für die im Nenner null herauskommt.
  Man ermittelt den maximalen Definitionsbereich, indem man den Nenner gleich null setzt, die sich ergebende Gleichung löst und diese Lösungen aus $\mathbb{R}$ herausnimmt.
- **Wurzelfunktionen:** Bei Wurzelfunktionen dürfen unter der Wurzel nur Werte ≥ 0 vorkommen.
  Man ermittelt den maximalen Definitionsbereich, indem man den Term unter der Wurzel größer gleich null setzt und die sich ergebende Ungleichung löst. Diese Lösungsmenge ist dann zugleich D_{max}.

Beispiele

1. Betrachtet werden die Funktionen f: $x \mapsto x^2$ und g: $x \mapsto x - 2$ mit den Definitionsbereichen $D_f = \mathbb{R}$ und $D_g = [1; 4]$.
   Die Funktion f hat ihren maximalen Definitionsbereich erhalten, während der Definitionsbereich von g eingeschränkt worden ist, denn in g dürfen nur reelle Zahlen von 1 bis 4 eingesetzt werden.

2. Bestimmen Sie jeweils den maximalen Definitionsbereich der folgenden Funktionen:
   a) $f(x) = \frac{1}{x}$
   b) $g(x) = \sqrt{x}$

   Lösung:
   a) Für $x = 0$ ergibt sich kein berechenbarer Funktionswert. Die Zahl Null gehört folglich nicht zum Definitionsbereich: $D_f = \mathbb{R} \setminus \{0\}$
   b) g kann nur für solche x ausgewertet werden, bei denen unter der Wurzel etwas nicht Negatives herauskommt. Also gilt hier:
   $D_g = \{x \in \mathbb{R} \mid x \geq 0\}$

In der Regel kann man eine Funktion in einem **kartesischen** (= rechtwinkligen) Koordinatensystem grafisch darstellen. Das Koordinatensystem teilt die Zeichenebene in vier **Quadranten** ein, der I. Quadrant wird von der positiven x- und y-Achse eingerahmt, die Nummerierung der Quadranten erfolgt entgegen dem Uhrzeigersinn (= mathematisch positiver Drehsinn). Darin kann man dann den sogenannten **Funktionsgraphen** einzeichnen und erhält eine Veranschaulichung der Funktion.

Definition

> **Der Graph einer Funktion**
> Der **Graph** einer Funktion f (meist mit G_f oder $G(f)$ bezeichnet) ist die Menge aller Punkte $P(x \mid y)$, wobei $x \in D_f$ und $y = f(x)$. Die Punkte haben jeweils
> - eine x-Koordinate (auch **Abszisse** genannt) und
> - eine y-Koordinate (auch **Ordinate** genannt).
>
> Die x-Koordinate eines Punktes wird häufig auch als **Stelle** bezeichnet, z. B. Nullstelle, Extremstelle.

Der Graph einer Funktion besteht in der Regel aus einer unendlichen Menge von Punkten. Bevor man den Graphen zeichnet, erstellt man normalerweise eine Wertetabelle. Dazu berechnet man für einige ausgewählte x-Werte die zugehörigen y-Werte.

Zum Zeichnen trägt man die x- und y-Koordinaten der Punkte aus der Werte-
tabelle in ein kartesisches Koordinatensystem ein und verbindet die Punkte unter
Berücksichtigung des Definitionsbereichs von f zu einer (möglichst glatten)
Kurve.
Manchmal ist es nötig, die Skalierung auf den Achsen zu ändern. Wenn kein
Maßstab angegeben ist, gilt in der Regel: 1 Längeneinheit (LE) = 1 cm.

Beispiele

1. Zeichnen Sie den Graphen der Funktion $f(x) = \frac{1}{2}x^2 - 3x + 2$ im Bereich
   $0 \leq x \leq 6$ anhand einer Wertetabelle mit Schrittweite 1.

   Lösung:

x	0	1	2	3	4	5	6
f(x)	2	−0,5	−2	−2,5	−2	−0,5	2

   Diese Punkte werden in das Koordinatensystem eingezeichnet und zu
   einer glatten Kurve verbunden (siehe Abbildung).

   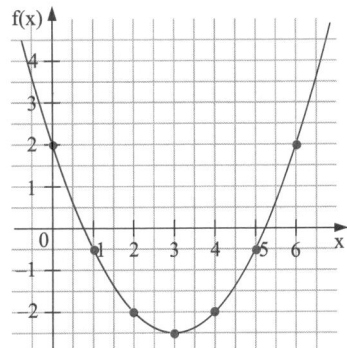

2. Betrachtet werden die Funktionen $f: x \mapsto x^2$ und $g: x \mapsto x - 2$ mit den
   Definitionsbereichen $D_f = \mathbb{R}$ und $D_g = [1; 4]$.
   Erstellen Sie mithilfe von Wertetabellen die Graphen, wobei natürlich die
   jeweiligen Definitionsmengen zu beachten sind.

   Lösung:

x	−3	−2	−1	0	1	2	3
f(x)	9	4	1	0	1	4	9

x	1	2	3	4
g(x)	−1	0	1	2

   Natürlich könnte man im jeweiligen Definitionsbereich weitere x-Werte
   in die Berechnung der Wertetabelle miteinbeziehen. Dazu muss man überlegen, ob sich der zusätzliche Aufwand lohnt. Wenn nichts weiter angegeben ist, wird die Schrittweite 1 gewählt.

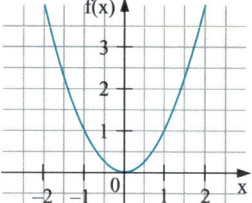 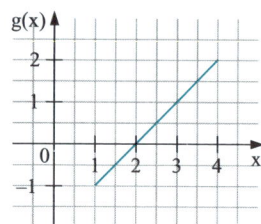

3. Versieht man die vorhin betrachteten Funktionsterme $f^*(x) = x^2$ und $g^*(x) = x - 2$ mit anderen Definitionsmengen, z. B. $D_{f^*} = \{x \in \mathbb{R} \mid x \geq 0\}$ und $D_{g^*} = \{1; 2; 3; 4\}$, so ergeben sich die unten abgebildeten Graphen.

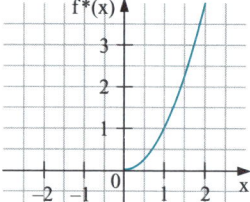 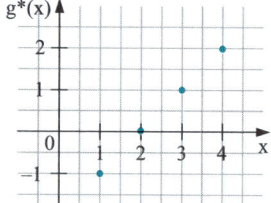

In diesem Beispiel besteht der Graph von g* überhaupt nur aus vier Punkten. Das macht noch einmal deutlich, wie wichtig die Beachtung des Definitionsbereichs ist.

4. Da laut Funktionsdefinition jedem x-Wert nur genau ein y-Wert zugeordnet sein darf, wird bei Funktionsgraphen jede vertikale Gerade höchstens einmal vom Graphen geschnitten.

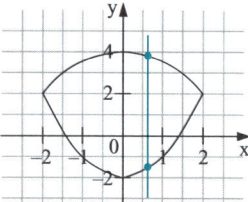 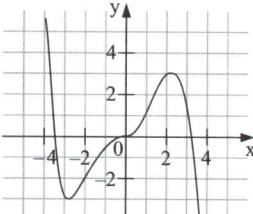

Die vertikale Gerade wird zweimal geschnitten, d. h. einem x-Wert werden zwei y-Werte zugeordnet: Die abgebildete Kurve ist daher nicht Graph einer Funktion.

Jede vertikale Gerade schneidet den Graphen höchstens einmal; es handelt sich also um einen Funktionsgraphen.

Während die Definitionsmenge die zulässigen x-Werte einer Funktion enthält, sind es beim **Wertebereich** die von der Funktion angenommenen y-Werte.

Definition

> **Wertebereich**
> Der **Wertebereich** einer Funktion f ist die Menge derjenigen (reellen) Zahlen, welche die Funktion als Funktionswert annimmt. Mathematisch ausgedrückt:
> $W_f = \{y \in \mathbb{R} \mid y = f(x) \text{ für ein } x \in D_f\}$

Neben dem Wertebereich verwendet man bei Funktionen auch noch den Begriff der **Zielmenge Z**. Diese umfasst den Wertebereich der Funktion und ist bei reellen Funktionen stets eine Teilmenge von $\mathbb{R}$, sodass gilt: $W_f \subset Z \subset \mathbb{R}$.
Um darzustellen, welche Mengenzuordnungen bei einer Funktion vorkommen, schreibt man symbolisch: $f: D \rightarrow Z$. Die Zuordnungsvorschrift muss zusätzlich angegeben werden, z. B. $f: [0; 1[\rightarrow \mathbb{R}; x \mapsto \sqrt{x}$.

Beispiele

1. Der Wertebereich der konstanten Funktion $g(x) = 2$ besteht nur aus einem Element: $W_g = \{2\}$

2. Der Graph der Funktion $h: [-2; 3] \rightarrow \mathbb{R}$ mit $h(x) = -\frac{1}{2}x + \frac{3}{2}$ ist nebenstehend abgebildet. Es ist die Strecke zwischen den Punkten $P_1(-2 \mid \frac{5}{2})$ und $P_2(3 \mid 0)$.

   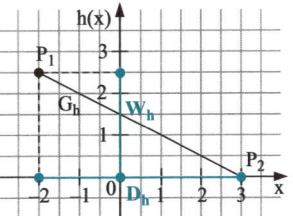

   Diese Funktion hat als Definitionsmenge das Intervall $D_h = [-2; 3]$ und die Zielmenge ist $Z_h = \mathbb{R}$.

   Die Wertemenge lässt sich leicht aus der grafischen Darstellung ablesen: Der größte Funktionswert tritt am linken Rand der Definitionsmenge auf,

   $h(-2) = -\frac{1}{2} \cdot (-2) + \frac{3}{2} = \frac{5}{2} = 2{,}5,$

   und der kleinste Funktionswert am rechten Rand:

   $h(3) = -\frac{1}{2} \cdot 3 + \frac{3}{2} = 0$

   Alle zwischen 0 und 2,5 liegenden y-Werte werden ebenfalls als Funktionswert angenommen, sodass die Wertemenge von h das Intervall $W_h = [0; \frac{5}{2}]$ ist.

3. Bei der nebenstehend abgebildeten Funktion $f(x) = -\frac{3}{2}x^2 + 9x - \frac{19}{2}$ mit $D_f = [1; 4]$ kann man den Wertebereich aus der Zeichnung ablesen:
Durch die Funktion f werden die $x \in [1; 4]$ auf das Intervall $W_f = [-2; 4]$ abgebildet, das damit den Wertebereich dieser Funktion darstellt.

Wäre für das oben angegebene f(x) der Definitionsbereich ganz $\mathbb{R}$, so würde sich als Wertebereich das Intervall $]-\infty; 4]$ ergeben.

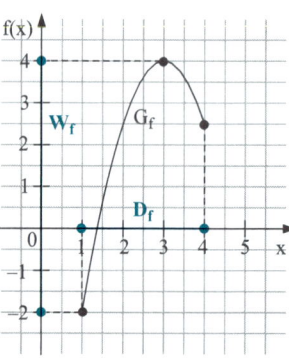

Aufgaben

1. Berechnen Sie für die Funktion $f(x) = \frac{1}{2}x^2 - 3x + 2$ die Funktionswerte $f(0)$, $f(-1)$, $f(\sqrt{2})$ und $f(3 + \sqrt{5})$ sowohl exakt als auch mit dem Taschenrechner.

2. Gegeben ist die Funktion $g(x) = \sqrt{x + 2}$.
   Berechnen Sie die Funktionswerte an den Stellen $x = -2$, 0 und 4,25.
   Lässt sich $g(-3)$ berechnen?

3. Berechnen Sie für die Funktion $h(x) = \frac{1}{x}$ die Funktionswerte $h(2)$, $h(1)$, $h(0,5)$, $h(0,1)$ und $h(0)$.

4. Erstellen Sie für die Funktion $k(x) = \frac{2}{9}x^3 - \frac{4}{3}x^2 + 2x - 1$ im Bereich $-1 \le x \le 6$ eine Wertetabelle mit Schrittweite $\Delta x = 1$.

5. Bestimmen Sie jeweils den maximalen Definitionsbereich der folgenden Funktionen.
   a) $f(x) = x^3 - 4x^2 + 5x - 1$
   b) $g_1(x) = \frac{1}{x+3}$; $g_2(x) = \frac{1}{x^2+1}$; $g_3(x) = \frac{x+1}{x^2-1}$
   c) $h_1(x) = \sqrt{x-2}$; $h_2(x) = \sqrt{-3x+4}$

6. Zeichnen Sie die Graphen der folgenden Funktionen:
   a) $f(x) = \frac{1}{x}$ mit $x \in \mathbb{N} \setminus \{0\}$. Wählen Sie auf der y-Achse: 1 LE = 5 cm
   b) $g(x) = \frac{1}{x}$ im größtmöglichen Definitionsbereich
   c) $h(x) = x^3$

7. Zeichnen Sie nach dem Erstellen einer geeigneten Wertetabelle die Graphen folgender Funktionen: $f(x)=-x^2+2$; $g(x)=1$; $h(x)=x$

8. Zeichnen Sie die Graphen der folgenden Funktionen und geben Sie jeweils ihren Wertebereich an.

   a) $f(x)=x$ mit $x \in [0; 3]$ b) $g(x)=-x^2$

   c) $h(x)=\frac{1}{x^2}$ d) $\ell(x)=(x-1)^2-1$

1.2   Schnittpunkte mit den Achsen

Von besonderer Bedeutung sind diejenigen x-Werte, für die sich der Funktionswert null ergibt. Man nennt sie **Nullstellen**.

Definition

Nullstellen

Eine Zahl $x_0 \in D_f$ heißt **Nullstelle** der Funktion f, wenn gilt:

$f(x_0)=0$

Nullstellen werden berechnet, indem man den Funktionsterm gleich null setzt:

$f(x)=0$

Diese Gleichung muss dann gelöst werden.

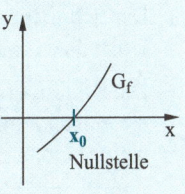

Die Berechnung von Nullstellen wird bei den einzelnen Funktionstypen noch ausführlich behandelt.

Stellen, also feste Zahlen auf der x-Achse, werden häufig mit x und einer nachfolgend tiefer gestellten Zahl bezeichnet. x_0 (sprich: „x Null") meint also einen bestimmten x-Wert, während x (ohne Index) alle x-Werte des Definitionsbereiches symbolisiert.

Beispiele

1. Um die Nullstellen der Funktion $f(x)=-\frac{1}{2}x^2-\frac{3}{2}x+2$ zu ermitteln, wird der Funktionsterm gleich null gesetzt. Das führt auf die Gleichung:

   $-\frac{1}{2}x^2-\frac{3}{2}x+2=0$

   Diese quadratische Gleichung muss dann gelöst werden.

2. Berechnen Sie die Nullstellen der Funktion $f(x) = x^2 - 3x$.

Lösung:

$$f(x) = 0$$
$$x^2 - 3x = 0$$
$$x(x-3) = 0$$
$$\Rightarrow x_1 = 0;\ x_2 = 3$$

Der Funktionsterm wird gleich null gesetzt. In diesem Fall führt man die entstehende quadratische Gleichung durch Ausklammern von x in eine **Produktform** über.
Ein Produkt ist null, sobald ein Faktor null ist. Man kann jetzt die Lösungen ablesen.

$x_1 = 0$ und $x_2 = 3$ sind die beiden Nullstellen von f.

Außer den Nullstellen sind häufig noch die Schnittpunkte eines Graphen mit den Koordinatenachsen von Interesse.

Regel

> **Schnittpunkte mit den Koordinatenachsen**
>
> - Der Graph einer Funktion f schneidet die **y-Achse** des Koordinatensystems, wenn die Zahl 0 zum Definitionsbereich der Funktion gehört.
>   Der **Schnittpunkt S_y** mit der y-Achse hat die x-Koordinate 0, die y-Koordinate erhält man durch Einsetzen von $x = 0$ in den Funktionsterm, also $S_y(0\,|\,f(0))$.
>
> - Die Schnittpunkte mit der **x-Achse** (hiervon kann es auch mehrere geben) sind diejenigen Punkte des Graphen, deren y-Koordinate 0 ist. Die x-Koordinaten dieser Punkte entsprechen den Nullstellen von f.

Beispiel

Der abgebildete Funktionsgraph hat den Funktionsterm $f(x) = -\frac{1}{2}x^2 - \frac{3}{2}x + 2$.
Bestimmen Sie sämtliche Schnittpunkte mit den Koordinatenachsen.

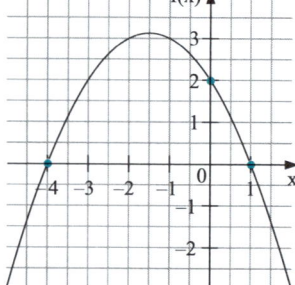

Lösung:
Der Schnittpunkt mit der y-Achse hat wegen $f(0) = -0 - 0 + 2 = 2$ die Koordinaten $S_y(0\,|\,2)$.
Das gleiche Ergebnis erhält man durch Ablesen aus der Zeichnung.

Die Schnittpunkte mit der x-Achse können aus der Zeichnung abgelesen werden:
$S_{x,1}(-4\,|\,0)$, $S_{x,2}(1\,|\,0)$

Rechnerisch lassen sich diese durch Lösen der quadratischen Gleichung
$-\frac{1}{2}x^2 - \frac{3}{2}x + 2 = 0$ (Nullstellen von f) ermitteln.

9. Ermitteln Sie die Nullstellen der folgenden Funktionen:

a) $f(x) = (x+4)(x-1)$ b) $g_1(x) = x^2 - 9$

c) $g_2(x) = x^2 + 9$ d) $h(x) = 3$

10. Berechnen Sie jeweils die Schnittpunkte mit den Koordinatenachsen.

a) $f(x) = -2x + 3$ b) $g(x) = -\frac{1}{2}\left(x - \frac{\sqrt{3}}{2}\right) + \frac{2}{3}$

c) $h_1(x) = 1$ d) $h_2(x) = x$

11. a) Ermitteln Sie aus den Darstellungen der Graphen von f und g
- den Schnittpunkt des Graphen von f mit der y-Achse,
- die Definitionsmenge und die Nullstelle von g,
- den Funktionswert von f an der Stelle –1, also f(–1), und
- die Abszisse des Punktes des Graphen von g mit dem y-Wert 1.

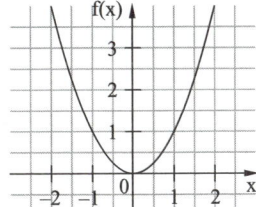 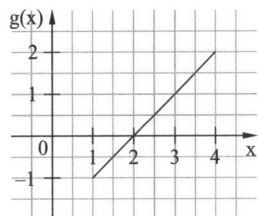

b) Geben Sie die Wertemengen von f und g an.

12. Begründen Sie jeweils, in welchen der nachfolgenden Diagramme Graphen von Funktionen dargestellt sind und in welchen nicht.

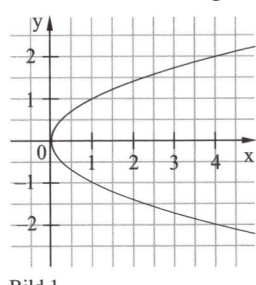 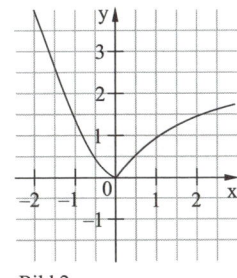 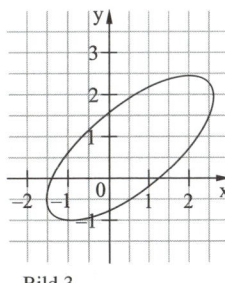

Bild 1   Bild 2   Bild 3

13. Auf der nächsten Seite sind drei Funktionen zusammen mit ihren Graphen gegeben. Ermitteln Sie aus den grafischen Darstellungen jeweils:
- Schnittpunkt mit der y-Achse
- Nullstellen
- Wertemenge

Geben Sie zusätzlich die maximalen Definitionsbereiche von f, g und h an.

a) $f(x) = -x^2 - x + 2$

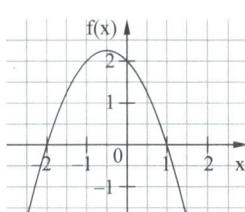

b) $g(x) = x^3 + \frac{1}{2}x^2 - 3x$

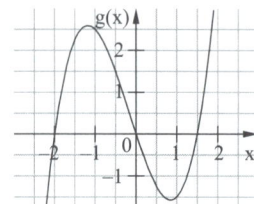

c) $h(x) = 0,2x^4 - 2x^2 + 6$

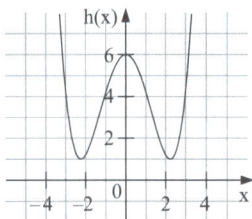

14. Erstellen Sie die Graphen der folgenden Funktionen, geben Sie jeweils die Wertemenge und die Nullstellen an:

a) $f_1(x) = \frac{1}{2}x - 1$

b) $f_2(x) = -x^2 + 4$

c) $f_3(x) = x^4$

2   Lineare Funktionen

2.1   Geraden

Liegen bei einer Funktion alle Punkte des Graphen auf einer **Geraden**, so spricht man von einer linearen Funktion. Im Funktionsterm treten zwei Parameter m und t auf, die bereits **alle** Informationen über die Funktion enthalten.

Definition

> **Lineare Funktionen**
> Die linearen Funktionen haben die Grundform: $g: x \mapsto mx + t$
> Die unabhängige Variable x kommt nur in der 1. Potenz vor, d. h., es tritt kein x^2,
> $\sqrt{x}$ oder Ähnliches im Funktionsterm auf. Dabei sind m und t **Parameter** (oder
> Formvariablen), die folgende Bedeutung haben:
> m ist die **Steigung**, t der **y-Achsenabschnitt** von g.
> Lineare Funktionen haben den maximalen Definitionsbereich $D_{max} = \mathbb{R}$.

Beispiele

1. $f(x) = \frac{1}{2}x - 3$ ist eine lineare Funktion mit Steigung $m = \frac{1}{2}$ und y-Achsen-abschnitt $t = -3$.

2. $g(x) = x$ ist eine lineare Funktion mit $m = 1$ und $t = 0$.
   Diese besondere lineare Funktion heißt **identische Funktion**, weil hier jedes x auf sich selbst abgebildet wird. Die Funktionsschreibweise $g: x \mapsto x$ bringt dies noch deutlicher zum Ausdruck.

3. $h(x) = 2$ ist eine lineare Funktion mit $m = 0$ und $t = 2$.
   Man nennt solche Funktionen, die immer den gleichen Funktionswert haben, auch **konstante Funktionen**. Ihre Graphen sind parallele Geraden zur x-Achse, hier bei der Funktion h in der Höhe von $y = 2$.

4. $k(x) = 3(x - 2) + 5$ ist eine lineare Funktion, wenn auch nicht in der Grundform. Sie lässt sich durch einfache algebraische Umformungen jedoch ohne Weiteres in diese umrechnen: $k(x) = 3x - 1$, d. h. $m = 3$ und $t = -1$.
   Entsprechend ist $\ell(x) = \frac{3 - 2x}{3}$ eine lineare Funktion mit $m = -\frac{2}{3}$ und $t = 1$.

5. $p_1(x) = x^2$, $p_2(x) = \frac{1}{x} + 2$ und $p_3(x) = 3\sqrt{x} + 2$ sind *keine* lineare Funktionen, weil x nicht nur in der 1. Potenz auftritt. Diese Funktionen werden deshalb auch als **nichtlineare Funktionen** bezeichnet.
   $q(x) = 3(x - 2)^2 + 5$ ist ebenfalls eine nichtlineare Funktion, weil x auch quadratisch vorkommt. Das ist unmittelbar an dem Quadrat bei der Klammer erkennbar, denn ausmultipliziert (2. binomische Formel) und zusammengefasst erhält man $q(x) = 3x^2 - 12x + 17$.

6. **Implizite lineare Funktionen**
   Auch eine Gleichung mit zwei Unbekannten x und y wie z. B.
   $g: 3y - 4x + 1 = 0$ (Geradengleichung) stellt eine lineare Funktion dar. Man bezeichnet sie als **implizite** Funktion, weil sie nicht nach der abhängigen Funktionsvariablen y aufgelöst ist. In dieser impliziten Form lassen sich m und t nicht direkt ablesen. Dafür muss man die Funktion in die **explizite**, nach y aufgelöste Form bringen, was stets durch einfaches algebraisches Umstellen nach y möglich ist. Im Falle von g führt das auf die explizite Darstellung $g: y = \frac{4}{3}x - \frac{1}{3}$.

Regel

Der Graph einer linearen Funktion

Lineare Funktionen $g(x) = mx + t$ mit Definitionsbereich $D = \mathbb{R}$ haben stets eine **Gerade** als Graph. Aus dem folgenden Schaubild geht hervor, wie die Steigung m und der y-Achsenabschnitt t mit der grafischen Darstellung zusammenhängen:

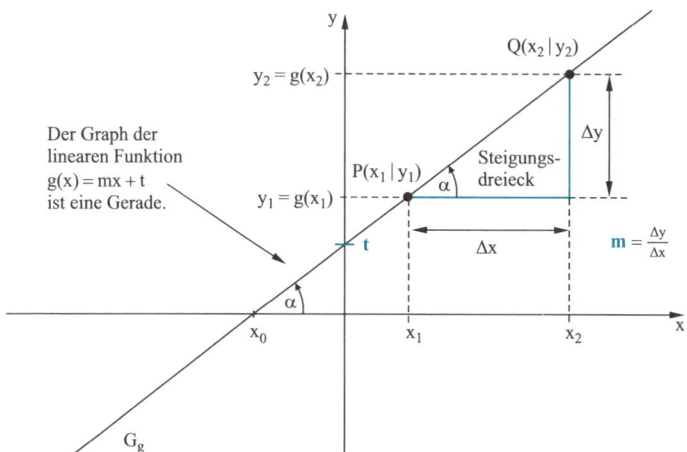

Der Graph der linearen Funktion $g(x) = mx + t$ ist eine Gerade.

Der **y-Achsenabschnitt t** ist diejenige y-Koordinate, an der die Gerade G_g die y-Achse schneidet. Dies folgt auch aus der Rechnung $y_S = g(0) = m \cdot 0 + t = t$.

Die **Steigung m** einer linearen Funktion ermittelt man mithilfe eines **Steigungsdreiecks** (siehe Abbildung). Kennt man zwei Punkte $P(x_1 | y_1)$ und $Q(x_2 | y_2)$, die auf der Geraden g liegen ($P, Q \in g$), so kann die Steigung mithilfe der folgenden **Differenzenquotienten** ausgerechnet werden:

$$m = \frac{\Delta y}{\Delta x} = \frac{y_2 - y_1}{x_2 - x_1} \text{ oder } m = \frac{y_1 - y_2}{x_1 - x_2} \quad \left(\text{Steigung} = \frac{\text{Differenz der y-Werte}}{\text{Differenz der x-Werte}} \right)$$

Es gilt:

$m > 0$: Die Gerade steigt an (verläuft von links unten nach rechts oben).

$m = 0$: Die Gerade verläuft parallel zur x-Achse (horizontal).

$m < 0$: Die Gerade fällt (verläuft von links oben nach rechts unten).

Δy ist die Gegenkathete und Δx die Ankathete zu dem im (rechtwinkligen) Steigungsdreieck eingezeichneten Winkel α. Da das Verhältnis $\frac{\text{Gegenkathete}}{\text{Ankathete}}$ den Tangens ergibt, gilt für den **Neigungswinkel α** einer Geraden mit Steigung m:

$$\tan \alpha = \frac{\Delta y}{\Delta x} = m \text{ bzw. } \boldsymbol{\alpha = \arctan(m)}$$

Zur Bestimmung der **Nullstelle x_0** muss die lineare Gleichung $mx + t = 0$ gelöst werden. Für $m \neq 0$ lässt sich diese stets nach x auflösen, die Nullstelle ist dann:

$$x_0 = -\frac{t}{m}$$

Beispiele

1. *Sonderfälle:* Für $t=0$ geht die zugehörige Gerade durch den Koordinaten-ursprung, man nennt sie dann eine **Ursprungsgerade**.
   Für $m=0$ und $t\neq0$ (**horizontale Gerade** parallel zur x-Achse) hat die Gerade **keine Nullstelle**. Sollte t auch noch null sein, dann hat die Gerade die Funktionsgleichung $y=0$ und stellt die x-Achse dar.

2. Wegen $\tan(45°)=1$ hat eine Gerade mit einem Neigungswinkel von $45°$ die Steigung $m=1$. Das trifft beispielsweise auf die **Winkelhalbierende** des I. und III. Quadranten mit der Geradengleichung $y=x$ (identische Funktion) zu.

3. Geraden mit gleicher Steigung sind **parallel** (oder sogar **identisch**, wenn sie auch noch im y-Achsenabschnitt übereinstimmen).

4. Die Gerade g enthält die Punkte $P(2\,|-3)$ und $Q(4\,|1)$.
   Welche Steigung hat g, was bedeutet diese anschaulich? Wie groß ist der Neigungswinkel?

   Lösung:
   - Steigung von g:
     $$m=\frac{\Delta y}{\Delta x}=\frac{1-(-3)}{4-2}=\frac{4}{2}=2$$

     Das gleiche Ergebnis erhält man, wenn man die Reihenfolge bei den Differenzbildungen umdreht:
     $$m=\frac{\Delta y}{\Delta x}=\frac{-3-1}{2-4}=\frac{-4}{-2}=2$$

   - Anschauliche Deutung:
     Wenn man von einem beliebigen Punkt der Geraden g im Koordinatensystem um eine Einheit nach rechts ($\Delta x=1$) und anschließend um 2 Einheiten nach oben geht ($\Delta y=2$), dann landet man wieder auf einem Punkt der Geraden g.

   - Neigungswinkel:
     Wegen $\tan\alpha=m=2$ erhält man $\alpha=\arctan(2)$. Die Berechnung wird mit dem Taschenrechner vorgenommen: 2 eingeben und dann $\boxed{\text{INV}}$ $\boxed{\text{TAN}}$ drücken. Es wird dann $63{,}43\ldots$ angezeigt, sodass gilt: $\alpha\approx63{,}4°$

5. Bei maximalem Definitionsbereich $D_{max}=\mathbb{R}$ hat eine Gerade als **Wertebereich** ebenfalls $\mathbb{R}$, falls $m\neq0$ gilt. Für $m=0$ gilt $W=\{t\}$.

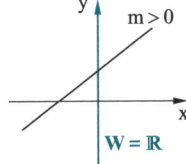
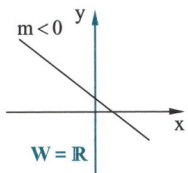
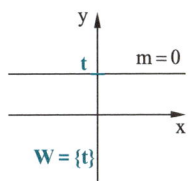

6. Vorzeichenwechsel bei Nullstellen:
   Eine lineare Funktion hat höchstens eine Nullstelle. Häufig ist wichtig zu
   wissen, wie die Funktionswerte an einer Nullstelle das Vorzeichen wechseln.

An der Nullstelle x_0 wechselt f(x)
sein Vorzeichen von – nach +,
wenn m > 0 (kurz: VZW: – ↗ +),
oder von + nach –, wenn m < 0
(kurz: VZW: + ↘ –).

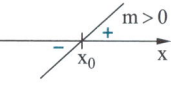

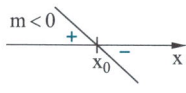

VZW: – ↗ +,
wenn m > 0

VZW: + ↘ –,
wenn m < 0

Regel

Zeichnen von Geraden

Hat man eine Geradengleichung g: y = mx + t vorliegen und soll der Graph dazu
gezeichnet werden, so geht man wie folgt vor:

Man markiert den y-Achsenabschnitt t auf der y-Achse, von diesem Punkt aus
geht man um **eine** Einheit nach **rechts** ($\Delta x = 1$) und dann um $|m|$ Einheiten

- nach **oben**, falls m > 0,
- nach **unten**, falls m < 0.

Wenn man für $\Delta x = 1$ wählt, dann ist $\Delta y = m$, wie die Formel $m = \frac{\Delta y}{\Delta x}$ zeigt.

Sollte sich das sich ergebende Steigungsdreieck als zu klein erweisen, kann man
es um einen beliebigen Faktor vergrößern: Verdoppelt man beispielsweise Δx, so
muss man natürlich auch Δy verdoppeln; m verändert sich dadurch nicht.

Beispiele

1. Zeichnen Sie den Graphen der Funktion g: y = –3x + 2.

   Lösung:
   Man markiert zuerst den y-Achsenabschnitt t = 2. Im vorliegenden Fall
   ist m = –3, also geht man **eine** Einheit nach **rechts** und **drei** Einheiten
   nach **unten**.

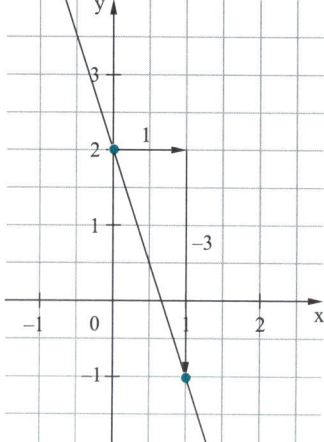

2. Für $m = \frac{1}{3}$ wäre $\Delta x = 1$ und $\Delta y = \frac{1}{3}$ eine ungünstige Wahl für die Größe des Steigungsdreiecks. Stattdessen wird man beide Katheten um den Faktor 3 vergrößern, sodass man mit $\Delta x = 3$ und $\Delta y = 1$ ein gut darstellbares Steigungsdreieck erhält.

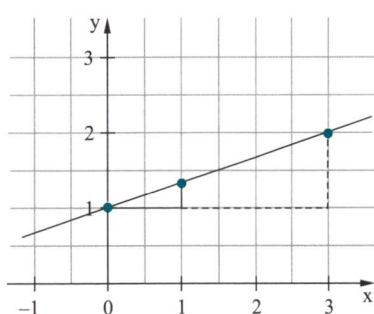

Aufgaben

15. Entscheiden Sie, welche der folgenden Funktionen zur Klasse der linearen Funktionen gehören und geben Sie für diesen Fall jeweils die Steigung und den y-Achsenabschnitt an.

a) $f(x) = 3x - 4 + \frac{1}{x}$

b) $f(x) = 4(1-x)$

c) $f(x) = \frac{x-3}{2}$

d) $f(x) = x(x+1)$

16. Im Diagramm ist die Gerade g eingezeichnet. Ermitteln Sie daraus:

a) Nullstelle

b) Schnittpunkt mit der y-Achse

c) y-Koordinate des Punktes $P(-1 \mid y_P) \in g$

d) x-Koordinate des Punktes $Q(x_Q \mid 1) \in g$

e) Steigung

f) Funktionsgleichung

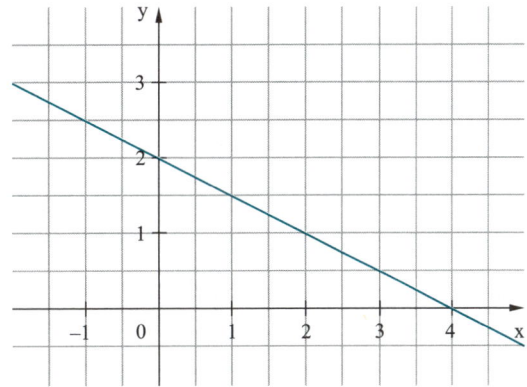

17. Gegeben ist die Geradengleichung g: $y = 2x - 3$.

a) Untersuchen Sie rechnerisch, ob die Punkte $A(2 \mid 1)$ und $B(3 \mid 5)$ auf der Geraden g liegen.

b) Bestimmen Sie die fehlenden Koordinaten so, dass die Punkte $C(3 \mid y_C)$ und $D(x_D \mid 5)$ auf der Geraden g liegen.

18. Das Verkehrszeichen „14 % Steigung"
bedeutet, dass die Straße auf eine horizontale Entfernung von 100 m um 14
Höhenmeter ansteigt:

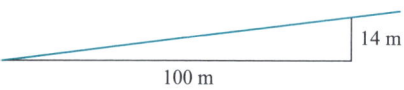

Berechnen Sie die mathematische
Steigung und den Neigungswinkel
der Straße.

19. Gegeben sind die Geradengleichungen g_1: $y = -\frac{3}{2}x + \frac{5}{2}$, g_2: $y = x$, g_3: $y = 2$.

a) Zeichnen Sie die Geraden in ein gemeinsames Koordinatensystem ein.

b) Berechnen Sie jeweils den Neigungswinkel.

c) Geben Sie die Wertebereiche an.

d) Untersuchen Sie rechnerisch, ob der Punkt $P(2|2)$ auf einer der drei Gera-
den liegt.

20. Gegeben ist die Funktionsgleichung g: $3x - 4y + 1 = 0$ in der impliziten Form.
Bringen Sie g in die explizite (nach y aufgelöste) Form.
Lesen Sie m und t ab und stellen Sie g im Koordinatensystem dar.

2.2 Rechnen mit Geradengleichungen

Regel

Aufstellen von Geradengleichungen

Durch zwei vorgegebene Punkte $P(x_1|y_1)$ und $Q(x_2|y_2)$ wird eine Gerade g fest-
gelegt. Soll die Funktionsgleichung dieser Geraden ermittelt werden, so erreicht
man das mit den folgenden zwei Schritten:

1. Mithilfe der Koordinaten der beiden Punkte berechnet man gemäß $m = \frac{\Delta y}{\Delta x}$ die

   Steigung der Geraden und setzt diese in die allgemeine Geradengleichung
   g: $y = mx + t$ ein.

2. Da die Punkte P und Q auf g liegen, müssen P und Q die Geradengleichung erfüllen. Man braucht also nur noch die Koordinaten von P oder Q in die Geradengleichung einsetzen und das noch unbekannte t berechnen.

Beispiel

Durch die Punkte P($-2\,|\,4$) und Q($5\,|\,-1$) soll eine Gerade g gelegt werden. Ermitteln Sie die Geradengleichung von g.

Lösung:

$$m = \frac{\Delta y}{\Delta x} = \frac{-1-4}{5-(-2)} = \frac{-5}{7} = -\frac{5}{7}$$

Berechnung der Steigung aus den Koordinaten der Punkte P und Q

$$\Rightarrow\ g: y = -\frac{5}{7}x + t$$

Einsetzen der Steigung $m = -\frac{5}{7}$ in die allgemeine Geradengleichung

$$\mathbf{4} = -\frac{5}{7}\cdot(\mathbf{-2}) + t$$

Einsetzen der Koordinaten von **P** (oder **Q**), auflösen nach t

$$4 = \frac{10}{7} + t$$

$$t = \frac{18}{7}$$

$$\Rightarrow\ g: y = -\frac{5}{7}x + \frac{18}{7}$$

Einsetzen von $t = \frac{18}{7}$ in die Geradengleichung

Probe: Nachweis, dass auch Q $\in$ g. Einsetzen von **Q** in g ergibt:

$$\mathbf{-1} = -\frac{5}{7}\cdot\mathbf{5} + \frac{18}{7},\ \text{also}\ -1 = -\frac{7}{7}\ \text{(wahre Aussage)}$$

Es gilt tatsächlich Q $\in$ g.

Regel

> **Schnittpunkte zweier Geraden**
>
> Sollen die Schnittpunkte der Graphen zweier linearer Funktionen berechnet werden, so werden die **Funktionsterme gleichgesetzt**. Dies führt auf eine Gleichung mit der Unbekannten x, im Falle von linearen Funktionen handelt es sich um eine lineare Gleichung. Diese muss gelöst werden, sodass man im Allgemeinen die x-Koordinate x_S des **Schnittpunktes S** erhält.
>
> Um die y-Koordinate y_S von S zu erhalten, wird die **Schnittstelle x_S** in eine der beiden Funktionen eingesetzt (in welche ist egal, also nimmt man die einfachere). Der Schnittpunkt lautet dann **S($x_S\,|\,y_S$)**.

Beispiele

1. Die Geradengleichungen g: $2x + 4y = 2$ und h: $y = 3x - 2$ sind gegeben. Berechnen Sie die Koordinaten des Schnittpunktes.

   Lösung:
   Zunächst wird g in die explizite, nach y aufgelöste Form gebracht: Aus $2x + 4y = 2$ wird zunächst $4y = -2x + 2$ und schließlich g: $y = -\frac{1}{2}x + \frac{1}{2}$.

Berechnung des Schnittpunktes S von g und h:

$$g(x) = h(x)$$ **Gleichsetzen** von g und h

$$-\frac{1}{2}x + \frac{1}{2} = 3x - 2$$

$$-\frac{7}{2}x = -\frac{5}{2} \quad \Big| \cdot \left(-\frac{2}{7}\right)$$ Alle x auf die linke Seite, alle Zahlen auf die rechte Seite bringen.

$$x_S = \frac{5}{7}$$ **Auflösen** nach x ergibt x_S.

$$y_S = h\left(\frac{5}{7}\right) = 3 \cdot \frac{5}{7} - 2$$ **Einsetzen** von $x_S = \frac{5}{7}$ in h ergibt y_S.

$$= \frac{15}{7} - \frac{14}{7} = \frac{1}{7}$$

Schnittpunkt: $S\left(\frac{5}{7} \mid \frac{1}{7}\right)$

2. Berechnen Sie den Schnittpunkt der Geraden g: $y = -\frac{1}{2}x + 2$ und h: $y = x - 1$, überprüfen Sie das Ergebnis zeichnerisch.

Lösung:

$$g(x) = h(x)$$ Gleichsetzen von g und h

$$-\frac{1}{2}x + 2 = x - 1$$

$$-\frac{3}{2}x = -3 \quad \Big| \cdot \left(-\frac{2}{3}\right)$$ Alle x auf die linke Seite, alle Zahlen auf die rechte Seite bringen.

$$x_S = 2$$ Auflösen nach x ergibt x_S.

$$y_S = h(2) = 2 - 1 = 1$$ Einsetzen von $x_S = 2$ in h ergibt y_S.

Schnittpunkt: **S(2|1)**

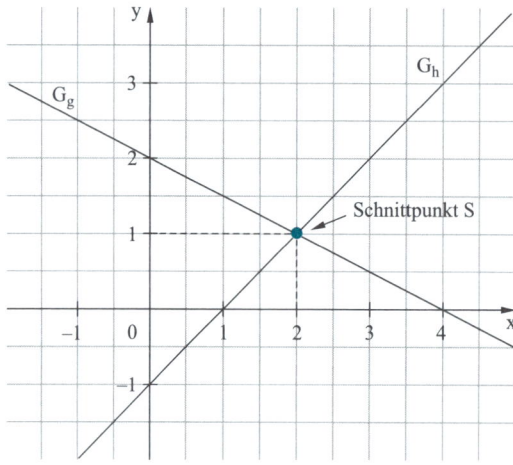

Regel

Zueinander senkrecht stehende Geraden

Wenn zwei Geraden g_1 und g_2 mit den Steigungen m_1 und m_2 zueinander senkrecht stehen, so gilt stets $m_1 \cdot m_2 = -1$. Daher ist bei zueinander senkrecht stehenden Geraden die Steigung der einen Geraden der negative Kehrwert der Steigung der anderen Geraden:

$$m_2 = -\frac{1}{m_1}$$

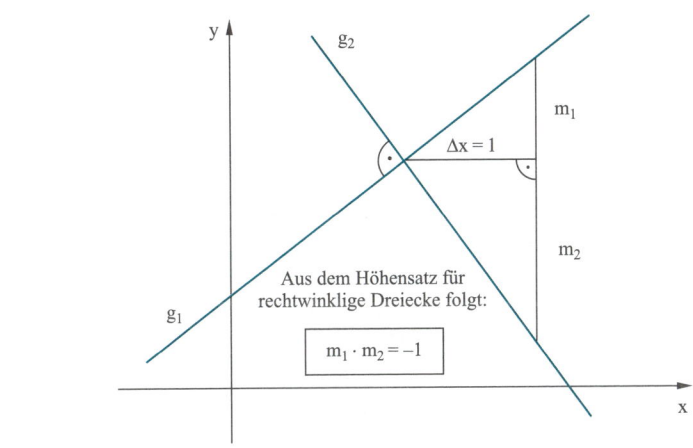

Beispiel

Die Gerade g_1 habe die Steigung $m_1 = 2$.
Welche Steigung muss dann eine zu g_1 senkrecht verlaufende Gerade g_2 besitzen?

Lösung:

$$m_1 = 2 \quad \Rightarrow \quad m_2 = -\frac{1}{m_1} = -\frac{1}{2}$$

Aufgaben **21.** Lesen Sie aus der grafischen Darstellung der Funktion f mehrere Punkte ab
und berechnen Sie jeweils die Steigung.
Ermitteln Sie den y-Achsenabschnitt. Wie lautet die Funktionsgleichung?

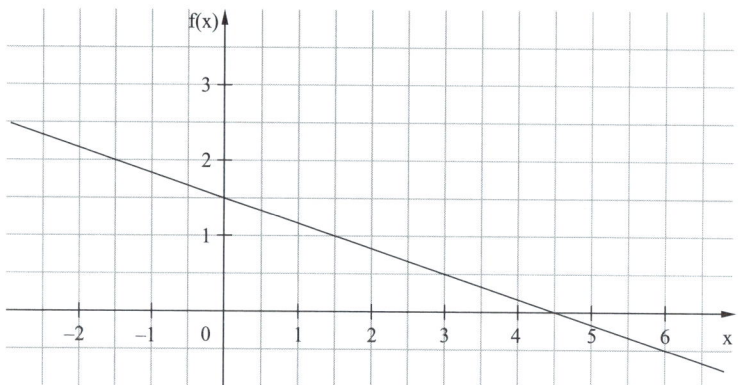

22. Kann die y-Achse als Geradengleichung dargestellt werden?
Begründen Sie Ihre Antwort. Wie sieht das mit der x-Achse aus?

23. a) Die Gerade h soll die Steigung $m = -2$ aufweisen und durch den Punkt
$P(0\,|\,2)$ gehen.
Geben Sie die zugehörige Funktionsgleichung von h an.

b) Die Gerade h* verläuft parallel zu h und schneidet die x-Achse an der
Stelle 3.
Ermitteln Sie die Funktionsgleichung von h*.

24. Stellen Sie die Geradengleichungen der Geraden g und h auf, wobei g die
Punkte $P(-2\,|\,-1)$ und $Q(3\,|\,2)$ enthalten soll, h die Nullstelle bei $x = -2$ hat und
die y-Achse im Punkt $R(0\,|\,3)$ schneidet.

25. Stellen Sie die Funktionen $g_1\colon [-1;\,2] \to \mathbb{R}$ mit $x \mapsto x$, $g_2\colon \mathbb{R} \to \mathbb{R}$ mit
$x \mapsto -x$ und $g_3\colon\ ]-1;\,2] \to \mathbb{R}$ mit $g_3(x) = \frac{3}{2}$ jeweils grafisch dar und geben
Sie jeweils Definitions- und Wertemenge in mathematisch korrekter Schreib-
weise an. Beschreiben Sie zudem verbal auffällige Besonderheiten dieser
Zahlenmengen. Beachten Sie ggf. die Mengen- und Intervallschreibweisen im
Anhang.

26. Die Gerade g ist durch die Punkte $A(3\,|\,4)$ und $B(2\,|\,-1)$ festgelegt, die Gera-
de h durch die Punkte $C(5\,|\,-3)$ und $D(-2\,|\,-2)$.

a) Ermitteln Sie die Funktionsgleichungen von g und h.

b) Wo schneiden g und h die x- bzw. y-Achse?

c) Welche y-Koordinate muss gewählt werden, damit der Punkt $P(5 \,|\, y_P)$ auf g liegt?

d) Welche x-Koordinate muss gewählt werden, damit der Punkt $Q(x_Q \,|\, 3)$ auf h liegt?

e) Wo schneiden sich die Geraden g und h?
Überprüfen Sie das Ergebnis auch zeichnerisch.

27. Gegeben sind die Geraden g: $y = 3x + 4$ und h, wobei h durch die Punkte $Q(-1 \,|\, 0)$ und $P(5 \,|\, 3)$ verläuft.

a) Bestimmen Sie die Schnittpunkte von g mit den Koordinatenachsen.

b) Stellen Sie die Funktionsgleichung von h auf.

c) Berechnen Sie den Schnittpunkt von g und h.

d) Ermitteln Sie die Neigungswinkel der beiden Geraden.

28. Vorgegeben sind die Punkte $A(-2 \,|\, 1)$ und $S(1 \,|\, 2)$. Dabei ist S der Schnittpunkt zweier Geraden g und h.

a) Die Gerade g verläuft außerdem durch den Punkt A.
Stellen Sie die Funktionsgleichung von g auf.
Hinweis: Keine Näherungswerte verwenden!

b) Berechnen Sie die Schnittpunkte von g mit den Koordinatenachsen.

c) Die Gerade h hat eine Nullstelle bei $x_0 = 3$.
Ermitteln Sie die Funktionsgleichung von h.

d) Stellen Sie die Geradengleichung der Geraden h* auf, wobei h* parallel zu h verläuft und den Punkt A enthält.

e) Überprüfen Sie rechnerisch, ob der Punkt $B(200 \,|\, 76)$ oberhalb, unterhalb oder auf g liegt.

29. Gegeben sind die Gerade g: $y = -\frac{1}{3}x + 2$ und der Punkt $P(3 \,|\, 1)$.

a) Ermitteln Sie die Funktionsgleichung derjenigen Geraden h, die senkrecht zu g steht und den Punkt P enthält.

b) Berechnen Sie den Schnittpunkt von g und h.

c) Überprüfen Sie Ihre Rechnung zeichnerisch.

30. Eine Gerade g_1 ist festgelegt durch die Punkte $P_1(-25 \,|\, 52)$ und $P_2(85 \,|\, -168)$.

a) Ermitteln Sie die Geradengleichung von g_1.

b) Stellen Sie die Funktionsgleichung der Geraden g_2 auf, die senkrecht zu g_1 verläuft und den Punkt $Q(2 \,|\, 3)$ enthält.

c) Vergleichen Sie die Funktionsgleichungen von g_1 und g_2.
Wo müssen sich diese beiden Geraden schneiden?

d) Zeichnen Sie die Graphen von g_1 und g_2 in ein Koordinatensystem ein.

e) Berechnen Sie den Neigungswinkel von g_2 und schließen Sie über die Winkelsumme im Dreieck auf den Neigungswinkel von g_1 (Zeichnung aus Teilaufgabe d zur Hilfe nehmen).
Berechnen Sie anschließend zum Vergleich auch noch den Neigungswinkel von g_1 anhand der Steigung.

31. Im Punkt $P(1|3)$ soll eine zur Winkelhalbierenden des I. und III. Quadranten senkrecht stehende Gerade errichtet werden.
Ermitteln Sie deren Funktionsgleichung.

2.3 Geradenscharen und Geradenbüschel

Bislang sind nur Funktionen mit einer unabhängigen Variablen, nämlich x, betrachtet worden. Im Folgenden wird ein weiterer Buchstabe im Funktionsterm auftreten, der auch **Parameter** genannt wird. In den Geradengleichungen können der y-Achsenabschnitt, die Steigung oder beide durch einen Parameter ersetzt werden; man erhält sogenannte **Funktionenscharen**.

Zuerst werden die linearen Funktionen g_t: $y = \frac{1}{2}x + t$ mit $t \in \mathbb{R}$ betrachtet.

Für jede Zahl t, die aus dem Wertevorrat für t (hier ganz $\mathbb{R}$) eingesetzt wird, erhält man eine Gerade. Die Gesamtheit dieser (unendlich vielen) Geraden bezeichnet man als **Geradenschar**. Alle Geraden dieser Schar sind parallel, weil alle die gleiche Steigung $m = \frac{1}{2}$ besitzen.

Nebenstehendes Diagramm zeigt einige ausgewählte Geraden aus der Schar g_t, nämlich $g_{-0,5}$, g_0, g_1, $g_{2,5}$.

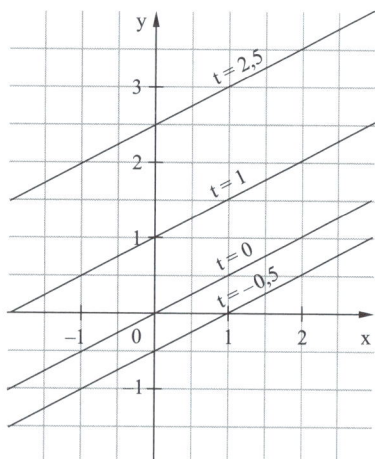

Nun werden die linearen Funktionen b_m: $y = m(x-2)+3$ mit $m \in \mathbb{R}$ betrachtet.

Man erkennt, dass sich die Steigung in Abhängigkeit von m verändert. Ferner stellt man fest, dass der Punkt $P(2\,|\,3)$ auf allen Geraden liegt, d. h., alle Geraden gehen durch diesen Punkt. Man spricht daher auch von einem **Geradenbüschel**.

Nebenstehendes Diagramm gibt einige Geraden aus dem Büschel wieder, nämlich b_{-3}, b_{-1}, b_0, $b_{0,5}$, b_2.

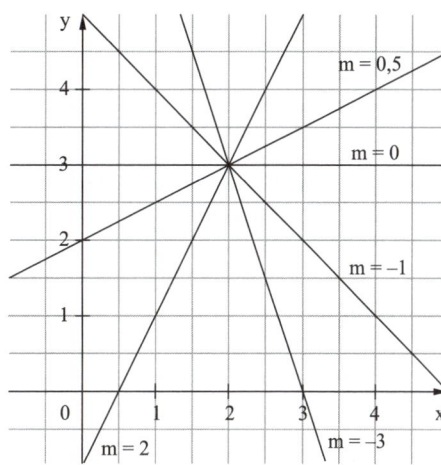

Beispiele

1. Welche Schargerade g_t: $y = \frac{1}{2}x + t$ mit $t \in \mathbb{R}$ enthält den Punkt $P(1\,|\,2)$?

   Lösung:

   P muss die Geradengleichung erfüllen. Einsetzen von P in g_t: $2 = \frac{1}{2} \cdot 1 + t$

   Das ergibt nach t aufgelöst: $t = \frac{3}{2}$

   Demnach enthält die Gerade $g_{\frac{3}{2}}$: $y = \frac{1}{2}x + \frac{3}{2}$ den Punkt P.

2. Berechnen Sie die Nullstellen der Geradenschar g_t: $y = \frac{1}{2}x + t$ mit $t \in \mathbb{R}$.

   Lösung:

   Der Ansatz $g_t(x) = 0$ führt auf eine lineare Gleichung mit Parameter:

   $\frac{1}{2}x + t = 0$

   Diese Gleichung muss nach x aufgelöst werden, man erhält:

   $x = -2t$

   Für jedes t kann damit die Nullstelle der zugehörigen Geraden g_t sofort angegeben werden.

3. Zeigen Sie rechnerisch, dass je zwei unterschiedliche Geraden der Geradenschar g_t: $y = \frac{1}{2}x + t$; $t \in \mathbb{R}$ keinen gemeinsamen Punkt haben.

   Lösung:

   Um diese Aufgabe zu lösen, nimmt man zwei beliebige, aber verschiedene Geraden aus der Geradenschar mit den Parametern t_1 und t_2 ($t_1 \neq t_2$) heraus:

   $g_{t_1}(x) = \frac{1}{2}x + t_1$

   $g_{t_2}(x) = \frac{1}{2}x + t_2$

Mögliche Schnittpunkte ermittelt man durch Gleichsetzen:

$$g_{t_1}(x) = g_{t_2}(x)$$

$$\tfrac{1}{2}x + t_1 = \tfrac{1}{2}x + t_2 \qquad \left| -\tfrac{1}{2}x \right.$$

$$t_1 = t_2$$

Das ist aber eine falsche Aussage, da nach Voraussetzung $t_1 \neq t_2$ gilt. Damit ist nachgewiesen, dass zwei beliebige, unterschiedliche Geraden aus der Schar keinen gemeinsamen Punkt haben, sich also nirgends schneiden (alle Geraden sind zueinander parallel).

Aufgaben

32. Gegeben ist das Geradenbüschel $b_m: y = m(x-2)+3$.

a) Für welchen Wert von m enthält die Gerade b_m den Punkt $P(1|2)$?

b) Berechnen Sie sämtliche Nullstellen der Büschelgeraden. Gibt es Geraden aus dem Büschel, die keine Nullstelle besitzen? Lässt sich das rechnerisch erkennen?

c) Geben Sie die Funktionsgleichung derjenigen Büschelgeraden an, die senkrecht zur Büschelgeraden $b_{0,5}$ steht.

d) Weisen Sie rechnerisch nach, dass sich je zwei beliebige, verschiedene Geraden aus dem Geradenbüschel stets in genau dem gleichen Punkt schneiden. Bestimmen Sie auch die Koordinaten dieses Punktes.

33. Gegeben ist die Geradenschar $g_k: y = kx + 2 - 3k$ mit $k \in \mathbb{R}$.

a) Berechnen Sie den Schnittpunkt von g_1 und g_2.

b) Zeichnen Sie g_0, g_1 und g_2 in ein gemeinsames Koordinatensystem ein.

c) Zeigen Sie, dass der Punkt $P(3|2)$ auf allen Geraden der Schar g_k liegt. Welche besondere Rolle nimmt demnach P in Bezug auf die Geradenschar ein?

d) Berechnen Sie die Nullstellen von g_k in Abhängigkeit von k. Für welche k gibt es keine Nullstelle? Welcher Sonderfall liegt vor?

e) Wie muss k gewählt werden, damit g_k durch den Punkt $(1|4)$ verläuft?

f) Gehört die Gerade $g: 5x - y - 23 = 0$ zu der gegebenen Geradenschar?

34. Gegeben sind die Geradenscharen $g_k: y = kx + 3 - k$ und $h_k: y = x - k$ mit $k \in \mathbb{R}$.

a) Berechnen Sie die Nullstellen der Geraden g_k in Abhängigkeit von k. Führen Sie bezüglich k eine Fallunterscheidung durch und interpretieren Sie Ihre Ergebnisse geometrisch.

b) Zeigen Sie, dass der Punkt P(1|3) auf allen Geraden der Schar g_k liegt. Welche besondere Rolle nimmt demnach P in Bezug auf die Geradenschar ein?

c) Beschreiben Sie die Lage der Schar der Geraden h_k möglichst genau mit eigenen Worten.

d) Berechnen Sie die Schnittstellen der beiden Geradenscharen. Diskutieren Sie eventuelle Sonderfälle in Abhängigkeit von k und interpretieren Sie diese geometrisch.

2.4 Anwendungen für lineare Funktionen

Häufig besteht zwischen zwei Größen ein linearer Zusammenhang. Man sagt, die Größen sind **proportional** zueinander. Für lineare Funktionen existieren daher, trotz des einfachen Aufbaus, zahlreiche praktische Anwendungsmöglichkeiten.

Definition

> **Direkte Proportionalität zweier Größen**
> Zwei Größen x und y heißen **(direkt) proportional** zueinander, wenn es eine Zahl $m \in \mathbb{R}$ (die sogenannte **Proportionalitätskonstante**) gibt, sodass zwischen x und y der Zusammenhang $y = m \cdot x$ besteht.
> Man schreibt dafür auch kurz: $y \sim x$ (Das Zeichen „$\sim$" bedeutet „**proportional**".)

Direkte Proportionalität bedeutet also: „Wenn man die Größe x verdoppelt, verdreifacht usw. zieht das auch eine Verdoppelung, Verdreifachung usw. der Größe y nach sich." Sollen zwei Größen, z. B. anhand einer Messreihe, auf direkte Proportionalität hin untersucht werden, so kann dies mithilfe von grafischen und rechnerischen Mitteln erfolgen.

Beispiele

1. Fährt ein Auto mit konstanter Geschwindigkeit v (gleichförmige Bewegung), so ist die zurückgelegte Strecke s proportional zu der Fahrzeit t: $s \sim t$
Als Proportionalitätskonstante tritt in diesem Beispiel die **Geschwindigkeit v** auf: $s = v \cdot t$

Damit ergibt sich die Formel für die **Berechnung der konstanten Ge-schwindigkeit** $v = \frac{s}{t}$. Wählt man als Längeneinheit m (Meter) und als Zeiteinheit s (Sekunden), so ergibt sich nach obiger Formel für die Einheit der Geschwindig-keit $\frac{m}{s}$ (Meter pro Sekunde). Wählt man hingegen als Län-geneinheit km und als Zeit-einheit h (Stunde), so erhält man die vom Auto her bekann-te Einheit $\frac{km}{h}$ (Kilometer pro Stunde). Demnach ist die Ge-schwindigkeit nichts anderes als die Steigung der Geraden im nebenstehenden t-s-Dia-gramm (Zeit-Weg-Diagramm):

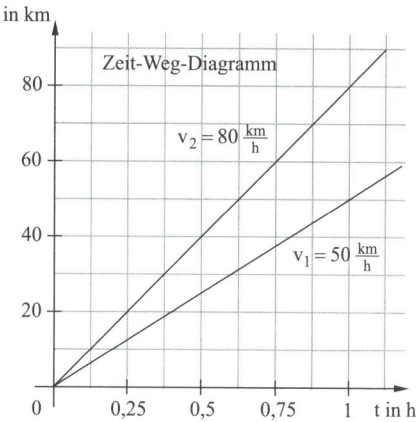

2. An einer Stahlfeder wird mit einer Kraft F gezogen, dabei dehnt sich die Feder um die Strecke s. Man stellt fest: $F \sim s$
   Man nennt dieses Verhalten auch das **Hooke'sche Gesetz**.

3. Legt man an einen ohmschen Widerstand eine Spannung U an, so fließt ein Strom I. Spannung und Strom sind zueinander proportional: $U \sim I$
   Das ist das **Ohm'sche Gesetz**.

Anfallende Kosten in Wirtschaft und Haushalt, z. B. Stromkosten, setzen sich ge-wöhnlich aus zwei Anteilen zusammen: einem festen Anteil (hier: Grundgebühr) und einem verbrauchsabhängigen Anteil (hier: Kilowattstunden).

Definition

Fixe und variable Kosten
Den festen Anteil, der unabhängig vom Verbrauch anfällt, nennt man **fixe Kosten K_f** und den ver-brauchsabhängigen Anteil **variable Kosten K_v**. Die variablen Kosten sind direkt proportional zu der verbrauchten Menge x, sodass gilt:
$K_v = k_v \cdot x$
Dabei stellt k_v die Kosten für eine Verbrauchsein-heit dar. Für die Gesamtkosten K in Abhängigkeit vom Verbrauch x erhält man demzufolge:
$K(x) = K_f + K_v = K_f + k_v \cdot x$

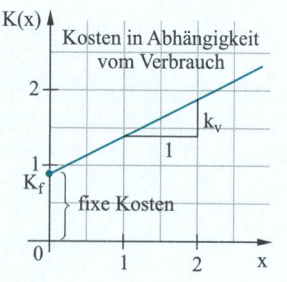

Da üblicherweise kein negativer Verbrauch auftreten wird (außer man speist im obigen Beispiel Strom in das Netz ein), wird man als Definitionsbereich $D_K = \mathbb{R}_0^+$ wählen. Die Berechnungsformel $K(x) = K_f + k_v \cdot x$ ist eine Geradengleichung, bei der die fixen Kosten K_f den y-Achsenabschnitt t und die Kosten pro Verbrauchseinheit k_v die Steigung m darstellen.

Beispiel

Ein Internetprovider verlangt pro Monat eine Grundgebühr von 4,90 € und zusätzlich eine Nutzungsgebühr von 0,49 € pro Stunde. Ein zweiter Anbieter verlangt 9,90 € Grundgebühr und 0,09 € pro Stunde Nutzungsgebühr.

a) Ermitteln Sie die beiden Kostenfunktionen in Abhängigkeit von der Nutzungsdauer in Stunden.

b) Stellen Sie die beiden Kostenfunktionen in einem gemeinsamen Koordinatensystem grafisch dar.

c) Ab welcher Nutzungszeit wird das Angebot des zweiten Anbieters kostengünstiger?

Lösung:
Es werden alle Kosten in € und alle Zeiten in h (Stunden) angegeben. Deshalb wird in den mathematischen Formeln auf die Angabe von Einheiten verzichtet.

a) Die Grundgebühren werden mit t, die Nutzungsgebühren mit m bezeichnet.
1. Anbieter: $t = 4,9$; $m = 0,49$ $\Rightarrow$ $K_1: y = 0,49x + 4,9$
2. Anbieter: $t = 9,9$; $m = 0,09$ $\Rightarrow$ $K_2: y = 0,09x + 9,9$

b)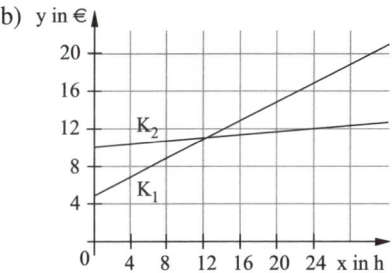

c) Aus der grafischen Darstellung in Teilaufgabe b erkennt man, dass K_2 ab etwas mehr als 12 Stunden günstiger sein müsste. Die Aufgabe lässt sich aber auch rechnerisch lösen: Es muss die Schnittstelle der beiden Graphen berechnet werden.

Ansatz:

$$K_1(x) = K_2(x)$$
$$0,49x + 4,9 = 0,09x + 9,9$$
$$0,4x = 5$$
$$x = \frac{5}{0,4} = 12,5 \,[h]$$

Bei mehr als 12,5 h Nutzungszeit ist der 2. Anbieter günstiger.

Aufgaben

35. Zählen Sie mindestens drei Beispiele aus dem Alltag auf, bei denen eine Größe x direkt proportional zu einer anderen Größe y ist.
Finden Sie ebenso viele Beispiele, wo dies nicht der Fall ist.

36. Für verschiedene Volumina V in Liter (ℓ) und das zugehörige Gewicht m in kg von Heizöl wurden folgende Werte gemessen:

V in ℓ	0,5	1	2	3,5	5
m in kg	0,41	0,83	1,66	2,91	4,15

a) Stellen Sie m in Abhängigkeit von V grafisch dar.
   Entscheiden Sie, ob zwischen diesen Größen eine direkte Proportionalität besteht.

b) Berechnen Sie die Quotienten $\frac{m}{V}$ für die Messwertepaare aus der Wertetabelle. Was stellen Sie fest?
   Welche Einheit und welche physikalische Bedeutung haben diese Quotienten?

37. Zu den beiden Internetprovidern aus dem Beispiel auf der vorangehenden Seite kommen zwei weitere Angebote eines 3. und 4. Anbieters hinzu.

Anbieter	Grundgebühr	Nutzungsgebühr
3. Anbieter	49 €	0 €
4. Anbieter	0 €	0,01 € pro Minute

a) Erstellen Sie auch für Anbieter 3 und 4 die Funktionsgleichungen der Kostenfunktionen.

b) Zeichnen Sie die Kostenfunktionen der vier Anbieter in ein Diagramm ein (geeigneten Maßstab wählen).

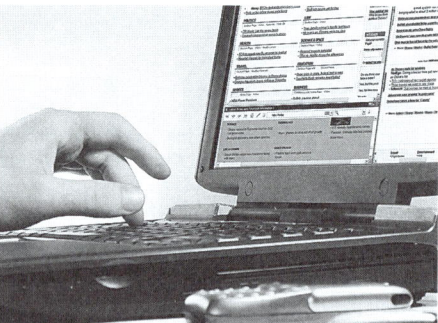

c) Entscheiden Sie rechnerisch, welchen Anbieter Sie wählen, wenn Sie monatlich 20 Stunden das Internet nutzen wollen.

2.5 Lineare Ungleichungen

Im Zusammenhang mit linearen Funktionen treten häufig lineare Ungleichungen auf, beispielsweise $mx + t > 0$. Diese lassen sich nach den gleichen Regeln lösen wie lineare Gleichungen, indem man die Unbekannte x auf die eine Seite und die Zahlen auf die andere Seite der Ungleichung bringt. Es gibt nur einen wesentlichen Unterschied:

Regel

> Wird eine Ungleichung mit einer **negativen Zahl** durchmultipliziert oder durch eine negative Zahl dividiert, so **dreht** sich das **Ungleichheitszeichen** um.

Beispiel

Bestimmen Sie alle Werte $x \in \mathbb{R}$, für die die lineare Ungleichung $-\frac{1}{2}x + 4 > -x - 2$ eine wahre Aussage ergibt.

Lösung:

$$
\begin{aligned}
-\tfrac{1}{2}x + 4 &> -x - 2 &&\big|-4 \\
-\tfrac{1}{2}x &> -x - 6 &&\big|+x \\
\tfrac{1}{2}x &> -6 &&\big|\cdot 2 \\
x &> -12
\end{aligned}
$$

Die Lösungsmenge ist also $\mathbf{L = \,]-12;\,\infty[}$.

Man kann diese Aufgabe auch grafisch lösen. Auf jeder Seite der Ungleichung steht der Term einer linearen Funktion, also stellt man deren Graphen dar.

Aus der Zeichnung ist erkennbar, dass die Gerade $y = -\frac{1}{2}x + 4$ etwa ab $x > -12$ oberhalb der Geraden $y = -x - 2$ verläuft. Das Intervall $]-12;\,\infty[$ ist also ungefähr die Lösungsmenge der Ungleichung $-\frac{1}{2}x + 4 > -x - 2$.

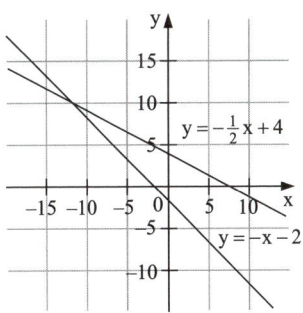

Man beachte, dass die grafische Lösung ungenau und aufwendig ist.

Aufgaben

38. Es wird der Internetanbieter mit der Kostenfunktion K_1: $y = 0{,}49x + 4{,}9$ ausgewählt (siehe Aufgabe 37).
Wie viele Stunden darf man höchstens im Internet sein, damit 25 € Gesamtkosten nicht überschritten werden?

39. Für den Versorgungsbereich eines Elektrizitätsunternehmens stehen folgende
Tarife zur Auswahl:

Tarif	Preis für eine Kilowattstunde	Grundgebühr
I	0,16 €	15 €
II	0,49 €	0 €

a) Stellen Sie für beide Tarife die Kosten in Abhängigkeit vom Verbrauch rechnerisch dar.

b) Berechnen Sie die Kilowattstunden, die man mindestens verbrauchen muss, damit der Tarif I günstiger wird.

c) Wie viele Kilowattstunden dürfen höchstens verbraucht werden, wenn die Stromkosten bei Tarif I nicht mehr als 50 € betragen sollen?

40. Bestimmen Sie die Lösungsmengen der folgenden linearen Ungleichungen.

a) $2x - 2 \leq 2 \cdot (x + 2) - 1$

b) $\frac{1}{2}\left(x - \frac{3}{2}\right) + \frac{1}{4} > \frac{5}{2}x + \frac{1}{2}$

3 Quadratische Funktionen

3.1 Parabeln

Die quadratischen Funktionen sind die einfachsten **nichtlinearen** Funktionen und besitzen viele interessante mathematische Eigenschaften. Sie spielen u. a. in der Physik eine wichtige Rolle, z. B. beim Beschleunigen eines Fahrzeugs, beim Wurf eines Gegenstandes oder beim freien Fall.

Definition

> **Quadratische Funktionen**
> Die quadratischen Funktionen haben die Grundform
> $f: \ x \mapsto ax^2 + bx + c$ (mit a, b, c $\in \mathbb{R}$; a $\neq$ 0).
> Die unabhängige Variable x kommt in der 2. Potenz (also im „Quadrat") vor. Die Parameter a, b und c werden auch **Koeffizienten** genannt. Ferner gilt $D_{max} = \mathbb{R}$.
> Der Graph einer quadratischen Funktion heißt **Parabel**, für **a = 1 oder a = –1** auch **Normalparabel**.

Beispiel

$f(x) = x^2$ ist die einfachste quadratische Funktion (mit a = 1 und b = c = 0).
Wertetabelle:

x	–3	–2	–1	0	1	2	3
f(x)	9	4	1	0	1	4	9

Die Normalparabel kann bei der Längeneinheit von 1 cm auf beiden Achsen mit einer handelsüblichen Parabelschablone gezeichnet werden. Die Normalparabel hat die y-Achse als **Symmetrieachse**. Der Punkt S(0|0) ist der **Scheitel** der Normalparabel.

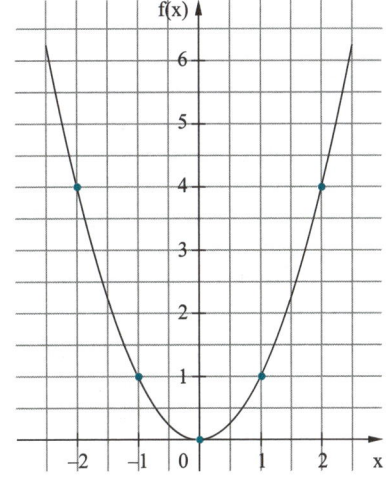

Regel

Einfluss der Koeffizienten a und c einer quadratischen Funktion

Das Vorzeichen des Koeffizienten **a** vor x^2 (auch **Leitkoeffizient** genannt) bestimmt die **Öffnungsrichtung** einer Parabel:

- **a > 0** ⇒ Die zugehörige Parabel ist nach **oben geöffnet**.
- **a < 0** ⇒ Die zugehörige Parabel ist nach **unten geöffnet**.

Eine Veränderung der **additiven Konstante c** bewirkt eine vertikale Verschiebung (Verschiebung entlang der y-Achse) des Graphen der Funktion.

Beispiele

1. Um den Einfluss des Koeffizienten **a** zu erkennen, wird die Funktionenschar $f_a(x) = ax^2$ mit $a \in \mathbb{R} \setminus \{0\}$ näher untersucht. Im Vergleich mit der Normalparabel $y = x^2$ wird jeder Funktionswert noch mit dem Faktor a multipliziert. Das hat folgende Auswirkungen auf den Graphen:

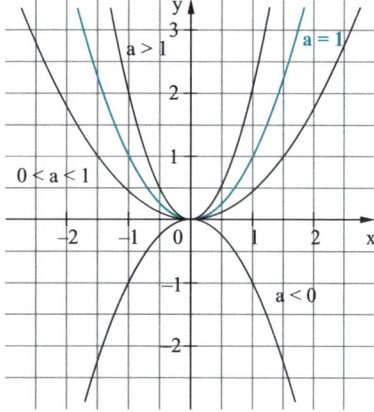

- Für **a > 1** sind die zugehörigen Parabeln in y-Richtung gestreckt.
- Für **0 < a < 1** sind die Parabeln weiter als die Normalparabel.
- Für **a < 0** sind die Parabeln nach unten geöffnet.

Im Vergleich zu einer Parabel mit positivem a erscheint eine Parabel mit negativem a an der x-Achse **gespiegelt**.

2. Es wird untersucht, wie sich eine Veränderung von **c** auf das Aussehen der zugehörigen Parabeln auswirkt. Betrachtet wird $f_c(x) = x^2 + c$ mit $c \in \mathbb{R}$. Im Vergleich zur Normalparabel wird jetzt eine konstante Zahl, die auch negativ sein kann, hinzu addiert. Das verschiebt die Parabel längs der y-Achse

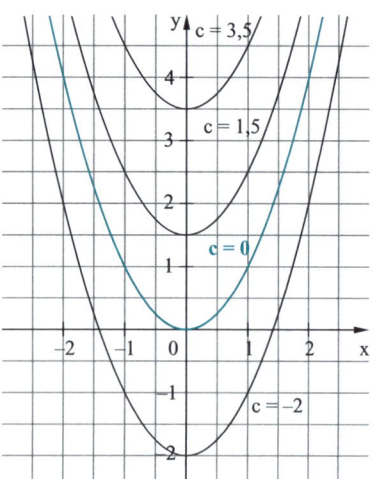

- um c Einheiten nach **oben**, falls **c > 0**, oder
- um |c| Einheiten nach **unten**, falls **c < 0**.

3. Die Einflüsse der Koeffizienten a
und c auf das Aussehen und die
Lage der zugehörigen Parabeln
wurde in den obigen Beispielen
untersucht. Bisher war stets $b=0$,
weil das lineare x-Glied „bx" in
den bisherigen Funktionstermen
nicht aufgetreten ist. Die zu den
Funktionen $x \mapsto ax^2+c$ gehören-
den Parabeln sind alle **symmetrisch zur y-Achse**. Sobald im
Funktionsterm einer quadratischen Funktion das lineare
x-Glied auftritt, ist die y-Achse
keine Symmetrieachse der Parabel mehr.

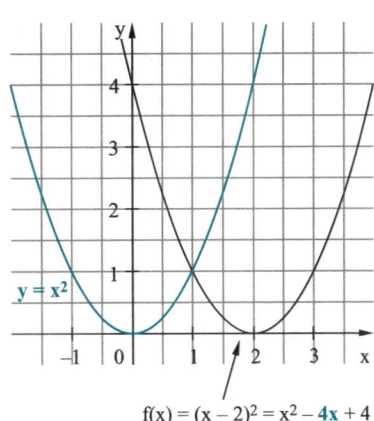

$$f(x) = (x-2)^2 = x^2 - 4x + 4$$

Aufgaben

41. Beschreiben Sie Aussehen und Lage der Parabeln der folgenden quadratischen Funktionen.
Zeichnen Sie die zugehörigen Parabeln in ein Koordinatensystem ein.
Geben Sie zudem die Wertebereiche der Funktionen an und bestimmen Sie
rechnerisch den jeweiligen Schnittpunkt der Parabel mit der y-Achse.

a) $f_1(x) = -x^2$

b) $f_2(x) = 2x^2 + 1$

c) $f_3(x) = \dfrac{x^2}{3}$

d) $f_4(x) = -\dfrac{1}{2}x^2 - \dfrac{3}{4}$

42. Gegeben ist $f_p(x) = (x-p)^2$ mit $p \in \mathbb{R}$.

a) Zeichnen Sie die Graphen von f_p für $p = -3, -1, 0$ und 2 in ein Koordinatensystem ein.
Welche allgemeine Erkenntnis lässt sich daraus gewinnen?

b) Obige Funktion wird erweitert zu $f(x) = (x-p)^2 + q$.
Welche Bedeutung haben die reellen Parameter p und q für die Lage der
Parabel?
Zeichnen Sie die Parabeln für die (p; q)-Paare $(-3; -2)$, $(-1; 1)$ und $(2; 0)$
mithilfe einer Parabelschablone in ein Koordinatensystem.

c) Die allgemeine Scheitelpunktsformel lautet $f(x) = a(x-p)^2 + q$.
Bringen Sie diese durch Ausmultiplizieren auf die Form $f(x) = ax^2 + bx + c$
und ermitteln Sie durch Koeffizientenvergleich, wie sich p und q aus den
Koeffizienten a, b und c errechnen lassen.

43. Auf der Erde fällt ein Gegenstand unter Vernachlässigung des Luftwiderstandes nach dem folgenden Zeit-Weg-Gesetz zu Boden (**freier Fall**):

$h(t) = \frac{1}{2}gt^2$ mit $t \geq 0$

Dabei ist t die Fallzeit in Sekunden,
$g = 9,81 \frac{m}{s^2}$ die Fallbeschleunigung
auf der Erde und h(t) die durchfallene
Höhe in Meter.

a) Zeichnen Sie den Graphen von h in
ein nach unten orientiertes Koordinatensystem ein und kennzeichnen Sie,
wo sich die Kugel nach 0 s, 1 s bzw.
2 s befindet.

b) Jemand lässt einen Stein in einen
Brunnen fallen. Der Aufschlag des
Steins erfolgt nach 2,5 s.
Wie tief ist der Brunnenschacht?

3.2 Quadratische Gleichungen

Die Berechnung der Nullstellen quadratischer Funktionen $f: x \mapsto ax^2 + bx + c$
führt auf das Problem des Lösens von Gleichungen der Form $ax^2 + bx + c = 0$.

Regel

> **Lösen von quadratischen Gleichungen**
> Die Gleichung $ax^2 + bx + c = 0$ heißt **Grundform der quadratischen Gleichung**
> mit den Koeffizienten a, b, c $\in \mathbb{R}$ und $a \neq 0$ (dies stellt sicher, dass tatsächlich nur
> quadratische Gleichungen vorkommen, keine linearen).
> Die **Lösungsmenge** der Gleichung besteht aus sämtlichen reellen Zahlen $x \in \mathbb{R}$,
> die beim Einsetzen in die Gleichung eine **wahre Aussage** ergeben.
> Die **Lösungsformel** für die Grundform der quadratischen Gleichung lautet:
> $$x_{1/2} = \frac{-b \pm \sqrt{b^2 - 4ac}}{2a}$$
> Der Ausdruck $D = b^2 - 4ac$ unter der Wurzel heißt **Diskriminante** der quadratischen Gleichung und entscheidet über die Anzahl der möglichen Lösungen.

Die Lösungsformel für quadratische Gleichungen ist so wichtig, dass man sie
einfach **auswendig kennen muss**! Wenn man diese Formel weiß, kennt man auch
die Diskriminante; es ist der Ausdruck unter der Wurzel. Die Wurzel selbst gehört
nicht mit zur Diskriminante.

Ist eine quadratische Gleichung durch Nullsetzen einer quadratischen Funktion entstanden, dann sind die Lösungen dieser Gleichung
die Nullstellen der quadratischen Funktion.

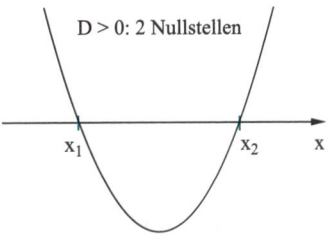

D > 0: 2 Nullstellen

Eine quadratische Funktion hat je nach Vorzeichen und Wert der Diskriminante D entweder

- **zwei** Nullstellen x_1, x_2, wenn $D > 0$,
- **eine** Nullstelle $x_{1/2}$, wenn $D = 0$, oder
- **keine** Nullstelle, wenn $D < 0$.

Im Falle von zwei Nullstellen, spricht man
von zwei **einfachen** Nullstellen. Die Parabel
schneidet an diesen Stellen die x-Achse und es
findet ein **Vorzeichenwechsel** bei den Funktionswerten statt.

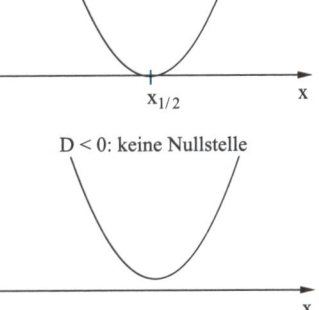

D = 0: 1 Nullstelle

D < 0: keine Nullstelle

Hat die quadratische Funktion nur 1 Nullstelle, so bezeichnet man diese als **doppelt**, was
auch in der Schreibweise $x_{1/2}$ zum Ausdruck
kommt. An der doppelten Nullstelle **berührt**
die Parabel die x-Achse, es findet **kein Vorzeichenwechsel** statt. Man kann sich
die doppelte Nullstelle aus zwei einfachen entstanden denken, die „aufeinander"
liegen.

Besitzt eine quadratische Funktion keine Nullstelle, so haben alle Funktionswerte
das gleiche Vorzeichen, und zwar

- ein **positives**, wenn die Parabel **nach oben geöffnet** ist, bzw.
- ein **negatives** bei nach **unten geöffneter** Parabel.

Beispiele

Bestimmen Sie die Nullstellen der folgenden quadratischen Funktionen:

a) $f_1(x) = \frac{1}{2}x^2 + x - \frac{15}{2}$

b) $f_2(x) = 2{,}5x^2 + 5x + 2{,}5$

c) $f_3(x) = x^2 - 3x + 4$

d) $f_4(x) = x^2 + 3x + 1$

Lösung:

a) Die Koeffizienten $a = \frac{1}{2}$, $b = 1$ und $c = -\frac{15}{2}$ werden in die Lösungsformel
eingesetzt:

$$x_{1/2} = \frac{-b \pm \sqrt{b^2 - 4 \cdot a \cdot c}}{2 \cdot a} = \frac{-1 \pm \sqrt{1^2 - 4 \cdot \frac{1}{2} \cdot \left(-\frac{15}{2}\right)}}{2 \cdot \frac{1}{2}} = \frac{-1 \pm \sqrt{1 + 15}}{1} = -1 \pm 4$$

f_1 hat demnach die zwei einfachen Nullstellen $x_1 = 3$ und $x_2 = -5$.

Probe durch Einsetzen in die Funktion f_1:

$$f_1(3) = \tfrac{1}{2} \cdot 3^2 + 3 - \tfrac{15}{2} = \tfrac{9}{2} + 3 - \tfrac{15}{2} = 0$$

$$f_1(-5) = \tfrac{1}{2} \cdot (-5)^2 + (-5) - \tfrac{15}{2} = \tfrac{25}{2} - 5 - \tfrac{15}{2} = 0$$

b) $x_{1/2} = \dfrac{-5 \pm \sqrt{5^2 - 4 \cdot 2{,}5 \cdot 2{,}5}}{2 \cdot 2{,}5} = \dfrac{-5 \pm \sqrt{25 - 25}}{5} = \dfrac{-5 \pm 0}{5} = -1$

f_2 hat demnach die doppelte Nullstelle $x_{1/2} = -1$.

Man erkennt, dass in der Lösungsformel unter der Wurzel der Wert null herauskommt. Die Diskriminante dieser Gleichung ist $D = 0$, deshalb gibt es nur eine Lösung.

c) $x_{1/2} = \dfrac{-(-3) \pm \sqrt{(-3)^2 - 4 \cdot 1 \cdot 4}}{2 \cdot 1} = \dfrac{3 \pm \sqrt{9 - 16}}{2} \notin \mathbb{R} \;\Rightarrow\; \text{keine reelle Lösung!}$

Unter der Wurzel ergibt sich ein negativer Wert, $D = -7$, also existiert keine reelle Lösung. Die zugehörige Funktion hat keine Nullstellen. Da es sich um eine nach oben geöffnete Parabel handelt, gilt $f_3(x) > 0$ für alle $x \in \mathbb{R}$. Wenn zu vermuten ist, dass es keine Lösungen gibt, sollte man zuerst die Diskriminante berechnen.

d) $x_{1/2} = \dfrac{-3 \pm \sqrt{3^2 - 4 \cdot 1 \cdot 1}}{2 \cdot 1} = \dfrac{-3 \pm \sqrt{9 - 4}}{2} = \dfrac{-3 \pm \sqrt{5}}{2} = \tfrac{1}{2}(-3 \pm \sqrt{5})$

f_4 hat zwei „krumme" (irrationale) Nullstellen. Auf zwei Nachkommastellen gerundet ergibt sich $x_1 \approx -0{,}38$ und $x_2 \approx -2{,}61$.

Regel

> **Nullstellen und Scheitelpunkt einer Parabel**
>
> Wie aus der Abbildung hervorgeht, liegen die **Nullstellen** einer Parabel $y = ax^2 + bx + c$ immer symmetrisch zu ihrem **Scheitelpunkt S**. Wegen des Ausdrucks $\pm$ ist in der Lösungsformel bereits die x-Koordinate des Scheitelpunkts enthalten. Lässt man den Term $\pm\sqrt{D}$ in der Lösungsformel weg, so erhält man die x-Koordinate des Scheitelpunkts:
>
> $$x_S = \frac{-b}{2a}$$
>
>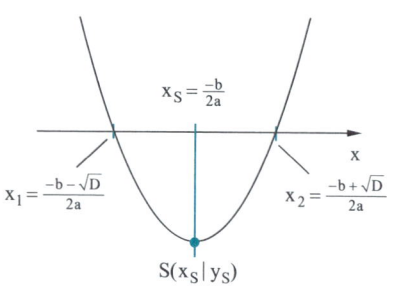
>
> Die y-Koordinate des Scheitelpunkts ergibt sich durch Einsetzen von x_S in die Funktionsgleichung, also $y_S = f(x_S)$.
>
> Diese Berechnungsmethode funktioniert im übrigen auch dann, wenn die Parabel bzw. die quadratische Funktion gar keine (reelle) Nullstelle besitzt.

Der Scheitelpunkt S liegt genau in der Mitte zwischen den Nullstellen x_1 und x_2. Sind diese bekannt, so erhält man x_S auch mithilfe der Formel:

$$x_S = \frac{1}{2}(x_1 + x_2)$$

Beispiel

Ermitteln Sie die Scheitelkoordinaten der Parabel $f(x) = x^2 - 3x + 4$.

Lösung:

Es gilt $a = 1$, $b = -3$ und $c = 4$. Damit folgt:

$$x_S = \frac{-b}{2a} = \frac{-(-3)}{2 \cdot 1} = \frac{3}{2} \quad \text{und} \quad y_S = f\left(\frac{3}{2}\right) = \left(\frac{3}{2}\right)^2 - 3 \cdot \frac{3}{2} + 4 = \frac{9}{4} - \frac{9}{2} + 4 = \frac{7}{4}$$

$$\Rightarrow S\left(\frac{3}{2} \,\middle|\, \frac{7}{4}\right)$$

Zwar lässt sich mithilfe der Lösungsformel die Lösungsmenge jeder quadratischen Gleichung bestimmen, trotzdem kommen häufig einige Sonderformen von quadratischen Gleichungen vor, die sich auf andere Weise schneller lösen lassen.

Regel

> **Rein-quadratische Gleichungen**
> Die rein-quadratischen Gleichungen enthalten kein lineares x-Glied, d. h., der Koeffizient **b** in der Grundform $ax^2 + bx + c = 0$ ist null. Die Unbekannte x kommt nur im Quadrat vor, daher lassen sich rein-quadratische Gleichungen stets auf die folgende Form bringen:
> $$x^2 = k \text{ (mit } k \in \mathbb{R})$$

Was die Lösbarkeit einer rein-quadratischen Gleichung anbelangt, so sind drei Fälle zu unterscheiden:

- **k > 0:** Es gibt zwei Lösungen: $x_1 = \sqrt{k}$, $x_2 = -\sqrt{k}$
  Dafür schreibt man meist kurz: $x_{1/2} = \pm\sqrt{k}$
- **k = 0:** Es gibt genau eine (doppelte) Lösung: $x_{1/2} = 0$
- **k < 0:** Es gibt keine reelle Lösung: $L = \emptyset$
  (Die Lösungsmenge L ist die leere Menge.)

Beispiele

1. $x^2 = 81 \quad | \sqrt{\ }$ Es wird aus beiden Seiten die Wurzel gezogen.

   $\sqrt{x^2} = \sqrt{81}$ Diesen Zwischenschritt schreibt man meist nicht an.

   $|x| = 9$ Die Wurzel aus x^2 ist nicht x, sondern der **Betrag von x**, d. h. $\sqrt{x^2} = |x|$.

   $x_{1/2} = \pm 9$ Damit hat man die Lösungen. Die zweite und dritte Zeile werden oft weggelassen, sodass man die Lösung in nur einem Rechenschritt erhält.

2. $\frac{1}{3}x^2 - 4 = 0$ x^2 und Zahlen auf verschiedene Seiten der Gleichung bringen.

$x^2 = 12$

$x_{1/2} = \pm\sqrt{12} = \pm 2\sqrt{3}$ Die ± Lösungen angeben.

3. $4x^2 + 3 = 0$

$x^2 = -\frac{3}{4}$ Da links die Unbekannte x zum Quadrat steht (also nie negativ werden kann) und rechts eine negative Zahl steht, kann es keine reelle Lösung geben.

$L = \emptyset$

Regel

> **Gleichungen ohne additive Konstante c**
>
> Hat eine quadratische Gleichung keine x-freie Konstante (d. h. $c = 0$), so kann man die entsprechende quadratische Gleichung durch Ausklammern von x lösen. Man erhält dann die Produktform einer Gleichung und diese ist null, sobald ein Faktor null ist:
>
> $ax^2 + bx = 0$
>
> $x(ax + b) = 0$
>
> $\Leftrightarrow \quad x = 0 \quad \vee \quad ax + b = 0$
>
> $\Leftrightarrow \quad \mathbf{x_1 = 0} \quad \vee \qquad \mathbf{x_2 = -\frac{b}{a}}$
>
> Eine solche Gleichung hat stets **zwei Lösungen**, eine davon ist immer null.

Beispiele

1. $3x^2 - 4x = 0$

   $x(3x - 4) = 0$

   $\Leftrightarrow \quad x = 0 \quad \vee \quad 3x - 4 = 0$

   $\Leftrightarrow \quad \mathbf{x_1 = 0} \quad \vee \qquad \mathbf{x_2 = \frac{4}{3}}$

2. $\frac{2u^2}{3} = 4u \quad \Big| \cdot \frac{3}{2}$ Die Gleichung darf mit einer beliebigen reellen Zahl $\neq 0$ multipliziert werden. Wenn man hierbei geschickt vorgeht, kann sich das Lösen von Gleichungen oft erheblich vereinfachen.

   $u^2 = 6u$

   $u^2 - 6u = 0$ Niemals darf durch die Lösungsvariable dividiert werden, denn diese kann auch null werden.

   $u(u - 6) = 0$ Nach dem Ausklammern von u lassen sich die Lösungen direkt ablesen. Wichtig dabei ist, dass auf der rechten Seite tatsächlich eine Null steht.

   $\Rightarrow u_1 = 0; \ u_2 = 6$

Die allgemeine quadratische Gleichung $ax^2+bx+c=0$ lässt sich stets auf die **normierte Form** bringen, sodass der Koeffizient a bei x^2 (der Leitkoeffizient) den Wert 1 hat. Man braucht nur die allgemeine Gleichung durch a zu dividieren und erhält die normierte Form $x^2+px+q=0$ mit neuen Koeffizienten $p, q \in \mathbb{R}$.

Regel

> **Normierte quadratische Funktionen in Produktform**
> Jede normierte quadratische Funktion $f(x)=x^2+px+q$ mit den reellen Nullstellen x_1, x_2 besitzt die **faktorisierte Darstellung (Produktform)**:
> $f(x)=(x-x_1)(x-x_2)$
> Dabei heißen $(x-x_1)$ bzw. $(x-x_2)$ die **Linearfaktoren** der Funktion f.
> Der Zusammenhang zwischen den Koeffizienten p, q und den Nullstellen x_1, x_2 ist gegebenen durch den **Satz von Vieta**:
> $q=x_1 x_2$ (q ist das Produkt der Nullstellen x_1 und x_2.)
> $-p=x_1+x_2$ ($-p$ ist die Summe der Nullstellen x_1 und x_2.)
> Dadurch können die Nullstellen x_1, x_2 von f bestimmt werden, ohne dass die Lösungsformel verwendet wird.

Der Vorteil der Produktform ist, dass sich daraus die Nullstellen einer quadratischen Funktion f, also die **Lösungen** der Gleichung $f(x)=0$, direkt ablesen lassen (Satz vom Nullprodukt):

$$(x-x_1)(x-x_2)=0$$
$$\Leftrightarrow \quad x-x_1=0 \quad \vee \quad x-x_2=0$$
$$\Leftrightarrow \quad\quad x=x_1 \quad \vee \quad\quad x=x_2$$

Beispiele

1. Bestimmen Sie alle Nullstellen der Funktion $f(x)=(x-2)(x-5)$.

   Lösung:

   $f(x)=0$
   $(x-2)(x-5)=0$
   $\Leftrightarrow \quad x_1=2 \vee x_2=5$

   Die Nullstellen liegen bei $x_1=2$ und $x_2=5$.
   Probe: $f(2)=(2-2)(2-5)=0\cdot(-3)=0$
   $f(5)=(5-2)(5-5)=3\cdot 0=0$

2. Bestimmen Sie die faktorisierte Darstellung der Gleichung $x^2-5x+4=0$ mit dem Satz von Vieta.

   Lösung:

   $x^2-5x+4=0$

   Welche **ganzzahligen** Kombinationen $x_1, x_2 \in \mathbb{Z}$ ergeben als Produkt 4? Solche Zahlenpaare sind z. B. 1 und 4, −1 und −4, 2 und 2 sowie −2 und −2.

   $x^2-5x+4=0$

   Welches Zahlenpaar von oben hat den Summenwert $-(-5)=5$?

   Faktorisierte Darstellung:
   $(x-1)(x-4)=0$

   Offensichtlich **1** und **4**, das sind die passenden Zahlen für die faktorisierte Darstellung der Gleichung.

3. Lösen Sie die Gleichung $x^2 + 7x - 12 = 0$, wenn möglich mit dem Satz von Vieta.

Lösung:

$x^2 + 7x - 12 = 0$

$x_{1/2} = \dfrac{-7 \pm \sqrt{7^2 - 4 \cdot 1 \cdot (-12)}}{2}$

$= \dfrac{-7 \pm \sqrt{49 + 48}}{2} = \dfrac{-7 \pm \sqrt{97}}{2}$

$x_1 \approx 1,42; \; x_2 \approx -8,42$

Mögliche Faktorisierungen von **–12** sind $\pm 1; \mp 12, \pm 2; \mp 6$ und $\pm 3; \mp 4$. Mit $-3; 4$ oder $3; -4$ lässt sich aber die Summe **–7** nicht erreichen, entsprechendes gilt für die anderen ganzzahligen Kombinationen.
Folgerung: Entweder hat die Gleichung keine Lösung oder keine ganzzahligen Lösungen. In so einem Fall greift man auf die bekannte **Lösungsformel** zurück.

Auch allgemeine quadratische Funktionen lassen sich mithilfe der Nullstellen faktorisieren, es ist lediglich der Leitkoeffizient a vor x^2 mit zu berücksichtigen.

Regel

> **Zerlegungssatz**
> Jede quadratische Funktion $f(x) = ax^2 + bx + c$ mit den reellen Nullstellen $\mathbf{x_1, x_2}$ besitzt die **faktorisierte Darstellung (Produktform)**:
> $f(x) = \mathbf{a(x - x_1)(x - x_2)}$
> Hat f eine doppelte Nullstelle x_0, so gilt:
> $f(x) = a(x - x_0)(x - x_0) = a(x - x_0)^2$
> Hat die Funktion f **keine** reelle Nullstelle, so kann sie auch **nicht** in Linearfaktoren zerlegt werden.

Oft lassen sich quadratische Funktionen **ohne** Verwendung der Lösungsformel „im Kopf" faktorisieren:

1. Leitkoeffizient a **ausklammern**:

    $f(x) = ax^2 + bx + c = \mathbf{a}\left(x^2 + \frac{b}{a}x + \frac{c}{a}\right)$

2. Den normierten quadratischen Funktionsterm $x^2 + \frac{b}{a}x + \frac{c}{a}$ mit dem **Satz von Vieta** in Produktform überführen (nur sinnvoll, wenn die Koeffizienten $\frac{b}{a}$ und $\frac{c}{a}$ ganzzahlig sind).

Diese Methode kann Zeit und Rechenarbeit sparen, sie lässt sich jedoch nicht immer (sinnvoll) anwenden.

Beispiele

1. Stellen Sie die Funktion $f(x) = \frac{1}{2}x^2 - x - 4$ in Produktform dar.

   Lösung:

   $f(x) = \frac{1}{2}x^2 - x - 4$

   Der Leitkoeffizient $\frac{1}{2}$ wird ausgeklammert.

   $f(x) = \frac{1}{2}(x^2 - 2x - 8)$

   Auf die runde Klammer wird der Satz von Vieta angewandt. Mögliche Faktorisierungen von -8 sind $\pm 1; \mp 8$ und $\pm 2; \mp 4$.

   Produktform von f:

   $f(x) = \frac{1}{2} \cdot [x - (-2)] \cdot (x - 4)$

   Die Summe muss $-(-2) = 2$ ergeben, daher ist $-2; 4$ das passende Zahlenpaar.

   $= \frac{1}{2}(x + 2)(x - 4)$

2. Zerlegen Sie die Funktion $f(x) = 3x^2 - 2x + \frac{1}{3}$ in Linearfaktoren, falls möglich.

   Lösung:

   Durch das Ausklammern von 3 würden in der Klammer Brüche entstehen. In diesem Fall ist es sinnvoller, die Nullstellen mit der Lösungsformel zu bestimmen:

   $$x_{1/2} = \frac{2 \pm \sqrt{4 - 4 \cdot 3 \cdot \frac{1}{3}}}{2 \cdot 3} = \frac{2 \pm 0}{6} = \frac{1}{3}$$

   Es liegt eine doppelte Nullstelle vor.
   Nach dem Zerlegungssatz lautet die Produktform:

   $$f(x) = 3\left(x - \frac{1}{3}\right)\left(x - \frac{1}{3}\right) = 3\left(x - \frac{1}{3}\right)^2$$

3. Faktorisieren Sie die Funktion $f(x) = x^2 + 2$.

   Lösung:

   Die Funktion $f(x) = x^2 + 2$ nimmt nur positive Werte an und besitzt daher keine reellen Nullstellen (Berechnen der Diskriminante bestätigt dies ebenfalls). Es gibt daher **keine Faktorisierung**.

Aufgaben

44. Bestimmen Sie die Lösungsmengen der folgenden quadratischen Gleichungen:

    a) $x^2 + 2x + 1 = 0$

    b) $\frac{1}{2}x^2 + 4x + \frac{3}{2} = 0$

    c) $\frac{2}{3}m^2 + \frac{4}{3}m = \frac{5}{3}$

    d) $5x^2 + 4x = 0$

    e) $\frac{2x^2}{3} = 576$

    f) $k^2 = 4(k - 3)$

    g) $(x + 1)^2 + (x - 1)^2 = 7x - 4$

    h) $x + 1 = \frac{2}{x}$

    i) $(x - 3)(x + 1) = 0$

    j) $\frac{1}{2}t^2 + t = \sqrt{3}$

45. Berechnen Sie die Nullstellen und die Scheitelkoordinaten folgender quadratischer Funktionen:

a) $f(x) = x^2 + 1$

b) $f(x) = x^2 + 6x + 5$

c) $f(x) = 3x^2 + 2x - 5$

d) $f(x) = \frac{1}{3}x^2 + 4x$

e) $f(x) = -\frac{1}{2}(x-1)^2 + 1$

f) $f(x) = \frac{(x-2)^2}{\sqrt{3}}$

46. Lösen Sie die folgenden rein-quadratischen Gleichungen zum einen mit der Lösungsformel und zum anderen auf direktem Weg:

a) $x^2 + 1 = 0$

b) $x^2 + \sqrt{3} = 2x^2$

c) $4x^2 - 0{,}5 = 0$

d) $\frac{1}{a^2} = 9$

e) $\sqrt{5} = \frac{x^2}{\sqrt{5}}$

f) $-\sqrt{2}z^2 + \frac{1}{\sqrt{2}} = 2$

47. Lösen Sie die folgenden Gleichungen zum einen mithilfe der Lösungsformel und zum anderen durch Ausklammern:

a) $x^2 = x$

b) $\left(\frac{x}{3}\right)^2 + \frac{x}{3} = 0$

c) $\frac{w^2}{81} = \frac{w}{9}$

d) $\sqrt{3}x^2 + x = 0$

Verwenden Sie zur Lösung der Aufgaben 48 bis 51 den Satz von Vieta.

48. Zerlegen Sie die Funktion $f(x) = x^2 - 5x + 6$ in Linearfaktoren und geben Sie die Nullstellen an.

49. Der Graph einer normierten quadratischen Funktion schneidet die x-Achse an den Stellen –2 und 3.
Wie lautet die zugehörige Funktionsgleichung?

50. Schreiben Sie die Gleichung $x^2 + 3x - 10 = 0$ in faktorisierter Darstellung und bestimmen Sie die Lösungsmenge.

51. Bestimmen Sie die Nullstellen der folgenden Funktionen mithilfe der Produktform.

a) $f(x) = 3x^2 - 15x + 18$

b) $g(x) = 2x^2 + 14x + 24$

Hinweis: Durch Ausklammern des Leitkoeffizienten erhalten Sie normierte quadratische Funktionsterme in der Klammer.

52. Zerlegen Sie folgende quadratischen Funktionen – wenn möglich – in Linear-faktoren und geben Sie deren Nullstellen an.

a) $f(x) = x^2 - 3x - 28$

b) $f(x) = 2x^2 - 4x$

c) $f(x) = -x^2 + 8x - 16$

d) $f(x) = x^2 - 4x + 4$

e) $f(x) = 4x^2 - 12x + 9$

f) $f(x) = \frac{1}{2}x^2 - \frac{1}{2}x - 3$

g) $f(x) = -\frac{1}{3}(x-3)^2 + 2$

h) $f(x) = 2x^2 + 1$

53. Bestimmen Sie jeweils die Lösungsmenge der folgenden quadratischen Glei-chungen mit der jeweils günstigsten Lösungsmethode. Schauen Sie zunächst, ob sich x ausklammern lässt oder ob es sich um eine rein-quadratische Glei-chung handelt. Falls beides nicht zutrifft, prüfen Sie kurz, ob sich der Satz von Vieta anwenden lässt. Erst wenn nichts von dem zutrifft, verwenden Sie die Lösungsformel.

a) $-0{,}5x^2 + 2x + 6 = 0$

b) $\frac{1}{x^2} + \frac{1}{x} = 1$

c) $u^2 = 4u$

d) $4(x+3)^2 = 0$

e) $\frac{\sqrt{2}}{x^2 + 1} = \frac{1}{\sqrt{2}}$

f) $\frac{1}{a} = \frac{a}{a+1}$

3.3 Quadratische Ungleichungen

Möchte man beispielsweise untersuchen, für welche $x \in \mathbb{R}$ eine quadratische Funktion positive Funktionswerte hat, so ergibt sich eine quadratische Unglei-chung $ax^2 + bx + c > 0$. Um deren Lösungsmenge zu bestimmen, sind entsprechen-de Lösungsmethoden erforderlich. Rein-quadratische Ungleichungen löst man am schnellsten wie in den nachfolgenden Beispielen dargestellt.

Beispiele

1. $x^2 - 4 > 0 \qquad | +4$ x^2 wird auf einer Seite isoliert.

$\qquad x^2 > 4 \qquad | \sqrt{\ }$ Auf beiden Seiten radizieren.

$\qquad |x| > 2$ Achtung: Bei Ungleichungen muss der Betrag verwendet werden! Mit ± wie bei den Glei-chungen darf hier nicht gearbeitet werden.

$L =]-\infty; -2[\ \cup\ ]2; \infty[$
Oder kompakter:
L = $\mathbb{R} \setminus [-2; 2]$

Die Lösungsmenge bilden also alle Zahlen, die **betragsmäßig** größer als 2 sind, d. h., die kleiner als –2 oder größer als +2 sind.

Man beachte die geschlossen Intervallgrenzen des aus $\mathbb{R}$ herausgenommenen Intervalls. Damit die Grenzen ±2 nicht zu L gehören, müssen sie mit **herausgenommen** werden, deshalb [–2; 2] und nicht]–2; 2[.

2. $x^2 + 4 > 0$ x^2 wird isoliert.

    $x^2 > -4$ Wurzelziehen geht nicht, da auf der rechten Seite eine negative Zahl (-4) steht.

    $L = \mathbb{R}$ Die Lösungsmenge muss durch Überlegung gefunden werden:
Für welche x ist x^2 größer als -4?
Das ist offensichtlich für alle $x \in \mathbb{R}$ der Fall.

Allgemeine quadratische Ungleichungen löst man mit der folgenden Methode:

Regel

> **Lösen von quadratischen Ungleichungen**
>
> **Schritt 1:**
>
> Die Ungleichung auf die Normalform $ax^2 + bx + c \geq 0$ bringen (anstatt „$\geq$" kann natürlich auch eines der Ungleichheitszeichen $\leq$, $>$ oder $<$ auftreten).
>
> **Schritt 2:**
>
> Die zugehörige quadratische Gleichung $ax^2 + bx + c = 0$ lösen. Die Lösungen lauten x_1, x_2.
>
>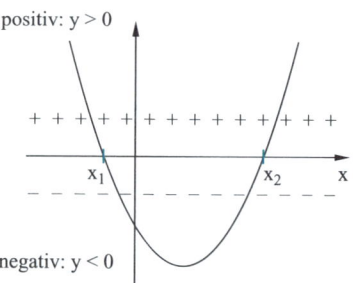
>
> **Schritt 3:**
>
> Die zugehörige Parabel skizzieren.
> Dazu genügt es, die berechneten Nullstellen einzuzeichnen und darauf zu achten, ob die Parabel nach oben oder nach unten geöffnet ist.
>
> **Schritt 4:**
>
> Die Lösungsmenge aus der Skizze ablesen.

Beispiele

1. Bestimmen Sie die Lösungsmenge der quadratischen Ungleichung $2x^2 + 3x < 2$.

   Lösung:

   Schritt 1:

   Die auf Normalform gebrachte Ungleichung lautet:
   $2x^2 + 3x - 2 < 0$

   Schritt 2:

   Aufstellen und Lösen der zugehörigen quadratischen Gleichung:
   $2x^2 + 3x - 2 = 0$

   $$x_{1/2} = \frac{-3 \pm \sqrt{9 - 4 \cdot 2 \cdot (-2)}}{4} = \frac{-3 \pm \sqrt{25}}{4} = \begin{cases} 0{,}5 \\ -2 \end{cases}$$

Schritt 3:

$y = 2x^2 + 3x - 2$ ist eine nach oben
geöffnete Parabel mit Nullstellen
bei -2 und $0{,}5$. Die nebenstehende
Abbildung zeigt die Skizze des
Graphen.

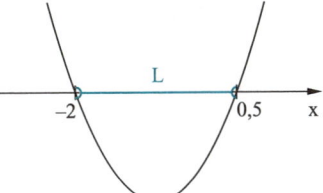

Schritt 4:

Wegen $2x^2 + 3x - 2 < 0$ sind diejenigen x-Werte in der Lösungsmenge enthalten, für welche die Parabel im Negativen, also unterhalb der x-Achse verläuft. Die Lösungsmenge der Ungleichung lautet:

$L = \,]{-2}; 0{,}5[$

2. Lösen Sie die Ungleichung $-\frac{1}{2}x + 2x - 3 \geq 0$ über der Grundmenge $\mathbb{R}$.

   Lösung:
   Berechnet man die Diskriminante der zugehörigen quadratischen Gleichung, so ergibt sich:

   $D = 2^2 - 4 \cdot \left(-\frac{1}{2}\right) \cdot (-3) = -2 < 0$

   Die quadratische Gleichung hat
   also keine reellen Lösungen.

   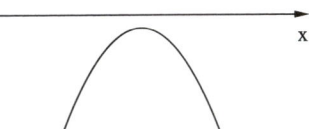

   Die Skizze der zugehörigen
   nach unten geöffneten Parabel
   führt auf die Lösungsmenge
   $L = \varnothing$ (für kein x verläuft diese
   Parabel im positiven Bereich).

   Hätte die Ungleichung $-\frac{1}{2}x + 2x - 3 \leq 0$ ge-
   lautet, so wäre die Lösungsmenge ganz $\mathbb{R}$,
   weil die Parabel unterhalb der x-Achse, also
   für alle x im Negativen verläuft.

3. Bestimmen Sie die Lösungsmenge der Ungleichung $x^2 - 2x + 1 > 0$. Wie lautet die Lösungsmenge, wenn $>$ durch $\geq$, $\leq$ oder $<$ ersetzt wird?

   Lösung:
   Die Ungleichung kann direkt gelöst werden. Die Umformung mit der zweiten binomischen Formel (Minusformel) ergibt $(x-1)^2 > 0$. Wegen des Quadrats ist die linke Seite immer größer als null, nur für $x = 1$ ist sie null. Zu der Lösungsmenge gehören damit alle reellen Zahlen außer der Eins, $L = \mathbb{R} \setminus \{1\}$.

   Für $x^2 - 2x + 1 \geq 0$, gleichbedeutend mit $(x-1)^2 \geq 0$, lautet die Lösungsmenge $L = \mathbb{R}$. Die Ungleichung $x^2 - 2x + 1 \leq 0$ hat die Lösungsmenge $L = \{1\}$ und die Ungleichung $x^2 - 2x + 1 < 0$ wird von keiner reellen Zahl erfüllt, also $L = \varnothing$.

54. Bestimmen Sie die Lösungsmengen der folgenden Ungleichungen:

a) $x^2 - 7x + 12 > 0$
b) $-x^2 + 12x - 26 < 6$
c) $x^2 + 1 \leq 2(x-2)$
d) $x^2 \geq x$
e) $2(x+1) > x(x+1)$
f) $-(3x+2)^2 \geq 0$

55. Lösen Sie die Ungleichungen $2x^2 + 3x \leq 2$, $2x^2 + 3x > 2$ und $2x^2 + 3x \geq 2$ und vergleichen Sie die Lösungsmengen (siehe auch Beispiel 1).

3.4 Quadratische Funktionen mit Parameter

Es werden nun quadratische Funktionen mit Parameter betrachtet. Bei diesen kommt neben der unabhängigen Variablen x ein weiterer Buchstabe im Funktionsterm vor.

Definition

Quadratische Funktionenscharen
Im Funktionsterm einer quadratischen Funktion können neben der unabhängigen Funktionsvariable x weitere Variablen (Formvariable oder **Parameter** genannt) auftreten. Dadurch hat man – ähnlich wie bei Geradenscharen – nicht nur eine einzige quadratische Funktion, sondern für jeden Wert des Parameters eine.

Natürlich sind auch bei Funktionenscharen die Nullstellen der in der Schar enthaltenen Funktionen von Interesse, diese hängen dann in der Regel vom Scharparameter ab.

Beispiele

1. Ein einfaches Beispiel ist die quadratische Funktionenschar $f_a : x \mapsto ax^2$ mit $a \in \mathbb{R} \setminus \{0\}$. Für $a \in \{-2; -0,3; 0,1; 0,25; \sqrt{2}\}$ sind die zugehörigen Parabeln im nebenstehenden Koordinatensystem dargestellt. Tatsächlich enthält die Schar natürlich unendlich viele Parabeln; für jedes $a \in \mathbb{R} \setminus \{0\}$ eine. Grafisch muss man sich auf eine Auswahl beschränken. Rechnerisch lassen sich alle auf einmal, ggf. mit Fallunterscheidungen, behandeln.

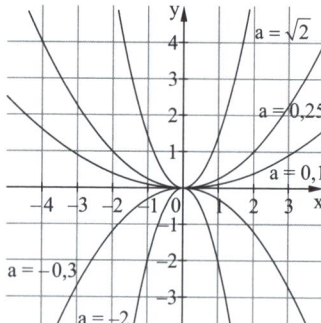

2. Gegeben ist die Funktionenschar $f_k(x) = x^2 - x + k$ mit $k \in \mathbb{R}$.
   Bestimmen Sie die Lage, Vielfachheit und Anzahl der Nullstellen in Abhängigkeit von k.

   Lösung:
   Ansatz zur Berechnung der Nullstellen: $f_k(x) = 0$
   $$x^2 - x + k = 0$$
   Über die Vielfachheit und Anzahl der Nullstellen gibt die Diskriminante Auskunft, deshalb wird diese zunächst berechnet:
   $$D = b^2 - 4ac = (-1)^2 - 4 \cdot 1 \cdot k = 1 - 4k$$

   Je nachdem, ob $D > 0$, $D = 0$ oder $D < 0$ ist, sind drei Fälle zu unterscheiden:

Fall 1: $D > 0$	**Fall 2:** $D = 0$	**Fall 3:** $D < 0$
$1 - 4k > 0 \iff k < \frac{1}{4}$	$1 - 4k = 0 \iff k = \frac{1}{4}$	$1 - 4k < 0 \iff k > \frac{1}{4}$
Für $k < \frac{1}{4}$ hat f_k zwei einfache Nullstellen:	Für $k = \frac{1}{4}$ hat f_k eine doppelte Nullstelle:	Für $k > \frac{1}{4}$ hat f_k keine Nullstellen.
$x_{1/2} = \frac{1 \pm \sqrt{1 - 4k}}{2}$	$x_{1/2} = \frac{1 \pm 0}{2} = \frac{1}{2}$	

Man erkennt, dass der Parameter k eine Verschiebung der Parabeln parallel zur y-Achse bewirkt. Das zeigt sich rechnerisch, wenn man die Scheitelkoordinaten berechnet:

$$x_S = \frac{-b}{2a} = \frac{-(-1)}{2} = \frac{1}{2}$$

Da die x-Koordinate von k unabhängig ist, liegen alle Scheitelpunte auf einer vertikalen Geraden durch $x = \frac{1}{2}$.

Für y_S gilt:
$$y_S = f_k\left(\frac{1}{2}\right)$$
$$= \left(\frac{1}{2}\right)^2 - \frac{1}{2} + k$$
$$= k - \frac{1}{4}$$

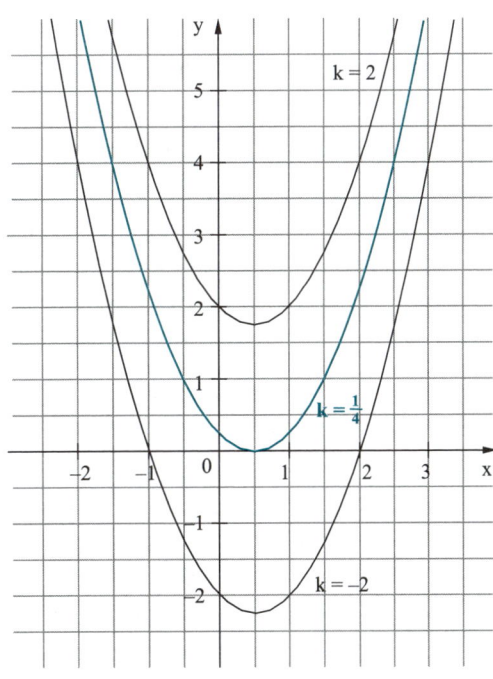

Man erkennt, dass sich die y-Koordinaten der Scheitel in Abhängigkeit von k verändern.

3. **Senkrechter Wurf**

Ein Gegenstand wird von der Erdoberfläche aus mit der Anfangsgeschwindigkeit v_0 senkrecht nach oben geworfen. Bei Vernachlässigung des Luftwiderstandes setzt sich die Geschwindigkeit des Gegenstandes zu jedem Zeitpunkt aus der nach oben wirkenden gleichförmigen Geschwindigkeit v_0 und der nach unten wirkenden, zunehmenden Geschwindigkeit des freien Falles zusammen.

Für das Zeit-Weg-Gesetz des senkrechten Wurfes gilt daher:

$$h(t) = -\frac{1}{2}gt^2 + v_0 t \text{ mit } 0 \le t \le t_A$$

Dabei sind:

h(t): Höhe in Meter

t: Flugzeit in Sekunden

t_A: Aufschlagzeitpunkt

$g = 9{,}81\frac{m}{s^2}$ (Fallbeschleunigung auf der Erde)

v_0: Startgeschwindigkeit

Im Diagramm sind einige Graphen für unterschiedliche Anfangsgeschwindigkeiten eingezeichnet.

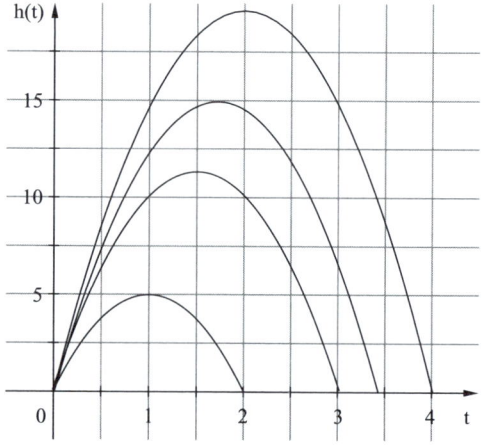

Die Nullstellen entsprechen in diesem Fall dem Start- und Aufschlagzeitpunkt, die Scheitelkoordinaten enthalten die Informationen über die Steigzeit und die maximale Höhe, die der Gegenstand erreicht.

Bei vielen Aufgaben benötigt man die Schnittpunkte zweier Graphen. Auch diese Aufgabenstellungen führen häufig auf quadratische Gleichungen.

Regel

Berechnen von Schnittpunkten zweier Graphen

Um die Schnittpunkte zweier Graphen zu berechnen, geht man wie folgt vor:

1. Funktionsterme gleichsetzen und

2. die so erhaltene Gleichung lösen. Diese Lösungen sind die x-Koordinaten der gesuchten Schnittpunkte, die sogenannten **Schnittstellen**.

3. Die Schnittstellen in eine der Funktionen einsetzen, um die y-Koordinaten der **Schnittpunkte** zu erhalten.

Beispiele

1. Gegeben sind die Funktionen $f(x) = -x^2 - 4x + 2$, $g(x) = -2x - 1$ und $h(x) = -2x + 4$.
   Bestimmen Sie die Schnittpunkte des Graphen von f mit den Geraden g und h.

   Lösung:
   $f(x) = g(x)$, also $-x^2 - 4x + 2 = -2x - 1$ bzw. $x^2 + 2x - 3 = 0$
   Das ergibt nach Vieta:
   $(x + 3)(x - 1) = 0$
   Die Lösungen der Gleichung und damit die Schnittstellen sind:
   $x_1 = -3$; $x_2 = 1$
   Einsetzen in g:
   $y_1 = g(-3) = 5$; $y_2 = g(1) = -3$
   Alternativ hätte man x_1 und x_2 auch in die Funktion f einsetzen können.
   Die Schnittpunkte haben die Koordinaten $S_1(-3 \mid 5)$ und $S_2(1 \mid -3)$.

   Soll die Parabel statt mit g mit der Geraden h: $y = -2x + 4$ geschnitten werden, so führt die Rechnung auf eine quadratische Gleichung mit negativer Diskriminante ($D = -4$). Das bedeutet, dass sich f und h nicht schneiden.

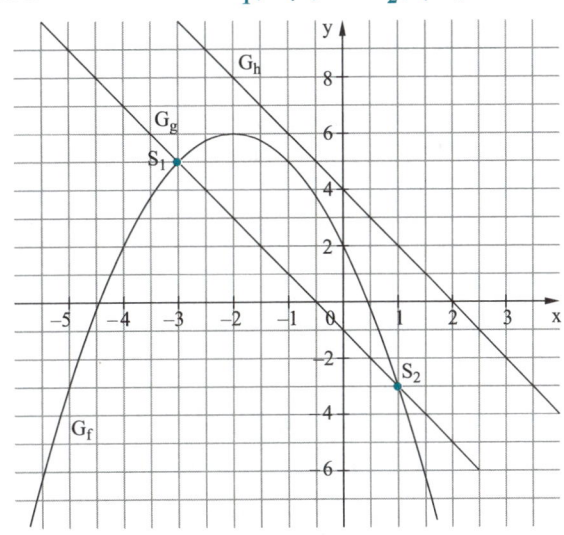

2. Betrachtet werden nun (in Anlehnung an Beispiel 1) die quadratische Funktion $f(x) = -x^2 - 4x + 2$ und die Geradenschar g_t: $y = -2x + t$ mit $t \in \mathbb{R}$.
   Für welchen Wert von t haben die Graphen von f und g keinen, genau einen bzw. zwei Schnittpunkte?

   Lösung:
   Vorgehensweise wie in Beispiel 1:
   $-x^2 - 4x + 2 = -2x + t \Leftrightarrow x^2 + 2x + t - 2 = 0$
   Die Anzahl der Lösungen und damit der Schnittpunkte hängt von der **Diskriminante** ab:
   $D = b^2 - 4ac = 2^2 - 4(t - 2) = -4t + 12$

Es sind drei Fälle zu unterscheiden:

Fall 1: $D < 0$

$-4t + 12 < 0 \;\Leftrightarrow\; t > 3$ (Die lineare Ungleichung wird nach t aufgelöst.)

Für $t > 3$ ist $D < 0$. Für diese t gibt es **keine Schnittpunkte**, die zugehörigen Geraden g_t „gehen" an der Parabel vorbei.

Fall 2: $D = 0$

$-4t + 12 = 0 \;\Leftrightarrow\; t = 3$

Für $t = 3$ „berührt" die Gerade g_3 die Parabel. Man nennt eine solche Gerade auch **Tangente**. Die Koordinaten des Schnittpunktes, genauer **Berührpunktes**, werden berechnet, indem man die Gleichung $x^2 + 2x + t - 2 = 0$ für $t = 3$ löst:

$x^2 + 2x + 1 = 0$, also $(x + 1)^2 = 0$

Die doppelte Lösung lautet $x_{1/2} = -1$. Die y-Koordinate erhält man wieder durch einsetzen: $y_1 = f(-1) = 5$. Der Berührpunkt hat die Koordinaten $B(-1 \,|\, 5)$.

Fall 3: $D > 0$

Das trifft zu, wenn $t < 3$. In diesem Fall gibt es jeweils **2 Schnittpunkte** S_1 und S_2 zwischen der Parabel und der jeweiligen Geraden. Die Schnittstellen kann man in Abhängigkeit von t angeben. Mit der Lösungsformel erhält man:

$$x_{1/2} = \frac{-2 \pm \sqrt{4 - 4(t - 2)}}{2} = \frac{-2 \pm \sqrt{-4t + 12}}{2} = -1 \pm \sqrt{-t + 3} \quad \text{für } t < 3$$

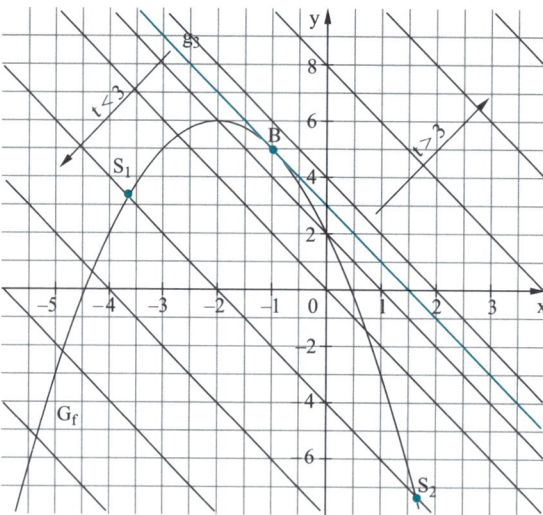

ufgaben

56. Gegeben ist die Funktionenschar $f_t(x) = -x^2 + tx - x$ mit $t \in \mathbb{R}$. Ermitteln Sie die Lage, Vielfachheit und Anzahl der Nullstellen in Abhängigkeit vom Parameter t. Skizzieren Sie die Funktionenschar für $t \in \{-3; -1; 1; 3; 5\}$.

57. Untersuchen Sie die folgenden Funktionenscharen auf Anzahl und Vielfachheit der Nullstellen:

a) $f_t(x) = 2x^2 + 6x + t$

b) $f_a(x) = x^2 - 6ax + 5a^2$

c) $f_k(x) = x^2 - k^2$

d) $f_m(x) = x^2 + mx + \dfrac{3m + 4}{4}$

e) $f_n(x) = -\dfrac{1}{2}x^2 + (2 - n)x + 4n - \dfrac{9}{2}$

58. Zwei Massen m_1 und m_2 (etwa die Erde und der Mond), die den Abstand d aufweisen, üben auf eine dazwischen liegende Masse (z. B. einen Satelliten) Anziehungskräfte aus.
Gesucht wird die Stelle x zwischen diesen beiden Massen, an der sich die Anziehungskräfte von m_1 und m_2 gegenseitig aufheben (Schwerelosigkeit).

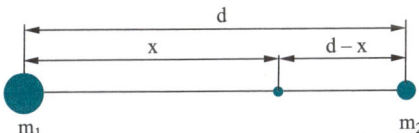

Da die Anziehungskraft nach dem Gravitationsgesetz von Newton proportional zur Masse und indirekt proportional zum Quadrat des Abstandes ist, erhält man den folgenden Ansatz:

$$\frac{m_1}{x^2} = \frac{m_2}{(d - x)^2}$$

a) Bringen Sie diese Bruchgleichung auf die Grundform einer quadratischen Gleichung und identifizieren Sie die Koeffizienten a, b, c der Gleichung.

b) Bestimmen Sie zunächst x für den Fall, dass $m_1 = m_2$.

c) Lösen Sie die quadratische Gleichung für $m_1 \neq m_2$ mithilfe der Lösungsformel und vereinfachen Sie die Lösung so weit wie möglich.

59. Bestimmen Sie allgemein den Zusammenhang, nach welcher Zeit t sich ein Körper beim senkrechten Wurf in einer bestimmten Höhe h befindet.
Wie groß ist die maximale Steighöhe h_{max}?

60. Gegeben sind das Geradenbüschel $h_m: y = mx + \dfrac{17}{2}$ $(m \in \mathbb{R})$ und die Funktion $f(x) = -\dfrac{1}{2}(x + 2)(x - 4)$. Bestimmen Sie die Art und Anzahl der Schnittpunkte der Graphen von h_m und f in Abhängigkeit von m.

61. Untersuchen Sie rechnerisch, ob sich Parabeln der Funktionenschar $f_t: x \mapsto t^2x^2 - 4tx + 1; t \in \mathbb{R} \setminus \{0\}$ schneiden.

62. Gegeben sind die quadratischen Funktionen $f(x) = -\frac{1}{2}x^2 - \frac{3}{2}x + \frac{7}{8}$ und $g(x) = \frac{1}{8}(4x^2 - 12x - 11)$.

   a) Berechnen Sie deren Nullstellen und die Scheitelkoordinaten der zugehörigen Parabeln.

   b) Stellen Sie die Funktion f in faktorisierter Form dar.

   c) Berechnen Sie die Koordinaten der Schnittpunkte der beiden Parabeln.

   d) Stellen Sie die Geradengleichung jener Geraden h auf, die durch diese beiden Schnittpunkte geht.

   e) Ermitteln Sie die Geradengleichungen derjenigen Geraden h* und h**, die parallel zu h verlaufen und die jeweils den Graphen von f bzw. von g berühren. Berechnen Sie die Koordinaten der Berührpunkte.

   f) Zeichnen Sie die fünf Graphen der Funktionen aus den vorhergehenden Teilaufgaben in ein gemeinsames Koordinatensystem ein.

63. Vorgegeben sind die quadratische Funktionenschar $f_k(x) = k(x-2)^2$ mit $k \in \mathbb{R} \setminus \{0\}$ und die Funktion $g(x) = x^2 + 2x$.

   a) Zeigen Sie für den Sonderfall $k = 1$, dass die zugehörigen Parabeln genau einen Schnittpunkt haben und bestimmen Sie dessen Koordinaten.

   b) Untersuchen Sie, ob es weitere $k \in \mathbb{R} \setminus \{0\}$ gibt, für die sich die Graphen von f_k und g in nur einem Punkt schneiden, und berechnen Sie auch hier die Koordinaten der Schnittpunkte.

   c) Führen Sie nun eine Fallunterscheidung für k durch, was die Anzahl der Schnittpunkte der Graphen von f_k mit dem Graphen von g anbelangt.

   d) Berechnen Sie die Koordinaten der Schnittpunkte der Graphen von $f_{0,5}$ und g auf zwei Nachkommastellen genau.

   e) Zeichnen Sie den Graphen von g und die Graphen von f_k für $k \in \left\{ -1; -\frac{1}{8}; \frac{1}{2}; 1 \right\}$.

64. Es sind die quadratische Funktion $f(x) = (x-1)^2$ und die Funktionenschar $g_m: y = mx + \frac{m}{2} - 4$ gegeben, wobei m eine beliebige reelle Zahl ist.

   a) Untersuchen Sie, für welche m sich der Graph von f mit den Graphen von g_m keinmal, einmal oder zweimal schneidet.

   b) Bestimmen Sie für diejenigen m, für die es nur einen Schnittpunkt gibt, die Koordinaten dieses Schnittpunktes.

   c) Fertigen Sie eine Zeichnung der Graphen von f und g_m für $m = -8$ und $m = 2$ an.

3.5 Extremwertaufgaben

Bei Funktionen ist eine Größe y von einer anderen Größe x abhängig. In vielen Anwendungen geht es darum, herauszufinden, für welchen Wert von x die Größe y den größten Wert (z. B. wenn y den Gewinn darstellt) oder den kleinsten Wert (z. B. wenn y die Kosten sind) annimmt. Solche Fragestellungen nennt man **Extremwertaufgaben**, da sie den absolut größten bzw. kleinsten (also den „extremen") Funktionswert suchen. Mitunter wird auch von Optimierungsproblemen gesprochen.

Regel

> **Extremwertaufgaben bei quadratischen Funktionen**
> Hängt die Größe y quadratisch von der Größe x ab, d. h. $y = f(x) = ax^2 + bx + c$, so sind Extremwertaufgaben besonders einfach zu lösen. Das liegt daran, weil der Scheitel der zugehörigen Parabel ein sogenannter **Extremalpunkt** ist. Die x-Koordinate des Scheitels mit
> $$x_S = \frac{-b}{2a}$$
> wird **Extremstelle** genannt. Die y-Koordinate des Scheitels mit
> $$y_S = f(x_S)$$
> ist dann der **Extremwert**. Je nachdem, ob die Parabel nach oben oder nach unten geöffnet ist, handelt es sich um ein **Maximum** (bei nach unten geöffneter Parabel) oder um ein **Minimum** (bei nach oben geöffneter Parabel).

Bei anwendungsorientierten Aufgaben ist der Definitionsbereich in aller Regel nur eine Teilmenge (meist ein Intervall) von $\mathbb{R}$.

Beispiele

1. Für die Hühner auf einem Bauernhof soll an der Hauswand eine Fläche eingezäunt werden (siehe Skizze). Es stehen 30 m Zaun zur Verfügung. Wie müssen die Abmessungen a und b gewählt werden, damit die größtmögliche Rechteckfläche eingezäunt wird?

   Lösung:
   Hilfreich ist es, bei derartigen Aufgaben eine Skizze anzufertigen:

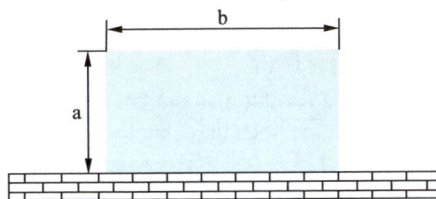

Schritt 1:

Die zu optimierende Größe (hier: Flächeninhalt) wird als Hauptformel aufgestellt:

$A(a; b) = a \cdot b$

Schritt 2:

Formel für Nebenbedingungen (hier: Umfang) angeben:

$U = 2a + b$

Wegen $U = 30$ m folgt:

$2a + b = 30 \;\Rightarrow\; b = 30 - 2a$

Schritt 3:

Mithilfe der Nebenbedingungen kann man Variablen (hier b) aus der Hauptformel eliminieren. In der Flächenformel wird b durch $30 - 2a$ ersetzt und man erhält die Flächeninhaltsfunktion in Abhängigkeit von a:

$A(a) = a(30 - 2a) = -2a^2 + 30a$

Weil der Umfang 30 m ist, kann a nur zwischen 0 und 15 m liegen, also folgt für den Definitionsbereich von A:

$D_A = [0; 15]$

Der Flächeninhalt A in Abhängigkeit von a ist in der grafischen Darstellung eine nach unten geöffnete Parabel.

Für jede Zahl $a \in D_A = [0; 15]$ ist der Funktionswert $A(a)$ der Flächeninhalt, der vom Zaun eingeschlossen wird.

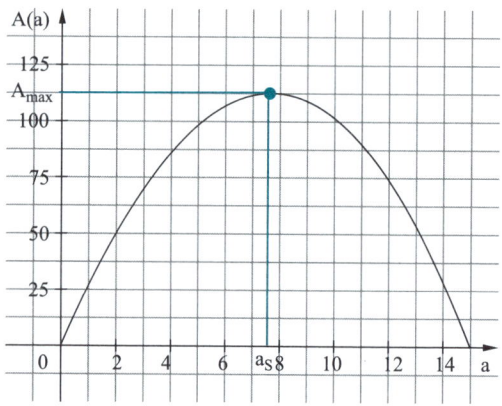

Schritt 4:

Berechnung der Extremstelle; bei quadratischen Funktionen erfolgt dies mit der Formel für die Scheitelkoordinaten:

$a_S = \dfrac{-30}{2 \cdot (-2)} = \dfrac{15}{2} = 7,5$

(Es ist wichtig zu überprüfen, ob $a_S \in D_A$!)

Wählt man $a = 7,5$ m und $b = 15$ m, so erhält man die Umzäunung mit dem größten Flächeninhalt. Dieser soll auch noch berechnet werden:

$A_{max} = A(7,5) = -2 \cdot 7,5^2 + 30 \cdot 7,5 = 112,5$

Der Flächeninhalt beträgt bei diesen Abmessungen 112,5 m². Es ist der größtmögliche bzw. maximale Inhalt, der unter diesen Voraussetzungen erreicht werden kann.

2. Eine 400-Meter-Laufbahn (Tartanbahn) aus zwei parallelen geraden Lauf-
strecken der Länge ℓ mit zwei angesetzten Halbkreisen (mit Radius r) soll
so angelegt werden, dass der Flächeninhalt des Rechteckfeldes zwischen
den Geraden (der Rasenplatz) möglichst groß wird.
Wie sind die Abmessungen ℓ und r zu wählen?

Lösung:

Schritt 1:
Zu optimierende Größe: Formel für Flächeninhalt
$A(r; \ell) = 2r\ell$

Schritt 2:
Nebenbedingung: Gesamte Laufstrecke = Umfang U
$$U = 400 = 2\ell + 2r\pi \quad \Rightarrow \quad r = \frac{200 - \ell}{\pi}$$

Schritt 3:
Flächeninhaltsfunktion in Abhängigkeit von ℓ:
$$A(\ell) = 2\ell \cdot \frac{200 - \ell}{\pi} = \frac{2}{\pi} \cdot \ell \cdot (200 - \ell)$$
Definitionsbereich: $D_A = [0; 200]$

Schritt 4:
Berechnung der Extremstelle ℓ_S:
Bei $A(\ell)$ handelt es sich um
eine nach unten geöffnete
Parabel, die Nullstellen sind
$\ell_1 = 0$, $\ell_2 = 200$.
Bekanntlich liegt der Scheitel
in der Mitte zwischen den
beiden Nullstellen, also
$\ell_S = 100$.
Die Seitenlänge ℓ des Rasen-
platzes muss 100 m betragen.
Der zugehörige Radius ist:

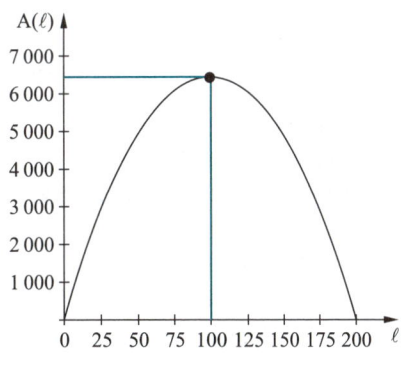

$r = \dfrac{200 - \ell_S}{\pi} = \dfrac{100}{\pi} \approx 31{,}8 \,[\text{m}]$

Maximale Fläche:
$$A_{max} = A(\ell_S) = \frac{2}{\pi} \cdot 100 \cdot (200 - 100) \approx 6366 \,[\text{m}^2]$$

Aufgaben **65.** Eine Toreinfahrt, bestehend aus einem Rechteck und einem daran angesetzten Halbkreis,
soll bei einem vorgegebenen Umfang von
20 m so bemessen werden, dass der größtmögliche Flächeninhalt entsteht.
Bestimmen Sie die Maße für h und r.

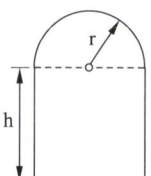

66. Ein Architekt soll für ein Atelierhaus einen voll
verglasten Giebelbereich planen. Der Giebel
setzt sich aus einem Rechteck und einem darauf
aufgesetzten, rechtwinkligen und gleichschenk-
ligen Dreieck zusammen (siehe Skizze).
Der Gesamtumfang des Giebels soll 50 m betragen. Um möglichst viel Lichteinfall zu gewähr-
leisten, soll der Architekt die Glasfront so bemessen, dass sich die maximal mögliche Glas-
fläche ergibt.

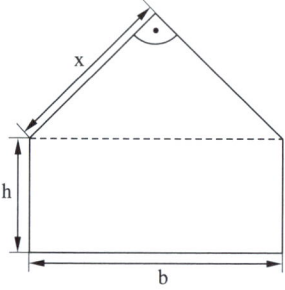

a) Drücken Sie x durch b aus (Satz des Pythagoras!).

b) Stellen Sie die Formel für den Flächeninhalt des Giebels in Abhängigkeit
von b und h auf.

c) Formulieren Sie die Nebenbedingung über den Umfang und eliminieren
Sie damit h aus der Hauptformel.

d) Ermitteln Sie jene Abmessungen des Giebels, für die er den größtmöglichen Flächeninhalt besitzt.

67. Aus einer fünfeckigen Glasscheibe
mit den Eckpunkten A(0|0), B(4|0),
C(4|1), D(2,5|2) und E(0|2) soll
gemäß Skizze eine rechteckige Glasscheibe mit möglichst großem Flächeninhalt herausgeschnitten werden.

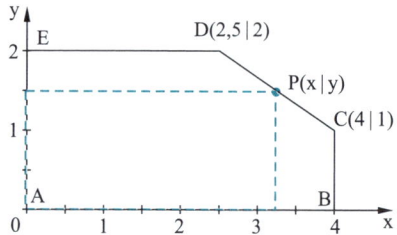

a) Stellen Sie die Geradengleichung
für diejenige Gerade auf, welche
die Punkte C und D enthält.

b) Bestimmen Sie den Flächeninhalt der zu optimierenden Rechteckscheiben
in Abhängigkeit von x.

$$\left[A(x) = \tfrac{1}{3}(-2x^2 + 11x) \right]$$

c) Für welche Abmessungen x und y erhält man den größten Flächeninhalt?

d) Wie groß ist in diesem Fall der Flächeninhalt der Rechteckscheibe und
wie viel Prozent des ursprünglichen Flächeninhalts sind das?

e) Nun soll berechnet werden, welche Abmessungen die größtmögliche quadratische Scheibe haben müsste und wie viel Prozent ihr Flächeninhalt
   gegenüber der maximalen Rechteckscheibe beträgt.

68. Ein Theater hat durchschnittlich
300 Theaterbesucher. Als Eintritt
werden 15 € pro Besucher verlangt,
das Theater nimmt also durchschnittlich E = 300 · 15 € = 4 500 € an einem
Theaterabend ein. Die Theaterleitung
überlegt, wie die Einnahmen zu stei-
gern sind. Eine Befragung ergibt, dass
bei einer Preiserhöhung um 1 € die
Besucherzahl um 10 Personen abnimmt, bei 2 € sind es 20 Besucher
weniger usw. Umgekehrt erhöht sich
die Besucherzahl um je 10 Personen
pro 1 € Preisnachlass.

a) Mit x werde die Änderung des
   Eintrittspreises in € bezeichnet.
   Ermitteln Sie die Funktion der Einnahmen E(x) in Abhängigkeit der
   Preisänderung x. [Zum Vergleich: $E(x) = -10x^2 + 150x + 4\,500$]

b) Finden Sie einen passenden Definitionsbereich der Erlösfunktion E(x).

c) Für welche Preisänderung x ergeben sich die maximalen Einnahmen? Wie
   hoch sind in diesem Fall die Eintrittspreise und die Besucherzahl?

d) Um wie viel Prozent steigen die Einnahmen gegenüber der jetzigen Preis-
   gestaltung an?

69. Ein Transistorenhersteller hat ermittelt, dass seine Fertigungs-
kosten k in quadratischer Form von der produzierten Stückzahl x (in tausend Stück) abhängen:
$k(x) = 0,8x^2 + 20$, wobei $x \in [0; 10]$
Ferner erzielt er einen Erlös beim Verkauf
der Transistoren nach folgender Gesetz-
mäßigkeit: $e(x) = 8,9x$
Die Gewinn-/Verlust-Funktion (Verlust ist
negativer Gewinn) ist $g(x) = e(x) - k(x)$.

a) Mit welchen Stückzahlen wird ein Gewinn erwirtschaftet?

b) Bei welcher Stückzahl ist der Gewinn am größten (Gewinnmaximierung)?

c) Zeichnen Sie die Graphen dieser drei Funktionen in ein gemeinsames
   Koordinatensystem ein.

4 Ganzrationale Funktionen

Die nun ausführlich behandelten linearen und quadratischen Funktionen erweisen sich als ein Spezialfall einer größeren Klasse von Funktionen, nämlich den ganzrationalen Funktionen.

Definition

Ganzrationale Funktion (Polynomfunktion)
Eine Funktion der Form
$$f: x \mapsto a_n x^n + a_{n-1} x^{n-1} + \ldots + a_1 x + a_0$$
mit den **Koeffizienten** $a_n, a_{n-1}, \ldots, a_1, a_0 \in \mathbb{R}$ und $a_n \neq 0$ heißt **ganzrationale Funktion** oder auch **Polynomfunktion**. n ist eine natürliche Zahl und heißt der **Grad** von f, des Weiteren gilt $D_{max} = \mathbb{R}$.

Eine quadratische Funktion ist demnach eine ganzrationale Funktion 2. Grades, und eine lineare Funktion ist eine ganzrationale Funktion 1. Grades.

Beispiele

$f(x) = 3x^2 + 2x - 7$	ist eine ganzrationale Funktion 2. Grades mit den Koeffizienten $a_2 = 3$, $a_1 = 2$ und $a_0 = -7$.
$g(x) = x - 3x^2 + 8x^5$	ist eine ganzrationale Funktion 5. Grades mit den Koeffizienten $a_5 = 8$, $a_4 = 0$, $a_3 = 0$, $a_2 = -3$, $a_1 = 1$ und $a_0 = 0$.
$h(x) = 5x^2 - 2\sqrt{x}$	ist **keine** ganzrationale Funktion, weil $\sqrt{x} = x^{\frac{1}{2}}$ keine ganzzahlige Potenz von x ist.
$k(x) = \frac{2}{3}x^3 - \sqrt{3}x^2 + \frac{x}{2} - \pi$	ist eine ganzrationale Funktion 3. Grades mit $a_3 = \frac{2}{3}$, $a_2 = -\sqrt{3}$, $a_1 = \frac{1}{2}$ und $a_0 = -\pi$.
$\ell(x) = x^3$	ist eine ganzrationale Funktion 3. Grades mit $a_2 = a_1 = a_0 = 0$; eine solche Funktion nennt man auch **Potenzfunktion**.
$m(x) = 1$	ist eine ganzrationale Funktion 0. Grades.

4.1 Polynomdivision

Auch bei ganzrationalen Funktionen höheren Grades ist eine möglichst vollständige Faktorisierung bzw. Zerlegung in Linearfaktoren von Interesse, dabei spielen wieder die Nullstellen des betrachteten Polynoms eine zentrale Rolle.

Regel

> **Zerlegungssatz**
> Ist $p_n(x) = a_n x^n + a_{n-1} x^{n-1} + \ldots + a_1 x + a_0$ eine ganzrationale Funktion (Polynomfunktion) n-ten Grades und x_0 eine Nullstelle von $p_n(x)$, so gibt es ein Polynom $p_{n-1}(x)$ mit der Eigenschaft:
> $p_n(x) = (x - x_0) \cdot p_{n-1}(x)$
> Der Term $(x - x_0)$ heißt **Linearfaktor** von $p_n(x)$.
> Das **abdividierte Polynom** $p_{n-1}(x)$ ist dabei vom **Grad n − 1**.

Das rechnerische Verfahren, mit dem man das abdividierte Polynom $p_{n-1}(x)$ bestimmt, nennt man **Polynomdivision**. Wie viele Linearfaktoren von einem Polynom „abgespalten" werden können, hängt von der Anzahl der reellen Nullstellen ab.

Regel

> **Zerlegung von Polynomen in Linearfaktoren**
> - Besitzt ein Polynom $p_n(x)$ **genau k reelle Nullstellen** x_1, x_2, …, x_k, so lässt es sich folgendermaßen faktorisieren:
> $p_n(x) = (x - x_1)(x - x_2) \cdot \ldots \cdot (x - x_k) \cdot p_{n-k}(x)$
>   Dabei ist das **abdividierte Polynom** $p_{n-k}(x)$ nur noch vom **Grad n − k**.
> - Hat ein Polynom $p_n(x) = a_n x^n + a_{n-1} x^{n-1} + \ldots + a_1 x + a_0$ vom Grad n **genau n reelle Nullstellen** x_1, x_2, …, x_n, so ist das zuletzt abdividierte Polynom der **Koeffizient a_n**. Die vollständige Zerlegung in Linearfaktoren lautet dann:
> $p_n(x) = a_n (x - x_1)(x - x_2) \cdot \ldots \cdot (x - x_n)$

Eine ganzrationale Funktion n-ten Grades hat also **höchstens n reelle Nullstellen**, weil sich ein Polynom n-ten Grades höchstens n-mal faktorisieren lässt. Bei den linearen und quadratischen Funktionen wurde die Bestimmung der Nullstellen bereits ausführlich behandelt, das führte zum Lösen von linearen bzw. quadratischen Gleichungen. Entsprechend muss zum Bestimmen der Nullstellen einer ganzrationalen Funktion n-ten Grades eine ganzrationale Gleichung n-ten Grades gelöst werden.

Regel

> **Nullstellenbestimmung von ganzrationalen Funktionen höheren Grades**
> **($n > 2$)**
> Die Bestimmung der Nullstellen einer ganzrationalen Funktion n-ten Grades führt
> auf die **ganzrationale Gleichung** n-ten Grades:
> $$a_n x^n + a_{n-1} x^{n-1} + \ldots + a_1 x + a_0 = 0$$
> Deren Lösungen können wie folgt bestimmt werden:
>
> 1. Zuerst prüfen, ob **Ausklammern von x** möglich ist.
>
> 2. Ist das nicht der Fall, dann **ganzzahlige Nullstelle x_0** durch Probieren ermitteln
>   (Teilerregel $x_0 \mid a_0$ beachten). Man probiert in der Regel die Werte ± 1, ± 2 und
> ± 3. In den meisten Fällen sollte das ausreichen, um eine Nullstelle zu finden.
>
> 3. **Polynomdivision** durchführen.
>
> 4. Die Schritte 2 und 3 auf das **abdividierte Polynom** anwenden usw.
>
> 5. Ist das abdividierte Polynom nur noch vom Grad 2, so können dessen Nullstel-
>   len mit dem Satz von Vieta oder der Lösungsformel bestimmt werden.

Beispiel

Gegeben ist folgende ganzrationale Funktion 4. Grades:
$$f: x \mapsto x^4 - 2x^3 - 23x^2 - 12x + 36$$
Bestimmen Sie sämtliche Nullstellen und zerlegen Sie f so weit wie möglich
in Linearfaktoren.

Lösung:

Die Methode „x ausklammern" funktioniert nicht, da die Zahl 36 x-frei ist.
Bestimmung der Nullstellen und Durchführung der **Polynomdivision**:

- Als erstes muss eine ganzzahlige Nullstelle x_0 von f gesucht werden.
  Diese findet man oft durch „Probieren mit kleinen ganzen Zahlen" unter
  Beachtung der Teilerregel, d. h., x_0 muss in diesem Fall ein Teiler von 36
  sein. Man fängt mit $x_0 = 1$ an und hat Glück:

  $f(1) = 1 - 2 - 23 - 12 + 36 = 0$. Demnach ist f(x) durch $(x-1)$ teilbar.

  Ansatz: $(x^4 - 2x^3 - 23x^2 - 12x + 36) : (x-1)$

- Es muss zunächst der Faktor gefunden werden, der mit dem x von $(x-1)$
  multipliziert x^4 ergibt. Das ist offensichtlich x^3:

  $(x^4 - 2x^3 - 23x^2 - 12x + 36) : (x-1) = x^3$

- Nun wird x^3 mit $(x-1)$ multipliziert. Das Ergebnis $x^4 - x^3$ wird an der
  angegebenen Stelle genau unter x^4 angeschrieben:

  $(x^4 - 2x^3 - 23x^2 - 12x + 36) : (x-1) = x^3$
  $\underline{x^4 - \ x^3}$

- Im nächsten Schritt muss $x^4 - x^3$ vom darüber stehenden Term $x^4 - 2x^3$ subtrahiert werden. Das geschieht am einfachsten, indem man beim unteren Term alle Vorzeichen umdreht und ihn dann zum oberen Term hinzuaddiert. Dabei fällt x^4 weg (symbolisch /) und $-x^3$ ist das Ergebnis der Subtraktion:

$$(x^4 - 2x^3 - 23x^2 - 12x + 36) : (x - 1) = x^3$$
$$\underline{-x^4 + x^3}$$
$$/ \quad -x^3$$

- Der Term $-23x^2$, der im Polynom nach $x^4 - 2x^3$ steht, wird nach unten geholt und an der angegebenen Stelle angeschrieben:

$$(x^4 - 2x^3 - 23x^2 - 12x + 36) : (x - 1) = x^3$$
$$\underline{-x^4 + x^3}$$
$$/ \quad -x^3 - 23x^2$$

- Jetzt beginnt das Verfahren von vorne: An der Stelle $\pm\,?$ muss ein Faktor eingesetzt werden, der mit x multipliziert $-x^3$ ergibt:

$$(x^4 - 2x^3 - 23x^2 - 12x + 36) : (x - 1) = x^3 \pm\,?$$
$$\underline{-x^4 + x^3}$$
$$/ \quad -x^3 - 23x^2$$

Das ist natürlich $-x^2$. Dies wird wiederum mit $(x - 1)$ multipliziert und das Ergebnis angeschrieben:

$$(x^4 - 2x^3 - 23x^2 - 12x + 36) : (x - 1) = x^3 - x^2$$
$$\underline{-x^4 + x^3}$$
$$/ \quad -x^3 - 23x^2$$
$$\underline{-x^3 + x^2}$$

- Es folgt die schon bekannte Subtraktion: Vorzeichen umdrehen und anschließend die gleichartigen Potenzen addieren.

$$(x^4 - 2x^3 - 23x^2 - 12x + 36) : (x - 1) = x^3 - x^2$$
$$\underline{-x^4 + x^3}$$
$$/ \quad -x^3 - 23x^2$$
$$\underline{x^3 - x^2}$$
$$/ \quad -24x^2$$

- Und wieder beginnt das Ganze von vorne: $-12x$ nach unten bringen.

$$(x^4 - 2x^3 - 23x^2 - 12x + 36) : (x - 1) = x^3 - x^2$$
$$\underline{-x^4 + x^3}$$
$$/ \quad -x^3 - 23x^2$$
$$\underline{x^3 - x^2}$$
$$-24x^2 - 12x$$

- Der passende Faktor heißt jetzt **–24x**. Mit **(x – 1)** multipliziert ergibt das **–24x² + 24x**. Die Subtraktion wird durch das Minus vor der Klammer des Subtrahenden angedeutet:

$$(x^4 - 2x^3 - 23x^2 - 12x + 36) : (x - 1) = x^3 - x^2 - \mathbf{24x}$$
$$\underline{-x^4 + \ x^3}$$
$$\underline{ \ -x^3 - 23x^2}$$
$$\underline{x^3 - \ x^2}$$
$$\mathbf{-24x^2 - 12x}$$
$$\mathbf{-(-24x^2 + 24x)}$$
$$\overline{ \ \ \mathbf{-36x}}$$

- Die Polynomdivision geht auf; es bleibt kein Rest. Das muss immer so sein, wenn durch „(x – Nullstelle)" dividiert wird.

$$(x^4 - 2x^3 - 23x^2 - 12x \mathbf{+ 36}) : (x - 1) = x^3 - x^2 - 24x \mathbf{- 36}$$
$$\underline{-x^4 + \ x^3}$$
$$\underline{ \ -x^3 - 23x^2}$$
$$\underline{x^3 - \ x^2}$$
$$-24x^2 - 12x$$
$$\underline{-(-24x^2 + 24x)}$$
$$\mathbf{-36x + 36}$$
$$\mathbf{-(-36x + 36)}$$
$$\overline{ \ \ \mathbf{/} \quad \mathbf{/}}$$

Das abdividierte Polynom **x³ – x² – 24x – 36** ist vom Grade her um eins kleiner als das ursprüngliche.

- **Ergebnis:** $x^4 - 2x^3 - 23x^2 - 12x + 36 = (x^3 - x^2 - 24x - 36) \cdot (x - 1)$

Ein Linearfaktor, nämlich $(x - 1)$, ist gefunden. Nun wird untersucht, ob das abdividierte Polynom $x^3 - x^2 - 24x - 36$ **weitere Nullstellen** besitzt. Eine ganzzahlige Nullstelle muss ein Teiler von 36 sein. Probiert man $x_1 = 1$, so ergibt sich mit –60 ein Wert, der sehr weit von null entfernt liegt. Nächster Versuch mit $x_1 = -1$; das Ergebnis ist –14, was bereits näher bei null liegt. Für $\mathbf{x_1 = -2}$ ergibt sich schließlich null:

$$(-2)^3 - (-2)^2 - 24 \cdot (-2) - 36 = -8 - 4 + 48 - 36 = 0$$

Polynomdivision:

$$(x^3 - x^2 - 24x - 36) : \mathbf{(x + 2)} = x^2 - 3x - 18$$
$$\underline{-(x^3 + 2x^2)}$$
$$\underline{ \ -3x^2 - 24x}$$
$$\underline{-(-3x^2 - \ 6x)}$$
$$\underline{ \ -18x - 36}$$
$$\underline{-(-18x - 36)}$$
$$\overline{ \ / \quad /}$$

Mit dem Ergebnis dieser Polynomdivision ergibt sich für f bereits die Darstellung $f(x) = (x-1)(x+2)(x^2 - 3x - 18)$.

Das abdividierte Polynom $x^2 - 3x - 18$ ist nur noch vom Grad 2. Nun greifen alle Lösungsmethoden für quadratische Gleichungen, wie z. B. **Vieta** oder **Lösungsformel**. Mit Vieta findet man die Zerlegung:

$x^2 - 3x - 18 = (x+3)(x-6)$

Alternativ ergeben sich für die Gleichung $x^2 - 3x - 18 = 0$ mit der Lösungsformel die Lösungen -3 und 6.

In beiden Fällen lässt sich die **vollständige Faktorisierung** von f angeben:

$f(x) = (x-1)(x+2)(x+3)(x-6)$

Aufgaben

70. Führen Sie folgende Polynomdivisionen durch:

a) $(-12x^3 + 7x^2 + 15x - 4) : (x+1) =$

b) $\left(3x^4 - \frac{5}{2}x^3 + \frac{13}{2}x^2 - 5x + 1\right) : \left(x - \frac{1}{2}\right) =$

c) $(x^3 + 8) : (x+2) =$

d) $(x^3 - 2ax^2 + x - 2a) : (x - 2a) =$

Hinweis: Sie können Ihre Ergebnisse kontrollieren, indem Sie die entsprechenden Multiplikationen ausführen.

71. Die Funktion $f : x \mapsto \frac{1}{4}x^4 - \frac{1}{4}x^3 - \frac{31}{16}x^2 + x + \frac{15}{16}$ hat die Nullstellen $x_1 = -\frac{5}{2}$, $x_2 = -\frac{1}{2}$, $x_3 = 1$ und $x_4 = 3$.

a) Überprüfen Sie das rechnerisch.

b) Geben Sie die Funktion in vollständig faktorisierter Form an.

72. Ermitteln Sie die Nullstellen der angegebenen Funktionen und stellen Sie die Funktionen in faktorisierter Form dar:

a) $f(x) = x^3 - 3x^2 - 2x + 6$ b) $f(x) = x^4 + 2x^3 - 5{,}75x^2 - 6{,}75x + 4{,}5$

c) $f(x) = (x+1)(x^3 - 3x^2 - 2x + 6)$ d) $f(x) = x^3 + 2x^2 - 35x$

e) $f(x) = x^3 - 1$ f) $f(x) = 4x^3 + 2x^2 - 26x + 12$

4.2 Ganzrationale Funktionen 3. und 4. Grades

Nachdem die ganzrationalen Funktionen 1. Grades (= lineare Funktionen) und die ganzrationalen Funktionen 2. Grades (= quadratische Funktionen) in den vorherigen Abschnitten sehr ausführlich behandelt worden sind, sollen hier nun die ganzrationalen Funktionen 3. und 4. Grades und deren Graphen näher untersucht werden. Ähnlich wie bei den Parabeln hat das Vorzeichen des Koeffizienten vor der höchsten Potenz von x entscheidenden Einfluss auf den Verlauf des zugehörigen Graphen. Um Indizes zu vermeiden, schreibt man:

$f(x) = ax^3 + bx^2 + cx + d$ für die Funktionen 3. Grades und
$g(x) = ax^4 + bx^3 + cx^2 + dx + e$ für die Funktionen 4. Grades.

Je nachdem, welches Vorzeichen der **Leitkoeffizient a** (also die Zahl vor der höchsten Potenz von x) hat, zeigen die Graphen unterschiedliches Verhalten:

Funktion 3. Grades mit a > 0
Der Graph verläuft von „links unten nach rechts oben".

Funktion 3. Grades mit a < 0
Der Graph verläuft von „links oben nach rechts unten".

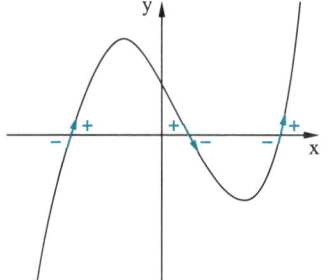
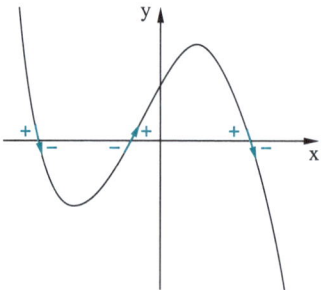

Man beachte die Richtung der Vorzeichenwechsel (VZW) an den Nullstellen.

Funktion 4. Grades mit a > 0
Der Graph verläuft von „links oben nach rechts oben".

Funktion 4. Grades mit a < 0
Der Graph verläuft von „links unten nach rechts unten".

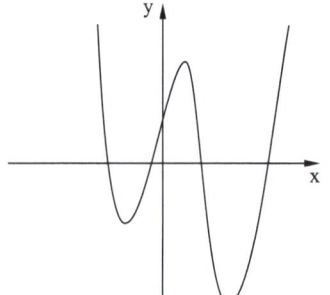
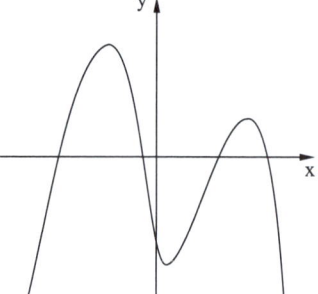

Das Berechnen der Koordinaten der Extrempunkte (vergleichbar dem Scheitel der Parabel) gelingt erst mit Kenntnis der sogenannten **Differenzialrechnung**.
Bei den Graphen der Funktionen 3. und 4. Grades treten auch Formen auf, bei denen keine Extrempunkte (3. Grades) oder nur ein Extrempunkt vorkommen.

Graph einer Funktion 3. Grades ($a > 0$)
ohne Extrempunkte

Graph einer Funktion 4. Grades ($a > 0$)
mit nur **einem Extrempunkt**

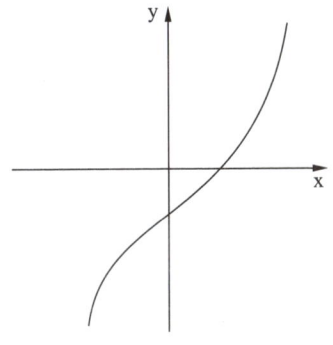 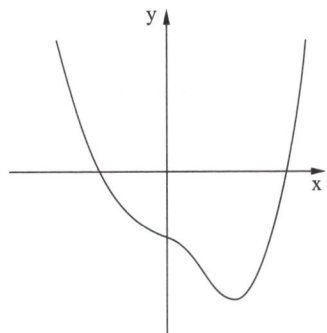

Bei bestimmten ganzrationalen Funktionen 4. Grades kann die Nullstellenberechnung auf das Lösen einer quadratischen Gleichung zurückgeführt werden.

Regel

> **Biquadratische Gleichungen, Substitutionsmethode**
> Eine ganzrationale Gleichung 4. Grades der Form
> $ax^4 + bx^2 + c = 0$
> heißt **biquadratische Gleichung**. Diese löst man, indem man x^2 beispielsweise durch $z = x^2$ **substituiert** (ersetzt). Für die sich daraus ergebende quadratische Gleichung $az^2 + bz + c = 0$ bestimmt man $z_{1/2}$ mit den bekannten Methoden und versucht anschließend, die Gleichungen $x^2 = z_1$ und $x^2 = z_2$ nach x aufzulösen
> **(Rücksubstitution)**.

Die Substitutionsmethode ist, wenn anwendbar, stets der Polynomdivision vorzuziehen, da man nicht auf das Raten einer oder gar mehrerer Nullstellen angewiesen ist.

Beispiele

1. Bestimmen Sie die Nullstellen der Funktion f: $x \mapsto -\frac{1}{4}x^4 + \frac{3}{2}x^2 - 2$.

   Lösung:
   Die Funktion f ist vom Grad 4. Um ihre Nullstellen zu berechnen, muss die Gleichung
   $$-\frac{1}{4}x^4 + \frac{3}{2}x^2 - 2 = 0$$

gelöst werden. Da nur die Potenzen x^4 und x^2 vorkommen, kann man x^2 durch einen anderen Buchstaben ersetzen (= **Substitution**). Man setzt $z = x^2$. Wegen $x^4 = (x^2)^2$ gilt außerdem $z^2 = x^4$. Nimmt man diese Substitution in obiger Gleichung vor, so ergibt sich folgende quadratische Gleichung mit der Unbekannten z:

$$-\tfrac{1}{4}z^2 + \tfrac{3}{2}z - 2 = 0$$

Diese wird mit den bekannten Methoden für quadratische Gleichungen gelöst; man erhält hier zwei Lösungen für z, nämlich: $z_1 = 2$; $z_2 = 4$
Gesucht waren die Lösungen für die Unbekannte x. Diese erhält man durch **Rücksubstitution**:

$$x^2 = 2 \;\Rightarrow\; x_{1/2} = \pm\sqrt{2} \quad \text{und}$$
$$x^2 = 4 \;\Rightarrow\; x_{3/4} = \pm 2$$

Die Funktion 4. Grades hat also die vier reellen Nullstellen -2, $-\sqrt{2}$, $\sqrt{2}$ und 2. Sie kann damit vollständig in Linearfaktoren zerlegt werden:

$$f(x) = -\tfrac{1}{4}(x + 2)(x + \sqrt{2})(x - \sqrt{2})(x - 2)$$

2. Bestimmen Sie alle Nullstellen der Funktion $f: \; x \mapsto x^4 - 2x^2 - 15$.

   Lösung:
   Die Funktion $f: \; x \mapsto x^4 - 2x^2 - 15$ hat nur zwei reelle Nullstellen, wie die nachfolgende Rechnung zeigt:
   $$x^4 - 2x^2 - 15 = 0$$
   Substitution: $z = x^2$
   $$z^2 - 2z - 15 = 0$$
   Zerlegung nach **Vieta:**
   $$(z - 5)(z + 3) = 0$$
   $\Rightarrow$ Lösungen für z: $z_1 = 5$; $z_2 = -3$
   Rücksubstitution:
   $$x^2 = 5 \;\Rightarrow\; x_{1/2} = \pm\sqrt{5}$$
   $$x^2 = -3 \;\Rightarrow\; \text{Keine weiteren reellen Lösungen!}$$
   f hat also nur die zwei reellen Nullstellen $x_{1/2} = \pm\sqrt{5}$.

Aufgabe 73. Bestimmen Sie die Nullstellen der nachfolgend angegebenen Funktionen:

a) $f(x) = \tfrac{1}{4}x^4 - \tfrac{5}{4}x^2 + 1$ b) $f(x) = x^4 + 2x^2 + 1$

c) $f(x) = x^4 - 2x^2 + 1$ d) $f(x) = x^4 - 2x^2$

e) $f(x) = x^6 - 4x^3 + 4$
   Hinweis: Substituieren Sie x^3.

4.3 Mehrfache Nullstellen

Geht man zur Nullstellenbestimmung von ganzrationalen Funktionen wie oben
beschrieben vor, so kann es passieren, dass eine gefundene Nullstelle mehrmals
vorkommt. Diese ist dann nicht nur Nullstelle des ursprünglichen, sondern auch
des abdividierten Polynoms.

Definition

> **Vielfachheit einer Nullstelle**
> Ist x_0 eine Nullstelle des Polynoms n-ten Grades
> $$p_n(x) = a_n x^n + a_{n-1} x^{n-1} + \ldots + a_1 x + a_0$$
> und lässt sich zudem der Linearfaktor $(x - x_0)$ genau k-mal $(k \leq n)$ abspalten,
> sodass sich die Zerlegung
> $$p_n(x) = (x - x_0)^k \cdot p_{n-k}(x)$$
> ergibt, dann ist x_0 eine **k-fache Nullstelle / Nullstelle der Vielfachheit k**.

Allgemein zeigen die Graphen ganzrationaler Funktionen in der Umgebung ihrer
Nullstellen in Abhängigkeit von der Vielfachheit dieser Nullstellen den unten
dargestellten Verlauf. Wie man erkennt, überquert der Graph bei den Nullstellen
mit ungeradzahliger Vielfachheit jeweils die x-Achse; man sagt dazu, es findet ein
Vorzeichenwechsel (VZW) statt. Das liegt daran, weil der Faktor $(x - x_0)^k$ bei
ungeradem k an der Stelle x_0 sein Vorzeichen verändert. Bei geradzahliger Vielfachheit einer Nullstelle findet kein VZW bei den Funktionswerten statt.

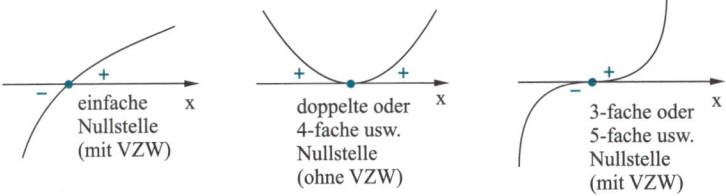

einfache x	doppelte oder x	3-fache oder x
Nullstelle	4-fache usw.	5-fache usw.
(mit VZW)	Nullstelle	Nullstelle
	(ohne VZW)	(mit VZW)

Umgekehrt kann man aufgrund des Graphen und der daraus abzulesenden Nullstellen den Funktionsterm der zugehörigen Funktion bis auf einen konstanten
Faktor angeben.

Beispiele

1. Die Potenzfunktion $x \mapsto x^3$ besitzt an der Stelle 0 eine dreifache Nullstelle.

   Die Potenzfunktionen $x \mapsto x^2$ und $x \mapsto x^4$ besitzen an der Stelle 0 eine doppelte bzw. eine vierfache Nullstelle.

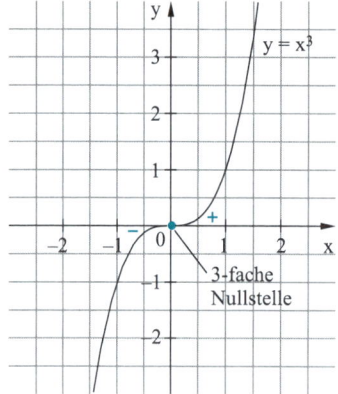

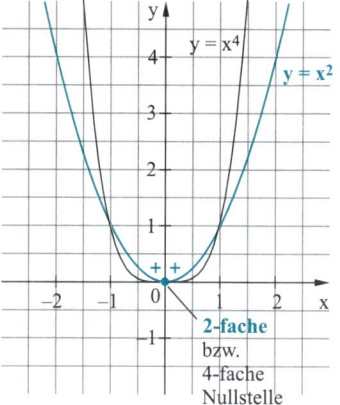

2. Der Graph der Funktion 3. Grades
   $$f(x) = a(x+2)^2(x-1)$$
   hat an der Stelle -2 eine doppelte und bei 1 eine einfache Nullstelle.

   Der Graph der Funktion 4. Grades
   $$g(x) = b(x+1)(x-2)^3$$
   hat an der Stelle 2 eine dreifache und bei -1 eine einfache Nullstelle.

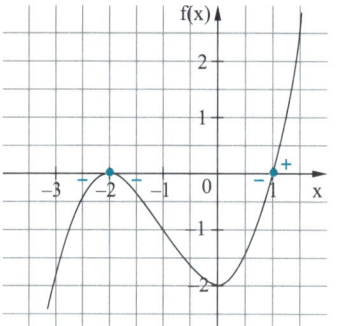

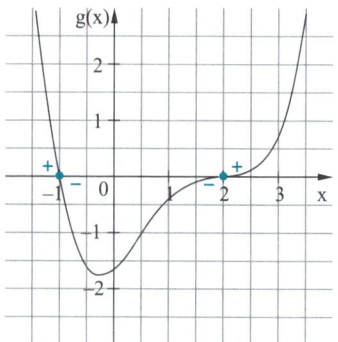

   Dabei sind a und b konstante Faktoren, die auf die Lage und Vielfachheit der Nullstellen keinen Einfluss haben.

3. Die ganzrationale Funktion $f : x \mapsto \frac{1}{2} x (x+2)^3 (x-1)^2$ hat drei Nullstellen, und zwar bei 0, bei -2 und bei 1. Die Vielfachheiten dieser Nullstellen werden nun untersucht:

   • $x_1 = 0$ ist aufgrund des Faktors x eine einfache Nullstelle (hat die Vielfachheit 1). x kann man sich folgendermaßen geschrieben denken: $x = (x-0) = (x-\mathbf{0})^1$; die **0** und die hoch **1** schreibt man nicht an.

- $x_{2/3/4} = -2$ ist aufgrund des Faktors $(x+2)^3$ eine dreifache Nullstelle (hat die Vielfachheit 3), diesen muss man sich als $(x+2)^3 = (x-(-2))^3$ geschrieben denken.
- $x_{5/6} = 1$ ist eine doppelte Nullstelle.

Es erweist sich als hilfreich, die Nullstellen zu nummerieren, wobei mehrfache Nullstellen auch mehrfach gezählt werden.

4. Gegeben ist die Funktion $f(x) = 2x^3 + x^2 - 4x - 3$.
   Bestimmen Sie die Lage und die Vielfachheit der Nullstellen und geben Sie f in faktorisierter Darstellung an.

   Lösung:
   $f(x) = 0$
   $2x^3 + x^2 - 4x - 3 = 0$
   Es handelt sich um eine ganzrationale Gleichung 3. Grades. x kann nicht ausgeklammert werden. Somit bleibt nur die Methode „Raten und Polynomdivision". Man findet: $x_1 = -1$. Die Polynomdivision ergibt:
   $(2x^3 + x^2 - 4x - 3) : (x+1) = 2x^2 - x - 3$

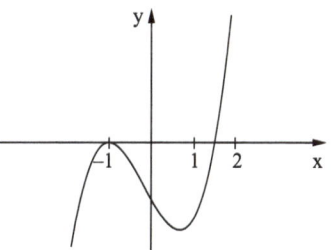

   $2x^2 - x - 3 = 0$ liefert mit der Lösungsformel $x_2 = -1$; $x_3 = 1,5$.
   Die Nullstellen von f lauten:
   $x_{1/2} = -1$; $x_3 = 1,5$
   $x_{1/2}$ ist eine doppelte und x_3 eine einfache Nullstelle.
   f hat die faktorisierte Darstellung
   $f(x) = 2(x+1)^2(x-1,5)$.

Aufgaben

74. Im Folgenden sind die Graphen ganzrationaler Funktionen 3. oder 4. Grades gegeben.
    Finden Sie mithilfe der Nullstellen mögliche Funktionsterme für die zugehörigen Funktionen.

a)

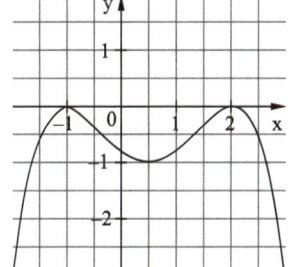

b)

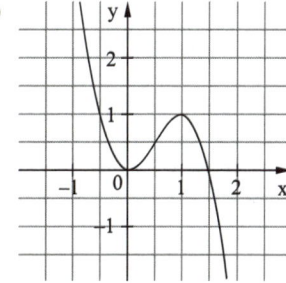

c)
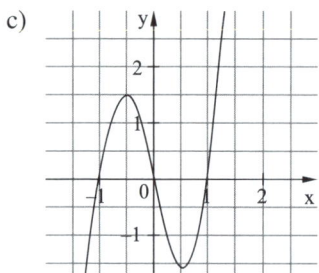

d)
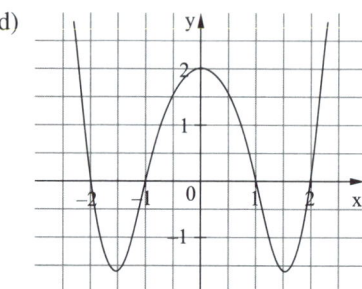

75. Bestimmen Sie für die folgenden Funktionen jeweils die Lage und Vielfachheit der Nullstellen und geben Sie die faktorisierte Form an.

a) $f(x) = x^4 - 4x^3 + 5x^2 - 4x + 4$

b) $f(x) = \frac{1}{4}x^4 - 2x^3 + 6x^2 - 8x + 4$

c) $f(x) = \frac{1}{8}(x^3 - 3x^2 - 3x + 9)$

d) $f(x) = \frac{1}{3}(2x + 5)^2(3 - 2x)$

e) $f(x) = x^5 + 3x^4 + x^3 - 5x^2 - 6x - 2$

76. Skizzieren Sie die Graphen der nachfolgend angegebenen Funktionen.

a) $f(x) = (x + 3)(x - 1)^2$

b) $f(x) = -\frac{1}{4}x(x - 2)^3$

c) $f(x) = x^2(x^2 + 1)$

d) $f(x) = (x - 1)^3$

77. Im Folgenden sind die Lagen und Vielfachheiten der Nullstellen ganzrationaler Funktionen sowie deren Grad angegeben.
Stellen Sie jeweils mögliche Funktionsterme auf und skizzieren Sie je zwei Varianten möglicher Graphen.

a) 3. Grades: $x_1 = -2$; $x_2 = 0$; $x_3 = 2$

b) 3. Grades: $x_{1/2} = -1$; $x_3 = 1$

c) 4. Grades: $x_1 = -2$; $x_{2/3} = 0$; $x_4 = 2$

78. Ermitteln Sie bei den nachfolgend gegebenen Funktionen jeweils die Lage und Vielfachheiten der Nullstellen und stellen Sie die Funktionsterme in faktorisierter Form dar.

a) $f : x \mapsto \frac{1}{80}(8x^3 - 2x^4)$

b) $f(x) = \frac{1}{9}x^3 - \frac{2}{3}x^2 + x$

c) $f(x) = \frac{1}{8}(1 - x)^3 + 1$

d) $g(x) = x^4 - x^2 + \frac{1}{4}$

79. Gegeben ist die Funktion $f : x \mapsto (x + 2)^2(x^2 + 4x + 4)$.

a) Faktorisieren Sie den Funktionsterm so weit wie möglich.

b) Bestimmen Sie sämtliche Schnittpunkte des Graphen von f mit den Koordinatenachsen.

c) Untersuchen Sie, ob der Graph von f den Punkt $P(-1 \mid 1)$ enthält.

e) Zeichnen Sie den Graphen von f im Intervall $[-4; 0]$.

4.4 Schnittpunkte zweier Graphen

Die Vorgehensweise, wie die Schnittpunkte der Graphen zweier quadratischer Funktionen berechnet werden, wurde im letzten Kapitel (siehe Seite 52) bereits ausführlich beschrieben. Diese Vorgehensweise gilt für beliebige Funktionen, also auch für ganzrationale höheren Grades. Lediglich die zu lösenden Gleichungen werden anspruchsvoller. Dafür werden jetzt auch die hier vorgestellten Lösungsmethoden der Polynomdivision und der Substitution benötigt.

Beispiel

Gegeben sind $f_1: x \mapsto x^3 - x^2 + 4x + 2$ und $f_2: x \mapsto 2x^3 - 4x^2 + 3x + 5$.
Berechnen Sie die Koordinaten der Schnittpunkte ihrer Graphen.

Lösung:
Ansatz zur Bestimmung der Schnittstellen:

$$\mathbf{f_1(x) = f_2(x)}$$
$$x^3 - x^2 + 4x + 2 = 2x^3 - 4x^2 + 3x + 5$$
$$-x^3 + 3x^2 + x - 3 = 0 \qquad | \cdot (-1)$$
$$x^3 - 3x^2 - x + 3 = 0$$

Probierlösung: $\mathbf{x_1 = 1}$

$$\begin{array}{l} (x^3 - 3x^2 - x + 3) : (x - 1) = x^2 - 2x - 3 \\ \underline{-(x^3 - x^2)} \\ \quad / \quad -2x^2 - x \\ \quad \underline{-(-2x^2 + 2x)} \\ \quad / \quad -3x + 3 \\ \quad \quad \underline{-(-3x + 3)} \\ \quad / \quad / \end{array}$$

$x^2 - 2x - 3 = 0$
Vieta:
$(x - 3)(x + 1) = 0$
$\Rightarrow \mathbf{x_2 = -1;\ x_3 = 3}$
Damit sind sämtliche Schnittstellen berechnet.

Berechnung der y-Koordinaten:
$y_1 = f_1(1) = 6 \qquad \Rightarrow \mathbf{S_1(1 | 6)}$
$y_2 = f_1(-1) = -4 \quad \Rightarrow \mathbf{S_2(-1 | -4)}$
$y_3 = f_1(3) = 32 \qquad \Rightarrow \mathbf{S_3(3 | 32)}$

Man hätte die Schnittstellen auch in $f_2(x)$ einsetzen können.

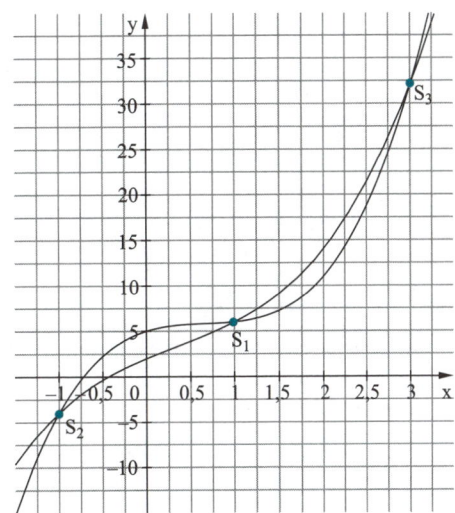

80. Berechnen Sie jeweils die Koordinaten der Schnittpunkte der Graphen von f und g:

a) $f(x)=x^3+x^2+5x+10$; $g(x)=-x^3+3x^2-5x+20$

b) $f(x)=\frac{1}{4}x^4-3x^2-2$; $g(x)=-2$

c) $f(x)=x^3-x^2$; $g(x)=x(x-1)$

d) $f(x)=\frac{1}{4}(x-2)^2(x^2+1)$; $g(x)=-x^2+2{,}5x-1$

4.5 Symmetrie

Die Graphen mancher Funktionen zeigen Symmetrieeigenschaften in Bezug auf das Koordinatensystem. Beispielsweise verläuft die Normalparabel $y=x^2$ symmetrisch zur y-Achse, man bezeichnet sie deshalb als achsensymmetrisch zur y-Achse. Wie erkennt man die Symmetrie von Funktionen?

Definition

Achsensymmetrie zur y-Achse	**Punktsymmetrie zum Ursprung**
Der Graph einer Funktion f ist genau dann symmetrisch zur y-Achse, wenn für alle $x \in D_f$ gilt:	Der Graph einer Funktion f ist genau dann punktsymmetrisch zum Ursprung, wenn für alle $x \in D_f$ gilt:
$f(-x)=f(x)$	**$f(-x)=-f(x)$**
Solche Funktionen heißen **gerade**.	Solche Funktionen heißen **ungerade**.

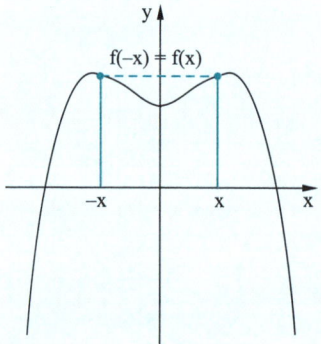

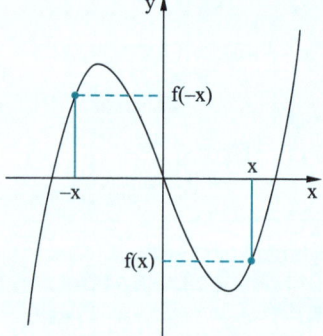

Eine ganzrationale Funktion ist genau dann gerade, wenn nur geradzahlige Potenzen von x auftreten.

Eine ganzrationale Funktion ist genau dann ungerade, wenn nur ungeradzahlige Potenzen von x (und daher auch kein x-freier Summand) auftreten.

Durch die Kenntnis von Symmetrien kann man viel Rechenarbeit beim Ermitteln von Funktionswerten (wie beispielsweise beim Erstellen von Wertetabellen) einsparen. Hat eine gerade oder ungerade Funktion etwa bei $x_1 = 3$ eine Nullstelle, so muss auch bei $x_2 = -3$ eine Nullstelle vorliegen. Des Weiteren verlaufen ungerade Funktionen stets durch den Ursprung, denn aus $f(0) = -f(0)$ folgt $f(0) = 0$. Demzufolge kann eine ungerade ganzrationale Funktion keinen x-freien Summanden a_0 aufweisen.

Beispiele

1. Die Funktion $f(x) = 3x^4 - 5x^2 + 2$ enthält nur geradzahlige Potenzen von x. Es gilt:
   $f(-x) = 3(-x)^4 - 5(-x)^2 + 2 = 3x^4 - 5x^2 + 2 = f(x)$ für alle $x \in \mathbb{R}$
   $\Rightarrow$ G_f ist symmetrisch zur y-Achse.

   Bemerkung: Wegen der geradzahligen Exponenten ergibt sich mit $n \in \mathbb{N}$ jeweils $(-x)^{2n} = x^{2n}$, d. h., das negative Vorzeichen wird durch das Potenzieren positiv.

2. $g(x) = 3x^3 - 2x$ enthält nur ungeradzahlige Potenzen von x. Es gilt:
   $g(-x) = 3(-x)^3 - 2(-x) = -3x^3 + 2x = -(3x^3 - 2x) = -g(x)$ für alle $x \in \mathbb{R}$
   $\Rightarrow$ G_g ist symmetrisch zum Ursprung.

   Bemerkung: Wegen der ungeradzahligen Exponenten bleiben die Minuszeichen bei $-x$ erhalten.

3. Im Gegensatz zu den beiden oben angegebenen Beispielen weist der Graph der Funktion $h(x) = -3x^5 - 4x^3 + x^2 - 2x$ keine der oben definierten Symmetrien auf:
   $h(-x) = -3(-x)^5 - 4(-x)^3 + (-x)^2 - 2(-x) = 3x^5 + 4x^3 + x^2 + 2x \neq \begin{cases} h(x) \\ -h(x) \end{cases}$
   $\Rightarrow$ G_h hat keine der genannten Symmetrieeigenschaften.

Aufgabe

81. Geben Sie an, ob nachfolgende Funktionen eine der genannten Symmetrieeigenschaften besitzen, und zeichnen Sie ggf. ihren Graphen.
Nutzen Sie beim Erstellen der Wertetabelle die Kenntnis der Symmetrie aus.

a) $f(x) = \frac{1}{4}x^4 - 3x^2 - 2$ b) $f(x) = x^3 - x^2$

c) $f(x) = x(x^2 - 1)$ d) $f(x) = x^3 - x + 1$

4.6 Verhalten für $x \to \pm\infty$

Das mathematische Symbol ∞ steht für unendlich (siehe auch Anhang). Für jede Zahl $x \in \mathbb{R}$ gilt, dass sie kleiner als unendlich ist, sodass in sym-

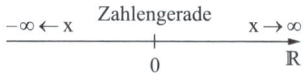

bolischer Schreibweise stets $x < \infty$ gilt. Auf der Zahlengeraden (z. B. der x-Achse) bewegt man sich in Richtung „unendlich", wenn man immer weiter nach rechts geht. Die Frage ist nun, wohin die Funktionswerte f(x) laufen, wenn man sich mit den x-Werten Richtung ∞ bzw. $-\infty$ bewegt.

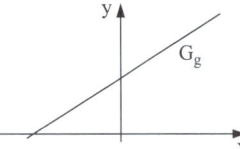
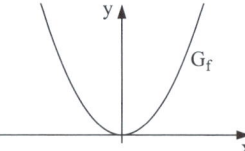

Es gilt: Für $x \to \infty$ geht $g(x) \to \infty$ und
für $x \to -\infty$ geht $g(x) \to -\infty$.
Einfacher in Limes-Schreibweise:
$$\lim_{x \to \infty} g(x) = +\infty$$
$$\lim_{x \to -\infty} g(x) = -\infty$$

Es gilt: Für $x \to \infty$ geht $f(x) \to \infty$ und
für $x \to -\infty$ geht $f(x) \to \infty$.
Einfacher in Limes-Schreibweise:
$$\left. \begin{array}{l} \lim\limits_{x \to \infty} f(x) = +\infty \\[2mm] \lim\limits_{x \to -\infty} f(x) = +\infty \end{array} \right\} \lim_{x \to \pm\infty} f(x) = +\infty$$

Wie verhalten sich die Funktionswerte einer allgemeinen ganzrationalen Funktion für $x \to \infty$ bzw. $x \to -\infty$ (zusammengefasst $x \to \pm\infty$)? Es kommt, wie bei der Öffnungsrichtung einer Parabel, nur auf den Leitkoeffizienten (Koeffizient vor der höchsten Potenz von x) und die zugehörige Potenz x^n an.

Regel

> **Wichtige Grenzwerte für $x \to \pm\infty$**
>
> - Bei den Potenzfunktionen gilt für $n \in \mathbb{N}^*$:
>
> $$\lim_{x \to \infty} x^n = \infty \quad \text{und} \quad \lim_{x \to -\infty} x^n = \begin{cases} +\infty & \text{falls n geradzahlig} \\ -\infty & \text{falls n ungeradzahlig} \end{cases}$$
>
> - Der Grenzwert für $x \to \pm\infty$ einer ganzrationalen Funktion vom Grad n wird wegen
>
> $$a_n x^n + a_{n-1} x^{n-1} + \ldots + a_1 x + a_0 = a_n x^n \left(1 + \frac{a_{n-1}}{a_n} \cdot \frac{1}{x} + \frac{a_{n-2}}{a_n} \cdot \frac{1}{x^2} + \ldots + \frac{a_0}{a_n} \cdot \frac{1}{x^n} \right)$$
>
> alleine von der höchsten Potenz x^n und ihrem Koeffizienten a_n bestimmt:
>
> $$\lim_{x \to \pm\infty} (a_n x^n + a_{n-1} x^{n-1} + \ldots + a_1 x + a_0) = \lim_{x \to \pm\infty} a_n x^n$$
>
> (Die untergeordneten Potenzen $x, x^2, \ldots, x^{n-1}$ spielen also für das „Verhalten von f bei ∞" keine Rolle.)

Beispiele

1. Bestimmen Sie die Grenzwerte $\lim\limits_{x \to -\infty} x^3$ und $\lim\limits_{x \to -\infty} x^4$.

   Lösung:
   Nach Punkt 1 (siehe Merkkasten) folgt mit $n=3$ (ungerade) bzw. $n=4$ (gerade):
   $$\lim\limits_{x \to -\infty} x^3 = -\infty \quad \text{und} \quad \lim\limits_{x \to -\infty} x^4 = +\infty$$

2. Bestimmen Sie das Verhalten von $f(x) = 2x^3 + 4x^2 - x + 12$ für $x \to \pm\infty$.

   Lösung:
   Nach Punkt 2 (siehe Merkkasten) folgt mit $n=3$, $a_3 = 2$:
   $$\lim\limits_{x \to \infty} f(x) = \lim\limits_{x \to \infty} 2x^3 = +\infty \quad \text{und} \quad \lim\limits_{x \to -\infty} f(x) = \lim\limits_{x \to -\infty} 2x^3 = -\infty$$

Aufgaben

82. Bestimmen Sie die folgenden Grenzwerte.

a) $\lim\limits_{x \to \pm\infty} \left(-\tfrac{1}{4}x^3 - 5x^2 + x\right)$

b) $\lim\limits_{x \to -\infty} -5$

c) $\lim\limits_{x \to \pm\infty} (2x^4 - 4x^3 + 3x^2 - 10)$

83. Geben Sie jeweils die (uneigentlichen) Grenzwerte an, indem Sie überlegen, wie der Graph der Funktionen verläuft.

a) $\lim\limits_{x \to \infty} (2x - 1)$

b) $\lim\limits_{x \to -\infty} (2x - 1)$

c) $\lim\limits_{|x| \to \infty} \left(\tfrac{1}{4}x^2 - 5x + 1\right)$

d) $\lim\limits_{x \to -\infty} -x^3$

e) $\lim\limits_{x \to \infty} -x^3$

f) $\lim\limits_{x \to \pm\infty} x^4$

84. Die Anziehungskraft zwischen zwei Massen (Gravitationskraft), die wir auf der Erde als Erdanziehungskraft spüren, nimmt mit zunehmender Entfernung gemäß der Funktion $x \mapsto \frac{1}{x^2}$ ab. Wirkt also auf einen Körper, z. B. einen Satelliten, auf der Erdoberfläche die Schwerkraft F_0, so hat diese Kraft nur noch den Wert $F(r) = \frac{F_0}{r^2}$, wenn r den Abstand zum Erdmittelpunkt in Erdradien angibt.

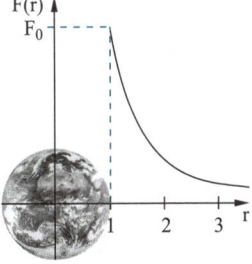

a) Berechnen Sie, in welchen Abständen von der Erdoberfläche die Erdanziehungskraft nur noch 50 %, 10 % und 1 % ihres ursprünglichen Wertes hat.

   Hinweis: Der Abstand r ist als Vielfaches des Erdradius r_E angegeben. Es gilt $r_E = 6\,370$ km.

b) Welchen Wert hat $\lim\limits_{r \to \infty} F(r)$? Welche Bedeutung hat dieser Grenzwert?

Differenzialrechnung

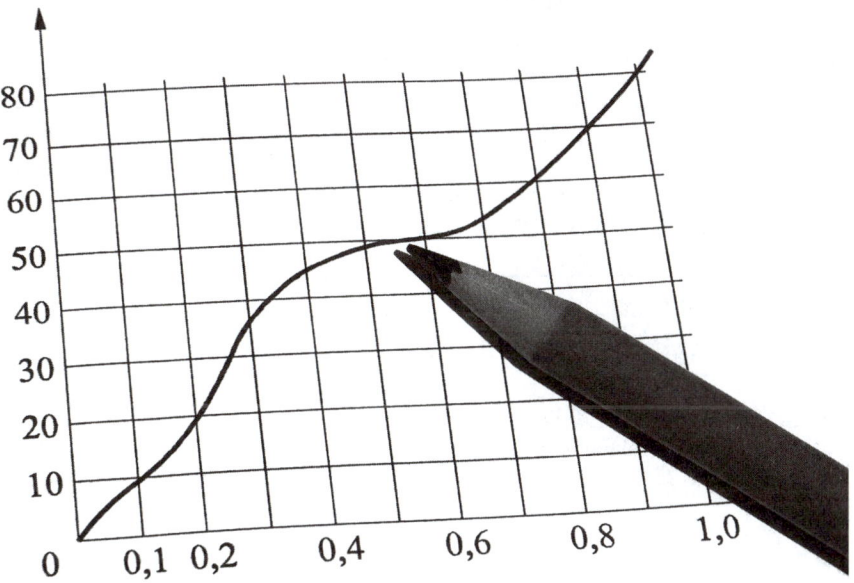

Die Differenzialrechnung ist aus dem Bedürfnis heraus entwickelt worden, Veränderungen mathematisch zu erfassen. So ist etwa bei Aktienkursen, bei den Arbeitslosenzahlen oder bei der Geschwindigkeit nicht nur der momentane Wert von Interesse, sondern (fast noch mehr) die Veränderung der Aktienkurse gegenüber dem Vortag, die Änderung der Arbeitslosenzahl gegenüber dem Vormonat bzw. die Veränderung der Geschwindigkeit gegenüber der vorherigen Sekunde. Die Kenntnis dieser Veränderungen lässt Prognosen zu, wie sich diese Werte entwickeln werden – sie erlauben einen Blick in die Zukunft.

5 Die Ableitung einer Funktion

5.1 Sekante und Differenzenquotient

Die „Veränderung" einer Größe beschreibt man in der Mathematik mithilfe der **Steigung**. Diese wurde bei den Geraden (Graphen der linearen Funktionen) mithilfe des Steigungsdreiecks eingeführt. Um den Begriff der Steigung auf gekrümmte Graphen zu übertragen, legt man zunächst durch zwei Punkte P und Q eines Graphen eine Gerade, die **Sekante** (=„Schneidende") genannt wird, und berechnet deren Steigung mithilfe des **Differenzenquotienten**.

Regel

Steigung der Sekante

$$m_{PQ} = \frac{\Delta y}{\Delta x} = \frac{f(x_2) - f(x_1)}{x_2 - x_1}$$

m_{PQ} ist die **mittlere Steigung** des Graphen der Funktion f im Intervall $[x_1; x_2]$.

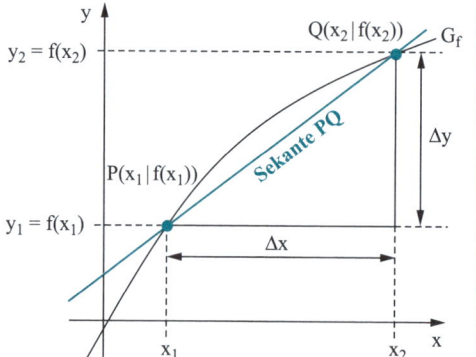

Beispiel

Betrachtet wird die Funktion $f(x) = x^2$. Bestimmen Sie die Steigung der Sekante durch die Graphenpunkte P(1|1) und Q(2|4).

Lösung:
Die Steigung der Sekante durch P und Q beträgt:

$$m_{PQ} = \frac{\Delta y}{\Delta x} = \frac{f(2) - f(1)}{2 - 1} = \frac{4 - 1}{2 - 1} = 3$$

Das ist die mittlere Steigung der Parabel im Intervall [1; 2].

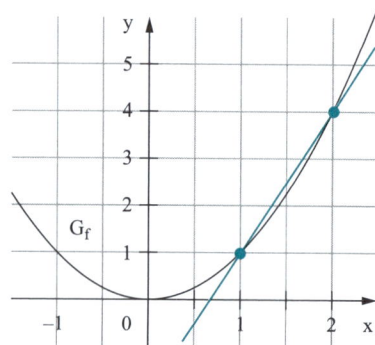

ufgaben **85.** Berechnen Sie bei den folgenden Funktionen jeweils die Steigung der Sekante durch die Graphenpunkte P und Q. Zeichnen Sie dann den Graphen und die Sekante.

a) $f(x) = x^2$; $P(0 \mid ?)$ und $Q(2 \mid ?)$ b) $f(x) = -2x + 1$; $P(-1 \mid ?)$ und $Q(1 \mid ?)$

c) $f(x) = \frac{1}{x}$; $P\left(\frac{1}{2} \mid ?\right)$ und $Q(1 \mid ?)$ d) $f(x) = x^2 - 4x$; $P(1 \mid ?)$ und $Q(3 \mid ?)$

86. Berechnen Sie bei dem Graphen der Funktion $p(x) = -x^2 + 5x - 3$ jeweils die Steigungen der Sekanten durch den stets gleichbleibenden Punkt $P(1 \mid 1)$ und den nachfolgend angegebenen Punkten Q:

$Q_1(4 \mid ?)$, $Q_2(3 \mid ?)$, $Q_3(2 \mid ?)$, $Q_4(1,5 \mid ?)$, $Q_5(1,2 \mid ?)$, $Q_6(1,1 \mid ?)$ und $Q_7(1,01 \mid ?)$

Stellen Sie die Ergebnisse tabellarisch dar und zeichnen Sie Graph und Sekanten soweit wie möglich in ein Diagramm ein. Was vermuten Sie?

5.2 Tangente und Differenzialquotient

Man definiert die Steigung einer Kurve in einem Punkt $P(x_0 \mid f(x_0))$ dadurch, dass man von der Steigung der Sekante durch die Graphenpunkte $P(x_0 \mid f(x_0))$ und $Q(x \mid f(x))$ mit $x \neq x_0$ ausgeht und dann den Punkt Q auf dem Graphen von f zum Punkt P schiebt. Die Sekante wird dadurch zu einer **Tangente** (= „Berührende"), die den Graphen von f im Punkt P berührt.

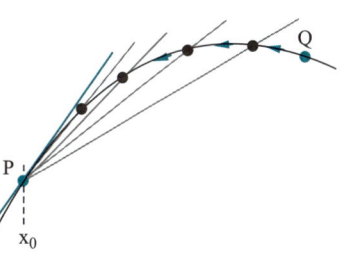

Aus dem Differenzenquotienten für die Berechnung der Steigung der Sekante wird durch den Grenzübergang $x \rightarrow x_0$ der sogenannte **Differenzialquotient**. Für diesen Grenzübergang $x \rightarrow x_0$ verwendet man die Limes-Schreibweise, abgekürzt mit „lim", gesprochen „Limes". Das lateinische Wort für Grenze beschreibt die Annäherung $x \rightarrow x_0$ in der Form $\lim\limits_{x \rightarrow x_0}$. Unmittelbar dahinter steht dann der Funktionsterm, dessen Grenzwert bestimmt werden soll.

Definition

> **Ableitung**
>
> Die Funktion f besitzt an der Stelle $x_0 \in D_f$ die Ableitung $f'(x_0)$, sprich: „f Strich von x_0", wenn sich der **Differenzialquotient**
>
> $$f'(x_0) := \lim_{x \rightarrow x_0} \frac{f(x) - f(x_0)}{x - x_0} \quad \text{oder (was dasselbe ist)} \quad f'(x_0) := \lim_{h \rightarrow 0} \frac{f(x_0 + h) - f(x_0)}{h}$$
>
> bilden lässt. Existiert der Grenzwert $f'(x_0)$, so stellt er die Steigung der Tangente an den Graphen im Punkt P dar. Daher bezeichnet man $f'(x_0)$ auch als die **Steigung des Graphen** von f im Punkt $P(x_0 \mid f(x_0))$ bzw. an der Stelle x_0.

Die im Kasten links stehende Formel für die Ableitung von f an der Stelle x_0 ergibt sich aus dem Differenzenquotienten

$$m_{PQ} = \frac{\Delta y}{\Delta x}$$

der Sekante durch die Punkte $P(x_0 \,|\, f(x_0))$ und $Q(x \,|\, f(x))$ und anschließender Grenzwertbildung $x \to x_0$ (siehe Abbildung).

Die im Kasten rechts stehende Formel für $f'(x_0)$, welche die Variable $h \neq 0$ enthält,

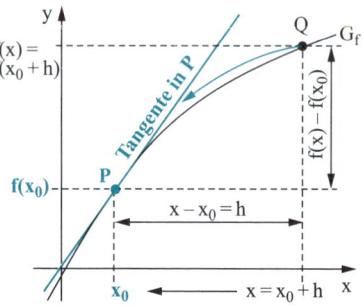

ergibt sich dann, wenn man die Koordinaten des Punktes Q mit $(x_0 + h \,|\, f(x_0 + h))$ bezeichnet. Von dieser Ausgangslage wird der Punkt Q anschließend durch die Grenzwertbildung $h \to 0$ auf dem Graphen von f zum Punkt P verschoben, sodass man die Steigung der Tangente im Punkt P erhält.

Hinweis: Statt $f'(x_0)$ für die Bezeichnung der Ableitung an der Stelle x_0 findet man gelegentlich auch das Symbol $\frac{df(x_0)}{dx}$, bei dem die Herkunft vom Differenzenquotienten $\frac{\Delta y}{\Delta x}$ deutlich wird.

Beispiel

Gegeben ist die Funktion $f(x) = x^2$, bestimmen Sie $f'(1)$.

Lösung:

$$f'(1) = \lim_{x \to 1} \frac{f(x) - f(1)}{x - 1}$$

$$= \lim_{x \to 1} \frac{x^2 - 1}{x - 1} \qquad \text{Anwenden der dritten binomischen Formel}$$

$$= \lim_{x \to 1} \frac{(x - 1)(x + 1)}{x - 1} \qquad \text{Kürzen von } (x - 1)$$

$$= \lim_{x \to 1} (x + 1) = \mathbf{1} + 1 = 2$$

Alternative Lösung mit der h-Formel:

$$f'(1) = \lim_{h \to 0} \frac{f(1 + h) - f(1)}{h}$$

$$= \lim_{h \to 0} \frac{(1 + h)^2 - 1}{h} \qquad \text{Ausmultiplizieren}$$

$$= \lim_{h \to 0} \frac{1 + 2h + h^2 - 1}{h}$$

$$= \lim_{h \to 0} \frac{h^2 + 2h}{h}$$

$$= \lim_{h \to 0} \frac{h(h + 2)}{h} \qquad \text{Ausklammern und Kürzen von h}$$

$$= \lim_{h \to 0} (h + 2) = \mathbf{0} + 2 = 2$$

Demnach hat der Graph der Funktion $f(x) = x^2$ an der Stelle 1 die Steigung 2, d. h., es gilt $f'(1) = 2$. Im Diagramm ist die zugehörige Tangente eingezeichnet. Die Steigung überprüft man mit einem Steigungsdreieck.

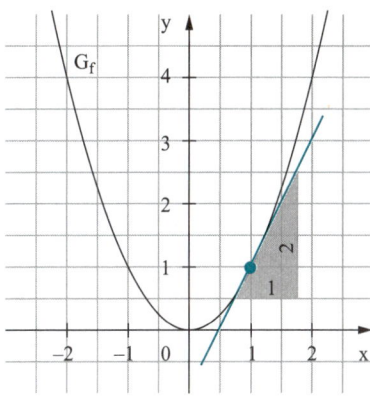

Aufgaben

87. Gegeben ist die Funktion $f(x) = x^2 - 2x - 3$.
Bestimmen Sie die Ableitungen $f'(-1)$, $f'(1)$ und $f'(4)$.

88. Gegeben sind Funktionen $f(x) = x^3$ und $g(x) = x^3 - 2$.
Ermitteln Sie die Steigungen der Graphen an der Stelle $x_0 = 1$.

89. Bestimmen Sie bei der linearen Funktion $g(x) = mx + t$ die Steigung an der allgemeinen Stelle $x_0 \in \mathbb{R}$. Interpretieren Sie das Ergebnis.

90. Ermitteln Sie die Steigung der Normalparabel $p(x) = x^2$ an der Stelle $x_0 \in \mathbb{R}$ in Abhängigkeit von der Stelle x_0.

91. Von der mittleren Geschwindigkeit zur Momentangeschwindigkeit
Bewegt sich ein Körper nach der Zeit-Weg-Funktion $t \mapsto s(t)$, dann ist seine **Durchschnittsgeschwindigkeit** im Zeitintervall $[t_0; t_0 + \Delta t]$, in dem die Strecke Δs zurückgelegt wird, definiert als

$$\overline{v} = \frac{\Delta s}{\Delta t} = \frac{s(t_0 + \Delta t) - s(t_0)}{\Delta t}$$

und seine **Momentangeschwindigkeit** zum Zeitpunkt t_0 als

$$v(t_0) = \lim_{\Delta t \to 0} \frac{\Delta s}{\Delta t} = \lim_{\Delta t \to 0} \frac{s(t_0 + \Delta t) - s(t_0)}{\Delta t}.$$

Das Zeit-Weg-Gesetz für den freien Fall lautet:

$$s(t) = \frac{1}{2}gt^2$$

Dabei sind t: Fallzeit in Sekunden (unabhängige Funktionsvariable), s(t): durchfallene Strecke in Meter, $g \approx 10 \, \frac{m}{s^2}$: Fallbeschleunigung auf der Erde.

a) Ein Körper fällt bis zum Aufschlag genau vier Sekunden. Bestimmen Sie die Durchschnittsgeschwindigkeit während der gesamten Fallzeit und die Aufschlaggeschwindigkeit des Körpers. Geben Sie zudem an, wo im Zeit-Weg-Diagramm man diese beiden Geschwindigkeiten findet.

b) Ein Bungee-Jumper ist an einem 100 m langen Seil befestigt. Solange ihn das Seil nicht abbremst, fällt er näherungsweise nach dem Zeit-Weg-Gesetz des freien Falles. Berechnen Sie seine Höchstgeschwindigkeit.

5.3 Differenzierbarkeit

Es ist noch nicht geklärt, ob sich der beim Differenzialquotienten auftretende Grenzwert immer bilden lässt, oder anders formuliert, ob die Ableitung $f'(x_0)$ an jeder Stelle $x_0 \in D_f$ existiert. Es stellt sich also die Frage, ob der Graph einer Funktion f in jedem Kurvenpunkt eine Steigung besitzt, und was es bedeutet, wenn dem nicht so ist.

Definition

Differenzierbarkeit
Eine Funktion f heißt an der Stelle $x_0 \in D_f$ **differenzierbar**, wenn der Differenzialquotient bzw. die Ableitung von f an der Stelle x_0 existiert, d. h., wenn der Grenzwert

$$f'(x_0) = \lim_{h \to 0} \frac{f(x_0 + h) - f(x_0)}{h}$$

existiert.

Damit der Grenzwert

$$\lim_{h \to 0} \frac{f(x_0 + h) - f(x_0)}{h}$$

existiert, muss für jede Annäherung $h \to 0$ stets die **gleiche Zahl** herauskommen, insbesondere auch dann, wenn h negativ ist. Letzteres bedeutet, dass der Punkt Q von links an den Punkt P angenähert wird.

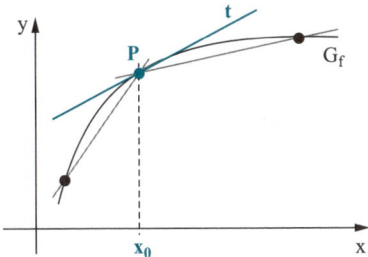

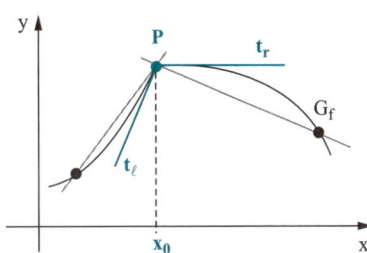

f ist an der Stelle x_0 **differenzierbar**. Bei rechtsseitiger und bei linksseitiger Annäherung ergibt sich die gleiche eindeutig bestimmte Steigung $f'(x_0)$.
Es gibt eine eindeutig definierte Tangente t in P.
Der Graph von f verläuft **glatt** (ohne Knick) durch den Punkt P.

f ist an der Stelle x_0 **nicht differenzierbar**. Bei rechtsseitiger und bei linksseitiger Annäherung ergeben sich unterschiedliche Steigungen. Man erhält eine rechtsseitige Tangente t_r und eine linksseitige Tangente t_ℓ. Es existiert kein $f'(x_0)$.
Der Graph von f **knickt** im Punkt P ab (plötzliche Richtungsänderung).

Die Differenzierbarkeit ist eine wichtige Eigenschaft einer Funktion. Ganz grob kann man sich merken: Die Graphen differenzierbarer Funktionen haben **keinen Sprung** und **keinen Knick** sowie auch keine vertikalen Tangenten.

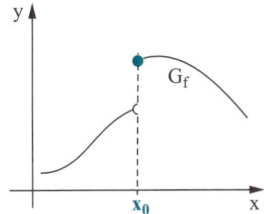

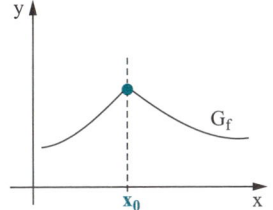

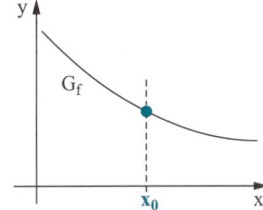

Die Funktion f hat an der Stelle x_0 einen Sprung und ist nicht differenzierbar.

Die Funktion f hat an der Stelle x_0 einen Knick und ist nicht differenzierbar.

Die Funktion f ist an der Stelle x_0 differenzierbar.

Beispiel

Beurteilen Sie, ob die Funktion $f(x) = |x|$ im Ursprung differenzierbar ist.

Lösung:
Die Funktion

$$f(x) = |x| = \begin{cases} x & \text{für } x \geq 0 \\ -x & \text{für } x < 0 \end{cases}$$

ist im Ursprung nicht differenzierbar, ihr Graph hat dort einen Knick.

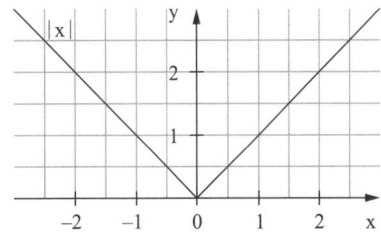

Rechnerischer Nachweis:

$$f'(0+) := \lim_{h \to 0+} \frac{f(0+h) - f(0)}{h} \qquad \text{rechtsseitiger Differenzialquotient}$$

$$= \lim_{h \to 0+} \frac{h - 0}{h} = \lim_{h \to 0+} 1 = 1$$

$$f'(0-) := \lim_{h \to 0-} \frac{f(0+h) - f(0)}{h} \qquad \text{linksseitiger Differenzialquotient}$$

$$= \lim_{h \to 0-} \frac{-h - 0}{h} = \lim_{h \to 0-} -1 = -1$$

Demnach gilt: $f'(0+) \neq f'(0-)$

Daraus folgt, dass f an der Stelle $x_0 = 0$ **nicht differenzierbar** ist.

Aufgabe

92. Zeichnen Sie die Graphen der folgenden Funktionen und beurteilen Sie, ob die Funktionen an den Nahtstellen differenzierbar sind.

a) $f(x) = x \, |x|$

b) $f(x) = \begin{cases} x^2 & \text{für } x \leq 1 \\ x & \text{für } x > 1 \end{cases}$

c) $f(x) = \begin{cases} x^2 & \text{für } x \leq 1 \\ 2x - 1 & \text{für } x > 1 \end{cases}$

5.4 Tangenten- und Normalengleichung

Ist eine Funktion f an einer Stelle x_0 differenzierbar, so besitzt der Graph von f im zugehörigen Punkt $P(x_0 \,|\, f(x_0))$ eine eindeutig bestimmte **Tangente**. Die (wiederum eindeutig bestimmte) zur Tangente senkrecht stehende Gerade durch den Punkt $P(x_0 \,|\, f(x_0))$ heißt **Normale**.

Regel

Tangenten- und Normalengleichung
Der Graph einer in x_0 differenzierbaren Funktion f besitzt an der Stelle x_0 die **Tangente** mit der Funktionsgleichung
$$t: \ y = f'(x_0)(x - x_0) + f(x_0)$$
und die **Normale**
$$n: \ y = -\frac{1}{f'(x_0)}(x - x_0) + f(x_0).$$

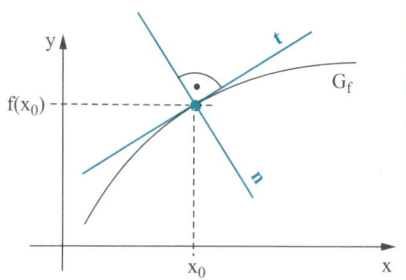

Die Steigung $-\dfrac{1}{f'(x_0)}$ für die Normale ergibt sich aus der Tatsache, dass für die Steigungen m_1 und m_2 von zueinander senkrecht stehenden Geraden stets gilt: $m_1 \cdot m_2 = -1$

Beispiel

Bestimmen Sie für die Funktion $f(x) = x^2$ die Funktionsgleichungen der Tangente und Normale an der Stelle $x_0 = 1$.

Lösung:

$x_0 = 1; \quad f(1) = 1^2 = 1;$

$f'(1) = \lim\limits_{h \to 0} \dfrac{f(1+h) - f(1)}{h}$ Man benötigt x_0, $f(x_0)$ und $f'(x_0)$, um die gesuchten Funktionsgleichungen mithilfe der oben stehenden Formeln angeben zu können.

$\qquad = \lim\limits_{h \to 0} \dfrac{(1+h)^2 - 1}{h}$ Ausmultiplizieren

$\qquad = \lim\limits_{h \to 0} \dfrac{1 + 2h + h^2 - 1}{h}$

$\qquad = \lim\limits_{h \to 0} \dfrac{h^2 + 2h}{h}$

$\qquad = \lim\limits_{h \to 0} \dfrac{\cancel{h}(h+2)}{\cancel{h}}$ h ausklammern und kürzen

$\qquad = \lim\limits_{h \to 0} (h+2) = 0 + 2 = 2$

$t: y = 2(x-1) + 1 = 2x - 1$ Tangentengleichung aufstellen und zusammenfassen

$n: y = -\dfrac{1}{2}(x-1) + 1 = -\dfrac{1}{2}x + \dfrac{3}{2}$ Normalengleichung aufstellen und zusammenfassen

Aufgaben

93. Bestimmen Sie für die Normalparabel $f(x) = x^2$ jeweils die Funktionsgleichungen der Tangente und Normale in den Punkten $P_1(0|0)$ und $P_2(-1,5|2,25)$.

94. Die Funktion $f(x) = \dfrac{1}{x}$ hat an der Stelle 1 die Ableitung $f'(1) = -1$. Stellen Sie an dieser Stelle die Funktionsgleichungen für die Tangente und die Normale auf. Zeichnen Sie anschließend den Graphen von f im I. Quadranten sowie die Tangente und Normale.

95. Bahngleis

Das abgebildete Bahngleis verläuft nach der Funktion $f(x) = \dfrac{1}{4}x^2$. Im Punkt $P(2|?)$ soll ein tangential verlaufendes, geradliniges Stichgleis angeschlossen werden.
Berechnen Sie die Funktionsgleichung.

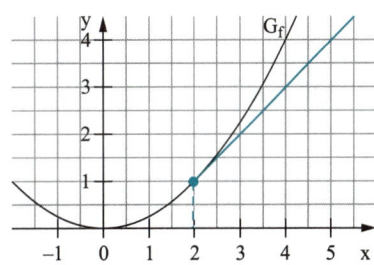

96. Weisen Sie nach, dass bei der Funktion $f(x) = x^2$ eine an der Stelle $x_0 = b$ errichtete Tangente stets die x-Achse bei $\frac{b}{2}$ schneidet. Ermitteln Sie außerdem noch, wo die Nullstelle der zugehörigen Normalen liegt.

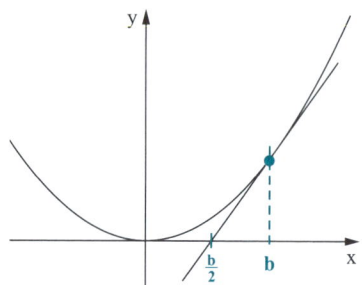

97. Luftdruck

Der Luftdruck auf der Erde nimmt mit zunehmender Höhe ab. Zu jeder Höhe h über der Erdoberfläche kann man einen bestimmten Druck p(h) messen, sodass man eine Funktion $h \mapsto p(h)$ erhält. Der prinzipielle Verlauf ihres Graphen ist im abgebildeten Diagramm zu sehen.

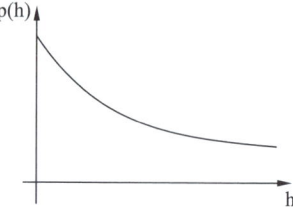

a) Was bedeuten in diesem Zusammenhang die Ausdrücke
$$p(h_0 + \Delta h) - p(h_0), \quad \frac{p(h_0 + \Delta h) - p(h_0)}{\Delta h} \quad \text{und} \quad p'(h_0)?$$

b) Übernehmen Sie eine Skizze des Graphen von $h \mapsto p(h)$ und kennzeichnen Sie die in der Teilaufgabe a angegebenen Ausdrücke an einer beliebigen Stelle h_0 des Graphen.

c) Welche Aussage können Sie über das Vorzeichen von $p'(h_0)$ an einer Stelle h_0 machen und welche Bedeutung hat das?

5.5 Die Ableitungsfunktion

Im Folgenden wird nicht mehr nur die Ableitung $f'(x_0)$ an einer bestimmten Stelle x_0 betrachtet, sondern an allen Stellen x, an denen die Funktion f differenzierbar ist. Damit erhält man eine zu der Funktion f gehörende Funktion f', die sogenannte **Ableitung von f**.

Definition

Die Ableitung einer Funktion

Ist eine Funktion f in $D_{f'} \subset D_f$ differenzierbar, so wird durch die Zuordnung $x \mapsto f'(x)$ für alle $x \in D_{f'}$ eine neue Funktion f' definiert, die Ableitungsfunktion oder kurz **Ableitung von f** genannt wird.

Es gilt:

$$f'(x) := \lim_{h \to 0} \frac{f(x+h) - f(x)}{h} \text{ für alle } x \in D_{f'}$$

An den Stellen, an denen f nicht differenzierbar ist, hat f' Definitionslücken.

Das Berechnen des Funktionsterms f'(x) nennt man **Ableiten** oder auch **Differenzieren**. Die Funktionswerte der Ableitungsfunktion f'(x) sind für alle Stellen $x \in D_{f'}$ gerade die Steigungen des zugehörigen Graphen von f an eben diesen Stellen x. Insbesondere besitzt der Graph von f an den Nullstellen von f' waagrechte Tangenten.

Beispiel

Veranschaulichen Sie den Zusammenhang zwischen einer Funktion f und ihrer Ableitungsfunktion f' am Beispiel der Funktion $f(x) = x^2$.

Lösung:

Zunächst wird f' ermittelt, d. h., man leitet $f(x) = x^2$ ab:

$$f'(x) = \lim_{h \to 0} \frac{f(x+h) - f(x)}{h} = \lim_{h \to 0} \frac{(x+h)^2 - x^2}{h}$$

$$= \lim_{h \to 0} \frac{x^2 + 2hx + h^2 - x^2}{h} = \lim_{h \to 0} \frac{h^2 + 2hx}{h}$$

$$= \lim_{h \to 0} \frac{h(h + 2x)}{h} = \lim_{h \to 0} (h + 2x)$$

$$= 0 + 2x = 2x$$

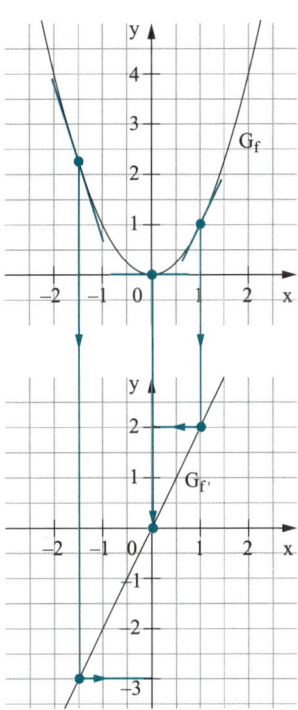

Da die Funktion $f(x) = x^2$ in ihrem größtmöglichen Definitionsbereich $D_f = \mathbb{R}$ differenzierbar ist, hat auch die Ableitungsfunktion den Definitionsbereich $D_{f'} = \mathbb{R}$.

Es gilt:

$f(x) = x^2$ und $f'(x) = 2x$ für alle $x \in \mathbb{R}$

Die Funktionswerte f'(x) der Ableitungsfunktion sind die Steigungen des Graphen von f an den jeweiligen Stellen $x \in \mathbb{R}$.

Aufgabe

98. In der Abbildung sollten in der ersten Zeile die Graphen der Funktionen f und darunter die Graphen der zugehörigen Ableitungsfunktionen f' dargestellt werden. Leider ist in der zweiten Zeile ein Fehler passiert, die Ableitungen wurden vertauscht. Stellen Sie die richtige Zuordnung wieder her.

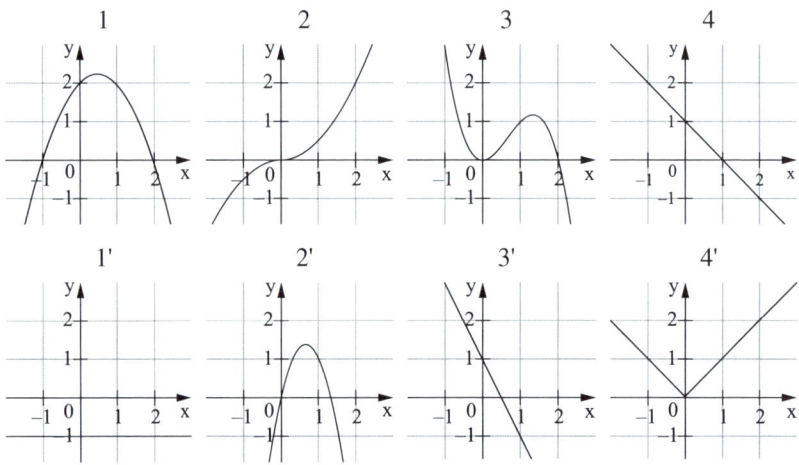

5.6 Die Ableitung elementarer Funktionen

Es genügt, sich einige wenige Ableitungsfunktionen einzuprägen:

Regel

> **Ableitung der konstanten Funktion**
> $f(x) = c \implies f'(x) = 0$ mit $c = $ konst.
> Eine Konstante abgeleitet ergibt 0 oder kurz: $c' = 0$
>
> **Ableitung der Potenzfunktion**
> $f(x) = x^n \implies f'(x) = n \cdot x^{n-1}$ mit $n \in \mathbb{N}^* = \{1; 2; 3; \dots\}$
> oder kurz: $(x^n)' = n \cdot x^{n-1}$
> Man erhält also die Ableitungsfunktion einer Potenzfunktion, indem man ihren Exponenten als Vorfaktor schreibt und im Exponenten 1 subtrahiert.

Beispiel

Leiten Sie die folgenden Funktionen ab: x^6, x^{100}, x^{2n}, x^{k+2}

Lösung:

$(x^6)' = 6x^5$

$(x^{100})' = 100x^{99}$

$(x^{2n})' = 2nx^{2n-1}$

$(x^{k+2})' = (k+2)x^{k+1}$

Aufgaben　**99.** Bestimmen Sie jeweils die Ableitungsfunktionen der folgenden Funktionen:

a) $f(x) = -1$

b) $f(x) = k - 2$, wobei k eine Konstante ist

c) $p(x) = x^7$

d) $p(x) = x^{2a+1}$, wobei $a \in \mathbb{N}$

e) $g(t) = t^2$

f) $h(x) = a^2$

100. Bestimmen Sie die Gleichungen der Tangenten an den Graphen der folgenden Funktionen an den angegebenen Stellen.

a) $f(x) = x^2$; $x_0 = -\frac{1}{2}$　　　　b) $g(x) = x^3$; $x_0 = 2$

101. a) An welcher Stelle hat der Graph der Normalparabel $f(x) = x^2$ eine Tangente mit der Steigung 1,5?

b) An welcher Stelle hat der Graph der Funktion $f(x) = x^3$ die Steigung 1?

5.7 Ableitungsregeln

Es genügen zwei Ableitungsregeln und die Kenntnis der Ableitungen der elementaren Funktionen $x \mapsto c$ und $x \mapsto x^n$, um sämtliche ganzrationalen Funktionen ableiten zu können, ohne auf den Differenzialquotienten zurückgreifen zu müssen.

Regel

> **Die Summenregel**
> Sind die Funktionen f und g in einem gemeinsamen Definitionsbereich definiert und dort auch differenzierbar, dann ist auch die Summenfunktion $f + g$ differenzierbar und es gilt:
> $(f + g)' = f' + g'$
> Beachten Sie: **Additive** Konstanten fallen beim Ableiten einfach weg.

Das bedeutet, man muss beim Ableiten einer Summe die Summanden einzeln ableiten und anschließend aufaddieren (das „+" bleibt erhalten).

Beispiele　**1.** Berechnen Sie die Ableitung der Funktion $f(x) = x^2 + x$.

Lösung:

$f'(x) = (x^2 + x)'$
$= (x^2)' + x'$
$= 2x + 1$

Die Funktion $f(x) = x^2 + x$ setzt sich aus den elementaren Funktionen $x \mapsto x^2$ und $x \mapsto x$ additiv zusammen. Da diese beiden Funktionen in $\mathbb{R}$ differenzierbar sind, ist auch die Summenfunktion f in $\mathbb{R}$ differenzierbar.

2. Es sei $g(x) = x^3 - 2$. Bestimmen Sie $g'(x)$.

Lösung:

$$\begin{aligned} g'(x) &= (x^3 + (-2))' \\ &= (x^3)' + (-2)' \\ &= 3x^2 + 0 \\ &= 3x^2 \end{aligned}$$

Die Funktion $g(x) = x^3 - 2$ setzt sich aus den elementaren Funktionen $x \mapsto x^3$ und $x \mapsto -2$ additiv zusammen: $g(x) = x^3 - 2 = x^3 + (-2)$. Die Ableitung der konstanten Funktion $x \mapsto -2$ ist null.

Regel

> **Die Faktorregel**
> Die Funktion f sei differenzierbar und $k \in \mathbb{R}$ eine beliebige Konstante. Dann ist auch die Funktion $k \cdot f$ differenzierbar und es gilt:
> $(k \cdot f)' = k \cdot f'$
> **Multiplikative** Konstanten bleiben beim Ableiten unverändert erhalten.

Zu beachten ist, dass die Faktorregel nur für konstante Faktoren gilt. Sie ist nicht mehr anwendbar, wenn der Faktor selbst eine Funktion von x ist.

Ist eine Funktion als Produkt von Funktionen dargestellt, muss vor dem Ableiten immer erst ausmultipliziert werden (außer es handelt sich um konstante Faktoren).

Beispiele

1. Bestimmen Sie die Ableitungsfunktion von $f(x) = 3x^2$.

Lösung:

$$\begin{aligned} f'(x) &= (3x^2)' \\ &= 3(x^2)' \\ &= 3 \cdot 2x \\ &= 6x \end{aligned}$$

$f(x) = 3x^2$ setzt sich aus der Funktion $x \mapsto x^2$ und der Konstanten 3 multiplikativ zusammen. Da die Funktion $x \mapsto x^2$ in $\mathbb{R}$ differenzierbar ist, ist es auch die Funktion f.

2. Bestimmen Sie die Ableitungsfunktion von $h(x) = x^2 x^3$.

Lösung:

$$h'(x) = (x^2 x^3)' = (x^5)' = 5x^4$$

Achtung:

$$\begin{aligned} (x^2 x^3)' &\neq (x^2)' \cdot (x^3)' \\ &= 2x \cdot 3x^2 = 6x^3 \end{aligned}$$

$h(x)$ darf nicht mit der Faktorregel abgeleitet werden, da x^2 keine Konstante ist und selbst von x abhängt. $h(x)$ darf auch nicht abgeleitet werden, indem man in Anlehnung an die Summenregel die beiden Faktoren einzeln ableitet und die Multiplikation dazwischen beibehält. In solchen Fällen muss grundsätzlich erst ausmultipliziert und dann abgeleitet werden.

Natürlich können Summen- und Faktorregel auch miteinander kombiniert angewandt werden. Daraus ergibt sich, dass alle ganzrationalen Funktionen in $\mathbb{R}$ differenzierbar sind. Ihre Ableitungsfunktionen lassen sich mit den eingeführten Regeln bestimmen.

Beispiele

1. Bestimmen Sie die Ableitungsfunktion von $f(x) = 4x^3 - \frac{1}{2}x^2 + 9x - 1$.

   Lösung:

   $f'(x) = 12x^2 - x + 9$ Die Koeffizienten bei der Ableitungsfunktion wurden sofort zu einer Zahl zusammengefasst.

2. Bestimmen Sie die Ableitungsfunktion von $h(x) = x(x-1)^2$.

   Lösung:

   $h(x) = x(x-1)^2 = x(x^2 - 2x + 1)$ Achtung: Hier muss vor dem Ableiten ausmulti-
   $\qquad = x^3 - 2x^2 + x$ pliziert werden.

   $h'(x) = (x^3 - 2x^2 + x)'$ Erst der ausmultiplizierte Funktionsterm wird
   $\qquad = 3x^2 - 4x + 1$ abgeleitet.

3. An welchen Stellen hat der Graph von $f(x) = \frac{1}{3}x^3 + \frac{5}{2}x^2 + 6x + 6$ waagrechte Tangenten?

   Lösung:

   $f'(x) = x^2 + 5x + 6$
   $f'(x) = 0$
   $x^2 + 5x + 6 = 0$ mit Vieta:
   $(x+3)(x+2) = 0 \Rightarrow x_1 = -3; \; x_2 = -2$

   An den Stellen $x_1 = -3$ und $x_2 = -2$ hat
   der Graph von f waagrechte Tangenten.

   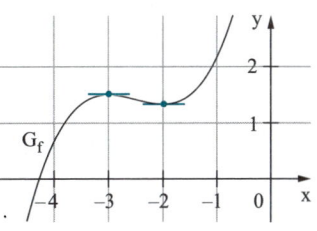

4. An welchen Stellen hat der Graph der Funktion $f(x) = x(x-1)^2$ Tangenten, die parallel zu der Geraden mit der Gleichung $g: y = 2x - 0{,}5$ verlaufen?

   Lösung:

   $f(x) = x(x-1)^2$
   $\qquad = x(x^2 - 2x + 1)$
   $\qquad = x^3 - 2x^2 + x$
   $f'(x) = 3x^2 - 4x + 1$

   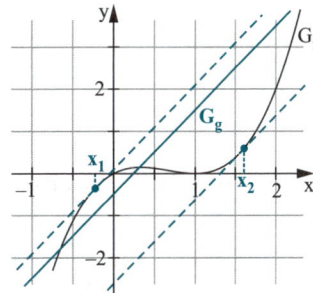

   Da die Gerade g die Steigung $m = 2$ besitzt, müssen zu g parallele Tangenten ebenfalls die Steigung 2 haben:

   $f'(x) = 2$
   $3x^2 - 4x + 1 = 2$
   $3x^2 - 4x - 1 = 0$

   $x_{1/2} = \dfrac{4 \pm \sqrt{4^2 - 4 \cdot 3 \cdot (-1)}}{2 \cdot 3} = \dfrac{4 \pm \sqrt{28}}{6} = \dfrac{4 \pm 2\sqrt{7}}{6} = \dfrac{2 \pm \sqrt{7}}{3} \approx \begin{cases} 1{,}55 \\ -0{,}22 \end{cases}$

Aufgaben

102. Bestimmen Sie jeweils die Ableitungsfunktionen:

a) $f(x) = x^3 + x$

b) $f(x) = x^3 + x^2 + x + 5$

c) $f_t(x) = x + t$

d) $f(x) = x^3 + x - \frac{1}{3}$

e) $f_a(x) = x^2 + a^2$

103. Bestimmen Sie die Ableitungsfunktionen der folgenden Funktionen:

a) $f(x) = -2x$

b) $f(x) = \frac{1}{3}x^2$

c) $f(x) = \sqrt{3}x^4$

d) $f(x) = \frac{x^2}{4}$

e) $f_t(x) = tx$

f) $g_a(x) = a^3 x^2$

104. Bestimmen Sie die Ableitungsfunktionen der folgenden Funktionen:

a) $f(x) = \frac{1}{4}x^4 - 5x^3 + 9x^2 - \sqrt{3}x + 2$

b) $f_k(x) = \frac{1}{2}(x^3 + k^2 x^2 + k^3)$

c) $f(x) = x^2(x-2)$

d) $f(x) = (x-1)^2$

e) $f_t(x) = \frac{3}{10}tx(x^2 - 2tx + t^2)$

f) $A_z(u) = zu^2 - zu + u - z^2$

g) $B_u(z) = zu^2 - zu + u - z^2$

105. Berechnen Sie die Ableitung an den angegebenen Stellen und geben Sie die Tangentengleichungen an:

a) $f(x) = 2x - x^3$; $x_0 = -1$

b) $f(x) = \frac{1}{8}(x^4 - 2x^2)$; $x_0 = 1$

c) $f(x) = (x+1)(x-2)$; $x_0 = 2$

106. Gegeben ist die Funktion f durch die folgende Funktionsgleichung
$f(x) = -\frac{1}{2}(x+2)(x-1)$.

a) Berechnen Sie f'(–2), f'(–0,5) und f'(1).

b) Ermitteln Sie die Gleichungen der Tangenten in den Punkten $P_1(-2\,|\,?)$, $P_2(-0{,}5\,|\,?)$ und $P_3(1\,|\,?)$ des Graphen von f.

c) Zeichnen Sie den Graphen mitsamt den Tangenten in ein Koordinatensystem ein.

107. Ermitteln Sie diejenigen Stellen, an denen der Graph der jeweiligen Funktion die angegebene Eigenschaft hat:

a) $f(x) = \frac{1}{3}x^3 + \frac{1}{2}x^2 - 2x + 3$;   waagrechte Tangenten.

b) $f(x) = 2(x-1)^2$;   die Steigung 1.

c) $f(x) = \frac{1}{3}x(x^2 - 2x + 3)$;   eine Tangente parallel zu der Geraden
$g: y = -\frac{1}{2}x + 2$.

108. Scheitel einer Parabel

Der Graph einer quadratischen Funktion $f(x) = ax^2 + bx + c$ hat stets nur einen einzigen Punkt mit waagrechter Tangente, nämlich den Scheitelpunkt. Bestimmen Sie diesen allgemein mithilfe der Ableitung.

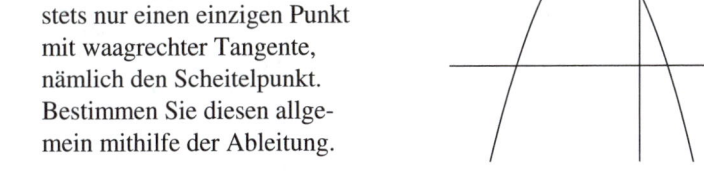

109. Tangente

Wie lautet die Gleichung der Tangente durch den Punkt $P(0|-2)$ an den Graphen der Funktion $f(x) = x^3$? Bestimmen Sie außerdem die Koordinaten des Berührpunktes $B(x_0|y_0)$.

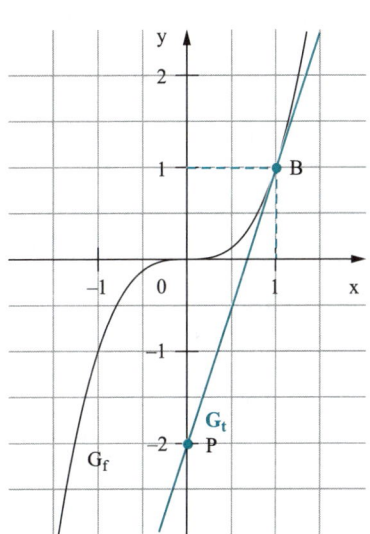

110. Schneiden und Berühren

a) Betrachtet werden die Funktionen $f(x) = x^2 + x - 0{,}5$ und $g(x) = -x^2$. Weisen Sie rechnerisch nach, dass sich ihre Graphen senkrecht schneiden.

Hinweis: Zwei Geraden schneiden sich senkrecht, wenn für ihre Steigungen gilt: $m_1 \cdot m_2 = -1$.

b) Untersuchen Sie die Graphen der Funktionen $f(x) = x^2 + x - 1$ und $g(x) = x^3$ auf Schneiden. Weisen Sie rechnerisch nach, dass sich die Graphen an einer der beiden Schnittstellen berühren.

Hinweis: Die Graphen zweier Funktionen f und g, die sich an der Stelle x_0 schneiden, berühren sich dort, wenn ihre Steigungen im Schnittpunkt gleich sind, d. h., wenn außer $f(x_0) = g(x_0)$ auch noch gilt: $f'(x_0) = g'(x_0)$.

111. Automobilzulieferer

Ein Automobilzulieferer produziert Bauteile für Autos. Seine Kapazitätsgrenze liegt bei $x_{max} = 9$ ME (ME = Mengeneinheit). Die Herstellung der Bauteile verursacht Kosten in Abhängigkeit von der produzierten Menge, die durch folgende Kostenfunktion beschrieben werden:

$k(x) = x^3 - 6x^2 + 13x + 72;\ D_k = [0;\ 9]$

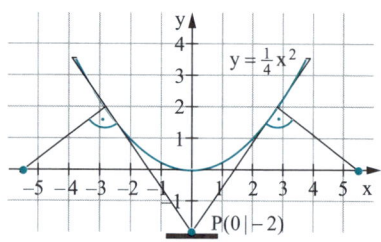

a) Für eine Mengeneinheit Bauteile erzielt das Unternehmen einen Erlös von 41 GE (GE = Geldeinheit). Bestimmen Sie die Erlösfunktion e(x) und die Gewinnfunktion $g(x) := e(x) - k(x)$.

b) Bestimmen Sie die sogenannte Grenzgewinnfunktion g'(x) und zeichnen Sie diese zusammen mit der Gewinnfunktion g(x) in ein gemeinsames Koordinatensystem. Was fällt auf?

112. Weltraumteleskop

Für ein Weltraumteleskop soll eine Halterung entworfen werden. Der Parabolspiegel, beschrieben durch die Funktion p: $y = \frac{1}{4}x^2$, wird in eine kegelförmige Ummantelung eingesetzt. Der Schnitt durch das Teleskop und die Ummantelung sind in der rechten Abbildung dargestellt.

Demnach sollen vom Punkt P(0|−2) ausgehend die Tangente an die Parabel gelegt werden. Im Berührpunkt schließlich wird die Normale errichtet, um diese Konstruktion abzustützen. Ermitteln Sie die Koordinaten der Berührpunkte der Tangenten an die Parabel und die Koordinaten des Schnittpunkts der Normalen mit der x-Achse rechnerisch.

5.8 Höhere Ableitungen

Durch Ableiten erhält man aus einer in D_f definierten Funktion f die Ableitungsfunktion f' in einem ggf. kleineren Definitionsbereich $D_{f'}$. Nun ist f' selbst wiederum eine Funktion, von der man die Ableitungsfunktion berechnen kann. Man erhält dann die zweite Ableitungsfunktion oder die zweite Ableitung, die mit f" (sprich: „f zwei Strich") bezeichnet wird. Die Funktionswerte f"(x) sind die Steigungen des Graphen der Funktion f'.

Definition

Höhere Ableitungen

Ist f eine in D_f definierte und in $D_{f'} \subset D_f$ differenzierbare Funktion und f' die Ableitung von f, dann ist

$f'' := (f')'$ die zweite Ableitung von f

$f''' := (f'')'$ die dritte Ableitung von f usw.

Allgemein bezeichnet man mit $f^{(n)}$ die n-te Ableitung von f.

Beispiele

1. Bestimmen Sie die ersten drei Ableitungen von $f(x) = x^2$.

   Lösung:
   $f'(x) = 2x; \quad f''(x) = 2; \quad f'''(x) = 0$

2. Berechnen Sie die ersten zwei Ableitungen der Funktion
   $$f(x) = \tfrac{1}{3}x^3 - \tfrac{1}{2}x^2 - 2x + 2$$
   und zeichnen Sie die Graphen der drei Funktionen in ein gemeinsames Koordinatensystem ein.

   Lösung:
   $f'(x) = x^2 - x - 2$

   $f''(x) = 2x - 1$

   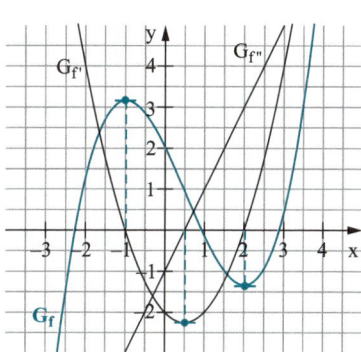

3. **Freier Fall**

   Bewegt sich ein Körper nach der Zeit-Weg-Funktion $t \mapsto s(t)$, so ist seine
   - Zeit-Geschwindigkeits-Funktion: $v(t) = s'(t)$
   - Zeit-Beschleunigungs-Funktion: $a(t) = v'(t) = s''(t)$

   Beim freien Fall gilt für die in der Zeit t durchfallenen Strecke $s(t) = \tfrac{1}{2}gt^2$, wobei die Fallbeschleunigung $g = 9,81\tfrac{m}{s^2}$ als konstant vorausgesetzt wird.

   a) Skizzieren Sie die drei Funktionen $s(t)$, $v(t)$ und $a(t)$.

   b) Zeigen Sie, dass beim freien Fall die Aufschlaggeschwindigkeit stets genau doppelt so groß ist wie die Durchschnittsgeschwindigkeit.

   Lösung:

   a) $v(t) = s'(t) = \tfrac{1}{2}g \cdot 2t = gt$

   $a(t) = v'(t) = g$

Die drei Funktionen s(t), v(t) und a(t) sind in der Abbildung nebenein-
ander dargestellt, wobei als Zeiteinheit Sekunde und als Längeneinheit
Meter gewählt ist. Die Fallbeschleunigung wurde mit $g \approx 10 \frac{m}{s^2}$ angenähert. Damit lauten diese drei Funktionen (ohne Einheiten):

$$s(t) = 5t^2 \qquad\qquad v(t) = (5t^2)' = 10t \qquad\qquad a(t) = (10t)' = 10$$

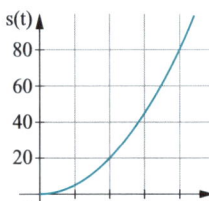 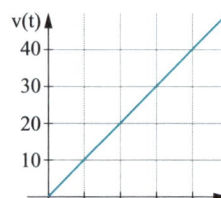 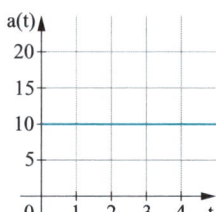

b) Der Zeitpunkt des Aufschlags werde mit t_0 bezeichnet. Zum Zeitpunkt
$t = 0$ wird der Körper losgelassen. Dann gilt:

$$\overline{v} = \frac{\Delta s}{\Delta t} = \frac{s(t_0) - s(0)}{t_0 - 0} \qquad \text{Durchschnittsgeschwindigkeit}$$

$$= \frac{s(t_0)}{t_0} = \frac{\frac{1}{2}gt_0^2}{t_0} = \frac{1}{2}gt_0$$

$$v(t_0) = s'(t_0) = gt_0 \qquad \text{Aufschlaggeschwindigkeit}$$

Aufgaben

113. Ermitteln Sie jeweils die ersten drei Ableitungsfunktionen.

a) $f(x) = \frac{1}{5}(x^4 + 4x^3)$

b) $f(x) = x(x-1)^2$

c) $f_t(x) = \frac{1}{4}x^4 - t^2 x^2$

d) $f_a(x) = ax^3 + \frac{2 - 3a}{4}x + 1$

e) $f_k(x) = \frac{1}{8}(x+1)^2(x^2 - k)$

f) $g_k(x) = \frac{1}{3}kx^3 - x^2 - (k+1)x$

114. Senkrechter Wurf

Beim senkrechten Wurf wird ein Gegenstand von der Erdoberfläche aus mit
der Anfangsgeschwindigkeit v_0 senkrecht nach oben geworfen. Bei Vernachlässigung des Luftwiderstandes setzt sich die Geschwindigkeit des
Gegenstandes zu jedem Zeitpunkt aus der nach oben wirkenden gleichförmigen Geschwindigkeit v_0 und der nach unten wirkenden, zunehmenden
Geschwindigkeit des freien Falles zusammen. Für das Zeit-Weg-Gesetz des
senkrechten Wurfes gilt daher:

$$h(t) = v_0 t - \frac{1}{2}gt^2 \quad \text{und} \quad 0 \le t \le t_A$$

Dabei bezeichnen t die Flugzeit in Sekunden, t_A den Aufschlagzeitpunkt,
h(t) die Höhe in Meter und $g = 9{,}81 \frac{m}{s^2}$ die Fallbeschleunigung auf der Erde.

a) Ermitteln Sie das Zeit-Geschwindigkeits-Gesetz v(t) und das Zeit-Beschleunigungs-Gesetz a(t) des senkrechten Wurfes.

b) Setzen Sie nun $v_0 = 20 \frac{m}{s}$ sowie $g = 10 \frac{m}{s^2}$ und stellen Sie die drei Gesetze h(t), v(t) und a(t) in drei Diagrammen dar.

c) An welcher Stelle ist die Momentangeschwindigkeit des Körpers null? Warum ist die Beschleunigung negativ?

5.9 Die Ableitung abschnittsweise definierter Funktionen

An den Nahtstellen von abschnittsweise definierten Funktionen kann der Übergang ohne Sprung und Knick erfolgen, dann sind sie an der Nahtstelle differenzierbar.

Regel

> **Differenzierbarkeit an der Nahtstelle**
> Eine abschnittsweise definierte Funktion f setze sich aus zwei Funktionen f_1 und f_2 zusammen, beispielsweise nach dem Schema
> $$f(x) = \begin{cases} f_1(x) & \text{für } x \leq x_0 \\ f_2(x) & \text{für } x > x_0 \end{cases},$$
> wobei die Nahtstelle $x_0 \in D_f$ ist.
> f ist an der Nahtstelle genau dann differenzierbar, wenn der Graph G_f dort weder einen Sprung noch einen Knick aufweist.

Man muss also zur Untersuchung der Differenzierbarkeit einer abschnittsweise definierten Funktion den Graphen dieser Funktion dahingehend betrachten, ob Sprünge oder Knicke vorliegen.

Beispiele

1. Untersuchen Sie die Funktion
   $$g_1(x) = \begin{cases} x^2 & \text{für } x \leq 1 \\ x & \text{für } x > 1 \end{cases}$$
   an der Nahtstelle auf Differenzierbarkeit.

   Lösung:
   Der Graph von g_1 hat an der Nahtstelle $x_0 = 1$ einen Knick. g_1 ist daher an der Nahtstelle nicht differenzierbar (sprunghafte Richtungsänderung des Graphen).

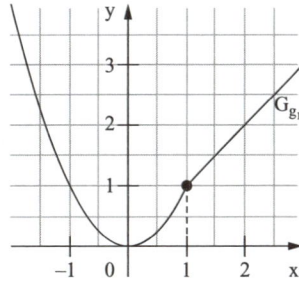

2. Untersuchen Sie die Funktion

$$g_2(x) = \begin{cases} x^2 & \text{für } x \leq 1 \\ 2x-1 & \text{für } x > 1 \end{cases}$$

an der Nahtstelle auf Differenzierbarkeit.

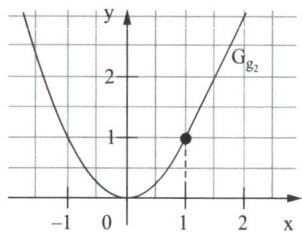

Lösung:
Der Graph von g_2 verläuft ohne plötzliche Richtungsänderung durch die Nahtstelle $x_0 = 1$. g_2 ist daher an der Nahtstelle differenzierbar.

Aufgaben

115. Zeichnen Sie die Graphen der folgenden Funktionen und begründen Sie, ob die Funktionen an den Nahtstellen differenzierbar sind.

a) $f(x) = \begin{cases} -x^2 - x + 2 & \text{für } x \leq 2 \\ \frac{3}{4}x(x-2) & \text{für } x > 2 \end{cases}$ b) $f(x) = \begin{cases} x^2 & \text{für } x < 0 \\ x^3 & \text{für } x \geq 0 \end{cases}$

c) $f(x) = x|x|$ d) $f(x) = \frac{1}{2}(x + |x|)$

116. Gegeben ist:

$$g(x) = \begin{cases} -\frac{1}{4}x^3 + x & \text{für } x \in \mathbb{R} \setminus [-2;0] \\ x^2 + 2x & \text{für } -2 \leq x \leq 0 \end{cases}$$

Zeichnen Sie den Graphen von g im Intervall $[-3; 3]$ (Wertetabelle!). Entscheiden Sie, ob an den Nahtstellen (es gibt zwei) Differenzierbarkeit vorliegt.

6 Kurvendiskussion

Um besonders markante Punkte eines Graphen zu ermitteln, sind die Ableitungsfunktionen ein unverzichtbares Hilfsmittel. Welche Eigenschaften des Graphen sich aus seinen Ableitungen gewinnen lassen, wird in diesem Abschnitt vorgestellt.

6.1 Monotonieverhalten

Das Monotonieverhalten einer Funktion gibt an, wie sich die Funktion bzw. deren Graph verhält, wenn man in Richtung zunehmender x (also in Leserichtung von links nach rechts) voranschreitet.

Definition

Monotonie

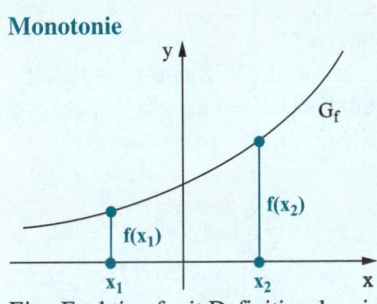 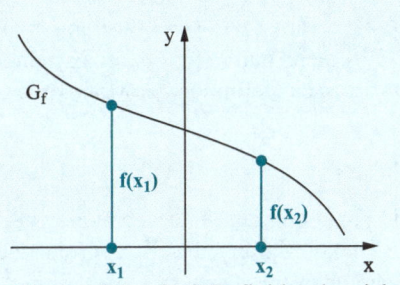

Eine Funktion f mit Definitionsbereich D heißt **streng monoton zunehmend**, wenn für alle x_1, $x_2 \in$ D mit $x_1 < x_2$ stets folgt $f(x_1) < f(x_2)$.

Eine Funktion f mit Definitionsbereich D heißt **streng monoton abnehmend**, wenn für alle x_1, $x_2 \in$ D mit $x_1 < x_2$ stets folgt $f(x_1) > f(x_2)$.

Eine Funktion heißt **monoton zunehmend** bzw. **abnehmend**, wenn auch Plateaus auftreten können, bei denen der Graph waagrecht verläuft. Zwischen den Funktionswerten $f(x_1)$ und $f(x_2)$ in der Definition steht dann ein $\geq$ bzw. $\leq$ statt des $>$ bzw. $<$.

Beispiele

1. Beschreiben und begründen Sie das Monotonieverhalten der linearen Funktion g: $y = mx + t$ in Abhängigkeit von m.

   Lösung:

   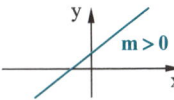

   Die linearen Funktionen g: $y = mx + t$ sind streng monoton zunehmend, wenn die Steigung $m > 0$, und streng monoton abnehmend, wenn $m < 0$ ist. Für $m = 0$ (konstante Funktion) liegt keine strenge Monotonie vor.

2. Beschreiben Sie das Monotonieverhalten von $x \mapsto x^3$.

   Lösung:
   Die Funktion $x \mapsto x^3$ ist streng monoton zunehmend.

   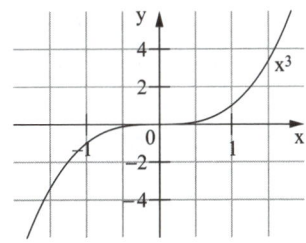

3. Beschreiben Sie das Monotonieverhalten von
   p: $x \mapsto x^2$.

   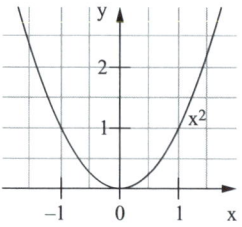

   Lösung:
   Die Funktion p: $x \mapsto x^2$ ist in $D = \mathbb{R}$ weder insgesamt streng monoton zunehmend noch
   streng monoton abnehmend. Man findet jedoch
   Intervalle, in denen Monotonie auftritt, und
   zwar ist p in $]-\infty; 0]$ streng monoton abneh-
   mend und in $[0; \infty[$ streng monoton zunehmend. Die Stelle $x = 0$ gehört
   nach Definition der Monotonie tatsächlich zu beiden Intervallen.

Die Funktion f des in der Abbildung gezeig-
ten Funktionsgraphen weist das folgende
Monotonieverhalten auf:
In

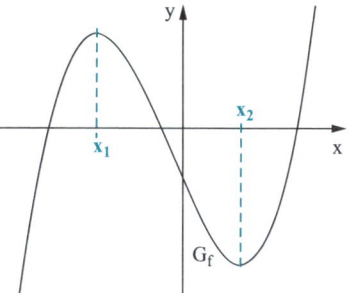

* $]-\infty; x_1]$ ist f streng monoton zunehmend.
* $[x_1; x_2]$ ist f streng monoton abnehmend.
* $[x_2; \infty[$ ist f streng monoton zunehmend.

Damit ist das vollständige Monotonieverhalten von f angegeben. Die Intervalle, in
denen einheitliches Monotonieverhalten
vorliegt, nennt man **Monotonieintervalle**.
Die Frage, wie man das Monotonieverhalten einer Funktion rechnerisch ermitteln
kann, lässt sich mithilfe der ersten Ableitungsfunktion beantworten.

Regel

> **Monotoniekriterium**
> Eine Funktion f sei im abgeschlossen Intervall $[x_1; x_2] \subset D_f$ differenzierbar. Dann
> gilt:
> * Wenn $\mathbf{f'(x) > 0}$ für alle $x \in]x_1; x_2[$, dann ist f **streng monoton zunehmend**
>   in $[x_1; x_2]$.
> * Wenn $\mathbf{f'(x) < 0}$ für alle $x \in]x_1; x_2[$, dann ist f **streng monoton abnehmend**
>   in $[x_1; x_2]$.

Man muss also das Vorzeichen von f' untersuchen, um das Monotonieverhalten
von f zu ermitteln.

Beispiele

1. Untersuchen Sie mithilfe des Monotoniekriteriums die Funktion $p(x) = x^2$
   auf Monotonie.

Lösung:

$p'(x) = 2x$	Zunächst wird die Ableitungsfunktion gebildet.
$p'(x) > 0$	Ansatz auf Steigen
$2x > 0 \quad |:2$	
$x > 0$	In $[0; \infty[$ ist p streng monoton zunehmend.
$p'(x) < 0$	Ansatz auf Fallen
$2x < 0 \quad |:2$	
$x < 0$	In $]-\infty; 0]$ ist p streng monoton abnehmend.

2. Bestimmen Sie das Monotonieverhalten der folgenden Funktion:

$f(x) = \frac{1}{3}x^3 - 2x^2 + 3x + 1$

Lösung:

$f'(x) = x^2 - 4x + 3$

Um das Monotonieverhalten von f zu ermitteln, muss untersucht werden, wo $f'(x) > 0$ bzw. < 0 ist.

$x^2 - 4x + 3 = 0$

Zunächst wird die zugehörige quadratische Gleichung gelöst.

$(x-1)(x-3) = 0$

Mit dem Satz von Vieta erhält man die Lösungen.

$\Rightarrow \; x_1 = 1; x_2 = 3$

Das Monotonieverhalten lautet damit:

Für

* $x \in]-\infty; 1]$ ist $f'(x) > 0$.
    $\Rightarrow$ f streng monoton zunehmend.
* $x \in [1; 3]$ ist $f'(x) < 0$.
    $\Rightarrow$ f streng monoton abnehmend.
* $x \in [3; \infty[$ ist $f'(x) > 0$.
    $\Rightarrow$ f streng monoton zunehmend.

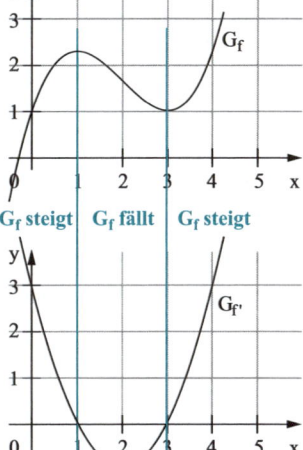

Die Überlegung, die der folgenden Methode der Monotonieuntersuchung zugrunde liegt, berücksichtigt, dass eine Ableitungsfunktion f' ohne Sprünge nur an ihren Nullstellen und ihren Definitionslücken das Vorzeichen wechseln kann.

Regel

> **Monotonieuntersuchung**
>
> Um das Monotonieverhalten einer bis auf einige Stellen differenzierbaren Funktion f zu untersuchen, ermittelt man zunächst sämtliche Nullstellen und (falls vorhanden) Definitionslücken von f', die man in aufsteigender Reihenfolge anordnet: $x_1 < x_2 < x_3 < \ldots$
>
> Diese Stellen sind die Ränder der **Monotonieintervalle**.
>
> Nun genügt es, in jedem dieser Intervalle das Vorzeichen von f' zu bestimmen, indem man einen Testwert x_0 aus dem jeweiligen Intervall in f' einsetzt. Das jeweilige Vorzeichen von $f'(x_0)$ legt dann im kompletten Intervall das zugehörige Monotonieverhalten von f fest.

Am einfachsten erklärt sich diese Methode anhand von Beispielen.

Beispiele

1. Untersuchen Sie das Monotonieverhalten der Funktion
    $f(x) = \frac{1}{3}x^3 - 2x^2 + 3x + 1$.

    Lösung:

    $f'(x) = x^2 - 4x + 3$ Definitionslücken von f': keine
    $\qquad = (x-1)(x-3)$

    $f'(x) = 0 \iff x_1 = 1; \; x_2 = 3$ Es ergeben sich drei Monotonieintervalle: $]-\infty; 1]$, $[1; 3]$ und $[3; \infty[$. Weil f' keine Sprünge, hat f' in jedem dieser Intervalle ein einheitliches Vorzeichen.

    $0 \in]-\infty; 1]$ und $f'(0) = 3 > 0$ Es genügt, mithilfe eines Testwertes aus dem je-
    $2 \in [1; 3]$ und $f'(2) = -1 < 0$ weiligen Intervallinneren das Vorzeichen von f'
    $4 \in]3; \infty[$ und $f'(4) = 3 > 0$ festzustellen.

    Am besten stellt man die Zusammenhänge in einer Tabelle dar (vgl. Abbildung zum vorherigen Beispiel):

x		1		3	
f'(x)	+	0	−	0	+
f(x)	↗		↘		↗

    Die erste Zeile in der Tabelle stelle man sich als die x-Achse von $-\infty$ bis ∞ vor. Auf ihr werden der Reihe nach die „Intervallunterbrecher" notiert. Eine Zeile darunter trägt man das jeweilige Vorzeichen von f' ein, das mithilfe eines Testwertes gewonnen wird. Eine weitere Zeile darunter gibt man dann das Monotonieverhalten von f im jeweiligen Intervall an.

2. Betrachtet wird die Funktion $f: x \mapsto \frac{1}{3}(x^3 - 9x)$. Führen Sie eine Monotonieuntersuchung durch.

Lösung:

$f'(x) = \frac{1}{3}(3x^2 - 9) = x^2 - 3$

$f'(x) = 0 \Leftrightarrow x^2 = 3$

Die Intervallunterbrecher sind die beiden Nullstellen von f':

$x_1 = -\sqrt{3}; \ x_2 = \sqrt{3}$

Der Graph von $f'(x) = x^2 - 3$ ist eine nach oben geöffnete Parabel mit den Nullstellen x_1 und x_2. Daraus ergibt sich das Vorzeichen von f'.

x		$-\sqrt{3}$		$\sqrt{3}$	
f'(x)	+	0	–	0	+
f(x)	↗		↘		↗

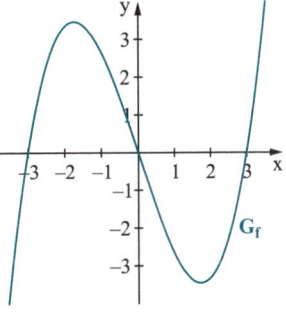

In

- $]-\infty; -\sqrt{3}\,]$ ist f streng monoton zunehmend.
- $[-\sqrt{3}; \sqrt{3}\,]$ ist f streng monoton abnehmend.
- $[\sqrt{3}; \infty[$ ist f streng monoton zunehmend.

Aufgaben   **117.** a) Skizzieren Sie den Graphen einer Funktion f mit folgendem Monotonieverhalten: In

- $]-\infty; -2]$ ist f streng monoton abnehmend.
- $[-2; 1]$ ist f streng monoton zunehmend.
- $[1; 3]$ ist f streng monoton abnehmend.
- $[3; \infty[$ ist f streng monoton zunehmend.

b) Nachfolgend sind die Graphen zweier Funktionen abgebildet. Geben Sie jeweils das Steigungsverhalten der Graphen an.

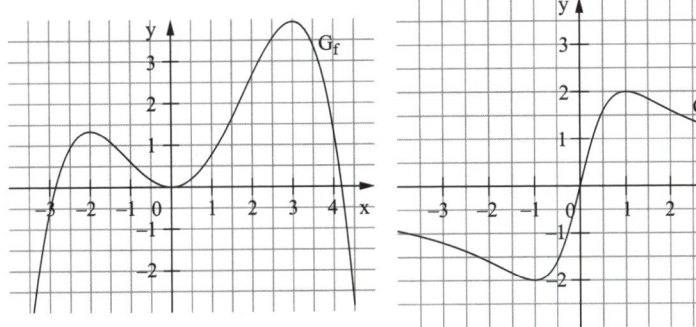

c) In den nachfolgenden Abbildungen sind die Graphen zweier **Ableitungs-funktionen** dargestellt. Geben Sie das Monotonieverhalten der zugehörigen Funktionen an.

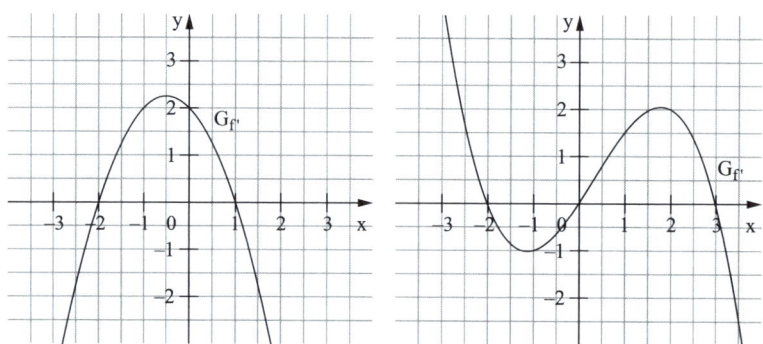

d) Es sind folgende erste Ableitungsfunktionen gegeben:

$f_1'(x) = 2$; $f_2'(x) = -x$; $g'(x) = (x-1)^2$; $h'(x) = x^2 + 1$

Was können Sie über die zugehörigen Funktionen aussagen?

118. Ermitteln Sie jeweils das Monotonieverhalten der nachfolgend angegebenen Funktionen.

a) $f(x) = -(x-1)^2$

b) $f(x) = x(x-1)^2$

c) $f(x) = \frac{1}{9}x^3 - \frac{2}{3}x^2 + x$

d) $f(x) = -\frac{1}{4}x^4 + \frac{1}{3}x^3 + 3x^2$

e) $f(x) = x|x|$

119. Untersuchen Sie jeweils das Monotonieverhalten der nachfolgend angegebenen Funktionen.

a) $p(x) = -\frac{1}{2}(x^2 + 1)$

b) $f(x) = (x+1)(x-1)^2$

6.2 Krümmungsverhalten

Betrachtet man gedanklich den Graphen einer Funktion und durchfährt ihn in Richtung zunehmender x, so bedeutet Linkskrümmung, dass man eine „Linkskurve" durchfährt, und Rechtskrümmung, dass man eine „Rechtskurve" durchläuft. Die mathematisch exakte Definition erfolgt über das Monotonieverhalten der Steigungen.

Definition

Krümmung eines Funktionsgraphen

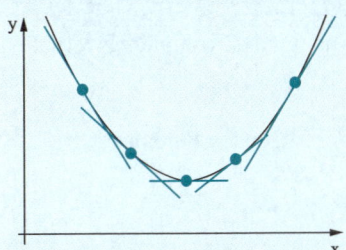
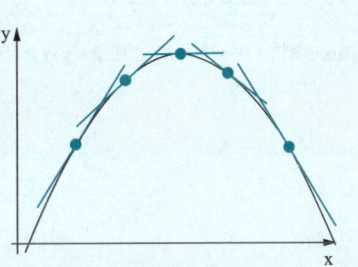

Der Graph einer Funktion f heißt **linksgekrümmt**, wenn seine Steigung streng monoton zunimmt.

Der Graph einer Funktion f heißt **rechtsgekrümmt**, wenn seine Steigung streng monoton abnimmt.

Beispiele

1. Beschreiben Sie das Krümmungsverhalten der Normalparabel $p(x) = x^2$.

    Lösung:
    Die Steigung der Normalparabel kommt durch ihre erste Ableitungsfunktion $p'(x) = 2x$ zum Ausdruck. Da $p'(x)$ streng monoton zunehmend ist, ist die Normalparabel linksgekrümmt.

2. Beschreiben Sie das Krümmungsverhalten des Graphen der Funktion $x \mapsto x^3$.

    Lösung:
    Der Graph der Funktion $x \mapsto x^3$ hat kein einheitliches Krümmungsverhalten. In $]-\infty; 0]$ ist er rechtsgekrümmt (seine Ableitungsfunktion $x \mapsto 3x^2$ ist dort streng monoton abnehmend) und in $[0; \infty[$ ist er linksgekrümmt (seine Ableitungsfunktion ist dort streng monoton zunehmend).

Die Intervalle, in denen einheitliches Krümmungsverhalten vorliegt, nennt man **Krümmungsintervalle**. Um das Krümmungsverhalten des Graphen einer Funktion rechnerisch zu bestimmen, muss man das Monotonieverhalten der ersten Ableitungsfunktion ermitteln. Das Monotoniekriterium wird auf f' angewandt:

Dort, wo $f''(x) > 0$ gilt, ist f' streng monoton zunehmend und damit der Graph von f linksgekrümmt. Entsprechend ist bei Rechtskrümmung $f''(x) < 0$.

Regel

> **Krümmungskriterium**
> Eine Funktion f sei im abgeschlossenen Intervall $[x_1; x_2] \subset D_f$ mindestens zweimal differenzierbar. Dann gilt:
> - Wenn $f''(x) > 0$ für alle $x \in \,]x_1; x_2[$, dann ist G_f **linksgekrümmt** in $[x_1; x_2]$.
> - Wenn $f''(x) < 0$ für alle $x \in \,]x_1; x_2[$, dann ist G_f **rechtsgekrümmt** in $[x_1; x_2]$.

Man muss also das Vorzeichen von f'' untersuchen, um das Krümmungsverhalten von f zu ermitteln.

Beispiel

Untersuchen Sie das Krümmungsverhalten der folgenden Funktion:
$$f(x) = \frac{1}{16}x^4 - \frac{3}{4}x^3 + 3x^2 - 4x + 2$$

Lösung:

$f'(x) = \frac{1}{4}x^3 - \frac{9}{4}x^2 + 6x - 4$ Erste Ableitung

$f''(x) = \frac{3}{4}x^2 - \frac{9}{2}x + 6$ Zweite Ableitung

$f''(x) = 0$ Es werden die Nullstellen von f'' berechnet.

$\frac{3}{4}x^2 - \frac{9}{2}x + 6 = 0 \quad \Big| \cdot \frac{4}{3}$

$\quad x^2 - 6x + 8 = 0$

$\quad (x-2)(x-4) = 0$ Faktorisieren mit Vieta

$\Leftrightarrow \quad x_1 = 2; \; x_2 = 4$

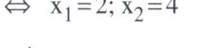

Veranschaulichung mithilfe einer Skizze: Die zweite Ableitungsfunktion hat als Graph eine nach oben geöffnete Parabel mit Nullstellen $x_1 = 2$ und $x_2 = 4$, hieraus ergeben sich die Vorzeichen von f''.

Definitionslücken von f'' gibt es nicht, sodass man folgende Krümmungstabelle hat:

x		2		4	
$f''(x)$	+	0	−	0	+
$f(x)$	⌣		⌢		⌣

G_f ist in $]{-\infty}; 2]$ linksgekrümmt, in $[2; 4]$ rechtsgekrümmt und in $[4; \infty[$ linksgekrümmt.

Der Zusammenhang zwischen dem Krümmungsverhalten von G_f und dem Vorzeichen von f'' ist in der Abbildung noch einmal verdeutlicht. Die Vorgehensweise zur Bestimmung des Krümmungsverhaltens verläuft also vollkommen analog zur Untersuchung des Monotonieverhaltens.

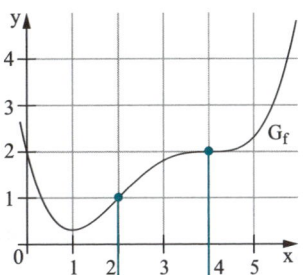

G_f links- G_f rechts- G_f linksgekrümmt gekrümmt gekrümmt

Das Vorzeichen der 2. Ableitungsfunktion f''(x) bestimmt die Krümmung des Graphen von f.

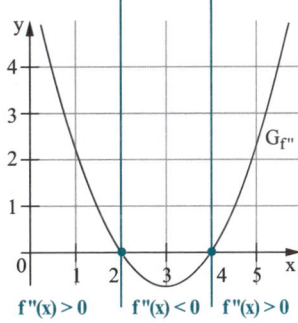

$f''(x) > 0$ $f''(x) < 0$ $f''(x) > 0$

Aufgaben   **120.** a) Im Diagramm sind drei Graphen dargestellt.
Wie verändert sich jeweils die Steigung dieser Graphen und was folgt daraus für ihre Krümmung?

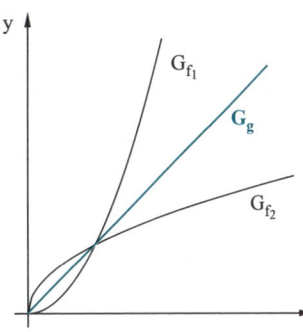

b) In den nachfolgenden beiden Abbildungen (auf der nächsten Seite) sind jeweils die Graphen der **zweiten Ableitung** eingezeichnet. Geben Sie das Krümmungsverhalten der zugehörigen Graphen an.

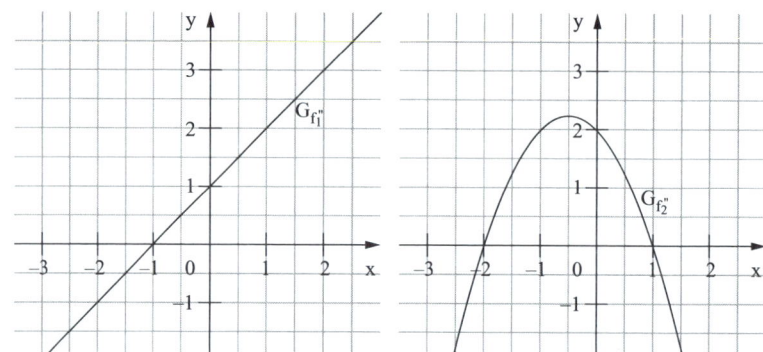

c) Es sind folgende zweite Ableitungsfunktionen gegeben. Geben Sie das Krümmungsverhalten der zugehörigen Funktionsgraphen an.

$$f_1''(x) = -1; \quad f_2''(x) = -x + 1; \quad g''(x) = (x-1)^2; \quad h''(x) = -x^2 + 1$$

121. Ermitteln Sie jeweils das Krümmungsverhalten der Graphen der nachfolgend angegebenen Funktionen.

a) $f(x) = x(x+2)^2$

b) $f(x) = \frac{1}{9}x^3 - \frac{2}{3}x^2 + x$

c) $f(x) = -\frac{1}{4}x^4 + \frac{1}{3}x^3 + 3x^2$

d) $f(x) = \frac{1}{8}(x^4 + 4x^3 - 16x^2 - 16)$

122. Ermitteln Sie das Krümmungsverhalten bei den nachfolgend angegebenen Funktionen.

a) $f(x) = (x+1)(x-2)^2$

b) $f(x) = \frac{1}{8}(x+2)^2(x^2 - 2)$

6.3 Extremwerte

Von besonderem Interesse sind häufig diejenigen Punkte eines Graphen, an denen die Funktionswerte am größten oder am kleinsten sind. Als Oberbegriff spricht man von Extremwerten oder Extrema, die zugehörigen Graphenpunkte heißen Extrem- oder Extremalpunkte.

Definition

Lokale Extrema
Eine Funktion f hat an der Stelle $x_0 \in D_f$ ein

- **lokales** (oder **relatives**) **Maximum**, wenn in einer
  Umgebung von x_0 gilt: $f(x_0) \geq f(x)$. Die Stelle x_0
  heißt dann **lokale Maximumstelle** und den zugehörigen Punkt des Graphen nennt man **lokalen**
  Hochpunkt mit den Koordinaten $H(x_0 | f(x_0))$.

- **lokales** (oder **relatives**) **Minimum**, wenn in einer
  Umgebung von x_0 gilt: $f(x_0) \leq f(x)$. Die Stelle x_0
  heißt dann **lokale Minimumstelle** und den zugehörigen Punkt des Graphen nennt man **lokalen**
  Tiefpunkt mit den Koordinaten $T(x_0 | f(x_0))$.

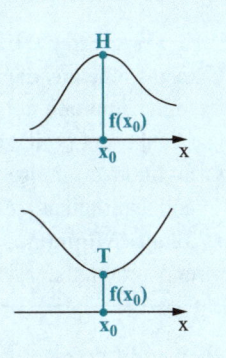

Wenn man also ein „Zoomfenster" auf einen **lokalen** Extremalpunkt richtet, so ist
in dieser (unmittelbaren) Umgebung kein größerer (beim Maximum) bzw. kein
kleinerer (beim Minimum) Funktionswert vorhanden.

Beispiele

1. Bestimmen Sie die lokalen Extre-
   ma der Funktion f: $x \mapsto |x^2 - 4|$.

   Lösung:
   Der Graph der Funktion f hat ein
   lokales Maximum an der Stelle
   $x_1 = 0$ mit dem Extremwert
   $f(0) = 4$. An den Stellen $x_2 = -2$
   und $x_3 = 2$ liegen lokale Minima
   vor mit $f(\pm 2) = 0$.

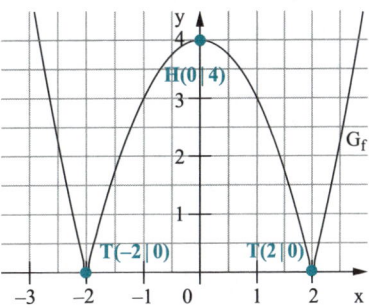

2. Bestimmen Sie die lokalen Extrema des nebenstehenden Graphen.

   Lösung:
   Der Graph besitzt vier lokale Extrempunkte, zwei Hochpunkte und
   zwei Tiefpunkte. Genauer gilt:
   x_1 und x_3 sind (lokale) Minimum-
   stellen, $f(x_1)$ und $f(x_3)$ sind die beiden lokalen Minima. Entsprechend
   sind x_2 und x_4 (lokale) Maximum-
   stellen sowie $f(x_2)$ und $f(x_4)$ die
   lokalen Maxima.

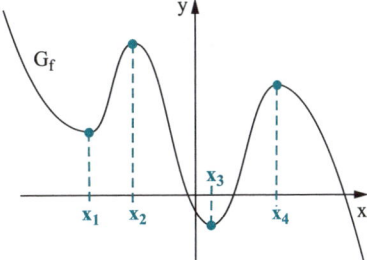

Wie lassen sich nun die Extremwerte rechnerisch ermitteln? Man bestimmt zunächst die Extremstellen, also die x-Werte, bei denen die Extremwerte auftreten.

> **Extremwerte aus dem Monotonieverhalten**
> Ist f eine Funktion mit dem Definitionsbereich D und ist weiter $x_0 \in D$, dann gilt:
> Die Funktion f besitzt an der Stelle x_0 ein
> - **lokales Maximum**, wenn f unmittelbar links von x_0 streng monoton zunimmt und unmittelbar rechts von x_0 streng monoton abnimmt.
> - **lokales Minimum**, wenn f unmittelbar links von x_0 streng monoton abnimmt und unmittelbar rechts von x_0 streng monoton zunimmt.

Bei einer differenzierbaren Funktion kann sich das Monotonieverhalten nur an den Nullstellen und an den Definitionslücken der Ableitungsfunktion f' ändern, weil nur dort ein Vorzeichenwechsel von f' und damit ein Monotoniewechsel von f möglich ist. Hat die erste Ableitung von f bei x_0 eine Nullstelle, gilt also $f'(x_0) = 0$, so hat der Graph an dieser Stelle x_0 eine waagrechte Tangente. Wenn f' an dieser Nullstelle einen Vorzeichenwechsel besitzt, so ist x_0 eine Extremstelle. Genauer gilt: f hat an der Stelle x_0 ein

- **lokales Maximum**, wenn $f'(x_0) = 0$ und das Vorzeichen von f' an der Stelle x_0 von + nach – wechselt, also G_f von steigend in fallend übergeht.

- **lokales Minimum**, wenn $f'(x_0) = 0$ und das Vorzeichen von f' an der Stelle x_0 von – nach + wechselt, also G_f von fallend in steigend übergeht.

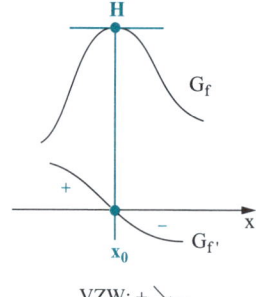

VZW: + ↘ –

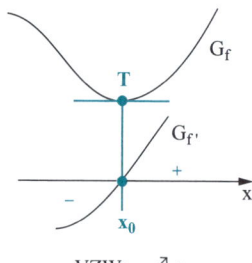

VZW: – ↗ +

Folglich kann das Vorliegen von lokalen Maxima und Minima direkt aus dem Monotonieverhalten einer Funktion abgelesen werden. Daraus folgt die Regel:

> **Hinreichende Bedingung für das Vorliegen eines Extremwertes**
> Die Funktion f hat an der Stelle x_0 ein
> - **lokales Maximum**, wenn $f'(x_0) = 0$ und $f''(x_0) < 0$.
> - **lokales Minimum**, wenn $f'(x_0) = 0$ und $f''(x_0) > 0$.

Mit dieser Aussage lassen sich bei differenzierbaren Funktionen die Extremstellen nach dem folgenden Schema bestimmen:

Regel

> **Art und Lage von Extrema**
> 1. Die erste und zweite Ableitungsfunktion f' und f" bestimmen.
> 2. Die Nullstellen der ersten Ableitungsfunktion berechnen: $f'(x) = 0$.
> 3. Jede der Nullstellen von f' in f" einsetzen und je nach Vorzeichen auf die Art des Extremwertes schließen.
> 4. Die Koordinaten der Extrempunkte angeben.

Beispiele

1. Bestimmen Sie Art und Lage der Extrempunkte der folgenden Funktion:

$$f(x) = \frac{1}{3}x^3 - 2x^2 + 3x + 1$$

Lösung:

Schritt 1: Erste und zweite Ableitung berechnen

$$f'(x) = x^2 - 4x + 3$$
$$f''(x) = 2x - 4$$

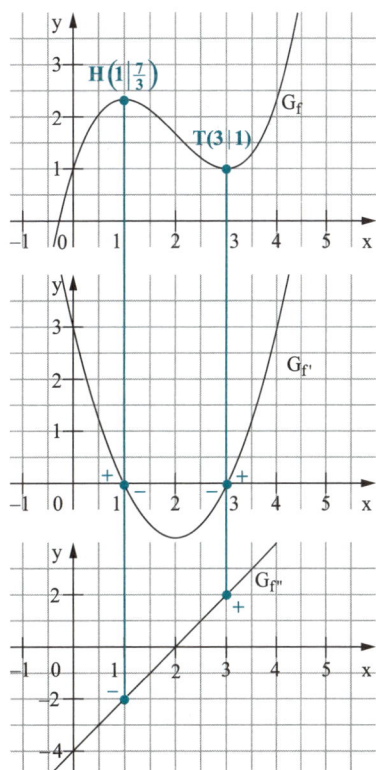

Schritt 2: Nullstellen von f'

$$f'(x) = 0$$
$$x^2 - 4x + 3 = 0$$
$$\Leftrightarrow (x-1)(x-3) = 0$$
$$\Rightarrow x_1 = 1; x_2 = 3$$

Schritt 3: Einsetzen der Nullstellen von f' in f"

$$f''(1) = 2 \cdot 1 - 4 = -2 < 0$$
$$\Rightarrow \text{lokales Maximum}$$
$$f''(3) = 2 \cdot 3 - 4 = 2 > 0$$
$$\Rightarrow \text{lokales Minimum}$$

Schritt 4: Einsetzen der Extremstellen in die Ausgangsfunktion

$$f(1) = \frac{1}{3} \cdot 1^3 - 2 \cdot 1^2 + 3 \cdot 1 + 1 = \frac{7}{3}$$

$$\Rightarrow \text{lokaler Hochpunkt } \mathbf{H}\left(1 \,\middle|\, \frac{7}{3}\right)$$

$$f(3) = \frac{1}{3} \cdot 3^3 - 2 \cdot 3^2 + 3 \cdot 3 + 1 = 1$$

$$\Rightarrow \text{lokaler Tiefpunkt } \mathbf{T}(3 \,|\, 1)$$

2. Bestimmen Sie die Art und Lage der Extrempunkte der Funktion
$f(x) = \frac{1}{5}(x^4 - 4x^3)$.

Lösung:

Schritt 1:

$f'(x) = \frac{1}{5}(4x^3 - 12x^2)$ Erste Ableitung

$\quad\;\; = \frac{4}{5}(x^3 - 3x^2)$

$f''(x) = \frac{4}{5}(3x^2 - 6x)$ Zweite Ableitung

$\quad\;\; = \frac{12}{5}(x^2 - 2x)$

Schritt 2:

$f'(x) = 0$ Nullstellen von f' bestimmen.

$\Leftrightarrow \frac{4}{5}(x^3 - 3x^2) = 0 \quad \big| \cdot \frac{5}{4}$

$\Leftrightarrow x^2(x - 3) = 0$

$\Rightarrow x_{1/2} = 0;\; x_3 = 3$

Schritt 3:

$f''(0) = 0$ Nullstellen von f' in f'' einsetzen. Für diesen Fall, dass die zweite Ableitung ebenfalls null ist, macht die Regel über das Vorliegen eines Extremwertes keine Aussage. Da $x_{1/2} = 0$ jedoch eine doppelte Nullstelle von f' ist, hat f' an dieser Stelle keinen Vorzeichenwechsel, folglich hat f auch keinen Monotoniewechsel. Demnach liegt bei 0 in diesem Fall kein Extremwert vor.

$f''(3) = \frac{36}{5} > 0$

$\Rightarrow$ lokales Minimum

Schritt 4:

$f(3) = -\frac{27}{5} = -5{,}4$ Extremstellen in f(x) einsetzen

$\Rightarrow$ lokaler Tiefpunkt **T(3|−5,4)**

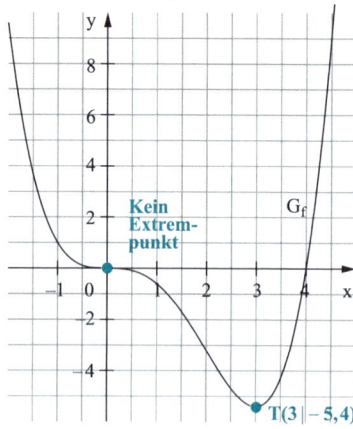

Nachdem jetzt klar ist, wie man die lokalen Extremwerte einer mindestens zweimal differenzierbaren Funktion findet, geht es im Folgenden darum, die globalen
(oder absoluten) Extrema zu ermitteln.

Definition

> **Globaler Extremwert, Randextremwert**
> - Hat eine Funktion f an einer Stelle $x_0 \in D_f$ den größten/kleinsten Funktions-
>   wert überhaupt, so nennt man diesen Funktionswert **globales** (oder **absolutes**)
>   **Maximum/Minimum**.
> - Tritt ein Extremwert am Rand des Definitionsbereichs auf, so spricht man von
>   einem **Randextremum**.

Beispielsweise haben Parabeln jeweils in ihrem Scheitel einen globalen Extrempunkt, und zwar einen globalen Tiefpunkt bei nach oben geöffneter Parabel und
einen globalen Hochpunkt bei nach unten geöffneter Parabel. Entsprechend ist es

bei den Graphen ganzrationaler Funktionen vierten Grades: Sie haben mindestens
einen globalen Extrempunkt, ggf. auch
zwei. Im Diagramm sind eine Parabel
und eine ganzrationale Funktion vierten
Grades eingezeichnet, die jeweiligen globalen Extrempunkte sind markiert. Man
erkennt, dass es nirgends noch kleinere
(rechter Graph) bzw. noch größere (linker
Graph) Funktionswerte als an diesen Stellen gibt.

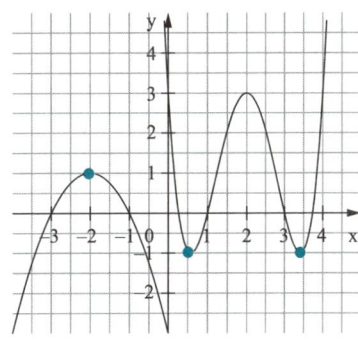

Regel

> **Bestimmung globaler Extrema**
> Um die globalen Extrema einer Funktion zu bestimmen (falls sie existieren), geht
> man folgendermaßen vor:
> 1. Mit den bekannten und oben beschriebenen Methoden werden zunächst sämt-
>   liche **lokalen Extrema** im Inneren des Definitionsintervalls bestimmt. Nur die
>   Nullstellen der Ableitungsfunktion, die im Definitionsbereich liegen, sind zu
>   beachten.
> 2. Anschließend erfolgt die Untersuchung des **Definitionsrandes**, indem man die
>   Funktionswerte an den Intervallrändern berechnet (ggf. die Grenzwerte).
> 3. Schließlich vergleicht man die Funktionswerte der lokalen Extrema mit den
>   Funktionswerten an den Rändern. Beim größten Funktionswert liegt das
>   **globale Maximum**, beim kleinsten Funktionswert das **globale Minimum**.

Beispiel

Bestimmen Sie die globalen Extrema der Funktion $f(x) = -x^2 + 4x - 1$ für die Definitionsbereiche

a) $D_1 = D_{max} = \mathbb{R}$ und

b) $D_2 = [1; 3,5]$.

Lösung:

a) **Schritt 1:**

$f'(x) = -2x + 4$

$f'(x) = 0 \iff x_1 = 2$

$f(2) = 3$

Nullstellen der Ableitungsfunktion bestimmen und in f einsetzen. An der Stelle 2 liegt ein lokales Maximum $f(2) = 3$ vor.

Schritt 2:

$f(x) \to -\infty$ für $x \to \pm\infty$

Untersuchung des Definitionsrandes

Schritt 3: Das lokale Maximum an der Stelle 2 ist auch das globale Maximum. Die Untersuchung des Definitionsrandes ergibt, dass f kein globales Minimum besitzt.

b) **Schritt 1:** An der Stelle $2 \in [1; 3,5]$ liegt ein lokales Maximum $f(2) = 3$ vor.

Schritt 2: Am linken Rand ist $x_1 = 1$, dort ist $f(1) = 2$, es liegt ein lokales Minimum vor. Am rechten Rand, bei $x_2 = 3,5$, erhält man mit $f(3,5) = 0,75$ ebenfalls ein lokales Minimum.

Schritt 3: Das lokale Maximum an der Stelle 2 ist auch das globale Maximum. Das globale Minimum von f auf dem Definitionsbereich D_2 ist $f(3,5) = 0,75$. Bei $x_1 = 1$ liegt wegen $f(1) > f(3,5)$ lediglich ein lokales Minimum vor.

Aufgaben

123. Bestimmen Sie rechnerisch die Art und Lage der Extrempunkte der Graphen der folgenden Funktionen:

a) $f(x) = x^2 + 2x$ b) $f(x) = x(x-2)^2$

c) $f(x) = 2x^3 + 3x^2 - 12x + 1$ d) $f(x) = x^4 - 4x^3$

e) $f(x) = \frac{1}{4}x^4 - \frac{1}{3}x^3 - x^2$ f) $f(x) = 3x^4 - \frac{34}{3}x^3 + 5x^2 + 1$

124. Berechnen Sie für die Graphen der angegebenen Funktionen die Koordinaten der Hoch- und Tiefpunkte.

a) $f(x) = x^2 - 2x$

b) $f(x) = x^2(x-3)$

c) $f(x) = -x^3 + 2x^2$

125. Im Folgenden sind vier Graphen abgebildet. Geben Sie jeweils, sofern vorhanden, die Art und Lage der globalen Extrempunkte an.

a)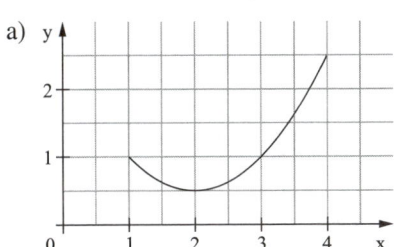

b)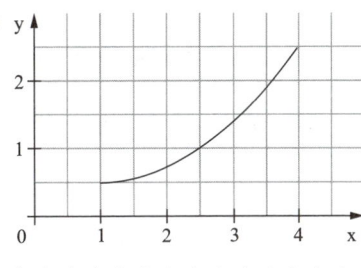

c)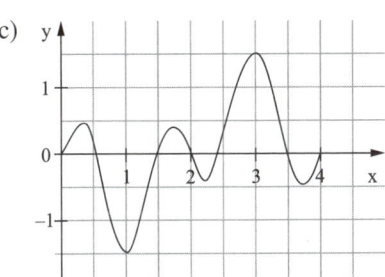

d)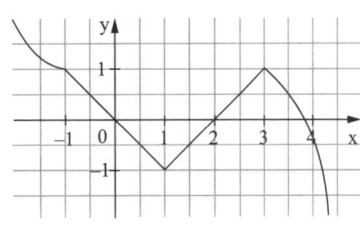

126. Untersuchen Sie die nachfolgend gegebenen Funktionen auf globale Extrema und ermitteln Sie ggf. die Koordinaten der zugehörigen globalen Extrempunkte.

a) $p_1(x) = \frac{1}{2}(x^2 - 4x + 5);\ D_1 = [1;4]$

b) $p_2(x) = \frac{1}{18}(4x^2 - 8x + 13);\ D_2 = [1;4]$

c) $f(x) = x^3 - 3x;\ D_f = [-0{,}5;3]$

d) $g(x) = \frac{1}{5}(-x^4 + 8x^2 + 9);\ D_g = [-1;3]$

127. Seil

Eine Schlucht wird von einem auf zwei Masten aufliegenden Seil überspannt. Im in der Abbildung eingezeichneten Koordinatensystem lässt sich der Verlauf des Seils mit der Funktionsgleichung

$f(x) = \frac{1}{1875}x^2 - \frac{11}{75}x + 8$

in einem geeigneten Definitionsbereich beschreiben. (Alle Längen in Meter.)

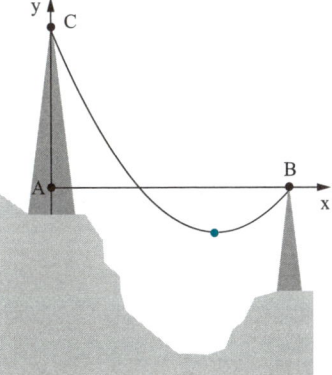

a) Bestimmen Sie die Koordinaten der Punkte B und C.

b) Geben Sie den Definitionsbereich von f in Bezug auf diese Aufgabenstellung an.

c) Ermitteln Sie die Koordinaten des absolut höchsten und absolut tiefsten Seilpunktes.

d) Wie viele Höhenmeter sind es vom tiefsten Punkt des Seils bis zum höchsten?

128. Herstellung eines Produktes

Die Herstellung eines Produktes verursacht Kosten in Abhängigkeit von der produzierten Menge, die durch folgende Kostenfunktion beschrieben wird:
$k(x) = x^3 - 6x^2 + 13x + 72; D_k = [0; 9]$

Für eine Mengeneinheit erzielt das Unternehmen einen Erlös von 41 GE (GE = Geldeinheit). Damit lautet die Erlösfunktion $e(x) = 41x; D_e = [0; 9]$.
Die Gewinnfunktion lautet:
$$g(x) = e(x) - k(x)$$
$$= -x^3 + 6x^2 + 28x - 72,$$
mit $x \in [0; 9]$.
Der Gewinn ist damit der senkrechte Abstand zwischen den beiden Funktionsgraphen (vgl. nebenstehende Abbildung). Das Gewinnmaximum entspricht demzufolge dem größten Abstand.

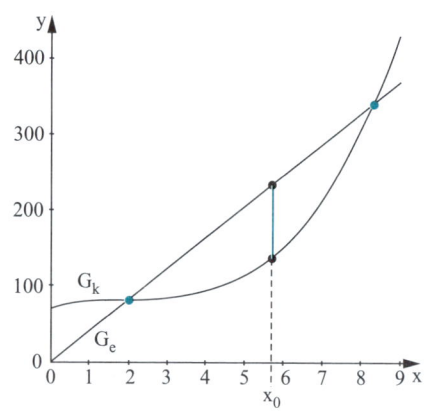

a) Berechnen Sie die Gewinnzone, d. h. dasjenige Intervall, in dem der Erlös höher ist als die Kosten.

b) Ermitteln Sie, für welche Stückzahl x_0 sich der höchste Gewinn ergibt.

c) Bestimmen Sie das Gewinnmaximum.

6.4 Wendepunkte und Wendetangenten, Sattelpunkte

Neben den Extrem- sind die Wendepunkte markante Punkte bei Funktionsgraphen.

Definition

Wendepunkt, Wendetangente, Sattel- oder Terrassenpunkt
- Der Graph einer Funktion f hat an der Stelle $x_0 \in D_f$ einen **Wendepunkt**, wenn f an der Stelle x_0 differenzierbar ist und der Graph dort einen Krümmungswechsel aufweist, d. h., wenn der Graph an der Stelle x_0 von Links- in Rechtskrümmung übergeht oder umgekehrt. Die Stelle x_0 heißt dann **Wendestelle** und der Wendepunkt hat die Koordinaten $W(x_0 | f(x_0))$.
- Die im Wendepunkt errichtete Tangente heißt **Wendetangente**. Wegen des Krümmungswechsels wird die Wendetangente vom Graphen im Wendepunkt durchsetzt.
- Besitzt ein Wendepunkt eine waagrechte Tangente, so wird er auch **Sattel-** oder **Terrassenpunkt** genannt.

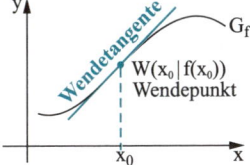
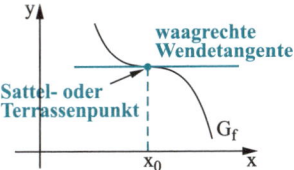

Wenn das Krümmungsverhalten eines Graphen ermittelt wurde, so können daraus die Wendepunkte bestimmt werden. Sie lassen sich aber auch ohne vorausgehende Bestimmung des Krümmungsverhaltens ermitteln, indem man die Monotonieänderungen von f' betrachtet. Da eine Monotonieänderung das Vorliegen eines Extremwertes nach sich zieht, hat der Graph von f dort einen Wendepunkt, wo der Graph der Ableitungsfunktion f' einen Extrempunkt besitzt. Demnach lässt sich das Bestimmen von Wendepunkten einer Funktion f auf das Ermitteln der lokalen Extrempunkte der zugehörigen Ableitungsfunktion f' zurückführen.

Regel

Kriterium für das Vorliegen eines Wende- oder Sattelpunktes
Der Graph der Funktion f hat an der Stelle x_0 einen
- **Wendepunkt**, wenn $f''(x_0) = 0$ und $f'''(x_0) \neq 0$.
- **Sattel-** oder **Terrassenpunkt**, wenn $f'(x_0) = 0$ und $f''(x_0) = 0$ und $f'''(x_0) \neq 0$.

Damit der Graph einer Funktion f an der Stelle x_0 einen Wendepunkt besitzt, muss f'' an der Stelle x_0 eine Nullstelle mit Vorzeichenwechsel besitzen. Dies stellt im oben genannten Kriterium die Forderung $f'''(x_0) \neq 0$ sicher, weil damit eine Steigung von f'' an der Nullstelle x_0 vorhanden ist, sodass die x-Achse auch tatsächlich überquert wird.

Beispiele

1. Was lässt sich über die Wendepunkte einer ganzrationalen Funktion zweiten Grades (Parabelfunktion) aussagen?

   Lösung:
   Die Parabelfunktionen $p(x) = ax^2 + bx + c$, mit $a \neq 0$, haben wegen $p''(x) = 2a \neq 0$ keine Wendepunkte.

2. Untersuchen Sie die ganzrationale Funktion dritten Grades
   $$f(x) = \tfrac{1}{3}x^3 - 2x^2 + 3x + 1$$
   auf Wendepunkte und geben Sie die Wendetangenten an.

   Lösung:
   $f'(x) = x^2 - 4x + 3$

   $f''(x) = 2x - 4$

   $f'''(x) = 2$

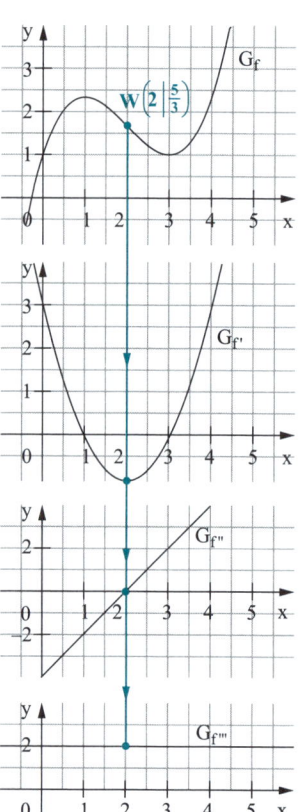

   Die Nullstellen von f'' werden berechnet:
   $f''(x) = 0$
   $2x - 4 = 0$, also $x_1 = 2$

   Die Nullstelle von f'' wird in f''' eingesetzt:
   $f'''(2) = 2 \neq 0$
   $\Rightarrow$ Wendepunkt an der Stelle 2

   Die y-Koordinate des Wendepunktes ergibt sich wie üblich durch Einsetzen des berechneten x-Wertes, der Wendestelle 2, in die Ausgangsfunktion:
   $f(2) = \tfrac{1}{3} \cdot 2^3 - 2 \cdot 2^2 + 3 \cdot 2 + 1 = \tfrac{5}{3}$

   $\Rightarrow$ **$W\left(2 \mid \tfrac{5}{3}\right)$**

   Das Ermitteln der Geradengleichung für die Wendetangente geschieht auf die gleiche Weise wie bei einer „normalen" Tangente, nur eben im Wendepunkt.

   $t: y = f'(x_0)(x - x_0) + f(x_0)$ Allgemeine Formel für die Tangente

   Es gilt: $x_0 = 2$ und $f(2) = \tfrac{5}{3}$

   $f'(2) = 2^2 - 4 \cdot 2 + 3 = -1$ Es bleibt noch f'(2) zu berechnen.

   $t: y = -1(x - 2) + \tfrac{5}{3} = -x + \tfrac{11}{3}$ Einsetzen in die Tangentengleichung ergibt die Gleichung der Wendetangente.

Aufgaben   **129.** a) An welchen Stellen haben die abgebildeten Graphen Wendepunkte?
Befinden sich darunter auch Sattelpunkte?

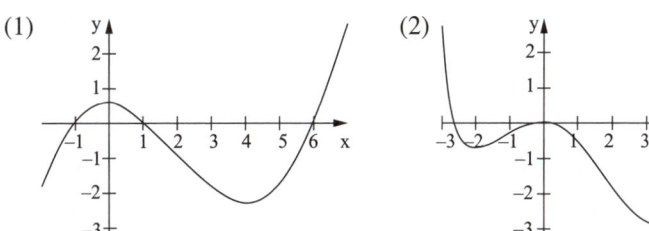

b) Unten sind die Graphen von zweiten Ableitungsfunktionen eingezeichnet. Was können Sie über Wendepunkte der zugehörigen Graphen aussagen?

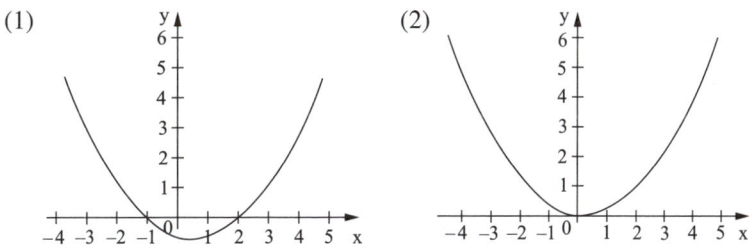

130. a) Skizzieren Sie den Graphen einer ganzrationalen Funktion dritten Grades, die in $W(2\,|\,1)$ einen Wendepunkt hat und deren Wendetangente lautet:

t: $y = -\frac{1}{2}(x-2)+1$

b) Skizzieren Sie einen Graphen, der in $(-1\,|\,1)$ einen Sattelpunkt besitzt.

131. Berechnen Sie die Koordinaten der Wendepunkte für folgende Funktionen:

a) $f(x) = \frac{1}{6}x^3 - x^2 + 1$

Ermitteln Sie hier zusätzlich die Gleichung der Wendetangente.

b) $f(x) = \frac{1}{5}(x^4 - 4x^3)$

c) $f(x) = \frac{1}{24}x^4 - \frac{1}{3}x^3 + x^2$

d) $f(x) = \frac{3}{8}x^4 - x^2$

132. Skihang

Das Profil eines Skihanges kann durch folgende Funktion beschrieben werden:

$$f(x) = \frac{3}{625\,000} x^3 - \frac{9}{2\,500} x^2 + 300,$$

mit $0 \le x \le 500$.

(alle Längenangaben in Meter)

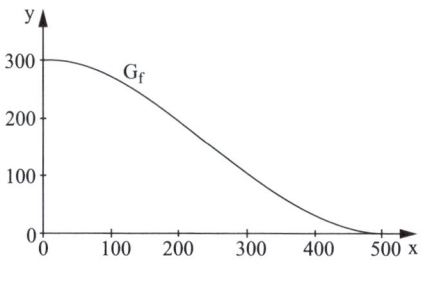

a) Berechnen Sie, an welcher Stelle der Hang am steilsten ist.

b) Bestimmen Sie dort die Steigung und den Neigungswinkel des Hanges.

c) Welche Art von Kurvenpunkt liegt an dieser Stelle vor?

6.5 Zusammenfassende Übersicht über Extrem- und Wendepunkte

In der nachfolgenden Übersicht sind die entwickelten Kriterien für das Vorliegen markanter Punkte zusammengestellt.

Art der Punkte		Kriterien
Hochpunkte	$H(x_0 \mid f(x_0))$	$f'(x_0)=0$ mit VZW* von + nach − oder $f'(x_0)=0$ und $f''(x_0)<0$
Tiefpunkte	$T(x_0 \mid f(x_0))$	$f'(x_0)=0$ mit VZW von − nach + oder $f'(x_0)=0$ und $f''(x_0)>0$
Wendepunkte	$W(x_0 \mid f(x_0))$	$f''(x_0)=0$ mit VZW oder $f''(x_0)=0$ und $f'''(x_0)\neq0$
Sattelpunkte	$S(x_0 \mid f(x_0))$	$f'(x_0)=0$ und $f''(x_0)=0$ mit VZW oder $f'(x_0)=0$ und $f''(x_0)=0$ und $f'''(x_0)\neq0$

* VZW bedeutet Nullstelle mit Vorzeichenwechsel

Im nächsten Beispiel werden diese Kriterien verwendet, um die Extrem- und Wendepunkte des Graphen zu bestimmen. Beachten Sie die prinzipielle Vorgehensweise in diesem Beispiel, die bei Funktionsuntersuchungen immer wieder auftritt und die Sie sich in Form der folgenden Regel einprägen sollten:

Regel

> **Bestimmung der Extrem- und Wendepunkte**
> Um Art und Lage der Extrem- und Wendepunkte des Graphen einer Funktion zu bestimmen, geht man folgendermaßen vor:
> 1. Die ersten drei Ableitungsfunktionen berechnen.
> 2. Die erste Ableitung null setzen und ihre Nullstellen berechnen.
> 3. Die Nullstellen der ersten Ableitung in die zweite Ableitung einsetzen und aus den Vorzeichen auf die Art des Extrempunktes schließen.
> 4. Die zweite Ableitung null setzen und ihre Nullstellen berechnen.
> 5. Die Nullstellen der zweiten Ableitung in die dritte Ableitung einsetzen und den Nachweis für Wendepunkte erbringen.

Beispiel

Gesucht sind die Art und Lage der Extrem- und Wendepunkte des Graphen der Funktion $f(x) = -\frac{1}{6}x^4 + \frac{2}{3}x^3 - \frac{8}{3}x + \frac{5}{3}$.

Lösung:

Schritt 1:

$f'(x) = -\frac{2}{3}x^3 + 2x^2 - \frac{8}{3}$ Die ersten drei Ableitungsfunktionen berechnen.

$f''(x) = -2x^2 + 4x$

$f'''(x) = -4x + 4$

Schritt 2:

$f'(x) = 0$ Die erste Ableitung null setzen und ihre Nullstellen berechnen.

$-\frac{2}{3}x^3 + 2x^2 - \frac{8}{3} = 0 \;\Big|\cdot\left(-\frac{3}{2}\right)$

$x^3 - 3x^2 + 4 = 0$ Diese Gleichung kann durch Raten und anschließender Polynomdivision gelöst werden.

$(x^3 - 3x^2 + 4) : (x+1) = x^2 - 4x + 4$ Polynomdivision
$\underline{-(x^3 +\ x^2)}$
$\qquad / -4x^2 + 4$
$\qquad \underline{-(-4x^2 - 4x)}$
$\qquad\qquad 4x + 4$
$\qquad\qquad \underline{-(4x + 4)}$
$\qquad\qquad\quad /\quad /$

$x^2 - 4x + 4 = 0$ Lösen des abgespaltenen Polynoms

$(x-2)^2 = 0 \;\Rightarrow\; x_{2/3} = 2$

$x_1 = -1$ (einfache Nullstelle)   Damit hat man drei Nullstellen der ersten Ableitungsfunktion gefunden.

$x_{2/3} = 2$ (doppelte Nullstelle ohne VZW)

Schritt 3:

$f''(-1) = -6 < 0$

$\Rightarrow$ Hochpunkt

$f(-1) = \frac{7}{2} \Rightarrow \mathbf{H\left(-1 \mid \frac{7}{2}\right)}$

Die Nullstellen von f' werden in f'' eingesetzt.

Es wird gleich die y-Koordinate berechnet: Daraus ergibt sich die Art (= Hochpunkt) und Lage (= Koordinaten) des ersten Extrempunktes.

$f''(2) = 0$

Ebenso wird mit der anderen Nullstelle verfahren. Hier kann man nicht auf die Art des Punktes schließen, weil die zweite Ableitung ebenfalls null ergibt. Man überprüft deshalb, ob die dritte Ableitung ungleich null ist.

$f'''(2) = -4 \neq 0$

Es ergibt sich f'(2)=0, f''(2)=0 und f''(2)≠0. Deshalb liegt an dieser Stelle ein Sattelpunkt vor und kein Extrempunkt.

$f(2) = -1 \Rightarrow \mathbf{S(2 \mid -1)}$

Es werden noch die Koordinaten berechnet.

Schritt 4:

Ansatz: $f''(x) = 0$

Die zweite Ableitung null setzen und ihre Nullstellen berechnen.

$-2x^2 + 4x = 0 \mid : (-2)$
$x^2 - 2x = 0$
$x(x - 2) = 0$

Diese Gleichung ist zu lösen.

$x_1 = 0; \; x_2 = 2$

An der Stelle 2 liegt der bereits oben berechnete Sattelpunkt vor. Bleibt noch, die Stelle $x_1 = 0$ zu prüfen.

Schritt 5:

$f'''(0) = 4 \neq 0 \Rightarrow \mathbf{W\left(0 \mid \frac{5}{3}\right)}$

Nullstellen der zweiten Ableitung in die dritte Ableitung einsetzen. Demnach liegt an der Stelle 0 ein Wendepunkt.

Die ermittelten Punkte sind im nebenstehenden Graphen eingezeichnet.

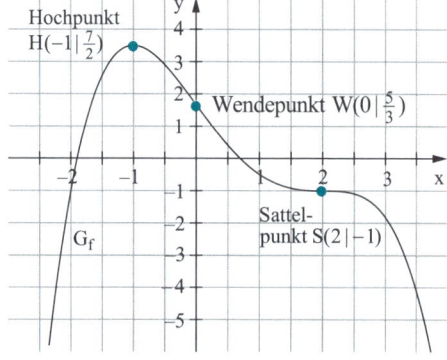

133. Untersuchen Sie bei den im Folgenden angegebenen Funktionen, ob ihre Graphen Extrem- und Wendepunkte besitzen, und berechnen Sie ggf. deren Koordinaten.

a) $f(x) = -\frac{1}{2}(x^3 - 3x^2)$

   Bestimmen Sie hier zusätzlich die Gleichung der Wendetangente.

b) $f(x) = x^3 - 3x^2 + 3x + 15$

c) $f(x) = 2(x+1)(x-2)^2$

d) $f(x) = \frac{1}{6}x^2(x+3)$

e) $g(x) = \frac{1}{3}(x^4 - 4x^3 - 2x^2 + 12x + 9)$

f) $g(x) = x^4 - 8x$

   Bestimmen Sie hier zusätzlich die Gleichung der Tangente an der Stelle 0.

g) $g(x) = \frac{1}{8}(x+2)^2(x^2-4)$

h) $g(x) = -\frac{1}{4}x^4 - 3x^2 + 1$

134. Im Folgenden sind vier Funktionen gegeben. Untersuchen Sie auch diese auf Extrem- und Wendepunkte.

a) $f(x) = \frac{1}{9}x^3 - \frac{2}{3}x^2 + x$

b) $f(x) = \frac{1}{4}(x-3)(x-1)^2$

c) $g(x) = x^4 - 4x^2$

d) $g(x) = -\frac{1}{4}x^4 - x^2 - 1$

135. Gegeben sei die Menge der Funktionen $f_k: x \mapsto \frac{kx^3}{3} - x^2 - x$ mit $k \in \mathbb{R} \setminus \{0\}$. Ihre Graphen werden mit G_k bezeichnet.

a) Was können Sie über die Symmetrie der Graphen aussagen? Begründen Sie Ihre Antwort!

b) Untersuchen Sie, für welche k die Funktionen f_k

   (1) eine Nullstelle,

   (2) zwei Nullstellen und

   (3) drei verschiedene Nullstellen

   besitzen.

c) Bestimmen Sie, für welche k der Graph G_k zwei waagrechte Tangenten besitzt.

d) Für welches k liegt der Wendepunkt bei $x_W = 1$?

e) Nun sei $k = 3$.

   (1) Bestimmen Sie die Nullstellen von f_3.

   (2) Berechnen Sie Art und Lage der Extrema von f_3.

   (3) Ermitteln Sie den Wendepunkt und die zugehörige Wendetangente von G_3.

   (4) Zeichnen Sie G_3 im Bereich $-1,5 \le x \le 2$.

136. Gegeben ist in $\mathbb{R}$ die Funktion $f : x \mapsto f(x)$, wobei $f(x) = \frac{2}{9} x^3 - \frac{4}{3} x^2 + 2x$. Ihr Graph wird mit G bezeichnet.

a) Untersuchen Sie den Graphen G auf:

   (1) Nullstellen. Welche Folgerung können Sie daraus im Hinblick auf Extremalpunkte ziehen?

   (2) Art und Lage von Extremalpunkten.

   (3) Bestimmen Sie das Krümmungsverhalten des Graphen und geben Sie die Koordinaten der Wendepunkte an.

b) Die Gerade t ist die Tangente des Graphen G im Ursprung. Weisen Sie nach, dass die Gerade t den Graphen G in einem weiteren Punkt schneidet, und berechnen Sie die Koordinaten des weiteren Schnittpunkts.

c) Zeichnen Sie den Graphen G im Bereich $[-1; 6]$. Tragen Sie auch die Tangente mit ein, die der Graph im Ursprung besitzt.

d) In welchem weiteren Punkt des Graphen G gibt es eine weitere Tangente, die parallel zu der Geraden mit der Gleichung $t: y = 2x$ ist? Bestimmen Sie die Abszisse des Punktes und markieren Sie ihn im Diagramm.

137. In $\mathbb{R}$ ist die Funktionenschar f_k durch

$$f_k(x) = \frac{1}{8}(x + 2)^2 (x^2 - k) \text{ mit } k \in \mathbb{R} \wedge k \ge 0$$

gegeben.

a) Untersuchen Sie f_k auf Anzahl, Lage und Vielfachheit der Nullstellen.

   Hinweis: Beachten Sie die Sonderfälle $k = 0$ und $k = 4$.

b) Bestimmen Sie k so, dass f_k an der Stelle $x_0 = -2$ eine dreifache Nullstelle besitzt.

Im Folgenden wird $k = 4$ gesetzt.

c) Zeigen Sie, dass sich der Funktionsterm $f_4(x) = \frac{1}{8}x^4 + \frac{1}{2}x^3 - 2x - 2$ ergibt und geben Sie die Schnittpunkte des Graphen mit den Koordinatenachsen an.

d) Bestimmen Sie die maximalen Monotonieintervalle der Funktion f_4 und schließen Sie daraus auf die Art und Lage sämtlicher Extrempunkte.

e) Ermitteln Sie das Krümmungsverhalten des Graphen der Funktion f_4 und geben Sie seine Wendepunkte an.

f) Zeichnen Sie den Graphen von f_4 im Intervall $[-3,5; 2,5]$.
Bestimmen Sie zu diesem Zweck $f_4(-3,5)$ und $f_4(2,5)$ und rechnen Sie ansonsten mit $\Delta x = 1$.

138. Von einer Funktion g sind folgende Eigenschaften bekannt:

- $g'(x) > 0 \wedge g''(x) < 0$ für alle $x \in [-1; 1[$;
- $g(1) = g'(1) = g''(1) = 0$;
- $g'(x) > 0 \wedge g''(x) > 0$ für alle $x \in \,]1; 3]$.

Skizzieren Sie einen möglichen Verlauf des Graphen von g in $[-1; 3]$.

Stochastik

Die Stochastik ist die Mathematik des Zufalls. Aber wie passen die „exakte"
Mathematik und der „launenhafte" Zufall überhaupt zusammen? Es wird sich
zeigen, dass auch bei zufallsgesteuertem Geschehen, wie etwa dem Würfeln oder
dem Werfen einer Münze, Gesetzmäßigkeiten auftreten. So waren es nicht zuletzt
Glücksspiele, die bei der Entwicklung der Stochastik von Bedeutung waren.

7 Ereignisse

Zufallsgesteuerte Ereignisse sind fester Bestandteil unseres Lebens. Genau genommen sind fast alle Geschehnisse mit einer gewissen Unsicherheit behaftet. Den Grad dieser Unsicherheit versucht man in der **Wahrscheinlichkeitstheorie**, die ein wesentlicher Teil der Stochastik ist, zu quantifizieren. Die **Statistik** ist das zweite Gebiet der Stochastik. Stochastische Methoden werden in der Qualitätssicherung von Produktionsprozessen, im Marketing oder der Aktienanalyse ebenso eingesetzt wie in der Medizin bei der Beurteilung der Wirksamkeit von Medikamenten und Therapien.

7.1 Zufallsexperimente und Ergebnisräume

In der Stochastik unterscheidet man **sichere Experimente** (stets gleicher, vorhersehbarer Ausgang) und **Zufallsexperimente** (zufallsgesteuerter Ausgang). Bei Zufallsexperimenten erhält man nach Ausführung des Experiments einen nicht vorhersagbaren Ausgang aus einer gewissen Menge möglicher Ausgänge.

Definition | **Ergebnis und Ergebnisraum**
Jeder mögliche Ausgang eines Zufallsexperiments wird **Ergebnis** genannt und mit ω (kleiner griechischer Buchstabe Omega) bezeichnet. Ein Zufallsexperiment hat eine gewisse Menge an möglichen Ergebnissen (mindestens zwei, sonst ist es ein sicheres Experiment), die man üblicherweise durchnummeriert:

$\omega_1, \omega_2, ..., \omega_n$

Die Menge dieser Ergebnisse heißt **Ergebnisraum Ω** (großer griechischer Buchstabe Omega) des Zufallsexperiments. Man gibt ihn in Mengenschreibweise an:
$\Omega := \{\omega_1; \omega_2; ...; \omega_n\}$

- Jedes mögliche Ergebnis ω_i des Zufallsexperiments muss in Ω enthalten sein und umgekehrt muss jedes Element aus Ω ein mögliches Ergebnis des Zufallsexperiments sein.
- Zufallsexperimente können unterschiedliche Ergebnisräume haben. Welcher angemessen ist, hängt von der Fragestellung ab.
- Die Anzahl der Elemente von Ω bezeichnet man als **Mächtigkeit**, in Zeichen: $|\Omega|$

1. Geben Sie einen geeigneten Ergebnisraum für das Zufallsexperiment „Werfen eines Würfels" an.

   Lösung:
   Die möglichen Ergebnisse dieses Zufallsexperiments sind zunächst in naheliegender Weise die möglichen Augenzahlen des Würfels: $\omega_1 = 1$, $\omega_2 = 2$, ..., $\omega_6 = 6$. Der Ergebnisraum lautet: $\Omega_1 = \{1; 2; 3; 4; 5; 6\}$. Ein weiterer möglicher Ergebnisraum, den man beispielsweise wählen würde, wenn es darum geht, beim Mensch-ärgere-dich-nicht-Spiel einen Stein einzusetzen, wäre $\Omega_2 = \{6; \text{keine } 6\}$.
   Hingegen wäre $\Omega_3 = \{2; 4; 6\}$ kein zulässiger Ergebnisraum, weil er nicht vollständig ist.

   Hinweis: Den Ergebnisraum Ω_2 nennt man **Vergröberung** von Ω_1, umgekehrt wird Ω_1 als **Verfeinerung** von Ω_2 bezeichnet. Ω_1 ist sogar der feinste Ergebnisraum für dieses Zufallsexperiment.

2. Geben Sie einen geeigneten Ergebnisraum für das Zufallsexperiment „Werfen einer Münze" an.

   Lösung:
   Beim Werfen einer Münze wird man Wappen oder Zahl erwarten, sodass sich in natürlicher Weise der Ergebnisraum $\Omega = \{W; Z\}$ angeben lässt. Dass die Münze auf dem Rand stehen bleibt, ist so unwahrscheinlich, dass dies in der Regel nicht mit in die Betrachtung aufgenommen wird.

3. Geben Sie einen geeigneten Ergebnisraum für das „Wetter am nächsten Wochenende" an.

   Lösung:
   Möglich wäre z. B. $\Omega_1 = \{\text{regnerisch}; \text{bewölkt}; \text{sonnig}\}$ oder auch $\Omega_2 = \{\text{schlecht}; \text{schön}\}$. Solche binären Ergebnisräume werden gerne codiert dargestellt. Mit der Zuordnung „0 = schlecht" und „1 = schön" gibt man dann an: $\Omega_3 = \{0; 1\}$

Häufig werden Zufallsexperimente mehrmals hintereinander ausgeführt, wie beispielsweise beim mehrmaligen Werfen einer Münze oder eines Würfels.

Mehrstufige Zufallsexperimente
Werden Zufallsexperimente mehrmals hintereinander ausgeführt und als Gesamtexperiment betrachtet, so liegt ein **mehrstufiges Zufallsexperiment** vor. Bei einem n-stufigen Zufallsexperiment (n-malige Wiederholung, wobei $n \in \mathbb{N}^*$) gibt man die Ergebnisse als sogenannte **n-Tupel** an: $(a_1, a_2, ..., a_n)$.
Man beachte, dass bei n-Tupeln (im Gegensatz zu Mengen) die Reihenfolge der Elemente eine Rolle spielt.

1. Geben Sie jeweils einen geeigneten Ergebnisraum für das Zufallsexperiment „Eine Münze wird zweimal geworfen" bzw. „Eine Münze wird dreimal geworfen" an.

   Lösung:

   $\Omega_{2\times} = \{(W, W); (W, Z); (Z, W); (Z, Z)\}$

   $\Omega_{3\times} = \{(W, W, W); (W, W, Z); (W, Z, W); (Z, W, W); (W, Z, Z);$
   $\qquad (Z, W, Z); (Z, Z, W); (Z, Z, Z)\}$

   Da diese Schreibweise wegen der vielen Klammern sehr aufwendig ist, lässt man die runden Tupelklammern und die Trennzeichen häufig weg:

   $\Omega_{2\times} = \{WW; WZ; ZW; ZZ\}$

   $\Omega_{3\times} = \{WWW; WWZ; WZW; ZWW; WZZ; ZWZ; ZZW; ZZZ\}$

2. Es werden zwei nicht unterscheidbare Münzen gleichzeitig geworfen. Geben Sie einen geeigneten Ergebnisraum und dessen Mächtigkeit an.

   Lösung:

   Die Ergebnisse WZ und ZW lassen sich nicht unterscheiden, sie fallen zusammen. Mathematisch spielt bei Mengen die Reihenfolge, im Gegensatz zu den Tupeln, keine Rolle. Deshalb schreibt man das Ergebnis „Eine Münze zeigt W und die andere Z." als Menge $\{W; Z\}$. Der Ergebnisraum sieht dann so aus:

   $\Omega = \{\{W; W\}; \{W; Z\}; \{Z; Z\}\}$

   Er hat die Mächtigkeit 3.

139. Im Folgenden sind einige Zufallsexperimente beschrieben. Geben Sie jeweils einen geeigneten Ergebnisraum an.

   a) Bei einer Geburt wird das Geschlecht des Kindes registriert.

   b) Bei der Ziehung der Lottozahlen wird die erste Kugel gezogen.

   c) Ein Produkt wird aus dem Produktionsprozess entnommen und auf seine Qualität hin überprüft, wobei es drei Kategorien gibt (1. Wahl; 2. Wahl; Ausschuss).

   d) Zwei Würfel werden geworfen, man interessiert sich für die Augensumme. Geben Sie zudem die Mächtigkeit des Ergebnisraumes an.

   e) Ein Würfel wird so lange geworfen, bis das erste Mal 6 erscheint. Wie viele Würfe sind notwendig?

   140. a) Zwei (unterscheidbare) Würfel werden geworfen. Geben Sie einen geeigneten Ergebnisraum einschließlich seiner Mächtigkeit an.

b) Aus den Ziffern 1, 2 und 3 werden dreistellige Zahlen gebildet und aus den Ziffern 0, 1 und 2 ebenfalls. Geben Sie jeweils einen geeigneten Ergebnisraum an.

c) In einem Behälter liegen drei durchnummerierte Kugeln. Es werden mit einem Griff zwei entnommen. Geben Sie für dieses Zufallsexperiment einen geeigneten Ergebnisraum an.

d) Zwei Tennisspieler A und B treten gegeneinander an und vereinbaren zwei Gewinnsätze. Geben Sie einen geeigneten Ergebnisraum an.

141. In einer Box befinden sich vier Münzen: 10 ct, 20 ct, 1 €, 2 €.

a) Es werden mit einem Zug drei Münzen entnommen. Man interessiert sich für die erhaltene Geldsumme. Geben Sie Ω an.

b) Wie muss der Ergebnisraum abgeändert werden, wenn die drei Münzen nacheinander entnommen und nach jedem Zug wieder zurückgelegt werden?

7.2 Baumdiagramme

Bei mehrstufigen Zufallsexperimenten mit einer geringen Anzahl von Stufen ist ein **Baumdiagramm** eine gute Hilfe, um sämtliche Ergebnisse des Zufallsexperiments systematisch zu erfassen. Ein Weg vom Startpunkt entlang der Äste bis zu einem Endpunkt (auch **Pfad** genannt) enthält das Ergebnis eines möglichen Ausgangs des mehrstufigen Zufallsexperiments.

Beispiel

Eine Urne enthält **drei schwarze** (s), **zwei grüne** (g) und **eine weiße** (w) Kugel. Es wird je zweimal eine Kugel gezogen, und zwar
a) mit Zurücklegen und
b) ohne Zurücklegen.

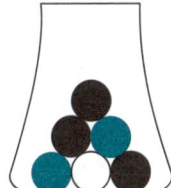

Veranschaulichen Sie diese Zufallsexperimente jeweils in einem Baumdiagramm. Geben Sie den zugehörigen Ergebnisraum und dessen Mächtigkeit an.

Lösung:
Während beim Ziehen mit Zurücklegen der Urneninhalt für jeden Zug gleich bleibt, verändert sich beim Ziehen ohne Zurücklegen der Urneninhalt nach jedem Zug.

a) Ziehen mit Zurücklegen (ZmZ)

b) Ziehen ohne Zurücklegen (ZoZ)

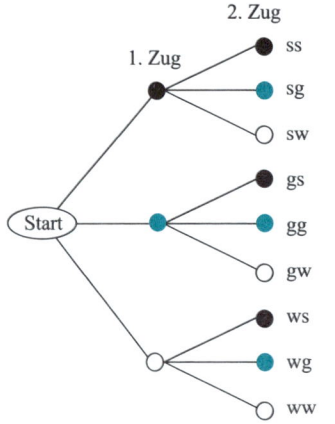

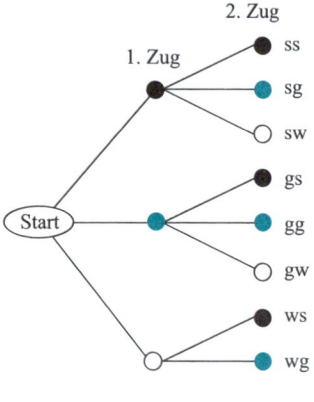

$\Omega = \{ss; sg; sw; gs; gg; gw; ws; wg; ww\}$
$|\Omega| = 9$

$\Omega = \{ss; sg; sw; gs; gg; gw; ws; wg\}$
$|\Omega| = 8$

Beachten Sie, dass das Ergebnis „ww" beim ZoZ nicht möglich ist, da nur
eine weiße Kugel in der Urne ist.

Aufgaben

142. In einer Urne befinden sich vier gleichartige durchnummerierte Kugeln (1,
2, 3 und 4). Es werden je zwei Kugeln nacheinander gezogen, und zwar

a) mit Zurücklegen,

b) ohne Zurücklegen.

Erstellen Sie jeweils ein vollständiges Baumdiagramm und geben Sie den
jeweiligen Ergebnisraum an.

143. In einer Urne befinden sich sieben weiße und zwei grüne Kugeln. Es wird
dreimal ohne Zurücklegen gezogen.
Erstellen Sie ein vollständiges Baumdiagramm und ermitteln Sie die Mächtigkeit des zugehörigen Ergebnisraumes.

144. Zwei Tennisspieler A und B treten
gegeneinander an und vereinbaren
zwei Gewinnsätze. Stellen Sie die
Matches in einem Baumdiagramm
dar.

7.3 Ereignisse

Bei der Durchführung eines Zufallsexperiments interessiert man sich häufig für ganz bestimmte Mengen von Ergebnissen. Diese sogenannten **Ereignisse** lassen sich als Teilmengen des Ergebnisraumes angeben.

Definition

> **Ereignis**
> Ist Ω der Ergebnisraum eines Zufallsexperimentes, so bezeichnet man jede Teilmenge von Ω als **Ereignis**, symbolisch:
> A ist ein Ereignis, wenn $A \subset \Omega$.

- Man sagt, das Ereignis A ist **eingetreten**, wenn der Ausgang eines Zufallsexperiments ein Ergebnis ω hervorgebracht hat, das in A liegt, d. h., wenn $\omega \in A$ gilt.
- Besondere Ereignisse sind Ω selbst und die leere Menge $\emptyset$, die kein Element enthält:
  Ω als Ereignis betrachtet, heißt **sicheres** Ereignis.
  $\emptyset$ als Ereignis betrachtet, heißt **unmögliches** Ereignis.
- Die Ergebnisse $\omega \in \Omega$ sind (als Mengen aufgefasst) wichtig und erhalten deshalb einen eigenen Namen: Jede einelementige Teilmenge $\{\omega\} \subset \Omega$ heißt **Elementarereignis**.
- Das Ereignis $\overline{A}$ ist das **Gegenereignis** von A. Es enthält alle Ergebnisse, die nicht zu A gehören.
- Wenn Ω die Mächtigkeit n besitzt, dann gibt es 2^n Ereignisse.

Beispiele

1. Das Zufallsexperiment „Werfen eines Würfels" wird mit dem Ergebnisraum $\Omega = \{1; 2; 3; 4; 5; 6\}$ betrachtet.
   a) Wie viele verschiedene Ereignisse gibt es insgesamt?
   b) Beschreiben Sie die Ereignisse $A_1 = \{2; 4; 6\}$, $A_2 = \{1; 2\}$, $\overline{A_2}$, $\emptyset$ und Ω mit Worten.

   Lösung:
   a) Wegen $|\Omega| = 6$ gibt es $2^6 = 64$ verschiedene Ereignisse.
   b) $A_1 = \{2; 4; 6\}$ kann als das Ereignis „Eine gerade Zahl wird geworfen." beschrieben werden.
   $A_2 = \{1; 2\}$: „Die Augenzahl ist kleiner als 3."
   $\overline{A_2} = \{3; 4; 5; 6\}$: „Die Augenzahl ist mindestens 3."
   $\emptyset$: unmögliches Ereignis
   Ω: sicheres Ereignis

2. In einer Urne sind drei schwarze (s), zwei grüne (g) und eine weiße (w)
   Kugel enthalten. Es wird dreimal ohne Zurücklegen gezogen. Geben Sie
   mithilfe eines Baumdiagramms das Ereignis
   A: „Es werden mindestens zwei gleichfarbige Kugeln gezogen"
   und das Ereignis
   B: „Alle drei Kugeln haben verschiedene Farben"
   an.

   Lösung:
   Die Abbildung zeigt das vollständige
   Baumdiagramm des angegebenen drei-
   stufigen Zufallsexperiments. Diejenigen
   Pfade, welche Elemente des gesuchten
   Ereignisses A bilden, sind mit einem
   Stern markiert. Man erhält in aufzählen-
   der Mengenschreibweise:
   A = {sss; ssg; ssw; sgs; sgg; sws; gss;
   gsg; ggs; ggw; gwg; wss; wgg}

   Für B findet man:
   B = {sgw; swg; gsw; gws; wsg; wgs}

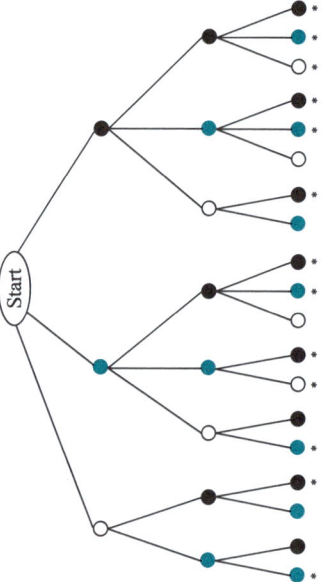

Nachdem Ereignisse als Teilmengen des Ergebnisraumes definiert worden sind,
hat man auch sämtliche aus der Mengenlehre bekannten Begriffsbildungen zur
Verfügung. So wie man sich Mengen in **Mengendiagrammen** (auch: **Venn-Dia-
gramme**) veranschaulicht, so macht man das auch mit Ereignissen. Dabei ist der
Ergebnisraum Ω stets die Grundmenge, in der alle Ereignisse enthalten sind.
Wie die wichtigsten Begriffe aus der Mengenlehre in der Stochastik verwendet
werden, ist auf der folgenden Seite tabellarisch dargestellt.

Symbol **Stochastische Aussage**	**Venn-Diagramm**	**Mengendarstellung**
A ⊂ B A zieht B nach sich.	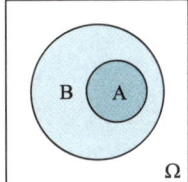	A ist Teilmenge von B. Jedes Element von A ist auch Element von B: $\omega \in A \Rightarrow \omega \in B$
A ∩ B A **und** B tritt ein.	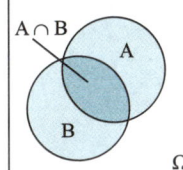	A geschnitten B Bildung der Schnittmenge: $A \cap B := \{\omega \in \Omega \,|\, \omega \in A \wedge \omega \in B\}$
A ∪ B A **oder** B tritt ein. (einschließendes „oder")	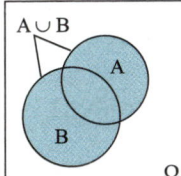	A vereinigt B Bildung der Vereinigungsmenge: $A \cup B := \{\omega \in \Omega \,|\, \omega \in A \vee \omega \in B\}$
B \ A B tritt ein, aber nicht A.	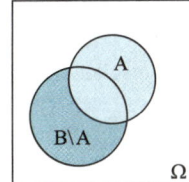	B ohne A Bildung der Differenzmenge: $B \backslash A := \{\omega \in \Omega \,|\, \omega \in B \wedge \omega \notin A\}$
$\overline{\text{A}}$ **Gegenereignis** von A A tritt nicht ein.	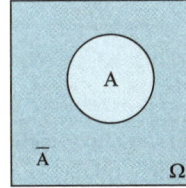	Nicht A Bildung des Komplements von A: $\overline{A} := \{\omega \in \Omega \,|\, \omega \notin A\}$

Beispiel

Es wird ein Würfel und anschließend eine Münze geworfen. Als Ergebnisraum wird $\Omega = \{1Z; 2Z; 3Z; 4Z; 5Z; 6Z; 1W; 2W; 3W; 4W; 5W; 6W\}$ gewählt. Folgende Ereignisse sind festgelegt:

A: „Der Würfel zeigt eine 5."

B: „Die Münze zeigt Z."

Geben Sie folgende Ereignisse in Mengenschreibweise an:

A, B

E_1: „A und B tritt ein."

E_2: „A oder B tritt ein."

E_3: „B tritt nicht ein."

E_4: „A ohne B tritt ein."

Lösung:

$A = \{5Z; 5W\}$

$B = \{1Z; 2Z; 3Z; 4Z; 5Z; 6Z\}$

$E_1 = A \cap B = \{5Z\}$

$E_2 = A \cup B = \{1Z; 2Z; 3Z; 4Z; 5Z; 6Z; 5W\}$

$E_3 = \bar{B} = \{1W; 2W; 3W; 4W; 5W; 6W\}$

$E_4 = A \setminus B = \{5W\}$

Aufgabe **145.** Ein Schütze gibt hintereinander drei Schüsse auf eine Zielscheibe ab. Es wird nur Treffer und Nichttreffer registriert, wobei ein Treffer als 1 und ein Nichttreffer als 0 notiert wird.

a) Zeichnen Sie das vollständige Baumdiagramm und geben Sie den zugehörigen Ergebnisraum an.

b) Schreiben Sie das Ereignis A: „Höchstens ein Schuss trifft **nicht**." in Mengenschreibweise auf.

c) Beschreiben Sie das Ereignis $B = \{000; 001; 100; 101\}$ in Worten.

d) Geben Sie in Mengenschreibweise an:
   C_1: „Der erste Schuss trifft."
   C_2: „Nur der erste Schuss trifft."

7.4 Regeln für die Mengenverknüpfungen

Für die Mengenverknüpfungen $\cup$ und $\cap$ gelten wichtige Rechenregeln, wie das Kommutativgesetz, das Assoziativgesetz und das Distributivgesetz. Diese Gesetze kennt man auch beim Rechnen mit Zahlen, weshalb hier nicht näher darauf eingegangen wird. Beim Umgang mit Ereignissen benötigt man darüber hinaus die folgenden Umformungen.

Regel

> **Gesetze von De Morgan**
> Für zwei Ereignisse A und B gilt:
> (1) $\overline{A \cup B} = \overline{A} \cap \overline{B}$
> (2) $\overline{A \cap B} = \overline{A} \cup \overline{B}$

Insbesondere das erste Gesetz von De Morgan ist hilfreich, um zusammengesetzte Ereignisse in Worten formulieren zu können.

Beispiel

Ein Würfel und eine Münze werden nacheinander geworfen. Es werden die beiden Ereignisse

A = {5Z; 5W}: „Der Würfel zeigt eine 5."
B = {1Z; 2Z; 3Z; 4Z; 5Z; 6Z}: „Die Münze zeigt Z."

betrachtet. Formulieren Sie das Ereignis $C = \overline{A \cup B}$ in Mengenschreibweise und in Worten.

Lösung:
Zunächst bildet man $A \cup B = \{1Z; 2Z; 3Z; 4Z; 5Z; 6Z; 5W\}$ und geht anschließend zum Gegenereignis über:

$C = \overline{A \cup B} = \{1W; 2W; 3W; 4W; 6W\}$

Um das Ereignis C in Worten zu beschreiben, könnte man umständlich sagen „Es tritt nicht ein, dass der Würfel 5 oder die Münze Z zeigt.". Besser ist es, man formt mit De Morgan um:

$C = \overline{A \cup B} = \overline{A} \cap \overline{B}$

Die Aussage des rechts stehenden Ausdrucks lautet:
„Der Würfel zeigt keine 5 und die Münze zeigt W (= nicht Z)."

Zum Schluss dieses Abschnitts folgt noch eine wichtige Definition, mit der festgestellt wird, ob zwei Ereignisse Gemeinsamkeiten haben.

Definition

> **Unvereinbare Ereignisse**
> Zwei Ereignisse A, B ⊂ Ω heißen **unvereinbar** oder **disjunkt**, wenn sie keine gemeinsamen Elemente besitzen, d. h., wenn gilt:
> $A \cap B = \emptyset$

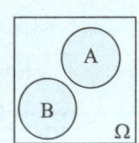

Beispiele

1. In einer Urne sind drei schwarze (s), zwei grüne (g) und eine weiße (w) Kugel enthalten. Es wird dreimal ohne Zurücklegen gezogen. Untersuchen Sie, ob die Ereignisse
   A: „Es werden mindestens zwei gleichfarbige Kugeln gezogen." und
   B: „Alle drei Kugeln haben verschiedene Farben." vereinbar sind.

   Lösung:
   In Mengenschreibweise ergibt sich:
   A = {sss; ssg; ssw; sgs; sgg; sws; gss; gsg; ggs; ggw; gwg; wss; wgg} und
   B = {sgw; swg; gsw; gws; wsg; wgs}.
   Wegen $A \cap B = \emptyset$ sind diese beiden Ereignisse unvereinbar.

2. Es werden zwei Würfel geworfen und die Augensumme untersucht. Als Ergebnisraum wählt man $\Omega = \{2; 3; 4; 5; 6; 7; 8; 9; 10; 11; 12\}, |\Omega| = 11$. Es werden die folgenden Ereignisse betrachtet:
   A = {10; 11; 12}: „Die Augensumme ist mindestens 10."
   B = {2; 4; 6; 8; 10; 12}: „Die Augensumme ist gerade."
   Geben Sie die Ereignisse $A \cap B$, $A \cup B$, $B \setminus A$ in Mengenschreibweise sowie in Worten an und bestätigen Sie anhand der Ereignisse A und B die Gesetze von De Morgan.

   Lösung:

   $A \cap B = \{\mathbf{10}; 11; \mathbf{12}\} \cap \{2; 4; 6; 8; \mathbf{10}; \mathbf{12}\}$
   $\quad\quad = \{10; 12\}$
   „Die Augensumme ist gerade **und** mindestens 10."

   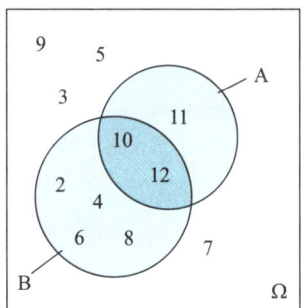

   $A \cup B = \{10; 11; 12\} \cup \{2; 4; 6; 8; 10; 12\}$
   $\quad\quad = \{2; 4; 6; 8; 10; 11; 12\}$
   „Die Augensumme ist gerade **oder** mindestens 10."

   $B \setminus A = \{2; 4; 6; 8; \mathbf{10}; \mathbf{12}\} \setminus \{10; 11; 12\}$
   $\quad\quad = \{2; 4; 6; 8\}$
   „Die Augensumme ist gerade, aber höchstens 9."

   $\overline{A} = \{2; 3; 4; 5; 6; 7; 8; 9\}$

   $\overline{B} = \{3; 5; 7; 9; 11\}$

   $\left.\begin{array}{l} \overline{A \cup B} = \Omega \setminus (A \cup B) = \{3; 5; 7; 9\} \\ \overline{A} \cap \overline{B} = \{2; \mathbf{3}; 4; \mathbf{5}; 6; \mathbf{7}; 8; \mathbf{9}\} \cap \{\mathbf{3}; \mathbf{5}; \mathbf{7}; \mathbf{9}; 11\} \\ \quad\quad = \{3; 5; 7; 9\} \end{array}\right\}$ De Morgan (1)

   $\left.\begin{array}{l} \overline{A \cap B} = \Omega \setminus (A \cap B) = \{2; 3; 4; 5; 6; 7; 8; 9; 11\} \\ \overline{A} \cup \overline{B} = \{2; 3; 4; 5; 6; 7; 8; 9\} \cup \{3; 5; 7; 9; 11\} \\ \quad\quad = \{2; 3; 4; 5; 6; 7; 8; 9; 11\} \end{array}\right\}$ De Morgan (2)

146. Ein Würfel wird geworfen. Es werden drei Ereignisse betrachtet:

A: „Eine gerade Zahl wird geworfen."

B: „Eine Primzahl wird geworfen."

Hinweis: Eine Primzahl ist eine ganze Zahl ≥ 2, die nur durch 1 und durch sich selbst teilbar ist.

C: „Eine Zahl größer als 4 wird geworfen."

a) Geben Sie die Ereignisse A, B und C in Mengenschreibweise an.

b) Untersuchen Sie die drei Ereignisse jeweils paarweise auf Vereinbarkeit/Unvereinbarkeit.

c) Geben Sie die Ereignisse $\overline{B}$, $A \cup B$, $C \backslash A$, $\overline{A} \cap B$, $\overline{B} \cup \overline{C}$ und $A \cap (\overline{B \cup C})$ in Mengenschreibweise und in Worten an.

d) Bestätigen Sie anhand der Ereignisse A und B das erste Gesetz von De Morgan, indem Sie die linke und rechte Seite getrennt bilden und überprüfen, ob Sie in beiden Fällen das gleiche Ereignis erhalten.

147. Ein Würfel wird zweimal geworfen. Betrachtet werden die Ereignisse:

A: „Der erste Würfel zeigt eine 6."

B: „Die Augensumme ist mindestens 10."

C: „Der erste Wurf zeigt eine höhere Augenzahl als der zweite."

a) Geben Sie einen geeigneten Ergebnisraum an.

b) Notieren Sie A, B und C in Mengenschreibweise.

c) Formulieren Sie die Gegenereignisse von A, B und C in Worten.

d) Bilden Sie $A \cap C$, $A \cup B$, $A \backslash B$, $A \cap B \cap C$ und $\overline{A} \cup C$.

148. A, B und C sind Ereignisse in einem Ergebnisraum Ω. Geben Sie die folgenden Ereignisse in symbolischer Mengenschreibweise an:

a) Keines der drei Ereignisse tritt ein.

b) Alle drei Ereignisse treten ein.

c) Es tritt A, jedoch weder B noch C ein.

d) Es treten genau zwei der drei Ereignisse ein.

e) Höchstens zwei der drei Ereignisse treten ein.

f) Nur genau ein Ereignis tritt ein.

g) Höchstens eines der drei Ereignisse tritt ein.

8 Häufigkeit und Wahrscheinlichkeit

Bisher sind Begriffe wie „Ergebnisraum" und „Ereignis" bereitgestellt worden, um den Ausgang von Zufallsexperimenten zu erfassen. Ziel dieses Abschnitts ist es, Ereignissen gewisse Zahlen zuzuordnen, die darüber Auskunft geben, wie „wahrscheinlich" diese eintreten.

8.1 Häufigkeit

Man betrachtet ein Zufallsexperiment, das sich beliebig oft wiederholen lässt (denken Sie an das Würfeln), und hat ein bestimmtes Ereignis $A \subset \Omega$ im Auge (z. B. eine 6 wird geworfen). Dann sind die folgenden Zahlenwerte von Interesse.

Definition

Absolute und relative Häufigkeit
1. Ein Zufallsexperiment wird n-mal wiederholt. Dabei tritt das Ereignis $A \subset \Omega$ insgesamt $H(A)$-mal auf. Man nennt diese Zahl $H(A)$ die **absolute Häufigkeit** des Ereignisses A. Dabei gilt: $0 \leq H(A) \leq n$
2. Bezieht man die absolute Häufigkeit $H(A)$ auf die Anzahl n der Wiederholungen, so erhält man die **relative Häufigkeit** $h(A)$ des Ereignisses A:
$$h(A) = \frac{H(A)}{n}$$
Dabei gilt: $0 \leq h(A) \leq 1$

Beispiele

1. Ein Würfel wird 30-mal geworfen. Man erhält die Augenzahlen:
   3 5 3 4 3   2 4 1 6 3   1 3 2 6 3   2 4 1 6 4   4 5 1 3 6   5 4 4 4 5
   Es interessieren die Ereignisse:
   A: „Eine 6 wird geworfen."
   B: „Eine ungerade Zahl wird geworfen."
   Geben Sie die absolute und relative Häufigkeit von A und B an.
   Lösung:
   Einfaches Abzählen ergibt die absolute Häufigkeit $H(A) = 4$. Division von $H(A)$ durch $n = 30$ ergibt die relative Häufigkeit $h(A) = \frac{4}{30} \approx 0,133$.
   Die relative Häufigkeit gibt man mitunter auch in **Prozent** an, hier also $h(A) \approx 13,3\,\%$. Für B erhält man $H(B) = 15$ und $h(B) = 0,5 = 50\,\%$.

2. Eine Münze werde dreimal geworfen und es erscheint dreimal Z. Untersuchen Sie die Häufigkeiten der Elementarereignisse {Z} und {W}.

Lösung:
Es gilt $H(\{Z\})=3$, $h(\{Z\})=1$ und $H(\{W\})=0$, $h(\{W\})=0$.
In diesem fiktiven, aber möglichen Fall würde die relative Häufigkeit zu
einem falschen Schluss über die Gewissheit, was das Eintreten von Z bzw.
W angelangt, verleiten. Von einer fairen (d. h. nicht gezinkten) Münze
wird man erwarten, dass sie Z und W in etwa gleich häufig zeigt, der
Ausgang also $50:50$ ist, was eine relative Häufigkeit von 0,5 für beide
bedeuten würde.

Die Erfahrung zeigt, dass sich die relative Häufigkeit mit größer werdender Wie-
derholungszahl n gegen einen festen Zahlenwert stabilisiert.

Regel

> **Empirisches Gesetz der großen Zahlen**
> Bei einer ausreichend großen Anzahl von Wiederholungen stabilisiert sich die
> relative Häufigkeit eines Ereignisses gegen einen festen Zahlenwert. Man inter-
> pretiert diesen Zahlenwert als die **Wahrscheinlichkeit**, mit der das betreffende
> Ereignis eintritt.

Beispiele

1. Ein Reißnagel wird auf den Boden fallen gelassen. Ähnlich wie beim
   Münzwurf gibt es zwei mögliche Ausgänge, nämlich:

   Position 1:    Position 2:

   Kommt der Reißnagel in Position 1 zum Liegen, notiert man eine 1, sonst
   eine 0. Der Ergebnisraum für das Einzelexperiment ist $\Omega=\{0;1\}$. Anders
   als beim Werfen einer Münze wird man hier nicht von einer Gleichverteilung der Ergebnisse 0 und 1 ausgehen können. Das Zufallsexperiment
   wurde 300-mal durchgeführt.
   Was lässt sich aus der abgebildeten Verteilungskurve über die relative
   Häufigkeit des Ereignisses „Die Spitze zeigt nach oben" sagen?

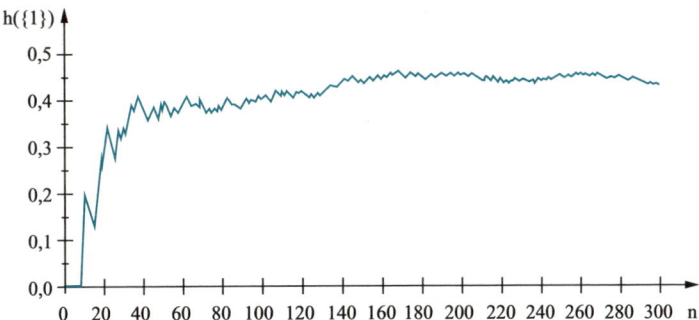

Lösung:
Man erkennt eine Stabilisierung in der Gegend von 0,45 für die relative Häufigkeit des Ereignisses „Die Spitze zeigt nach oben.".

2. Zugrunde gelegt wird das 30-malige Würfeln mit den Ausgängen

   3 5 3 4 3   2 4 1 6 3   1 3 2 6 3   2 4 1 6 4   4 5 1 3 6   5 4 4 4 5

   a) Berechnen Sie für die Elementarereignisse von $\Omega = \{1; 2; 3; 4; 5; 6\}$ die jeweilige relative Häufigkeit auf 3 Nachkommastellen genau.

   b) Stellen Sie diese relativen Häufigkeiten in einem geeigneten Säulendiagramm grafisch dar.

   c) Welche Werte für die relative Häufigkeiten wird man erwarten, wenn n sehr viel größer gewählt werden würde?

   Lösung:

   a) $h(\{1\}) = \frac{4}{30} = \frac{2}{15} \approx 0,133$

   $h(\{2\}) = \frac{3}{30} = \frac{1}{10} = 0,1$

   $h(\{3\}) = \frac{7}{30} \approx 0,233$

   $h(\{4\}) = \frac{8}{30} = \frac{4}{15} \approx 0,267$

   $h(\{5\}) = \frac{4}{30} = \frac{2}{15} \approx 0,133$

   $h(\{6\}) = \frac{4}{30} = \frac{2}{15} \approx 0,133$

   Die Summe muss 1 ergeben!

   b)

   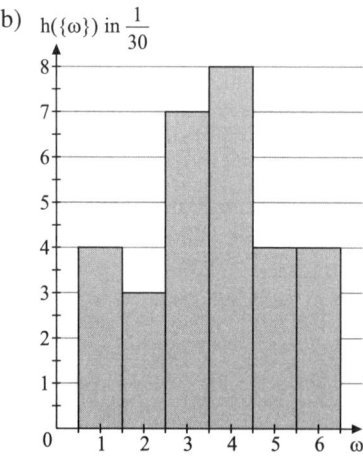

   c) Man wird erwarten, dass alle relativen Häufigkeiten den gleichen Wert haben, nämlich $\frac{1}{6}$.

Die relative Häufigkeit besitzt eine Reihe von Eigenschaften, die im Folgenden angegeben sind.

Regel

Eigenschaften der relativen Häufigkeit
Für die relative Häufigkeit der Ereignisse A, B $\subset \Omega$ gelten folgende Gesetzmäßigkeiten:
- $0 \le h(A) \le 1$
- $h(\Omega) = 1$
- $h(A \cup B) = h(A) + h(B)$, falls $A \cap B = \emptyset$, d. h. falls A, B **unvereinbar** sind.

Beachten Sie den folgenden wichtigen Unterschied: A, B, $\{\omega_1\}$ usw. sind Ereignisse und damit mathematisch gesehen **Mengen**. Mengen können nur mit Mengenoperationen verknüpft werden, also etwa $A \cap B$, $\{\omega_1\} \cup \{\omega_2\}$ oder $B \setminus A$. Die relativen Häufigkeiten h(A), $h(\{\omega_1\})$ usw. sind **Zahlen**; sie können daher nur mit Rechenoperationen für Zahlen verknüpft werden, also etwa $h(A) + h(B)$, $h(A) \cdot h(B)$ oder $h(A) - h(B)$.

Aufgaben

149. Welche Aussage ist wahrscheinlicher?
„Mindestens 7 von 10 Neugeborenen sind Jungen."
„Mindestens 70 von 100 Neugeborenen sind Jungen."

150. Ein Würfel wurde n = 25-mal geworfen mit folgendem Ergebnis:

ω	1	2	3	4	5	6
$H(\{\omega\})$	3	4	5	4	4	5

Betrachtet werden die Ereignisse:
A = „Eine gerade Zahl wird geworfen." und
B = „Mindestens eine 4 wird geworfen."
Zeigen Sie anhand dieser Würfelserie, dass folgende Gesetzmäßigkeiten für die relative Häufigkeit gelten:
a) $h(\overline{A}) = 1 - h(A)$
b) Ist $A = \{\omega_1\} \cup \{\omega_2\} \cup \ldots \cup \{\omega_k\}$, dann gilt:
   $h(A) = h(\{\omega_1\}) + h(\{\omega_2\}) + \ldots + h(\{\omega_k\})$
c) $h(A \cup B) = h(A) + h(B) - h(A \cap B)$

   Hinweis: Hier wird keine Unvereinbarkeit vorausgesetzt!

8.2 Wahrscheinlichkeit

Mit der relativen Häufigkeit hat man eine Kennzahl zwischen 0 und 1, welche als empirische (= aus der Erfahrung gewonnene) Wahrscheinlichkeit für das zukünftige Eintreten eines Ereignisses interpretiert werden kann. Als Fundament für das mathematische Gebäude der Stochastik ist eine solche Wahrscheinlichkeitsdefinition aber zu vage. Der russische Mathematiker Kolmogorow hat deshalb 1933 drei Axiome (= nicht mehr zu beweisende Grundsätze) aufgestellt, welche eine als Wahrscheinlichkeit anzusehende Größe zu erfüllen hat.

Definition

Axiome der Wahrscheinlichkeitsrechnung
Eine Funktion P heißt **Wahrscheinlichkeitsverteilung**, wenn sie jedem Ereignis $A \subset \Omega$ eine reelle Zahl $P(A)$ zuordnet, sodass gilt:
(A1) $P(A) \geq 0$ **Nichtnegativität**
(A2) $P(\Omega) = 1$ **Normierung**
(A3) $P(A \cup B) = P(A) + P(B)$, falls $A \cap B = \varnothing$ **Additivität**

Die reelle Zahl $P(A)$ nennt man dann die **Wahrscheinlichkeit** des Ereignisses A.

Hat man eine Wahrscheinlichkeitsverteilung P für ein Zufallsexperiment gefunden, also eine Funktion $A \mapsto P(A)$, welche die drei Axiome erfüllt, so bedeutet das noch nicht, dass diese auch die Realität des Zufallsexperiments richtig beschreibt. Ob P ein angemessenes Modell für das zugrunde liegende Zufallsexperiment ist, hängt von den Eigenschaften des Zufallsexperiments ab, nicht von den Axiomen.
Nachdem man mit den drei Axiomen mathematisch festen Boden unter den Füßen hat und auf keinerlei subjektive Deutungen der Wahrscheinlichkeit angewiesen ist, lassen sich daraus eine Reihe weiterer Folgerungen ziehen, die für das Rechnen mit Wahrscheinlichkeiten gewissermaßen das kleine Einmaleins darstellen:

Regel

Wichtige Folgerungen aus den Axiomen
Der Ergebnisraum eines Zufallsexperiments laute $\Omega = \{\omega_1; \omega_2; \ldots; \omega_n\}$. Weiter sei $A \subset \Omega$ ein beliebiges Ereignis und $\overline{A}$ das zugehörige Gegenereignis. Dann gelten folgende Eigenschaften:

a) $P(\varnothing) = 0$

b) $0 \leq P(A) \leq 1$

c) $P(\overline{A}) = 1 - P(A)$

d) $P(\{\omega_1\}) + P(\{\omega_2\}) + \ldots + P(\{\omega_n\}) = 1$

Um sich an die stochastische Denk- und Rechenweise zu gewöhnen, ist es hilfreich, sich anzuschauen, wie diese Eigenschaften aus den Axiomen gefolgert werden können:

Zu a: Das sichere Ereignis Ω und das unmögliche Ereignis $\emptyset$ sind unvereinbar, sodass Axiom (A3) angewandt werden kann. Weiter gilt $\Omega = \Omega \cup \emptyset$.
Nach (A1) und (A3) gilt dann: $1 = P(\Omega) = P(\Omega \cup \emptyset) = P(\Omega) + P(\emptyset) \Rightarrow P(\emptyset) = 0$

Zu b: Aus $A \cup \overline{A} = \Omega$, wobei A und $\overline{A}$ unvereinbar sind, folgt mit (A2) und (A3): $P(A \cup \overline{A}) = P(A) + P(\overline{A}) = 1$. Da nach (A1) $P(\overline{A}) \geq 0$, muss $P(A) \leq 1$ sein. Die linke Seite von b ist (A1).

Zu c: Aus $1 = P(\Omega) = P(A \cup \overline{A}) = P(A) + P(\overline{A})$ folgt: $P(\overline{A}) = 1 - P(A)$

Zu d: Da sämtliche Elementarereignisse $\{\omega_i\}$, mit $1 \leq i \leq n$, paarweise unvereinbar sind und $\Omega = \{\omega_1\} \cup \{\omega_2\} \cup \ldots \cup \{\omega_n\}$, folgt aus der mehrmaligen Anwendung von (A3), dass die Summe der Wahrscheinlichkeiten sämtlicher Elementarereignisse stets 1 sein muss.

Bemerkung: Beachten Sie bei den obigen Herleitungen, dass auf zwei Ebenen argumentiert wird, nämlich zum einen auf der Ebene der Ereignisse mit den Mengenverknüpfungen und zum anderen auf der Ebene der Wahrscheinlichkeiten mit den Rechenoperationen. Zuerst werden die Ereignisse mit den Mengenoperationen entsprechend aufbereitet und dann geht man zu den Wahrscheinlichkeiten mit den Rechenoperationen über. Diese Vorgehensweise ist typisch in der Wahrscheinlichkeitsrechnung.

Wie berechnet man die Wahrscheinlichkeit $P(A)$ für ein beliebiges Ereignis A? Die Antwort lautet: Aus den Wahrscheinlichkeiten der Elementarereignisse, die A bilden.

Regel

> **Berechnung von Wahrscheinlichkeiten mithilfe der Elementarereignisse**
> Mit $\Omega = \{\omega_1; \omega_2; \ldots; \omega_n\}$ und $A \subset \Omega$ folgt: Da A eine Teilmenge von Ω ist, gibt es Elementarereignisse, man nennt sie $\{\omega_1\}, \{\omega_2\}, \ldots, \{\omega_k\} \subset \Omega$ (mit $k \leq n$), aus denen sich A zusammensetzt: $A = \{\omega_1\} \cup \{\omega_2\} \cup \ldots \cup \{\omega_k\}$
> Weil Elementarereignisse paarweise unvereinbar sind, kann Axiom (A3) mehrmals angewandt werden, sodass folgt:
> $P(A) = P(\{\omega_1\}) + P(\{\omega_2\}) + \ldots + P(\{\omega_k\})$

Wenn man die Wahrscheinlichkeiten der Elementarereignisse kennt, aus denen sich ein Ereignis zusammensetzt, dann braucht man nur diese Wahrscheinlichkeiten aufzusummieren, um die Wahrscheinlichkeit des zugehörigen Ereignisses zu erhalten.

Beispiel

Von einem „gezinkten" Würfel kennt man folgende Wahrscheinlichkeiten:

ω	1	2	3	4	5	6
P({ω})	0,25	0,10	0,12	0,20	0,15	–

a) Wie groß ist die Wahrscheinlichkeit, eine 6 zu werfen?

b) Berechnen Sie die Wahrscheinlichkeiten für die folgenden Ereignisse:
A: „Eine gerade Zahl wird geworfen."
B: „Die Zahl ist größer als 4."

Lösung:

a) Da die Summe der Wahrscheinlichkeiten sämtlicher Elementarereignisse
1 sein muss, setzt man an:
$0,25 + 0,10 + 0,12 + 0,20 + 0,15 + P(\{6\}) = 1 \;\Rightarrow\; P(\{6\}) = 0,18$

b) $A = \{2; 4; 6\}$
$\Rightarrow\; P(A) = P(\{2\}) + P(\{4\}) + P(\{6\}) = 0,10 + 0,20 + 0,18 = 0,48$
$B = \{5; 6\}$
$\Rightarrow\; P(B) = P(\{5\}) + P(\{6\}) = 0,15 + 0,18 = 0,33$

Wendet man Axiom (A3) auf zwei disjunkte Ereignisse A und B an, so ergibt
sich:
$P(A \cup B) = P(A) + P(B)$, falls $A \cap B = \emptyset$
Diese Formel lässt sich für beliebige Ereignisse A und B verallgemeinern.

Regel

> **Allgemeines Additionsgesetz (Satz von Sylvester)**
> Für zwei beliebige Ereignisse A, $B \subset \Omega$ gilt das Additionsgesetz:
> $P(A \cup B) = P(A) + P(B) - P(A \cap B)$

Die Gültigkeit des allgemeinen Falles, dass A, B auch
vereinbar sein können, kann man sich anhand einer
Skizze klarmachen. P(A) ist der Flächeninhalt von A,
entsprechendes gilt für P(B). Bei der Summenbildung
$P(A) + P(B)$ wird der „Überlappungsbereich" $P(A \cap B)$
doppelt gezählt, einmal bei P(A) und einmal bei P(B).
Er muss deshalb einmal abgezogen werden, was zu dem
allgemeinen Additionsgesetz führt.

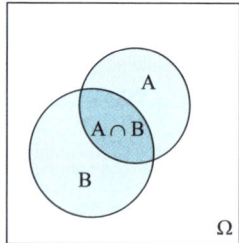

Beispiel

Ein gezinkter Würfel besitze die Elementarwahrscheinlichkeiten:

ω	1	2	3	4	5	6
P({ω})	0,25	0,10	0,12	0,20	015	0,18

Betrachtet werden die folgenden Ereignisse:
A: „Eine gerade Zahl wird geworfen." und
B: „Die Augenzahl ist mindestens 4."

Berechnen Sie $P(A \cup B)$.

Lösung:

$A = \{2; 4; 6\}$ mit $P(A) = 0{,}10 + 0{,}20 + 0{,}18 = 0{,}48$
$B = \{4; 5; 6\}$ mit $P(B) = 0{,}20 + 0{,}15 + 0{,}18 = 0{,}53$

Wegen $A \cap B = \{4; 6\} \neq \emptyset$ ist die Anwendung von (A3) nicht zulässig. Mit dem allgemeinen Additionsgesetz und $P(A \cap B) = P(\{4; 6\}) = 0{,}38$ ergibt sich:
$P(A \cup B) = P(A) + P(B) - P(A \cap B) = 0{,}48 + 0{,}53 - \mathbf{0{,}38} = 0{,}63$

Berechnet man die Wahrscheinlichkeit der Vereinigungsmenge
$A \cup B = \{2; 4; 5; 6\}$
direkt aus den Wahrscheinlichkeiten der Elementarereignisse, so erhält man:
$P(A \cup B) = 0{,}10 + 0{,}20 + 0{,}15 + 0{,}18 = 0{,}63$

Aufgaben

151. Es wird der gezinkte Würfel aus obigem Beispiel betrachtet. Berechnen Sie die Wahrscheinlichkeiten der folgenden Ereignisse:
E_1: „Die Augenzahl zeigt höchstens 5."
E_2: „Die Augenzahl ist eine Primzahl."

152. Von einem gezinkten Würfel ist bekannt, dass die Augenzahlen 1 bis 5 gleichwahrscheinlich sind, während die Augenzahl 6 eine doppelt so hohe Wahrscheinlichkeit besitzt wie die anderen Augenzahlen.

a) Bestimmen Sie die Wahrscheinlichkeiten sämtlicher Elementarereignisse.

b) Berechnen Sie die Wahrscheinlichkeiten, mit der eine gerade bzw. ungerade Zahl geworfen wird.

153. Im Folgenden werden die relativen Häufigkeiten als Wahrscheinlichkeiten gedeutet:
An einer Schule wird Religions- (R) oder Ethikunterricht (E) für alle 280 Schüler (M) und 320 Schülerinnen (W) verpflichtend angeboten. Aus der Schulstatistik geht hervor, dass die (männlichen) Schüler je zur Hälfte Religionsunterricht bzw. Ethikunterricht besuchen, während 120 Schülerinnen im Ethikunterricht sind.
Stellen Sie die gegebenen Zahlen übersichtlich in einer Tabelle zusammen. Beschreiben Sie dann die unten angegebenen Ereignisse A, B in Worten und berechnen Sie ihre Wahrscheinlichkeiten.

a) $A = W \cup E$

b) $B = M \cup \overline{E}$

8.3 Laplace-Wahrscheinlichkeit

Beim Werfen eines „fairen" Würfels wird man davon ausgehen, dass jede Augenzahl die gleiche Eintrittswahrscheinlichkeit hat. Auch beim Ziehen einer Lotto-
kugel räumt man jeder Kugel in der Trommel die gleiche Chance ein, gezogen zu
werden. Es gibt viele Zufallsexperimente, bei denen man jeden der möglichen
Ausgänge als „gleichwahrscheinlich" ansehen wird. Der französische Mathematiker und Physiker Laplace (1749–1827) hat die Wahrscheinlichkeitsrechnung anhand solcher Zufallsexperimente wesentlich weiterentwickelt.

Definition   **Laplace-Experiment**
Man nennt ein Zufallsexperiment mit dem Ergebnisraum $\Omega = \{\omega_1; \omega_2; ...; \omega_n\}$
ein Laplace-Experiment, wenn alle Elementarereignisse die gleiche Eintrittswahrscheinlichkeit haben, d. h., wenn gilt: $P(\{\omega_1\}) = P(\{\omega_2\}) = ... = P(\{\omega_n\})$.
Eine solche Wahrscheinlichkeitsverteilung nennt man **Gleichverteilung**.

- Will man besonders betonen, dass ein Würfel oder eine Münze diese Gleichverteilung der Eintrittswahrscheinlichkeit besitzt, so spricht man von einem
  Laplace-Würfel bzw. einer Laplace-Münze.
- Ob ein Zufallsexperiment als Laplace-Experiment angesehen werden kann,
  hängt nicht nur von dem Zufallsmechanismus, sondern entscheidend auch von
  der Wahl des Ergebnisraums Ω ab.

Beispiele   1. Ein Zufallsexperiment besteht darin, dass ein Laplace-Würfel geworfen
wird. Entscheiden Sie jeweils, ob für $\Omega_1 = \{1; 2; ...; 6\}$, $\Omega_2 = \{$keine 6; 6$\}$
und $\Omega_3 = \{$gerade Zahl; ungerade Zahl$\}$ ein Laplace-Experiment vorliegt.
Lösung:
- $\Omega_1 = \{1; 2; ...; 6\}$ ergibt ein Laplace-Experiment, weil
  $P(\{1\}) = P(\{2\}) = ... = P(\{6\})$ gilt.
- $\Omega_2 = \{$keine 6; 6$\}$ ergibt kein Laplace-Experiment, weil
  $P(\{$keine 6$\}) \neq P(\{6\})$ gilt.
- $\Omega_3 = \{$gerade Zahl; ungerade Zahl$\}$ ergibt ein Laplace-Experiment,
  weil $P(\{$gerade Zahl$\}) = P(\{$ungerade Zahl$\})$ gilt.

2. Das Werfen einer Laplace-Münze mit $\Omega = \{Z; W\}$ ist ein Laplace-Experiment, da Z und W die gleiche Eintrittschance besitzen. Hätte man eine
„gezinkte" Münze, so wäre es kein Laplace-Experiment, weil dann
$P(\{Z\}) \neq P(\{W\})$ gelten würde.

Die Wahrscheinlichkeit eines Elementarereignisses muss $\frac{1}{n}$ sein, weil die Summe der Wahrscheinlichkeiten der n Elementarereignisse gleich 1 ist. Die Wahrscheinlichkeit für ein Ereignis A berechnet sich als Summe der Wahrscheinlichkeiten der Elementarereignisse, die in A enthalten sind. Die Anzahl der Summanden ist aber gerade die Mächtigkeit von $|A|$. Daraus folgt:

$$P(A) = \frac{|A|}{|\Omega|}$$

Leichter merkt man sich diese Formel als $\frac{g}{m}$, dabei steht das „g" für die Anzahl der für A günstigen und das „m" für die Anzahl der insgesamt möglichen Fälle. Diese $\frac{g}{m}$**-Formel** ist von zentraler Bedeutung für das Berechnen von Laplace-Wahrscheinlichkeiten.

Regel

> **Laplace-Wahrscheinlichkeit**
> Bei einem Laplace-Experiment, dessen Ergebnisraum $\Omega = \{\omega_1; \omega_2; \ldots; \omega_n\}$ die Mächtigkeit n besitzt ($|\Omega| = n$), werden die Wahrscheinlichkeiten folgendermaßen berechnet:
> - Wahrscheinlichkeit eines Elementarereignisses:
> $$P(\{\omega_i\}) = \frac{1}{n} = \frac{1}{|\Omega|}$$
> - Wahrscheinlichkeit für ein Ereignis $A \subset \Omega$:
> $$P(A) = \frac{|A|}{|\Omega|} = \frac{g}{m} = \frac{\text{Zahl der günstigen Fälle}}{\text{Zahl der möglichen Fälle}}$$

Beispiele

1. Ein Würfel wird geworfen. Der Ergebnisraum ist $\Omega = \{1; 2; 3; 4; 5; 6\}$.
   Berechnen Sie die Wahrscheinlichkeiten folgender Ereignisse:
   A = „Eine 6 wird geworfen."
   B = „Eine gerade Zahl wird geworfen."
   C = „Es wird höchstens eine 2 geworfen."
   Lösung:
   Ausgangspunkt ist ein Laplace-Experiment: Wegen $|\Omega| = 6$ ist die Wahrscheinlichkeit für jedes der 6 Elementarereignisse:
   $$P(\{1\}) = P(\{2\}) = \ldots = P(\{6\}) = \frac{1}{6}$$
   Daraus folgt sofort: $P(A) = P(\{6\}) = \frac{1}{6}$.
   $B = \{2; 4; 6\}$, demnach gibt es für B drei günstige Fälle: $P(B) = \frac{3}{6} = \frac{1}{2}$.
   $C = \{1; 2\}$, also gilt: $P(C) = \frac{2}{6} = \frac{1}{3}$.

2. Das Geschlecht eines neugeborenen Kindes wird als Laplace-Experiment, betrachtet, d. h., man geht davon aus, dass $P(w) = P(m)$, wobei „w" für weiblich und „m" für männlich steht.
   Wie groß ist die Wahrscheinlichkeit, dass eine Familie mit zwei Kindern mindestens einen Jungen hat?

Lösung:
Es wird festgelegt: $\Omega = \{(w; w); (w; m); (m; w); (m; m)\}$. Das gesuchte
Ereignis ist: $A = \{(w; m); (m; w); (m; m)\}$. Da ein Laplace-Experiment
vorliegt, wird die $\frac{g}{m}$-Formel verwendet: Günstig sind 3 Fälle, möglich
4 Fälle, woraus folgt: $P(A) = \frac{3}{4}$.

3. Ein Würfel wird zweimal geworfen. Mit welcher Wahrscheinlichkeit ist
die Augensumme mindestens 10?

Lösung:

Man wählt den Ergebnisraum,
der alle möglichen Ausgänge der
zwei Würfe enthält. Das sind
alle Paare natürlicher Zahlen
zwischen 1 und 6; sie sind rechts
ausführlich in Tabellenform angegeben. Man kann diesen
36-elementigen Ergebnisraum
$W = \{(1; 1); (1; 2); \ldots; (6; 6)\}$
auch grafisch darstellen. Dabei
entspricht jedes Wurfpaar
genau einem Gitterpunkt im
Koordinatensystem.

(1; 1) (1; 2) (1; 3) (1; 4) (1; 5) (1; 6)
(2; 1) (2; 2) (2; 3) (2; 4) (2; 5) (2; 6)
(3; 1) (3; 2) (3; 3) (3; 4) (3; 5) (3; 6)
(4; 1) (4; 2) (4; 3) (4; 4) (4; 5) **(4; 6)**
(5; 1) (5; 2) (5; 3) (5; 4) **(5; 5) (5; 6)**
(6; 1) (6; 2) (6; 3) **(6; 4) (6; 5) (6; 6)**

Die in der Tabelle grün mar-
kierten Paare führen zu einer
Augensumme ≥ 10, sie stellen
also die günstigen Fälle dar:
$g = 6$. Die Anzahl der möglichen
Fälle ist $|\Omega| = m = 36$.
Da es sich um ein Laplace-Experiment handelt (alle Zahlenpaare
sind gleichwahrscheinlich), gilt:

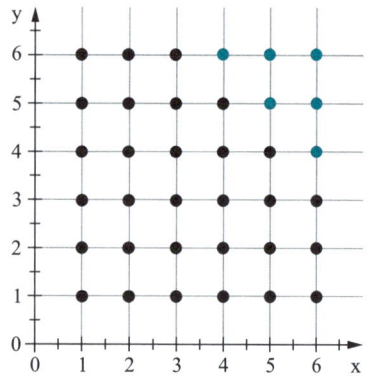

$$P(\text{„Augensumme} \geq 10") = \frac{g}{m} = \frac{6}{36} = \frac{1}{6}$$

Achtung, Falle! Entscheidend bei dieser Aufgabenstellung ist der ge-
wählte Ergebnisraum. Man hätte hier auch die elf möglichen Augensum-
men, also $\Omega_2 = \{2; 3; 4; 5; 6; 7; 8; 9; 10; 11; 12\}$ wählen können. Nur liegt
dann kein Laplace-Experiment mehr vor, weil die Gleichverteilung der
Elementarwahrscheinlichkeiten verloren gegangen ist. Übersieht man das
und rechnet fälschlicherweise $P(\text{Augensumme} \geq 10) = \frac{g}{m} = \frac{3}{11}$, so hat man
ein falsches Ergebnis!

4. Es werden zwei 1-€-Münzen geworfen. Gesucht ist die Wahrscheinlichkeit, mit der beide Münzen zwei verschiedene Ergebnisse zeigen.

Lösung:
Der entscheidende Punkt zur Bestimmung der Wahrscheinlichkeit ist die Frage, ob man die beiden Münzen als unterscheidbar oder ununterscheidbar auffasst. Im ersten Fall ist der Ergebnisraum (W: Wappen; Z: Zahl) $\Omega_1 = \{WW; WZ; ZW; ZZ\}$, im zweiten Fall $\Omega_2 = \{WW; WZ; ZZ\}$. Mit der $\frac{g}{m}$-Formel folgen daraus die Wahrscheinlichkeiten $P_1 = \frac{2}{4}$ bzw. $P_2 = \frac{1}{3}$. Welche beschreibt das Zufallsexperiment korrekt? Es ist $\mathbf{P_1}$, denn die Fälle WZ und ZW bilden eigenständige Ausgänge des Experiments, deren Häufigkeiten getrennt zu zählen sind, auch wenn sie optisch nicht unterscheidbar sind (dasselbe Experiment mit unterschiedlich gefärbten Münzen wäre stochastisch gleichwertig, die Fälle W**Z** und **Z**W dann unterscheidbar).
Es ist historisch belegt, dass an dieser Falle auch große Mathematiker ins Stolpern gekommen sind!

ufgaben 154. Eine Laplace-Münze wird dreimal geworfen.

a) Veranschaulichen Sie die Ausgänge mithilfe eines Baumdiagramms.

b) Geben Sie einen geeigneten Ergebnisraum an.

c) Berechnen Sie die Wahrscheinlichkeiten, dass

(1) dreimal das gleiche Ergebnis erscheint;

(2) genau zweimal Wappen fällt;

(3) höchstens zweimal Zahl erscheint;

(4) der zweite Wurf Wappen zeigt;

(5) nur der zweite Wurf Wappen zeigt.

155. Für das im dritten Beispiel behandelte zweimalige Werfen eines Würfels sollen außerdem noch die Wahrscheinlichkeiten berechnet werden, dass

a) der zweite Wurf eine höhere Augenzahl hat als der erste Wurf;

b) die Augensumme maximal ist;

c) die Augensumme höchstens 9 ist;

d) die Augenzahlen aus beiden Würfen verschieden sind;

e) mindestens eine 6 fällt;

f) höchstens eine 6 fällt;

g) keine 6 fällt.

156. a) Aus der ebenen Abwicklung (siehe Abbildung) wird ein Laplace-Würfel gebaut. Berechnen Sie die Wahrscheinlichkeiten für sämtliche (farbigen) Elementarereignisse.

b) Aus der abgebildeten Urne wird eine Kugel entnommen. Berechnen Sie die Wahrscheinlichkeiten der entsprechenden Elementarereignisse.

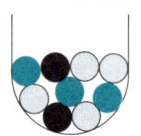

157. In einer Urne sind 100 gleichartige Kugeln, die mit den Nummern von 00, 01, 02, ..., 99 beschriftet sind. Die erste Ziffer werde mit x, die zweite mit y bezeichnet. Berechnen Sie die Wahrscheinlichkeiten, dass für eine gezogene Kugel gilt:

a) $x = 5$

b) $x = y$

c) $x < y$

d) $x + y = 7$

e) $x = 2y$

f) $x \geq 8$ und $y < 2$

158. Eine Befragung unter 100 Frauen und Männern ergibt folgendes Ergebnis:

	Männer	Frauen
Raucher	12	24
Nichtraucher	48	16

Berechnen Sie die Wahrscheinlichkeit, dass eine zufällig ausgewählte Person

a) eine Frau,

b) eine rauchende Frau,

c) Nichtraucher,

d) ein nichtrauchender Mann ist.

8.4 Pfadregeln

Bei mehrstufigen Zufallsexperimenten leisten Baumdiagramme gute Dienste zur Darstellung der Elementarereignisse. Mithilfe der Kenntnisse über die Berechnung von Wahrscheinlichkeiten, insbesondere der Laplace-Wahrscheinlichkeiten, können Baumdiagramme (siehe Abschnitt 7.2) zur Ermittlung der Wahrscheinlichkeiten bei mehrstufigen Zufallsexperimenten eingesetzt werden.

Regel

> **Berechnung von Wahrscheinlichkeiten mithilfe von Baumdiagrammen**
> Hat man zu einem mehrstufigen Zufallsexperiment ein Baumdiagramm mit den zugehörigen Wahrscheinlichkeiten an den jeweiligen Zweigen erstellt, so gilt:
>
> **1. Pfadregel**
> Die Zweig-Wahrscheinlichkeiten längs eines Pfades sind miteinander zu **multiplizieren**.
>
> **2. Pfadregel**
> Mehrere Pfad-Wahrscheinlichkeiten sind zu **addieren**.

Beispiele

1. In einer Urne befinden sich drei schwarze (s), zwei grüne (g) und eine weiße (w) Kugel. Es wird zweimal **ohne Zurücklegen** gezogen.

   a) Berechnen Sie die Wahrscheinlichkeiten sämtlicher Elementarereignisse.

   b) Berechnen Sie die Wahrscheinlichkeit, dass zwei gleichfarbige Kugeln gezogen werden.

   Lösung:

   a) Betrachten Sie im abgebildeten Baumdiagramm den ersten Zug, der zu einer schwarzen Kugel führt. In der Urne sind $m = 6$ Kugeln, davon sind $g = 3$ günstig zum Ziehen einer schwarzen Kugel, also $P_1 = \frac{3}{6}$. Wegen Ziehen ohne Zurücklegen gilt für den zweiten Zug $m = 5$. Da eine s-Kugel herausgenommen wurde, folgt $g = 2$, also $P_2 = \frac{2}{5}$.

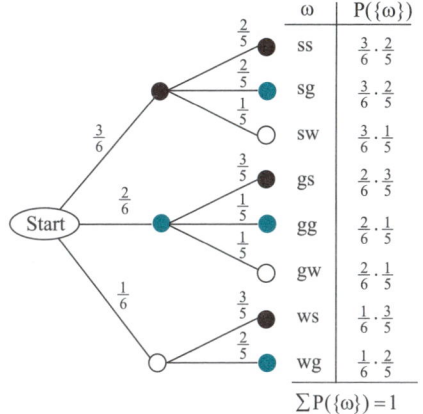

   Nach der 1. Pfadregel ergibt sich die Wahrscheinlichkeit dafür, dass man zwei schwarze Kugeln zieht, durch Multiplikation der Einzelwahrscheinlichkeiten längs des Pfades s-s:

   $P(\{ss\}) = \frac{3}{6} \cdot \frac{2}{5} = \frac{6}{30}$

   Auf diese Weise erhält man die Wahrscheinlichkeiten sämtlicher Elementarereignisse, die man am besten tabellarisch angibt:

ω	ss	sg	sw	gs	gg	gw	ws	wg
$P(\{\omega\})$	$\frac{6}{30}$	$\frac{6}{30}$	$\frac{3}{30}$	$\frac{6}{30}$	$\frac{2}{30}$	$\frac{2}{30}$	$\frac{3}{30}$	$\frac{2}{30}$

b) Dieses Ereignis ist: A = {ss; gg}. Die Wahrscheinlichkeit eines Ereignisses ist die Summe der Wahrscheinlichkeiten der Elementarereignisse, aus denen es besteht, also:

$$P(\{ss; gg\}) = P(\{ss\}) + P(\{gg\}) = \frac{6}{30} + \frac{2}{30} = \frac{8}{30}$$

Zum gleichen Ergebnis gelangt man, wenn man im Baumdiagramm die Summe der Wahrscheinlichkeiten der zwei Pfade bildet, die zu ss und gg führen (2. Pfadregel).

2. Eine Bergsteigergruppe plant für das verlängerte Wochenende eine Tour. Der Wetterdienst gibt folgende Regenwahrscheinlichkeiten in Prozent an: Freitag 15 %, Samstag 10 % und Sonntag 25 %. Es wird nur Regen (R) oder kein Regen (R̄) unterschieden.

a) Erstellen Sie ein vollständiges Baumdiagramm und berechnen Sie für die drei Tage die Wahrscheinlichkeiten sämtlicher Elementarereignisse.

b) Berechnen Sie die Wahrscheinlichkeit, dass es an mindestens einem Tag nicht regnet.

Lösung:

a) Um die Wahrscheinlichkeiten der Elementarereignisse zu erhalten, werden nach der 1. Pfadregel die Einzelwahrscheinlichkeiten längs des Pfades miteinander multipliziert (siehe Baumdiagramm), z. B.:

$$P(\{RRR\}) = 0,15 \cdot 0,10 \cdot 0,25$$
$$= 0,00375$$
$$= 0,375 \%$$

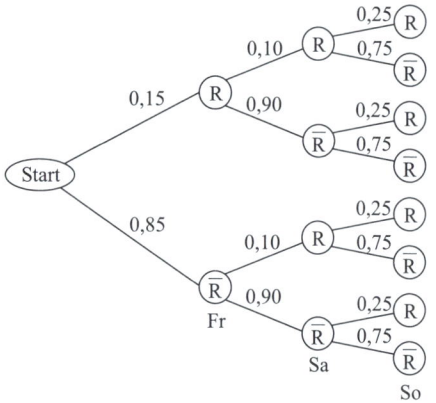

ω	RRR	RRR̄	RR̄R	RR̄R̄	R̄RR	R̄RR̄	R̄R̄R	R̄R̄R̄
P({ω})	0,00375	0,01125	0,03375	0,10125	0,02125	0,06375	0,19125	0,57375

b) Es wäre sehr aufwendig, dieses Ereignis direkt berechnen zu wollen. Dazu müssten 7 der 8 Elementarereignisse berücksichtigt werden. Viel einfacher kommt man zum Ziel, wenn man zunächst die Wahrscheinlichkeit des Gegenereignisses ermittelt. Das Gegenereignis von „Es regnet mindestens einen Tag nicht." ist natürlich „Es regnet an allen drei Tagen.".

$$P(\bar{B}) = P(\{RRR\}) = 0,00375$$
$$\Rightarrow P(B) = 1 - P(\bar{B}) = 1 - 0,00375 = 0,99625$$

159. Für ein Zufallsexperiment befinden sich fünf schwarze (s), vier rote (r) und drei gelbe (g), sonst gleichartige Kugeln in einer Urne. Daraus werden, nachdem vor jedem Zug gründlich gemischt wurde, nacheinander zwei Kugeln gezogen. Dabei werden folgende Regeln festgelegt:
- Wird eine gelbe Kugel gezogen, so wird diese nicht zurückgelegt.
- Zieht man eine rote Kugel, so wird diese zurückgelegt.
- Ist die erste gezogene Kugel schwarz, so wird sie zurückgelegt und noch eine schwarze Kugel von außen dazu.

a) Zeichnen Sie das zugehörige Baumdiagramm und berechnen Sie die Wahrscheinlichkeiten aller Elementarereignisse.

b) Es werden folgende Ereignisse definiert:
E_1: „Mindestens eine Kugel ist gelb.“
E_2: „Beide Kugeln haben gleiche Farbe.“
E_3: „Die zweite Kugel ist gelb.“
Berechnen Sie die Wahrscheinlichkeiten, mit denen die drei Ereignisse eintreten.

160. Ein zweistufiges Zufallsexperiment besteht darin, dass zunächst zufällig eine der drei Urnen gewählt wird und dann wiederum zufällig daraus eine Kugel gezogen wird. Mit welcher Wahrscheinlichkeit ist diese schwarz?

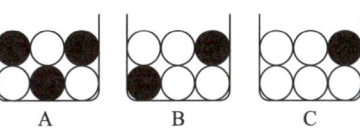

161. Eine Urne enthält zwei grüne und drei weiße Kugeln. Es wird dreimal nach folgender Vorschrift gezogen: Die Farbe der gezogenen Kugel wird notiert, die Kugel wird zurückgelegt und zusätzlich noch eine Kugel der gleichen Farbe dazu.

a) Zeichnen Sie ein Baumdiagramm, das alle möglichen Ergebnisse enthält.

b) Berechnen Sie die Wahrscheinlichkeit P(A) für das Ereignis A, dass die zweite gezogene Kugel grün ist.

c) Mit welcher Wahrscheinlichkeit sind mindestens zwei der gezogenen Kugeln grün (Ereignis B)?

d) Bestimmen Sie die Wahrscheinlichkeit des Ereignisses C, dass die dritte gezogene Kugel weiß ist.

162. Finden Sie eine allgemeine Formel für die Wahrscheinlichkeit, dass beim Würfeln die erste „6“ beim n-ten Wurf fällt.

163. a) Aus der ebenen Abwicklung (siehe Abbildung) wird ein Laplace-Würfel gebaut. Wie groß ist die Wahrscheinlichkeit, dass bei zwei Würfen die gleiche Farbe erscheint?

b) Aus der abgebildeten Urne wird eine Kugel entnommen. Es wird zweimal ohne Zurücklegen gezogen. Mit welcher Wahrscheinlichkeit erhält man zwei verschiedenfarbige Kugeln?

164. Bei der Produktion von Fliesen sind 25 % wegen Maßfehler, 15 % wegen Farbfehler und 20 % wegen Oberflächenfehler nicht erste Wahl. Treten mindestens zwei dieser Fehler auf, wird die Fliese als Ausschuss deklariert. Mit welcher Wahrscheinlichkeit ist eine zufällig ausgewählte Fliese 1. Wahl, 2. Wahl oder Ausschuss?

165. Ein Baumarkt hat aus Fernost „Billig-Glühlämpchen" eingekauft. In einer 20er-Packung sind fünf defekte Lämpchen. Ein Kunde möchte drei Lämpchen kaufen. Der Verkäufer entnimmt der genannten Packung nacheinander je ein Lämpchen und prüft es. Ist es defekt, so wirft er es weg, andernfalls bekommt es der Kunde.
Mit welcher Wahrscheinlichkeit ist das vierte vom Verkäufer geprüfte Lämpchen das dritte intakte?

166. Ein Pharmakonzern hat ein neues Schlafmittel entwickelt und getestet. Der Test betraf 1 000 zufällig ausgewählte Personen, die unter Schlaflosigkeit litten. Dabei wurde Folgendes festgestellt: Bei 850 der 1 000 Probanden verminderte sich die Schlaflosigkeit nach Einnahme des Mittels (M), bei 50 der Freiwilligen traten Nebenwirkungen auf (N), die sogar zu einer Verstärkung der Schlaflosigkeit führten; bei den übrigen Personen konnte keine Wirkung festgestellt werden (K). Es werden zwei Probanden zufällig ausgewählt, um die Wirkungen des Schlafmittels zu verfolgen.

a) Ermitteln Sie für dieses Zufallsexperiment alle neun Elementarereignisse und deren Wahrscheinlichkeiten mithilfe eines Baumdiagramms.

b) Berechnen Sie die Wahrscheinlichkeit dafür, dass bei mindestens einem der beiden Patienten Nebenwirkungen auftreten.

8.5 Bedingte Wahrscheinlichkeiten

Angenommen, man kennt für ein Ereignis B die Wahrscheinlichkeit P(B), mit der es eintritt. Nun trifft eine zusätzliche Information ein, dass das Ereignis A eingetreten sei, das Einfluss auf B hat.

Die Wahrscheinlichkeit, mit der B eintritt, unter der Voraussetzung, dass A eingetreten ist, bezeichnet man mit $P_A(B)$ oder $P(B \mid A)$ und nennt sie die **bedingte Wahrscheinlichkeit**.

Regel

> **Berechnung bedingter Wahrscheinlichkeiten**
> Die **bedingte Wahrscheinlichkeit** $P_A(B)$, dass das Ereignis B eintritt, unter der Bedingung, dass das Ereignis A eingetreten ist, berechnet sich nach der Formel:
> $$P_A(B) = \frac{P(A \cap B)}{P(A)}$$

Die angegebene Formel lässt sich leicht anhand eines zweistufigen Zufallsexperiments herleiten (siehe Baumdiagramm). Die bedingte Wahrscheinlichkeit $P_A(B)$, mit der B eintritt, unter der Bedingung, dass A eingetreten ist, befindet sich an der eingetragenen Stelle am zweiten Zweig im Baumdiagramm.

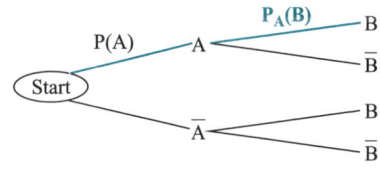

Nach der 1. Pfadregel gilt:

$P(A \cap B) = P(A) \cdot P_A(B)$

Nach $P_A(B)$ aufgelöst, ergibt sich die angegebene Formel.

Beispiele

1. Ergänzen Sie im oben gezeichneten zweistufigen Baumdiagramm in formal korrekter Schreibweise die fehlenden Zweigwahrscheinlichkeiten und geben Sie eine verbale Beschreibung der weiteren darin vorkommenden bedingten Wahrscheinlichkeiten an.

   Lösung:

   $P_A(\overline{B})$: Die bedingte Wahrscheinlichkeit, mit der $\overline{B}$ eintritt, wenn A eingetreten ist.

   $P_{\overline{A}}(B)$: Die bedingte Wahrscheinlichkeit, mit der B eintritt, wenn $\overline{A}$ eingetreten ist.

   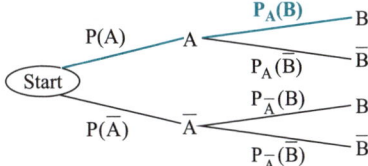

   $P_{\overline{A}}(\overline{B})$: Die bedingte Wahrscheinlichkeit, mit der $\overline{B}$ eintritt, wenn $\overline{A}$ eingetreten ist.

2. Die Erhebung eines Betriebes über das Rauchverhalten seiner Angestellten in Abhängigkeit vom Geschlecht ergibt folgendes Ergebnis:

	Männer (M)	Frauen (F)
Raucher (R)	25 %	15 %
Nichtraucher ($\overline{R}$)	40 %	20 %

Berechnen Sie die Wahrscheinlichkeiten,

a) einen männlichen betriebsangehörigen Raucher anzutreffen.

b) dass eine rauchende Person männlich ist.

Lösung:

a) $P(M \cap R) = 0,25$ (siehe Tabelle)

b) Gesucht ist die Wahrscheinlichkeit, mit der das Ereignis M eintritt, unter der Voraussetzung, dass R eingetreten ist, also eine bedingte Wahrscheinlichkeit:

$$P_R(M) = \frac{P(R \cap M)}{P(R)} = \frac{0,25}{0,25 + 0,15} = \frac{0,25}{0,4} = 0,625$$

Aufgaben

167. Beim Werfen eines Würfels ist die Wahrscheinlichkeit, eine 6 zu werfen, bekanntlich $\frac{1}{6}$.

Wie ändert sich diese Wahrscheinlichkeit, dass die Zahl 6 geworfen wird, wenn bekannt wird, dass

a) eine ungerade Zahl (U) geworfen wurde?

b) eine gerade Zahl (G) geworfen wurde?

168. 60 % der eingehenden Mails sind Spam (S). Ein dem Postfach vorgeschalteter Filter (F) filtert einen Teil der Spammails.

Die Wahrscheinlichkeit, dass im gefilterten Postfach eine Spammail ankommt, betrage 3 %.

Bestimmen Sie die Wahrscheinlichkeit, mit der eine Spammail korrekterweise herausgefiltert wird.

8.6 Vierfeldertafel

Wenn man zwei beliebige Ereignisse A, B und deren Gegenereignisse in Bezug auf absolute oder relative Häufigkeit bzw. Wahrscheinlichkeit zu untersuchen hat, so ist die Vierfeldertafel ein geeignetes Hilfsmittel.

Regel

Vierfeldertafel
Die Wahrscheinlichkeiten zweier Ereignisse A, B $\subset \Omega$ werden in eine sogenannte Vierfeldertafel gemäß dem angegebenen Schema eingetragen. Nach den Rechengesetzen für Wahrscheinlichkeiten werden die Wahrscheinlichkeiten in den vier Feldern zu den entsprechenden Randsummen addiert.

	A	$\overline{A}$	Summe
B	$P(A \cap B)$	$P(\overline{A} \cap B)$	$P(B)$
$\overline{B}$	$P(A \cap \overline{B})$	$P(\overline{A} \cap \overline{B})$	$P(\overline{B})$
Summe	$P(A)$	$P(\overline{A})$	1

Die Vierfeldertafel lässt sich auch für absolute und relative Häufigkeiten verwenden. Die Vorteile der Vierfeldertafel erkennt man am besten anhand von Beispielen.

Beispiele

1. Eine Befragung zum Rauchverhalten von Frauen und Männern führte zu folgendem Ergebnis: 16 der befragten Männer bzw. 26 der befragten Frauen rauchen. Unter den Männer befinden sich 48 Nichtraucher, unter den Frauen 18 Nichtraucher.

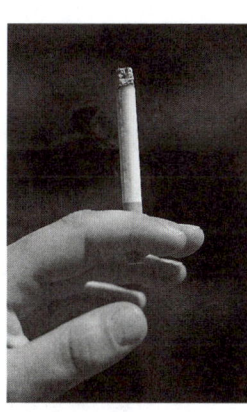

 a) Erstellen Sie eine Vierfeldertafel für die absoluten Häufigkeiten der Befragungsergebnisse.

 b) Beantworten Sie aus der Vierfeldertafel für die absoluten Häufigkeiten die folgenden Fragen:
 (1) Wie viele Männer/Frauen nahmen an der Umfrage teil?
 (2) Wie viele Raucher/Nichtraucher waren darunter?
 (3) Wie viele Teilnehmer hatte die Umfrage insgesamt?

 c) Rechnen Sie Ihre Vierfeldertafel in Prozentwerte um.

Lösung:

a) Die Werte können direkt eingetragen werden.

	Männer	Frauen
Raucher	16	26
Nichtraucher	48	18

Anschließend werden die Zeilen- und Spaltensummen gebildet. Addiert man die Ränder, so ergibt sich die Gesamtsumme der Teilnehmer.

	Männer	Frauen	Summe
Raucher	16	26	**42**
Nichtraucher	48	18	**66**
Summe	**64**	**44**	**108**

b) Die gesuchten Zahlen lassen sich direkt ablesen:
    (1) 64 Männer; 44 Frauen
    (2) 42 Raucher; 66 Nichtraucher
    (3) 108 Teilnehmer

c) Die relativen Häufigkeiten erhält man, indem man die absoluten Häufigkeiten durch 108 dividiert.

	Männer	Frauen	Summe
Raucher	0,148	0,241	**0,389**
Nichtraucher	0,444	0,167	**0,611**
Summe	**0,592**	**0,408**	**1**

Um die relativen Häufigkeiten in % zu erhalten, müssen alle Zahlen mit 100 % multipliziert werden. Die Werte der relativen Häufigkeiten werden in % angegeben.

	Männer	Frauen	Summe
Raucher	14,8 %	24,1 %	**38,9 %**
Nichtraucher	44,4 %	16,7 %	**61,1 %**
Summe	**59,2 %**	**40,8 %**	**100 %**

2. Die nebenstehende, unvollständige
   Vierfeldertafel ist vorgegeben.
   a) Geben Sie an, welche Wahrschein-
      lichkeiten damit vorgegeben sind.

	A	$\overline{A}$	
B		0,25	
$\overline{B}$			0,60
	0,45		

b) Vervollständigen Sie die Vierfeldertafel und geben Sie die folgenden
   Wahrscheinlichkeiten an: $P(B)$, $P(A \cap B)$, $P(\overline{A} \cap \overline{B})$, $P(A \backslash B)$

Lösung:

a) Vorgegeben sind: $P(\overline{A} \cap B) = 0,25$; $P(A) = 0,45$; $P(\overline{B}) = 0,60$

b) Im ersten Schritt ergänzt man die
   Wahrscheinlichkeit 1 und die
   Ränder.

	A	$\overline{A}$	
B		0,25	**0,40**
$\overline{B}$			0,60
	0,45	**0,55**	**1**

Die restlichen Wahrscheinlichkeiten
werden dann so eingetragen, dass
die jeweiligen Summen stimmen.

	A	$\overline{A}$	
B	**0,15**	0,25	0,40
$\overline{B}$	**0,30**	**0,30**	0,60
	0,45	0,55	1

Aus der vollständigen Vierfeldertafel liest man ab:
$P(B) = 0,40$; $P(A \cap B) = 0,15$; $P(\overline{A} \cap \overline{B}) = 0,30$
Die Wahrscheinlichkeit von A\B findet man im Schnitt von A mit $\overline{B}$:
$P(A \backslash B) = P(A \cap \overline{B}) = 0,30$

Aufgabe **169.** Man kennt die Wahrscheinlichkeiten
$P(A) = \frac{1}{3}$, $P(\overline{B}) = \frac{19}{27}$ und $P(\overline{A} \cap B) = \frac{4}{27}$.

a) Erstellen Sie die vollständige Vierfeldertafel.

b) Berechnen Sie die Wahrscheinlichkeiten $P(A \cap B)$ und $P(A \cup \overline{B})$.

c) Ermitteln Sie die Wahrscheinlichkeit, dass nicht A und nicht B eintritt.

8.7 Abhängige und unabhängige Ereignisse

Zwei Ereignisse A und B können danach beurteilt werden, ob das Eintreten des einen Ereignisses Einfluss auf die Eintrittswahrscheinlichkeit des anderen Ereignisses hat. Wirft man eine Münze zweimal, so wird man annehmen können, dass das Ergebnis des ersten Wurfes keinen Einfluss auf das Ergebnis des zweiten Wurfes hat, da die Münze kein „Gedächtnis" besitzt. Anders sieht es aus, wenn man mehrmaliges Ziehen aus einer Urne ohne Zurücklegen untersucht. Je nachdem, was beim ersten Zug gezogen wurde, verändert sich die Zusammensetzung des Inhalts der Urne vor dem zweiten Zug.

Definition

Unabhängige Ereignisse
Zwei Ereignisse A, B $\subset \Omega$ heißen (stochastisch) **unabhängig**, wenn die Gleichung
$P(A \cap B) = P(A) \cdot P(B)$
erfüllt ist. Andernfalls heißen sie **abhängig**.

- Beachten Sie den Unterschied zwischen Ereignissen A und B, die **unvereinbar** ($A \cap B = \emptyset$) sind, und Ereignissen, die **unabhängig** ($P(A \cap B) = P(A) \cdot P(B)$) sind. Beide Eigenschaften haben nichts gemeinsam und müssen auseinandergehalten werden.

- Aus der Definition ergeben sich zwei unterschiedliche Aufgabentypen: Erstens kann gefragt sein, ob zwei Ereignisse unabhängig sind. Dazu muss die linke Seite und die rechte Seite dieser Gleichung getrennt berechnet werden. Anschließend wird überprüft, ob beide Seiten gleich sind. Zweitens kann aber auch die Unabhängigkeit zweier Ereignisse gegeben sein. Dann benutzt man diese Gleichung als Multiplikationssatz, um beispielsweise $P(A \cap B)$ zu berechnen, indem man das Produkt $P(A) \cdot P(B)$ bildet.

- Wenn A, B unabhängig/abhängig sind, dann sind es auch die Paare A, $\overline{B}$ bzw. $\overline{A}$, B und die Gegenereignisse $\overline{A}$, $\overline{B}$.

- Mit Vorteil verwendet man als Hilfsmittel bei diesen Aufgabenstellungen die Vierfeldertafel.

Beispiele

1. In einer Urne sind drei schwarze (s) und zwei grüne (g) Kugeln. Es wird zweimal gezogen, und zwar
   a) mit Zurücklegen und
   b) ohne Zurücklegen.

   Es werden zwei Ereignisse definiert:
   A: „Die erste Kugel ist schwarz."
   B: „Die zweite Kugel ist schwarz."

   Untersuchen Sie die Ereignisse A und B auf Unabhängigkeit.

Lösung:
Die Lösungen werden mithilfe eines Baumdiagramms berechnet:

a) **Ziehen mit Zurücklegen (ZmZ)**

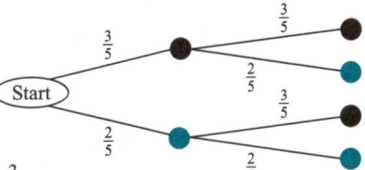

ω	ss	sg	gs	gg
P({ω})	$\frac{9}{25}$	$\frac{6}{25}$	$\frac{6}{25}$	$\frac{4}{25}$

$$P(A) = P(\{ss; sg\}) = \frac{9}{25} + \frac{6}{25} = \frac{15}{25} = \frac{3}{5}$$

$$P(B) = P(\{ss; gs\}) = \frac{9}{25} + \frac{6}{25} = \frac{15}{25} = \frac{3}{5}$$

$$A \cap B = \{ss\} \quad \Rightarrow \quad P(A \cap B) = P(\{ss\}) = \frac{9}{25}$$

Prüfen auf unabhängig/abhängig:

Linke Seite: $\quad P(A \cap B) = \frac{9}{25}$

Rechte Seite: $\quad P(A) \cdot P(B) = \frac{3}{5} \cdot \frac{3}{5} = \frac{9}{25}$

Da $P(A \cap B) = P(A) \cdot P(B)$ gilt, sind A und B stochastisch **unabhängig**.

b) **Ziehen ohne Zurücklegen (ZoZ)**

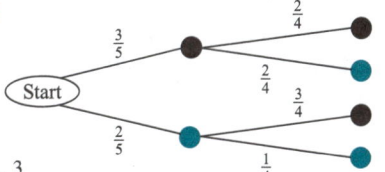

ω	ss	sg	gs	gg
P({ω})	$\frac{3}{10}$	$\frac{3}{10}$	$\frac{3}{10}$	$\frac{1}{10}$

$$P(A) = P(\{ss; sg\}) = \frac{3}{10} + \frac{3}{10} = \frac{6}{10} = \frac{3}{5}$$

$$P(B) = P(\{ss; gs\}) = \frac{3}{10} + \frac{3}{10} = \frac{6}{10} = \frac{3}{5}$$

$$A \cap B = \{ss\} \quad \Rightarrow \quad P(A \cap B) = P(\{ss\}) = \frac{3}{10}$$

Prüfen auf unabhängig/abhängig:

Linke Seite: $\quad P(A \cap B) = \frac{3}{10} = 0,30$

Rechte Seite: $\quad P(A) \cdot P(B) = \frac{3}{5} \cdot \frac{3}{5} = \frac{9}{25} = 0,36$

Da $P(A \cap B) \neq P(A) \cdot P(B)$ gilt, sind A und B stochastisch **abhängig**.

2. Vervollständigen Sie die im Folgenden angegebenen Vierfeldertafeln und untersuchen Sie, ob die jeweiligen Ereignisse abhängig oder unabhängig sind.

a)

	A	$\overline{A}$	
B			
$\overline{B}$		0,12	0,20
	0,40		

b)

	A	$\overline{A}$	
B		0,30	
$\overline{B}$			0,30
	0,60		

Lösung:

Nach dem Vervollständigen kann man jeweils durch Multiplikation der „Randwahrscheinlichkeiten" P(A) und P(B) und dem Vergleich mit dem Feld P(A ∩ B) sofort feststellen, ob Unabhängigkeit oder Abhängigkeit vorliegt.

a)

	A	$\overline{A}$	
B	**0,32**	**0,48**	**0,80**
$\overline{B}$	**0,08**	0,12	0,20
	0,40	0,60	1

Es gilt: P(A)=0,40, P(B)=0,80 und P(A ∩ B)=0,32. Wegen 0,32=0,40·0,80 sind A und B stochastisch **unabhängig**.

b)

	A	$\overline{A}$	
B	**0,40**	0,30	**0,70**
$\overline{B}$	**0,10**	**0,20**	0,30
	0,60	0,40	1

Wegen 0,40 ≠ 0,60·0,70 sind A und B stochastisch **abhängig**.

Zum Abschluss dieses Abschnittes sind noch einmal die Begriffe **Unvereinbarkeit** und **Unabhängigkeit** sowie die daraus resultierenden Rechengesetze für Wahrscheinlichkeiten gegenübergestellt.

Regel

Additionssatz und Multiplikationssatz für Wahrscheinlichkeiten

Mit A und B werden zwei Ereignisse bezeichnet. Dann gilt:

- **Additionsgesetz**
  Sind A und B unvereinbar, d. h. A ∩ B = ∅, dann gilt: $P(A \cup B) = P(A) + P(B)$
  (aus „**oder**" zwischen den Ereignissen wird „**plus**" zwischen den Wahrscheinlichkeiten).

- **Multiplikationsgesetz**
  Sind A und B unabhängig, dann gilt: $P(A \cap B) = P(A) \cdot P(B)$
  (aus „**und**" zwischen den Ereignissen wird „**mal**" zwischen den Wahrscheinlichkeiten).

Aufgaben

170. a) Die unabhängigen Ereignisse A und B haben die Wahrscheinlichkeiten P(A)=0,44 und P(B)=0,32. Wie groß ist die Wahrscheinlichkeit, dass „A und B" eintritt?

b) Von zwei unabhängigen Ereignissen A und B ist bekannt, dass P(B)=0,40 und $P(A \cap \overline{B}) = 0,12$.

(1) Bestimmen Sie mithilfe einer Vierfeldertafel P(A), P(A ∩ B) und P($\overline{A}$ ∩ B).

(2) Berechnen Sie außerdem noch P(A ∪ $\overline{B}$).

c) Für welche Werte von x und y sind die Ereignisse A und B unabhängig?

	A	$\overline{A}$
B	x	y
$\overline{B}$	0,3	0,2

d) Die Statistik einer Fachoberschule ergibt folgende Zahlen in Bezug auf Geschlecht männlich (m) oder weiblich (w) und der gewählten Ausbildungsrichtung Technik (T) oder Nichttechnik ($\overline{T}$). Untersuchen Sie, ob Geschlecht und Ausbildungsrichtung voneinander unabhängig sind.

	m	w
T	250	150
$\overline{T}$	100	200

171. In einer Langzeitstudie werden 5 000 Personen untersucht. Darunter sind 3 200 Raucher; von diesen wiederum weisen 200 eine Asthma-Erkrankung auf. Insgesamt sind 800 Asthmatiker unter den 5 000 Probanden.

Es werden zwei Ereignisse definiert:

R: „Ein zufällig herausgegriffener Proband ist Raucher." und

A: „Ein zufällig herausgegriffener Proband weist eine Asthma-Erkrankung auf."

Zeichnen Sie eine Vierfeldertafel und untersuchen Sie, ob die beiden Ereignisse stochastisch unabhängig sind.

172. a) Ein Würfel werde zweimal geworfen.

A: „Der erste Würfel zeigt eine 1."

B: „Die Augensumme ist ≥ 11."

Wie groß ist die Wahrscheinlichkeit, dass A oder B eintritt?

b) Die unabhängigen Ereignisse A: „Der Hauptfallschirm öffnet sich nicht." und B: „Der Reservefallschirm öffnet sich nicht." haben die Wahrscheinlichkeiten $P(A) = \frac{1}{1000}$ und $P(B) = \frac{1}{500}$.

Wie groß ist die Wahrscheinlichkeit, dass sich beide Schirme nicht öffnen?

c) In sicherheitsrelevanten Bereichen (wie in Aufgabe b) werden Systeme mehrmals und unabhängig voneinander ausgelegt, so etwa in Kernkraftwerken oder Flugzeugen.

Wieso ist es wichtig, dass diese Systeme unabhängig voneinander sind?

173. Ein „einarmiger Bandit" (Glücksspielautomat) besteht aus drei rotierenden
Scheiben, die nach folgendem Schema mit Zahlen beschriftet sind:

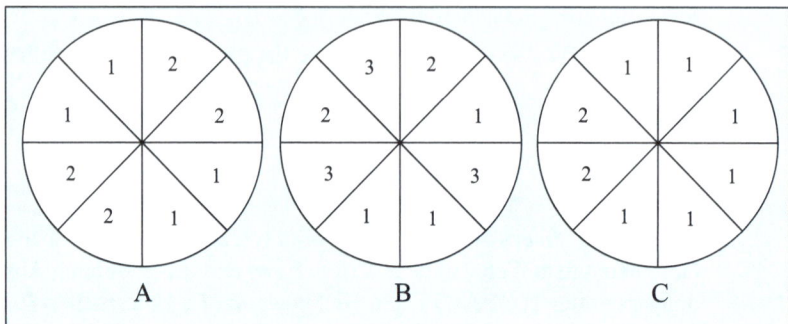

Durch Einwurf von 1 € wird der Automat in Bewegung gesetzt, d. h., die
Scheiben rotieren. Jede Scheibe besteht aus acht gleichgroßen, gleichmäßig
angeordneten Sektoren. Jeder Sektor erscheint mit der gleichen Wahrscheinlichkeit. Die Scheiben bleiben in der Reihenfolge A, B, C unabhängig voneinander stehen. Von jeder Scheibe erscheint dann genau eine der möglichen Ziffern im Sichtfenster.

a) Bestimmen Sie mithilfe eines Baumdiagramms die Wahrscheinlichkeiten
der Elementarereignisse.

b) Es sind folgende Ereignisse definiert:
E_1: „Es erscheint genau zweimal die Ziffer 1."
E_2: „Es erscheint mindestens zweimal die Ziffer 1."

(1) Berechnen Sie die Wahrscheinlichkeiten, mit denen E_1 bzw. E_2
eintreten.

(2) Untersuchen Sie E_1 und E_2 auf stochastische Unabhängigkeit.

9 Grundlagen der Kombinatorik

Bereits die Einführung der $\frac{g}{m}$-Formel für die Berechnung von Laplace-Wahrscheinlichkeiten hat gezeigt, dass man in der Stochastik häufig bestimmte Anzahlen, wie die Anzahl der Elemente von Ω oder von einem Ereignis A, ermitteln muss. Das dafür zuständige Teilgebiet der Mathematik nennt man Kombinatorik.

9.1 Allgemeines Zählprinzip

Grundlage der Kombinatorik ist das sogenannte **Zählprinzip**.

Regel

> **Allgemeines Zählprinzip**
> Lässt sich ein Gesamtvorgang in mehrere Teilschritte zerlegen und gibt es
> k_1 Möglichkeiten für den ersten Teilschritt,
> k_2 Möglichkeiten für den zweiten Teilschritt,
> k_3 Möglichkeiten für den dritten Teilschritt,
> …,
> dann gibt es für den Gesamtvorgang $n = k_1 \cdot k_2 \cdot k_3 \cdot \ldots$
> Möglichkeiten, d. h. die Anzahlen der Möglichkeiten für die Teilschritte **multiplizieren** sich zu der Gesamtzahl der Möglichkeiten.

Beispiele

1. a) Eine Münze werde dreimal geworfen. Wie viele Kombinationsmöglichkeiten von Wappen (W) und Zahl (Z) ergeben sich?

    Lösung:
    Für den ersten Wurf hat man zwei Möglichkeiten, eben W oder Z, für den zweiten Wurf ebenso und für den dritten Wurf auch. Also gibt es insgesamt $n = 2 \cdot 2 \cdot 2 = 2^3 = 8$ Möglichkeiten. Und in der Tat, es gilt:
    $\Omega = \{WWW; WWZ; WZW; ZWW; WZZ; ZWZ; ZZW; ZZZ\}$, also $|\Omega| = 8$.

    b) Ein Würfel wird zweimal geworfen. Wie viele Zahlenpaare ergeben sich?

    Lösung:
    $n = 6 \cdot 6 = 36$

2. Aus den vier Buchstaben a, b, c, d sollen Wörter mit drei Buchstaben gebildet werden, ohne dass sich Buchstaben wiederholen dürfen. Wie viele verschiedene Wörter lassen sich bilden?

Lösung:
Man betrachtet drei Platzhalter für die drei Buchstaben: _ _ _. Bei der Besetzung des ersten Platzhalters kann man aus $k_1 = 4$ Buchstaben wählen, beim zweiten Platzhalter nur noch aus $k_2 = 3$, weil ein Buchstabe bereits vergeben ist und Wiederholungen ausgeschlossen sind. Für den dritten Platz stehen noch $k_3 = 2$ Buchstaben zur Auswahl. Insgesamt gibt es $n = 4 \cdot 3 \cdot 2 = 24$ verschiedene Wörter. Diese Wortbildungen sind nachfolgend in einem Baumdiagramm veranschaulicht. Jeder der 24 Pfade ergibt ein mögliches Wort. Der ganz links stehende Pfad ergibt das Wort „dcb".

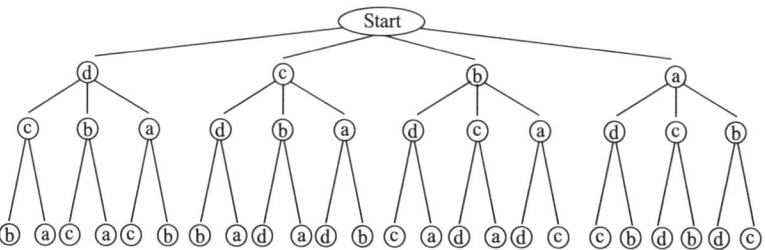

3. Wie viele Möglichkeiten gibt es, unter Beachtung der Reihenfolge 6 Kugeln aus 49 Kugeln zu ziehen?

Lösung:
Beim ersten Zug hat man 49 Kugeln zur Auswahl, beim zweiten Zug 48 usw. Es gibt also $n = 49 \cdot 48 \cdot 47 \cdot 46 \cdot 45 \cdot 44 = 10\,068\,347\,520$ mögliche Ziehungsreihenfolgen, das sind mehr als 10 Milliarden. Man beachte, dass hierbei die Reihenfolge der Ziehung eine Rolle spielt. Beispielsweise werden die Ziehungen ①②③④⑤⑥ und ⑥⑤④③②① als zwei unterschiedliche Ziehungen gezählt, was beim Lotto „6 aus 49" nicht der Fall ist.

Aufgaben **174.** a) Zuerst wird eine Münze geworfen, anschließend ein Würfel.
Wie viele mögliche Ausgänge gibt es?

b) Ein reguläres Tetraeder (siehe Abbildung), das auf jeder Seite eine Nummer enthält, wird dreimal geworfen.
Wie viele Wurfkombinationen gibt es?

c) Ein Fahrradschloss hat vier Ziffern, jeweils von 0 bis 9.
Wie viele Einstellmöglichkeiten ergeben sich?

d) Wie viele 3-stellige Zahlen gibt es?

e) Die Autokennzeichen einer Stadt bestehen aus zwei Großbuchstaben und drei Ziffern (z. B. für Dresden $\boxed{\text{DD - AB 123}}$).
   Wie viele Autos können höchstens zugelassen werden?

f) Ein Computerpasswort setzt sich aus 2 Großbuchstaben, 3 Kleinbuchstaben und 4 Ziffern zusammen (wobei Groß- und Kleinschreibung unterschieden wird). Wie viele Computerpasswörter gibt es,
   (1) wenn Wiederholungen zugelassen sind,
   (2) wenn keine Wiederholungen zugelassen sind?

175. In der Abbildung sind die Verbindungswege zwischen den Städten A, B, C und D schematisch dargestellt.

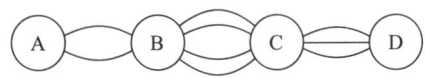

a) Auf wie vielen Routen kann man von A nach D über B und C reisen?

b) Wie viele unterschiedliche Rundreisen $A \to B \to C \to D \to C \to B \to A$ gibt es?

c) Wie groß ist bei zufälliger Routenwahl die Wahrscheinlichkeit, dass bei einer Rundreise kein Verbindungsweg zweimal gefahren wird?

9.2 Permutationen

Oft will man wissen, auf wie viele Arten bestimmte Dinge vertauscht werden können. In der Mathematik nennt man Vertauschungen auch **Permutationen**.

Definition

Permutationen
Die Anzahl der Möglichkeiten, n verschiedene Dinge in unterschiedlicher Reihenfolge anzuordnen, ist:
$$n! := n \cdot (n-1) \cdot \ldots \cdot 2 \cdot 1$$
Das Symbol **n!** wird **n-Fakultät** genannt. Es ist das Produkt der ganzen Zahlen von 1 bis n. Speziell definiert man noch $0! := 1$.

- Die Herleitung dieser Formel ergibt sich ganz einfach aus dem Zählprinzip. Stellen Sie sich n Platzhalter für die n anzuordnenden Dinge vor: _ _ _ _ _ …
  Für den ersten Platzhalter können Sie aus n Dingen wählen, für den zweiten aus $n-1$ usw.

- n! wächst sehr schnell mit zunehmendem n, wie nachfolgende Tabelle zeigt:

n	0	1	2	3	4	5	6	7	8	9	10
n!	1	1	2	6	24	120	720	5 040	40 320	362 880	3 628 800

Hinweis: Die Werte von n! lassen sich mit dem Taschenrechner berechnen oder aus dem Tafelwerk entnehmen.

Beispiele

1. Es sollen fünf Bücher in ein Regal gestellt werden. Wie viele Möglichkeiten gibt es, die Bücher anzuordnen?

   Lösung:
   Es gibt $5! = 5 \cdot 4 \cdot 3 \cdot 2 \cdot 1 = 120$ Anordnungsmöglichkeiten.

2. Es sind acht 100-m-Sprinter am Start. Wie viele verschiedene Reihenfolgen beim Zieleinlauf sind möglich?

   Lösung:
   Es gibt $8! = 40\,320$ verschiedene Reihenfolgen.

Aufgabe

176. a) Wie viele verschiedene Wörter mit vier Buchstaben lassen sich aus den Buchstaben a, b, c, d bilden, wenn keine Buchstabenwiederholungen zugelassen sind?

b) Wie viele Vertauschungsmöglichkeiten von sechs Lotto-Kugeln gibt es? Oder anders ausgedrückt, wie viele unterschiedliche Ziehungsreihenfolgen führen zu dem Ziehungsergebnis ①②③④⑤⑥?

c) Bei einem Pferderennen sind zehn Pferde am Start. Wie viele Einlaufreihenfolgen gibt es?

9.3 Binomialkoeffizienten

Die wichtigsten mathematischen Objekte der Kombinatorik sind die sogenannten **Binomialkoeffizienten**. Sie treten (und daher haben sie ihren Namen) beim binomischen Lehrsatz, einer Verallgemeinerung der bekannten binomischen Formeln, auf. In der Kombinatorik werden sie benötigt, um die Anzahl bestimmter Teilmengen einer gegebenen Menge zu bestimmen.

Definition

Binomialkoeffizienten
Für zwei ganze Zahlen $n \geq k \geq 0$ ist der **Binomialkoeffizient** $\binom{n}{k}$, sprich: „n über k", wie folgt definiert:

$$\binom{n}{k} := \frac{n\,(n-1)\,(n-2)\cdot\ldots\cdot(n-k+1)}{k\,(k-1)\cdot\ldots\cdot 2\cdot 1} = \frac{n!}{k!\cdot(n-k)!}$$

- $\binom{n}{k}$ ist die Anzahl der Möglichkeiten, aus einer Menge mit n Elementen k Elemente auszuwählen, wobei die Reihenfolge nicht beachtet wird. Der sich ergebende Zahlenwert von $\binom{n}{k}$ ist also die Anzahl aller k-elementigen Teilmengen, die eine n-elementige Menge besitzt.

- Es gilt: $\binom{n}{0} = 1$ und $\binom{n}{n} = 1$. Demnach gibt es eine 0-elementige Teilmenge, nämlich die leere Menge, und eine n-elementige Teilmenge, das ist die Menge selbst. Ferner gilt stets $\binom{n}{1} = n$, was bedeutet, dass es n einelementige Teilmengen gibt.

- Anhand der Formel $\frac{n!}{k!\cdot(n-k)!}$ sieht man, dass die Binomialkoeffizienten „symmetrisch" sind; es gilt nämlich:

$$\binom{n}{k} = \binom{n}{n-k}$$

Das erleichtert mitunter die Rechenarbeit. Statt $\binom{20}{15}$ zu berechnen, ist es einfacher, $\binom{20}{5}$ zu berechnen, das Ergebnis ist das gleiche:

$$\binom{20}{15} = \binom{20}{5} = \frac{20\cdot19\cdot18\cdot17\cdot16}{5\cdot4\cdot3\cdot2\cdot1} = 15\,504$$

Beispiele

1. {a; b; c; d; e} ist eine fünfelementige Menge. Wie viele zwei- bzw. drei-elementige Teilmengen hat sie?

   Lösung:

   $\binom{5}{2} = \frac{5\cdot4}{2\cdot1} = 10$ Teilmengen mit zwei Elementen, nämlich:

   {a; b}, {a; c}, {a; d}, {a; e}, {b; c}, {b; d}, {b; e}, {c; d}, {c; e}, {d; e}

   Die Anzahl der dreielementigen Teilmengen ist ebenfalls 10, da gilt:

   $\binom{5}{3} = \frac{5\cdot4\cdot3}{3\cdot2\cdot1} = 10$

2. Wie groß ist die Wahrscheinlichkeit, beim Lotto „6 aus 49" sechs Richtige zu erhalten?

   Lösung:

   Man geht von einem Laplace-Experiment aus, d. h., dass jede Kombination der sechs gezogenen Nummern mit der gleichen

Wahrscheinlichkeit eintritt. Demnach ist die Kombination ①②③④⑤⑥ genauso wahrscheinlich wie jede andere mögliche Zahlenfolge. Mit der $\frac{g}{m}$-Formel braucht man zunächst g. Es gibt genau eine günstige Kombination für sechs Richtige, nämlich diejenige Zahlenfolge, die tatsächlich gezogen wird: g = 1.

Die Anzahl der insgesamt möglichen Zahlenfolgen ist die Anzahl der sechselementigen Teilmengen, welche die 49-elementige Menge besitzt:

$$m = \binom{49}{6} = \frac{49 \cdot 48 \cdot 47 \cdot 46 \cdot 45 \cdot 44}{6 \cdot 5 \cdot 4 \cdot 3 \cdot 2 \cdot 1} = 13\,983\,816$$

Es gibt also knapp 14 Millionen Möglichkeiten, sechs Zahlen in den 49 Zahlen anzukreuzen. Die Wahrscheinlichkeit für sechs Richtige ist:

$$P(\text{„sechs Richtige“}) = \frac{g}{m} = \frac{1}{\binom{49}{6}} = \frac{1}{13\,983\,816} \approx 0,000000072$$

Aufgaben

177. Berechnen Sie $\binom{4}{2}$, $\binom{14}{10}$, $\binom{50}{25}$, $\binom{100}{2}$, $\binom{10}{10}$ und $\binom{n}{2}$.

178. a) Bei einem Tennisturnier treten acht Spieler an. Es soll jeder gegen jeden spielen. Wie viele Matches gibt es?

b) Das Ergebnis von Teilaufgabe a soll verallgemeinert werden: Bei einem Sportturnier sind n Mannschaften gemeldet, wobei jede gegen jede spielen soll. Wie viele Spiele in Abhängigkeit von n sind einzuplanen?

c) Unter den 20 Schülern einer Klasse werden vier gleiche Eintrittskarten verlost. Wie viele Verteilungen der Karten unter den 20 Schülern gibt es?

179. a) Eine Münze wird viermal geworfen. Wie groß ist die Wahrscheinlichkeit, dass genau zweimal W erscheint?

b) Beim (kurzen) „Schafkopf" spielen vier Spieler mit 24 Karten, sodass an jeden Spieler sechs Karten ausgegeben werden. Eine ganz bestimmte Kartenkombination (vier Ober und zwei große Unter) ist das bestmögliche Blatt, das man erhalten kann. In diesem Fall hat der Spieler einen „DU". Wie groß ist die Wahrscheinlichkeit, einen „DU" zu erhalten?

c) In einer Schachtel sind 50 Glühbirnen, von denen fünf defekt sind. Man greift drei heraus. Wie groß ist die Wahrscheinlichkeit, drei fehlerfreie Glühbirnen erhalten zu haben? Bestimmen Sie auch noch die Wahrscheinlichkeit, dass man drei defekte Glühbirnen erhält.

Wichtige mathematische Definitionen und Schreibweisen

Mengen

Eine **Menge** ist die Zusammenfassung von bestimmten Objekten zu einem Ganzen. Mengen werden mit Großbuchstaben wie A, B, D, L usw. bezeichnet. Die Objekte einer Menge werden **Elemente** genannt.

A = {2; 4; 6; 8; 10}	Mengen können in **aufzählender** Mengenschreibweise angegeben werden, indem man ihre Elemente auflistet und in geschweifte Klammern setzt.
A = {x | E(x)}	Mengen können in **beschreibender** Mengenschreibweise angegeben werden, indem man angibt, welche Eigenschaft E(x) die Elemente x erfüllen müssen, um zu der Menge zu gehören.
Ø oder { }	Leere Menge; sie enthält kein Element.
a ∈ A	„a **ist Element** der Menge A"
a ∉ A	„a ist **kein** Element der Menge A"
|A|	**Mächtigkeit** der Menge A (Anzahl ihrer Elemente)

A ⊂ B   „A ist **Teilmenge** von B"
Das ist dann der Fall, wenn
aus a ∈ A immer folgt a ∈ B.

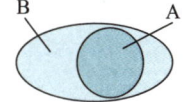

A ∩ B   **Schnittmenge:**
„A geschnitten B"
A ∩ B := {x \| x ∈ A **und** x ∈ B}
Die Schnittmenge A ∩ B
umfasst diejenigen
Elemente, die sowohl in
der Menge A als auch in
der Menge B enthalten sind.

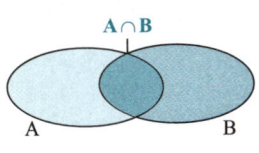

$A \cup B$ **Vereinigungsmenge:**
„A vereint B"
$A \cup B := \{x \mid x \in A \textbf{ oder } x \in B\}$
Die Vereinigungsmenge um-
fasst diejenigen Elemente,
die in der Menge A oder in
der Menge B oder in beiden Mengen enthalten sind.
Elemente, die in beiden Mengen vorkommen, werden
in der Vereinigungsmenge nur einmal aufgeführt.

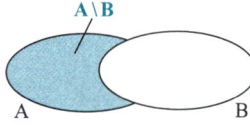

$A \setminus B$ **Differenzmenge:**
„A ohne B"
$A \setminus B := \{x \mid x \in A \text{ und } x \notin B\}$
Die Differenzmenge $A \setminus B$
umfasst diejenigen Ele-
mente der Menge A, die
nicht zugleich Element der Menge B sind.

$A \times B$ **Produktmenge:**
„A kreuz B"
$A \times B := \{(a; b) \mid a \in A \text{ und } b \in B\}$
Das ist die Menge aller geordneten[1] Paare, die sich mit
den Elementen der Mengen A und B bilden lassen.
Es gilt: $|A \times B| = |A| \cdot |B|$

Zahlensysteme

$\mathbb{N} = \{0; 1; 2; 3; \dots\}$ Natürliche Zahlen

$\mathbb{Z} = \{\dots; -3; -2; -1; 0;$ Ganze Zahlen; es gilt: $\mathbb{N} \subset \mathbb{Z}$
$1; 2; 3; \dots\}$

$\mathbb{Q} = \left\{ \frac{p}{q} \mid p, q \in \mathbb{Z}; q \neq 0 \right\}$ Rationale Zahlen (Menge aller Brüche); es gilt:
$\mathbb{N} \subset \mathbb{Z} \subset \mathbb{Q}$

$\mathbb{R}$ Reelle Zahlen (Menge aller Dezimalzahlen); es gilt:
$\mathbb{N} \subset \mathbb{Z} \subset \mathbb{Q} \subset \mathbb{R}$
Die reellen Zahlen lassen sich mithilfe der
Zahlengeraden darstellen:

$$-3 \quad -2 \quad -1 \quad 0 \quad 1 \quad 2 \quad 3 \quad \mathbb{R}$$

---

1 „Geordnet" heißt, dass es auf die Reihenfolge ankommt: (1; 2) ist ein anderes Element als (2; 1).
Die Koordinaten von Punkten in der Zeichenebene werden beispielsweise so dargestellt.

Logische Aussagen

Ein Satz heißt eine (logische) Aussage, wenn eindeutig feststellbar ist, ob er wahr oder falsch ist. Im Folgenden werden logische Aussagen ebenfalls mit A und B bezeichnet.

$A \wedge B$ — **UND**-Verknüpfung (Konjunktion)
Nur wahr, wenn beide Aussagen wahr sind.

$A \vee B$ — **ODER**-Verknüpfung (Disjunktion)
Nur falsch, wenn beide Aussagen falsch sind.

$A \Rightarrow B$ — „Aus A **folgt** B"

Beispiel:
Sind M_1, M_2 zwei Mengen, dann gilt:
$M_1 \subset M_2 \Rightarrow |M_1| \le |M_2|$
Die umgekehrte Schlussfolgerung gilt im Allgemeinen nicht!

$A \Leftrightarrow B$ — „A ist **äquivalent** (gleichwertig) zu B".

Beispiel:
Sind M_1, M_2 zwei Mengen, dann gilt:
$M_1 = M_2 \Leftrightarrow M_1 \subset M_2 \wedge M_2 \subset M_1$
Hier folgt aus der links stehenden Aussage die rechts stehende und umgekehrt.

Betrag

$|a|$ — **Betrag** der Zahl a

$$|a| := \begin{cases} a & \text{für } a \ge 0 \\ -a & \text{für } a < 0 \end{cases}$$

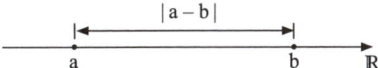

$|a-b|$ — **Abstand** der zwei Zahlen a und b

Unendlich

∞ — Symbol für **unendlich**

Beispiel:
Es gilt $x < \infty$ für jedes $x \in \mathbb{R}$.

$-\infty$ Symbol für **minus unendlich**

Beispiel:
Es gilt $x > -\infty$ für jedes $x \in \mathbb{R}$.

Intervalle

Einen lückenlosen Abschnitt auf der Zahlengeraden bezeichnet man als ein Intervall.

Die Zahlen a, $b \in \mathbb{R}$, mit $a < b$, sind die Ränder oder Grenzen des Intervalls J. a ist die linke und b die rechte Intervallgrenze.

$[a; b] := \{x \in \mathbb{R} \mid a \leq x \leq b\}$ **geschlossenes Intervall**

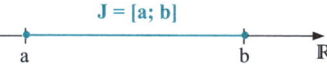

$]a; b[:= \{x \in \mathbb{R} \mid a < x < b\}$ **offenes** Intervall

Beispiel:
$\mathbb{R} =]-\infty; \infty[$
Darstellung der Menge der reellen Zahlen als offenes Intervall

$[a; \infty[:= \{x \in \mathbb{R} \mid x \geq a\}$ Rechts unbegrenztes Intervall

$]-\infty; b] := \{x \in \mathbb{R} \mid x \leq b\}$ Links unbegrenztes Intervall

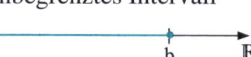

Lösungen

Nehmen Sie sich zur Bearbeitung der Übungsaufgaben ausreichend Zeit, gehen Sie bei der Lösungsfindung systematisch vor. Dann lässt der Erfolg mit Sicherheit nicht lange auf sich warten.

1. $f(0) = \frac{1}{2} \cdot 0^2 - 3 \cdot 0 + 2 = 2$

$f(-1) = \frac{1}{2} \cdot (-1)^2 - 3 \cdot (-1) + 2$

$\qquad = \frac{1}{2} + 5 = 5,5$

Hier ist es wichtig, dass Klammern gesetzt werden, damit das Minuszeichen korrekt verrechnet wird. Beim Einsetzen von **−1** für x im Term x^2 entsteht **(−1)^2**, was 1 ergibt. Würde man −1^2 nehmen, so wäre das falsch, weil das „−" nicht mit zu quadrieren wäre; es würde fälschlicherweise −1 herauskommen.

$f(\sqrt{2}) = \frac{1}{2} \cdot (\sqrt{2})^2 - 3 \cdot \sqrt{2} + 2$

$\qquad = \frac{1}{2} \cdot 2 - 3\sqrt{2} + 2 = 3 - 3\sqrt{2}$

$\qquad = 3(1 - \sqrt{2})$

Beachten Sie, dass $(\sqrt{2})^2 = 2$ ist.

Taschenrechner:

$f(\sqrt{2}) = -1,2426\ldots \approx -1,24$

Rechnet man mit dem gerundeten Wert $\sqrt{2} \approx 1,41$, so ergibt sich:

$f(1,41) = \frac{1}{2} \cdot 1,41^2 - 3 \cdot 1,41 + 2 = -1,23595$

$f(3 + \sqrt{5})$

$= \frac{1}{2}(3 + \sqrt{5})^2 - 3 \cdot (3 + \sqrt{5}) + 2$

$= \frac{1}{2}(9 + 6\sqrt{5} + 5) - 9 - 3\sqrt{5} + 2$

$= 7 + 3\sqrt{5} - 7 - 3\sqrt{5} = 0$

Binomische Formel (Plusformel) zum Ausmultiplizieren verwenden:

$(3 + \sqrt{5})^2 = 9 + 6\sqrt{5} + 5$

Taschenrechner:

$f(3 + \sqrt{5}) = 0,0000\ldots \approx 0$

Rechnet man mit dem gerundeten Wert $3 + \sqrt{5} \approx 5,24$, so ergibt sich:

$f(5,24) = \frac{1}{2} \cdot 5,24^2 - 3 \cdot 5,24 + 2 = 0,0088$

2. $g(-2) = \sqrt{-2 + 2} = \sqrt{0} = 0$

$g(0) = \sqrt{0 + 2} = \sqrt{2} \approx 1,41$

$g(4,25) = \sqrt{4,25 + 2} = \sqrt{6,25} = 2,5$

Wegen $g(-3) = \sqrt{-3 + 2} = \sqrt{-1}$ kann $g(-3)$ nicht gebildet werden!

3. $h(2) = \frac{1}{2}$; $h(1) = \frac{1}{1} = 1$; $h(0,5) = \frac{1}{0,5} = 2$; $h(0,1) = 10$

$h(0)$ kann nicht gebildet werden!

4.

x	−1	0	1	2	3	4	5	6
k(x)	−4,56	−1,00	−0,11	−0,56	−1,00	−0,11	3,44	11,00

5. a) Bei der Funktion f gibt es keinerlei Einschränkungen: $D_f = \mathbb{R}$

b) Definitionsbereich von g_1:

$x \notin D_{g_1}$

$\Leftrightarrow \quad x + 3 = 0$

$\qquad x = -3$

$D_{g_1} = \mathbb{R} \setminus \{-3\}$

Der Nenner von g_1 wird gleich null gesetzt, demnach muss die Zahl −3 vom Definitionsbereich ausgeschlossen werden.

Definitionsbereich von g_2:

$x \notin D_{g_2}$

$\Leftrightarrow \quad x^2 + 1 = 0$

$\qquad x^2 = -1$

$D_{g_2} = \mathbb{R}$

Der Nenner von g_2 wird null gesetzt. Die entstehende Gleichung hat keine reelle Lösung, da x^2 niemals −1 wird. Der Nenner wird für keine reelle Zahl null, es ist also nichts auszuschließen.

Definitionsbereich von g_3:

$x \notin D_{g_3}$

$\Leftrightarrow \quad x^2 - 1 = 0$

$\qquad x^2 = 1$

$\qquad x_{1/2} = \pm 1$

$D_{g_3} = \mathbb{R} \setminus \{-1; 1\}$

Der Nenner von g_3 wird null gesetzt, demnach müssen die Zahlen −1 und 1 vom Definitionsbereich ausgeschlossen werden.

c) Bei h_1 und h_2 handelt es sich um Wurzelfunktionen. Der Ansatz zur Bestimmung des Definitionsbereiches besteht darin, den Radikanden (also den Ausdruck unter der Wurzel) ≥ 0 zu setzen.

Definitionsbereich von h_1:

$x \in D_{h_1}$

$\Leftrightarrow \quad x - 2 \geq 0$

$\qquad x \geq 2$

$D_{h_1} = \{x \in \mathbb{R} \mid x \geq 2\} = [2; \infty[$

Definitionsbereich von h_2:

$x \in D_{h_2}$

$\Leftrightarrow \quad -3x + 4 \geq 0$

$\qquad -3x \geq -4 \quad \mid : (-3)$

$\qquad x \leq \frac{4}{3}$

$D_{h_2} = \left\{ x \in \mathbb{R} \mid x \leq \frac{4}{3} \right\} = \left] -\infty; \frac{4}{3} \right]$

6. a) Man beachte: $D_f = \mathbb{N} \setminus \{0\}$

x	1	2	3	4	5
f(x)	1	0,5	0,33	0,25	0,2

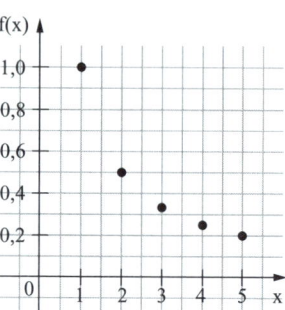

b)

x	−3	−2	−1	1	2	3
g(x)	−0,33	−0,5	−1	1	0,5	0,33

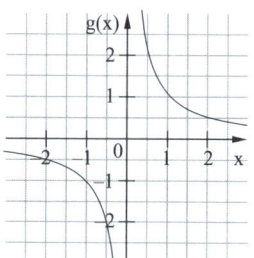

c)

x	−2	−1	−0,5	0	0,5	1	2
h(x)	−8	−1	−0,13	0	0,13	1	8

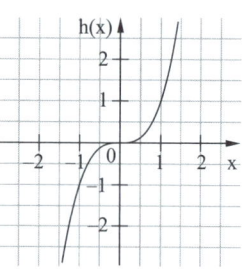

7.

x	−3	−2	−1	0	1	2	3
f(x)	−7	−2	1	2	1	−2	−7

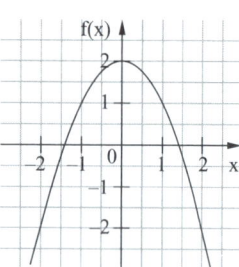

g besitzt an jeder Stelle den Funktionswert 1.

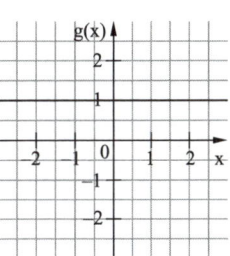

x	−3	−2	−1	0	1	2	3
h(x)	−3	−2	−1	0	1	2	3

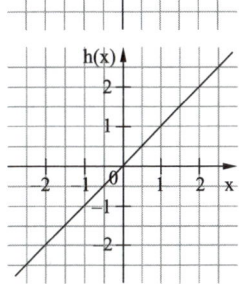

8. Die Wertebereiche können direkt aus den Diagrammen abgelesen werden.

a) $W_f = [0; 3]$

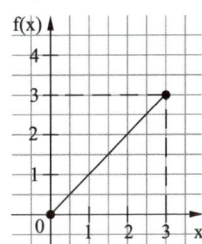

b) $W_g =]-\infty; 0]$

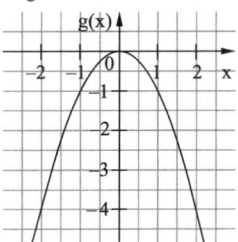

c) $W_h =]0; \infty[$

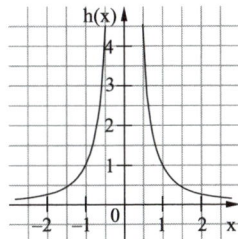

d) $W_\ell = [-1; \infty[$

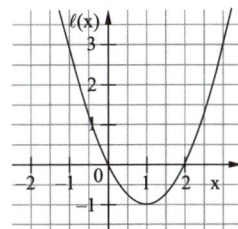

9. a)
$$f(x) = 0$$
$$(x + 4)(x - 1) = 0$$
$$\Rightarrow x_1 = -4; \; x_2 = 1$$

Die Gleichung liegt bereits in Produktform vor, die Lösungen lassen sich ohne weitere Rechnung ablesen (die 1. Klammer ergibt null, wenn $x = -4$ und die 2. Klammer wird null für $x = 1$).

Die Nullstellen der Funktion f lauten $x_1 = -4$ und $x_2 = 1$.

b) $g_1(x) = 0$ Auflösen nach x^2, anschließend Wurzel ziehen
und auf $\pm$ achten!

$$x^2 - 9 = 0$$
$$x^2 = 9$$
$$x_{1/2} = \pm 3$$

Die Nullstellen der Funktion g_1 lauten $x_1 = 3$ und $x_2 = -3$.

c) $g_2(x) = 0$
$$x^2 + 9 = 0$$
$$x^2 = -9$$

Diese Gleichung besitzt keine reelle Lösung, die Funktion g_2 besitzt daher keine Nullstellen.

d) $h(x) = 0$
$$3 = 0 \quad \text{(falsche Aussage)}$$

Die Funktion h besitzt keine Nullstellen.

10. a) Schnittpunkt mit der y-Achse:
$$f(0) = 3 \quad \Rightarrow \quad S_y(0 \mid 3)$$

Schnittpunkte mit der x-Achse:
$$f(x) = 0$$
$$-2x + 3 = 0$$
$$-2x = -3$$
$$x = \frac{3}{2}$$
$$\Rightarrow \quad S_x\left(\frac{3}{2} \mid 0\right)$$

b) Schnittpunkt mit der y-Achse:
$$g(0) = -\frac{1}{2}\left(0 - \frac{\sqrt{3}}{2}\right) + \frac{2}{3} = \frac{\sqrt{3}}{4} + \frac{2}{3} = \frac{3\sqrt{3} + 8}{12} \approx 1{,}10 \quad \Rightarrow \quad S_y(0 \mid 1{,}10)$$

Schnittpunkte mit der x-Achse:
$$g(x) = 0$$
$$-\frac{1}{2}\left(x - \frac{\sqrt{3}}{2}\right) + \frac{2}{3} = 0$$
$$-\frac{1}{2}\left(x - \frac{\sqrt{3}}{2}\right) = -\frac{2}{3} \qquad | \cdot (-2)$$
$$x - \frac{\sqrt{3}}{2} = \frac{4}{3}$$
$$x = \frac{\sqrt{3}}{2} + \frac{4}{3} = \frac{3\sqrt{3} + 8}{6} \approx 2{,}20$$

Die Nullstelle liegt bei $x_0 = 2{,}20$, der Schnittpunkt mit der x-Achse hat dann die (ungefähren) Koordinaten $S_x(2{,}20 \mid 0)$.

c) Schnittpunkt mit der y-Achse:
$h_1(0)=1 \Rightarrow S_y(0|1)$
Schnittpunkte mit der x-Achse:
$h_1(x)=0$
$\quad 1=0$ (falsche Aussage)
$\Rightarrow$ h_1 hat keine Nullstelle, also keinen Schnittpunkt mit der x-Achse.

d) Schnittpunkt mit der y-Achse:
$h_2(0)=0 \Rightarrow S_y(0|0)$
Schnittpunkte mit der x-Achse:
$h_2(x)=0$
$\quad x=0$
$\Rightarrow S_x(0|0)$, der Graph schneidet die Koordinatenachsen im Ursprung.

11. a)

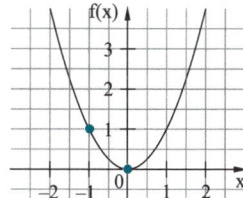

Schnittpunkt mit der y-Achse: **(0|0)**
Das ist bei diesem Graphen zugleich
der Schnittpunkt mit der x-Achse.
Funktionswert bei $x=-1$:
$f(-1)=1$

$D_g=[1;4]$
Nullstelle von g: $x_0=2$

Gesuchter Abszissenwert:
$g(x)=1 \Rightarrow x=3$

b) $W_f=[0;\infty[$

$W_g=[-1;2]$

12.

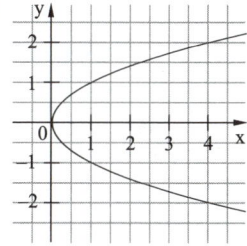
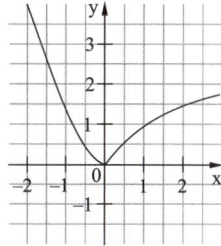
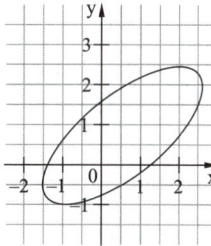

Bild 1: keine Funktion   Bild 2: Funktion   Bild 3: keine Funktion

Bei Funktionen darf eine beliebige senkrechte Gerade im Koordinatensystem
höchstens einmal vom Graphen geschnitten werden. Nur dann wird jedem
x-Wert genau ein y-Wert zugeordnet. Das ist nur bei Bild 2 der Fall.
In Bild 1 und 3 werden senkrechte Geraden von den Graphen zweimal

geschnitten. Hier gehören also zu einem bestimmten x-Wert zwei unterschiedliche y-Werte.

13. a) $S_y(0|2)$ ist der Schnittpunkt mit der y-Achse; Nullstellen: $x_1 = -2$, $x_2 = 1$; $W_f = \,]-\infty;\ 2{,}25]$ und $D_{max} = \mathbb{R}$

b) $S_y(0|0)$; Nullstellen: $x_1 = -2$, $x_2 = 0$, $x_3 = 1{,}5$; $W_g = \mathbb{R}$; $D_{max} = \mathbb{R}$

c) $S_y(0|6)$; Nullstellen: keine; $W_h = [1;\ \infty[$; $D_{max} = \mathbb{R}$

14. a)   b)   c)

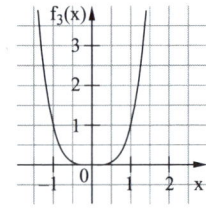

$W_{f_1} = \mathbb{R}$ $W_{f_2} = \,]-\infty;\ 4]$ $W_{f_3} = [0;\ \infty[$

Nullstelle: $x_0 = 2$ Nullstellen: $x_{1/2} = \pm 2$ Nullstelle: $x_0 = 0$

15. a) $f(x) = 3x - 4 + \frac{1}{x} \ \Rightarrow \ $ keine lineare Funktion

b) $f(x) = 4(1 - x) = -4x + 4 \ \Rightarrow \ $ lineare Funktion mit $m = -4$ und $t = 4$

c) $f(x) = \frac{x-3}{2} = \frac{1}{2}x - \frac{3}{2} \ \Rightarrow \ $ lineare Funktion mit $m = \frac{1}{2}$ und $t = -\frac{3}{2}$

d) $f(x) = x(x+1) = x^2 + x \ \Rightarrow \ $ keine lineare Funktion

16. a) Nullstelle: $x = 4$

b) Schnittpunkt mit der y-Achse: $S_y(0|2)$

c) fehlende Koordinate des Punktes $P(-1|y_P) \in g$: $P(-1|2{,}5)$

d) fehlende Koordinate des Punktes $Q(x_Q|1) \in g$: $Q(2|1)$

e) Steigung von g: $m = \frac{-2}{4} = -\frac{1}{2}$

f) Funktionsgleichung g: $y = -\frac{1}{2}x + 2$

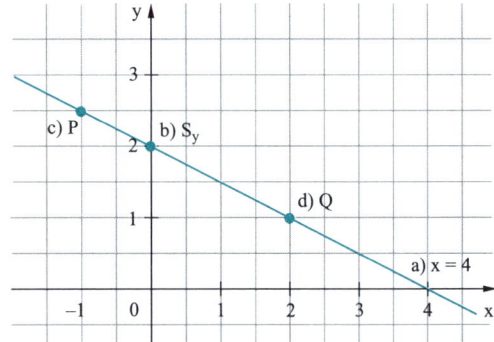

17. a) Die x- und y-Koordinaten der jeweiligen Punkte werden in die Geraden-gleichung eingesetzt. Wenn sich eine wahre Aussage ergibt, liegt der Punkt auf g, andernfalls nicht.

A(2|1) in g eingesetzt liefert:
$1 = 2 \cdot 2 - 3$
$1 = 1$ (wahre Aussage)
$\Rightarrow$ A $\in$ g
B(3|5) in g eingesetzt liefert:
$5 = 2 \cdot 3 - 3$
$5 = 3$ (falsche Aussage)
$\Rightarrow$ B $\notin$ g

b) $x_C = 3$ in g eingesetzt:
$y_C = 2 \cdot 3 - 3 = 3$
$\Rightarrow$ C(3|3) liegt auf g.

$y_D = 5$ in g eingesetzt:
$5 = 2x - 3$
$8 = 2x$
$x_D = 4$
$\Rightarrow$ D(4|5) liegt auf g.

18. Diese Angabe entspricht genau der mathematisch definierten Steigung:
$$m = \frac{\Delta y}{\Delta x} = \frac{14\,m}{100\,m} = 0,14 = 14\,\%$$

Dabei wurde berücksichtigt, dass Prozent nichts anderes bedeutet als ein Hundertstel:
$$1\,\% = \frac{1}{100} = 0,01$$

Den Neigungswinkel der Straße erhält man mit dem Ansatz:
$\tan\alpha = 0,14$
$\alpha = \arctan(0,14) \approx 8,0°$

19. a)

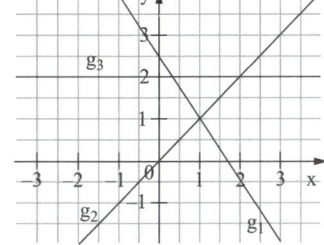

b) g_1 hat die Steigung $m_1 = -1,5$. Daraus folgt:

$\tan \alpha_1 = -1,5$

$\alpha_1 = \arctan(-1,5) \approx -56,3°$ (negative Drehrichtung = Uhrzeigersinn)

Stattdessen kann man auch den positiven Winkel angegeben, dazu muss man zum ausgerechneten (negativen) Winkel 180° addieren, das ergibt hier 123,7°.

g_2 hat die Steigung $m_2 = 1$.

$\Rightarrow \quad \tan \alpha_2 = 1$

$\alpha_2 = \arctan(1) = 45°$

g_3 hat die Steigung $m_3 = 0$.

$\Rightarrow \quad \alpha_3 = 0°$

c) $W_1 = \mathbb{R};\ W_2 = \mathbb{R};\ W_3 = \{2\}$

d) $P(2 \mid 2)$ in g_1:

$2 = -\frac{3}{2} \cdot 2 + \frac{5}{2}$

$2 = -\frac{1}{2}$ (falsche Aussage)

$\Rightarrow \quad P \notin g_1$

$P(2 \mid 2)$ in g_2:

$2 = 2$ (wahre Aussage)

$\Rightarrow \quad P \in g_2$

$P(2 \mid 2)$ in g_3:

$2 = 2$ (wahre Aussage)

$\Rightarrow \quad P \in g_3$

P ist demnach Schnittpunkt von g_2 und g_3.

20. $3x - 4y + 1 = 0$

$\qquad -4y = -3x - 1 \quad \vert : (-4)$

$\qquad y = \frac{3}{4}x + \frac{1}{4}$

Damit hat g die explizite Form g: $y = \frac{3}{4}x + \frac{1}{4}$ mit der Steigung $m = \frac{3}{4}$ und dem y-Achsenabschnitt $t = \frac{1}{4}$.

Darstellung von g im Koordinatensystem:

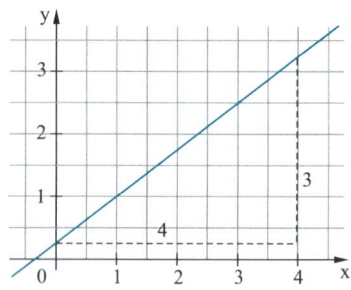

21. Aus dem Graphen: $A_1(0|1{,}5)$, $B_1(4{,}5|0)$ und $A_2(-1{,}5|2)$, $B_2(3|0{,}5)$.
Berechnung der Steigung:

$$m_1 = \frac{\Delta y}{\Delta x} = \frac{0-1{,}5}{4{,}5-0} = \frac{-1{,}5}{4{,}5} = -\frac{1}{3}$$

$$m_2 = \frac{\Delta y}{\Delta x} = \frac{0{,}5-2}{3-(-1{,}5)} = \frac{-1{,}5}{4{,}5} = -\frac{1}{3}$$

Es ergeben sich immer die **gleichen** Werte für m, unabhängig davon, welche Punkte man wählt. Deshalb kann das Steigungsdreieck beliebig gewählt werden. Der y-Achsenabschnitt beträgt $t=1{,}5$.
Setzt man die ermittelten Werte für m und t in die Geradengleichung $y=mx+t$ ein, so ergibt sich die Funktionsgleichung zu f: $y=-\frac{1}{3}x+1{,}5$.

22. Die y-Achse kann nicht in der Form $y=mx+t$ dargestellt werden, da es sich um eine vertikale Gerade handelt. Es gibt zu dem x-Wert $x=0$ unendlich viele y-Werte, deshalb handelt sich um keine Funktion.
Um trotzdem einen mathematischen Ausdruck angeben zu können, schreibt man dafür auch „vertikale Gerade: $x=0$".
Die x-Achse lässt sich als Funktion darstellen. Jedem $x \in \mathbb{R}$ ist genau ein y-Wert zugeordnet, und zwar 0. Die x-Achse ist eine Gerade mit Steigung null und y-Achsenabschnitt null. Die Funktionsgleichung lautet daher $y=0$.

23. a) Der Ansatz für die Geradengleichung lautet h: $y=-2x+t$, wobei das gegebene $m=-2$ schon verwendet wurde.
$P(0|2)$ liegt auf der y-Achse, deshalb ist 2 der y-Achsenabschnitt.
Damit ist h bekannt: h: $y=-2x+2$

b) Weil h* parallel zu h verläuft, hat h* die gleiche Steigung wie h. Das führt zu dem Ansatz h*: $y=-2x+t$.
Da h* bei $x=3$ die x-Achse schneidet, muss der Punkt $N(3|0)$ auf h* liegen. Einsetzen von N in h*:
$0=-2\cdot3+t$
$t=6$
Ergebnis: h*: $y=-2x+6$

24. Steigung von g:

$$m_g = \frac{\Delta y}{\Delta x} = \frac{2-(-1)}{3-(-2)} = \frac{3}{5}$$

Einsetzen von $P(-2|-1)$ in g: $y=\frac{3}{5}x+t$ liefert:
$-1=\frac{3}{5}\cdot(-2)+t$
$t=\frac{1}{5}$
Damit ist g bestimmt: g: $y=\frac{3}{5}x+\frac{1}{5}$

Die Nullstelle von h hat die Koordinaten N(−2|0).
Zusammen mit dem Punkt R(0|3) lässt sich h berechnen:

$$m_h = \frac{\Delta y}{\Delta x} = \frac{3-0}{0-(-2)} = \frac{3}{2}$$

Aus R(0|3) ergibt sich t unmittelbar zu t = 3.
Somit ist h: $y = \frac{3}{2}x + 3$.

25.

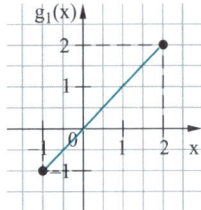

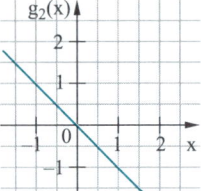

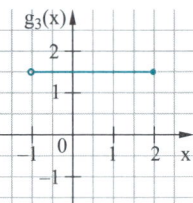

$D_{g_1} = [-1; 2]$

$W_{g_1} = [-1; 2]$

Definitions- und Wer-
temenge sind identisch,
da $g_1: x \mapsto x$ die **identische Funktion** ist. Das
abgeschlossene Inter-
vall [−1; 2] wird auf
sich selbst abgebildet.

$D_{g_2} = \mathbb{R}$

$W_{g_2} = \mathbb{R}$

Der uneingeschränkte
Definitionsbereich $\mathbb{R}$
(die gesamte x-Achse)
wird durch g_2 auf die
gesamte y-Achse abge-
bildet.

$D_{g_3} = \,]-1; 2]$

$W_{g_3} = \{\frac{3}{2}\}$

Die Definitionsmenge
ist links offen, rechts
abgeschlossen. Die
Wertemenge enthält
nur eine Zahl, da es
sich um eine **konstan-
te Funktion** handelt.

26. a) Steigung von g:

$$m_g = \frac{\Delta y}{\Delta x} = \frac{-1-4}{2-3} = \frac{-5}{-1} = 5$$

Einsetzen von A(3|4) in g: y = 5x + t liefert:
4 = 5·3 + t
t = −11
$\Rightarrow$ g: y = 5x − 11

Steigung von h:

$$m_h = \frac{\Delta y}{\Delta x} = \frac{-2-(-3)}{-2-5} = \frac{1}{-7} = -\frac{1}{7}$$

Einsetzen von D(−2|−2) in h: $y = -\frac{1}{7}x + t$ liefert:

$-2 = -\frac{1}{7} \cdot (-2) + t$

$t = -\frac{16}{7}$

$\Rightarrow$ h: $y = -\frac{1}{7}x - \frac{16}{7}$

b) Wegen g(0)=−11 ist $S_y(0\,|\,{-}11)$ der Schnittpunkt von g mit der y-Achse; der Schnittpunkt mit der x-Achse ergibt sich über die Nullstelle von g:

$$g(x) = 0$$
$$5x - 11 = 0$$
$$x = \tfrac{11}{5}$$

Der Schnittpunkt hat die Koordinaten $S_x\!\left(\tfrac{11}{5}\,\middle|\,0\right)$.

Für h gilt $S_y\!\left(0\,\middle|\,{-}\tfrac{16}{7}\right)$.

Nullstelle von h:

$$-\tfrac{1}{7}x - \tfrac{16}{7} = 0 \qquad |\cdot 7$$
$$-x - 16 = 0$$
$$x = -16$$
$$\Rightarrow\quad S_x(-16\,|\,0)$$

c) $x_P=5$ in g einsetzen: $y_P = g(5) = 5\cdot 5 - 11 = 14$
  $\Rightarrow\quad P(5\,|\,14) \in g$

d) $y_Q=3$ in h einsetzen:

$$3 = -\tfrac{1}{7}x - \tfrac{16}{7} \qquad |\cdot 7$$
$$21 = -x - 16$$
$$x_Q = -37$$
$$\Rightarrow\quad Q(-37\,|\,3) \in h$$

e) Ansatz:

$$g(x) = h(x)$$
$$5x - 11 = -\tfrac{1}{7}x - \tfrac{16}{7} \qquad |\cdot 7$$
$$35x - 77 = -x - 16$$
$$36x = 61$$
$$x_S = \tfrac{61}{36} \approx 1{,}69$$

Eingesetzt in g:

$$y_S = 5\cdot \tfrac{61}{36} - 11 = -\tfrac{91}{36} \approx -2{,}53$$

Ungefährer Schnittpunkt von g und h: $S(1{,}69\,|\,{-}2{,}53)$

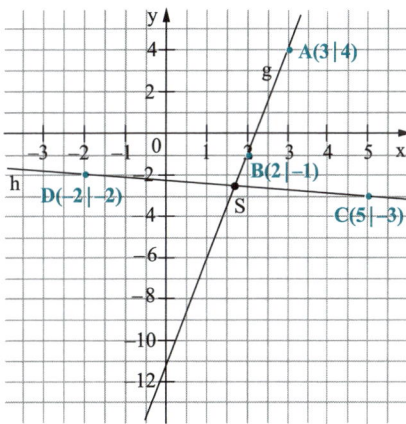

27. a) Schnittpunkt mit der y-Achse:
  $g(0)=4 \quad\Rightarrow\quad S_y(0\,|\,4)$

Schnittpunkt mit der x-Achse:

$g(x) = 0$

$3x + 4 = 0$

$x = -\frac{4}{3}$

$\Rightarrow S_x\left(-\frac{4}{3} \mid 0\right)$

b) Steigung von h:

$m_h = \frac{\Delta y}{\Delta x} = \frac{3-0}{5-(-1)} = \frac{1}{2}$

Einsetzen von $Q(-1 \mid 0)$ in h:

$0 = \frac{1}{2} \cdot (-1) + t$

$t = \frac{1}{2}$

Damit lautet h:

h: $y = \frac{1}{2}x + \frac{1}{2}$ oder

h: $y = \frac{1}{2}(x+1)$ oder

h: $y = \frac{x+1}{2}$

All das sind gleichwertige Möglichkeiten, um h anzugeben.

c) Schnittpunkt:

$g(x) = h(x)$

$3x + 4 = \frac{1}{2}x + \frac{1}{2}$

$2,5x = -3,5$

$x_S = \frac{-3,5}{2,5} = -\frac{7}{5} = -1,4$

Die y-Koordinate lautet:

$y_S = g(-1,4) = -4,2 + 4 = -0,2$

$\Rightarrow S(-1,4 \mid -0,2)$

d) $m_g = 3 \Rightarrow \tan\alpha_g = 3 \Rightarrow \alpha_g \approx 71,6°$

$m_h = \frac{1}{2} \Rightarrow \tan\alpha_h = \frac{1}{2} \Rightarrow \alpha_h \approx 26,6°$

28. a) Steigung von g:

$m_g = \frac{\Delta y}{\Delta x} = \frac{2-1}{1-(-2)} = \frac{1}{3}$

Einsetzen von $A(-2 \mid 1)$ in g:

$1 = \frac{1}{3} \cdot (-2) + t$

$t = \frac{5}{3}$

Das ergibt g: $y = \frac{1}{3}x + \frac{5}{3} = \frac{1}{3}(x+5)$.

b) Schnittpunkt mit der y-Achse: $S_y\left(0\,|\,\frac{5}{3}\right)$

Schnittpunkte mit der x-Achse: Nullstelle von g bei $x = -5$
(folgt aus der Darstellung $g(x) = \frac{1}{3}(x+5)$ ohne weitere Rechnung)
$\Rightarrow\ S_x(-5\,|\,0)$

c) h ist durch $S(1\,|\,2)$ und $N_h(3\,|\,0)$ festgelegt.
Steigung von h:

$$m_h = \frac{0-2}{3-1} = -1$$

Einsetzen von $S(1\,|\,2)$ in h:
$2 = -1 \cdot 1 + t$
$t = 3$
Das ergibt h: $y = -x + 3$.

d) h*: $y = -x + t$ (gleiche Steigung wie h wegen Parallelität zu h).
Einsetzen von $A(-2\,|\,1)$ in h* ergibt $t = -1$, also h*: $y = -x - 1$.

e) Es wird berechnet, welchen Funktionswert g an der Stelle $x = 200$ hat:
$$g(200) = \frac{1}{3}(200+5) = \frac{205}{3} \approx 68,33$$

Der Punkt $B(200\,|\,76)$ liegt damit höher als der Punkt $(200\,|\,g(200))$, weil
B die y-Koordinate $y_B = 76 > 68,33$ hat. B liegt deshalb oberhalb der Geraden g.

29. a) Weil h senkrecht zu g steht (in Zeichen: $h \perp g$), gilt:
$m_h = -\frac{1}{m_g} = 3$ (Der Kehrwert von $\frac{1}{3}$ ist 3.)
Einsetzen von $P(3\,|\,1)$ in h:
$1 = 3 \cdot 3 + t$
$t = -8$

Damit ergibt sich h: $y = 3x - 8$.

b) Schnittpunkt:
$$g(x) = h(x)$$
$$-\frac{1}{3}x + 2 = 3x - 8$$
$$-\frac{10}{3}x = -10$$
$$x_S = 3$$
$$y_S = h(3) = 1$$
$$\Rightarrow\ S(3\,|\,1)$$

c)

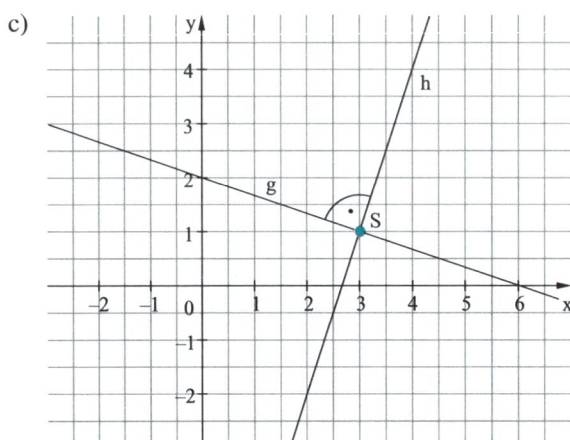

30. a) Steigung von g:

$$m_g = \frac{\Delta y}{\Delta x} = \frac{52 - (-168)}{-25 - 85} = \frac{220}{-110} = -2$$

Einsetzen von $P_1(-25|52)$ in g:
$52 = -2 \cdot (-25) + t$
$\quad t = 2$
Das ergibt g_1: $y = -2x + 2$.

b) $m_2 = -\frac{1}{-2} = \frac{1}{2}$; Q eingesetzt ergibt g_2: $y = \frac{1}{2}x + 2$.

c) Da die beiden Geraden den gleichen y-Achsenabschnitt haben, müssen sie sich auf der y-Achse im Punkt $S(0|2)$ schneiden.

d)

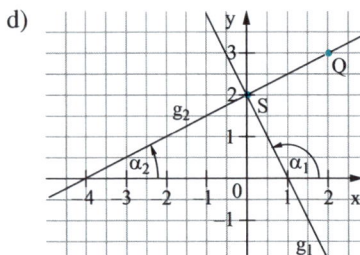

e) $\tan(\alpha_2) = 0,5$
$\quad\quad \alpha_2 = \arctan(0,5) \approx 26,6°$

Die Winkelsumme im Dreieck beträgt 180° (das ist aus der Mittelstufe bekannt). Die beiden Geradenabschnitte von g_1 und g_2 sowie die entsprechende Strecke auf der x-Achse bilden ein rechtwinkliges Dreieck. Der Nachbarwinkel α_1^* zu α lässt sich mit folgendem Ansatz berechnen:

$$\alpha_2 + 90° + \alpha_1^* = 180°$$
$$\alpha_1^* = 180° - 90° - \alpha_2 \approx 180° - 90° - 26{,}6° = 63{,}4°$$

Der gesuchte Winkel α_1 ergänzt sich mit α_1^* zu $180°$, sodass folgt:
$$\alpha_1 \approx 116{,}6°$$

Die direkte Berechnung führt auf:
$$\tan(\alpha_1) = -2$$
$$\alpha_1 = \arctan(-2) \approx -63{,}4°$$

Um den zugehörigen positiven Neigungswinkel von g_1 zu erhalten, müssen zu dem negativen Winkel $180°$ addiert werden, sodass sich ebenfalls $\alpha_1 \approx 116{,}6°$ ergibt.

31. Die Winkelhalbierende des I. und III. Quadranten hat die Steigung $m_1 = 1$. Demzufolge hat eine dazu senkrecht stehende Gerade die Steigung:
$$m_2 = -\frac{1}{m_1} = -1$$

$P(1\,|\,3)$ in $y = -x + t$ eingesetzt:
$$3 = -1 + t$$
$$t = 4$$

Mithin hat man die Funktionsgleichung dieser Geraden: $y = -x + 4$

32. a) $P(1\,|\,2)$ in b_m eingesetzt:
$$2 = m(1 - 2) + 3$$
$$m = 1$$

Also enthält die Gerade mit b_1: $y = 1 \cdot (x - 2) + 3 = x + 1$ den Punkt P.

b) Ansatz auf Nullstellen:
$$b_m(x) = 0$$
$$m(x - 2) + 3 = 0$$
$$mx = 2m - 3$$

Als nächster Rechenschritt stünde die Division durch m an, diese ist aber nur für $m \neq 0$ möglich. Deshalb sind zwei Fälle zu unterscheiden:

Fall 1: $m \neq 0$

Nun wird durch m dividiert und man erhält $x = \frac{2m - 3}{m}$.

Das sind die Nullstellen der Geraden b_m, falls $m \neq 0$.

Beispielsweise hat b_2 die Nullstelle $x = \frac{2 \cdot 2 - 3}{2} = \frac{1}{2}$.

Fall 2: $m = 0$

In der Gleichung $mx = 2m - 3$ wird der Parameter m durch 0 ersetzt. Mithin ergibt sich $0 = -3$ (falsche Aussage!). Folglich hat b_0 keine Nullstelle. b_0 ist eine horizontale Gerade, die parallel zur x-Achse verläuft und diese nicht schneidet.

c) $b_{0,5}$ hat die Steigung $m_1 = \frac{1}{2}$. Eine dazu senkrechte Gerade hat dann die Steigung $m_2 = -2$ (negativer Kehrwert). Folglich steht die Gerade b_{-2}: $y = -2(x-2)+3$, also b_{-2}: $y = -2x+7$ senkrecht zu $b_{0,5}$.

d) Zwei beliebige, aber verschiedene Geraden aus dem Büschel werden zum Schnitt gebracht. Gewählt werden m_1 und m_2 mit $m_1 \neq m_2$, dadurch sind b_{m_1} und b_{m_2} unterschiedliche Geraden.

$$b_{m_1}(x) = b_{m_2}(x)$$

Die beiden Geraden werden zur Bestimmung der Schnittpunkte gleichgesetzt.

$$m_1(x-2)+3 = m_2(x-2)+3 \quad | -3$$

$$m_1(x-2) = m_2(x-2)$$

$$m_1 x - m_2 x = 2m_1 - 2m_2$$

Ausmultiplizieren, alle x nach links bringen und den Rest nach rechts.

$$(m_1 - m_2)x = 2(m_1 - m_2) \quad | :(m_1 - m_2)$$

Division durch $(m_1 - m_2)$ ist möglich, weil vorausgesetzt ist, dass $m_1 \neq m_2$ und damit $m_1 - m_2 \neq 0$.

$$\Rightarrow \quad x = 2$$

Die Schnittstelle hängt nicht von m ab und gilt daher für alle Geraden.

Alle Geraden der Schar haben die Schnittstelle bei $x = 2$.
Die y-Koordinaten der Schnittpunkte lauten $y = b_m(2) = m(2-2)+3 = 3$ und sind ebenfalls unabhängig von m.

Der Schnittpunkt, in dem sich alle Geraden der Schar schneiden, lautet $S(2|3)$. Er ist von m unabhängig, d. h., alle Geraden der Schar gehen durch diesen Punkt.

33. a) g_1: $y = x-1$ (In der Funktionenschar g_k wurde $k = 1$ gesetzt.)
g_2: $y = 2x-4$
Schnittpunkt:
$$g_1(x) = g_2(x)$$
$$x-1 = 2x-4$$
$$x_S = 3$$

Einsetzen in g_1 ergibt $y_S = 2$.
$\Rightarrow \quad S(3|2)$

b)

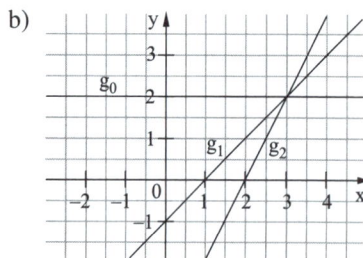

c) P in g_k einsetzen:
$$2 = k \cdot 3 + 2 - 3k$$
$$2 = 2 \quad \text{(wahre Aussage, unabhängig von k)}$$
Damit ist der Nachweis erbracht, dass $P(3\,|\,2)$ auf allen Geraden g_k liegt.
P ist der Fixpunkt dieses Geradenbüschels.

d) Ansatz:
$$g_k(x) = 0$$
$$kx + 2 - 3k = 0$$
$$kx = 3k - 2$$
Division durch k ist nicht ohne Weiteres möglich, daher:
Fall 1: $k \neq 0$
$$x = 3 - \frac{2}{k}$$
Für $k \neq 0$ liegt bei $x_0 = 3 - \frac{2}{k}$ eine Nullstelle vor.
Fall 2: $k = 0$
$$0 = -2 \quad \text{(falsche Aussage)}$$
Für $k = 0$ besitzt g_k keine Nullstelle; g_0 ist eine Parallele zur x-Achse.

e) $(1\,|\,4)$ einsetzen in g_k:
$$4 = k + 2 - 3k$$
$$-2k = 2$$
$$k = -1$$
Der Punkt $(1\,|\,4)$ liegt auf der Geraden g_{-1}.

f) g wird in die explizite Form gebracht, d. h. nach y aufgelöst:
g: $y = 5x - 23$
Nun wird geprüft, ob sich diese Geradengleichung für ein bestimmtes k ergibt. Das k müsste, damit zumindest die Steigungen übereinstimmen, gleich 5 sein. Dann sind aber die y-Achsenabschnitte verschieden:
g_5: $y = 5x - 13$
g ist keine Gerade der Schar g_k.

34. a) Nullstellen von g_k:
$$g_k(x) = 0$$
$$kx + 3 - k = 0$$
$$kx = k - 3$$
Durch k kann nicht ohne Weiteres dividiert werden, daher:
Fall 1: $k \neq 0$
$$x = \frac{k-3}{k} = 1 - \frac{3}{k}$$
Für $k \neq 0$ liegt bei $x_0 = 1 - \frac{3}{k}$ eine Nullstelle vor.

Fall 2: $k = 0$

$0 = -3$ (falsche Aussage)

Für $k = 0$ besitzt g_k keine Nullstelle; g_0 ist eine Parallele zur x-Achse.

b) $P(1 \mid 3)$ einsetzen in g_k:

$3 = k + 3 - k$

$3 = 3$ (wahre Aussage, unabhängig von k)

$\Rightarrow \ P \in g_k$ ist Fixpunkt der Geradenschar g_k.

c) Aus der Darstellung h_k: $y = x - k$ liest man direkt ab:
Es handelt sich um lauter parallele Geraden mit der Steigung 1.

d) Ansatz:

$$g_k(x) = h_k(x)$$
$$kx + 3 - k = x - k \quad \mid + k$$
$$kx + 3 = x$$
$$kx - x = -3$$
$$(k - 1)x = -3$$

Ab hier ist eine Fallunterscheidung nötig, und zwar sind die Fälle $k \neq 1$ und $k = 1$ getrennt zu behandeln.

Fall 1: $k \neq 1$

$$(k - 1)x = -3 \quad \mid : (k - 1)$$
$$x = \frac{-3}{k - 1} \quad \text{bzw.} \quad x = \frac{3}{1 - k}$$

Fall 2: $k = 1$

Hier ist der Faktor $(k - 1)$ dann null. Die Gleichung lautet dann:

$0 = -3$ (falsche Aussage)

Für $k = 1$ gibt es keinen Schnittpunkt, in diesem Fall sind g_1 und h_1 parallel.

35. Für direkte Proportionalität gibt es viele weitere Beispiele im Alltag:
- Preis in Abhängigkeit von der Menge
- Zins in Abhängigkeit von der Laufzeit (ohne Zinseszins)
- Lohn in Abhängigkeit von der Arbeitszeit
- Die Mehrwertsteuer und der Preis
- Die meisten Einheitenumrechnungen, z. B. DM in €, $\frac{m}{s}$ in $\frac{km}{h}$
- Masse und Volumen eines festen oder flüssigen Stoffes (z. B. Wasser)

Die folgenden Größen sind zwar voneinander abhängig (zwischen ihnen besteht ein funktionaler Zusammenhang), sie sind aber nicht direkt proportional zueinander:
- die Steuer in Abhängigkeit vom Einkommen
- die Endgeschwindigkeit in Abhängigkeit von der Fallhöhe

- das Porto in Abhängigkeit vom Gewicht
- Körpergröße und Gewicht
- Zeit und Aktienkurs
- Luftdruck und Höhe über dem Meeresspiegel

36. a)

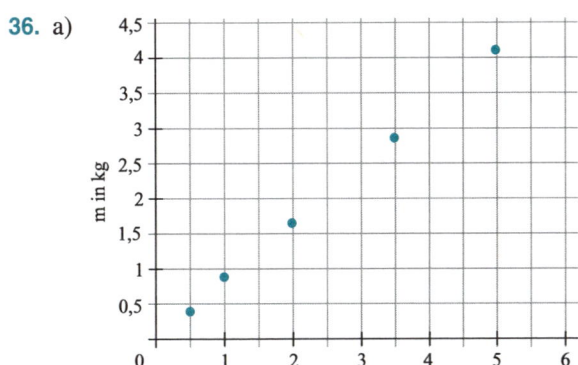

Da die Messpunkte auf einer (gedachten) Ursprungsgerade liegen, sind m und V direkt proportional zueinander.

b)

V in ℓ	0,5	1	2	3,5	5
m in kg	0,41	0,83	1,66	2,91	4,15
$\frac{m}{V}$ in $\frac{kg}{\ell}$	0,82	0,83	0,83	0,83	0,83

Die Quotienten $\frac{m}{V}$ sind (im Rahmen der Messgenauigkeit) konstant. Es gilt also $m = 0,83\,\frac{kg}{\ell} \cdot V$, d. h., es liegt direkte Proportionalität vor. Physikalisch entspricht der Quotient $\frac{m}{V}$ der Dichte eines Stoffes, in diesem Fall mit der Einheit $\frac{kg}{\ell}$. Da diese Dichte kleiner als $1\,\frac{kg}{\ell}$ ist, schwimmt Heizöl auf dem Wasser, das eine Dichte von $1\,\frac{kg}{\ell}$ hat.

37. a) Anbieter 3:
$K_3(x) = 0 \cdot x + 49 = 49$

Anbieter 4:
Ein Nutzungsentgelt von $0,01\,\frac{€}{min}$ bedeutet, dass man $0,6\,€$ pro Stunde zahlen muss, also:
$K_4(x) = 0,6 \cdot x + 0 = 0,6x$

b) y in €

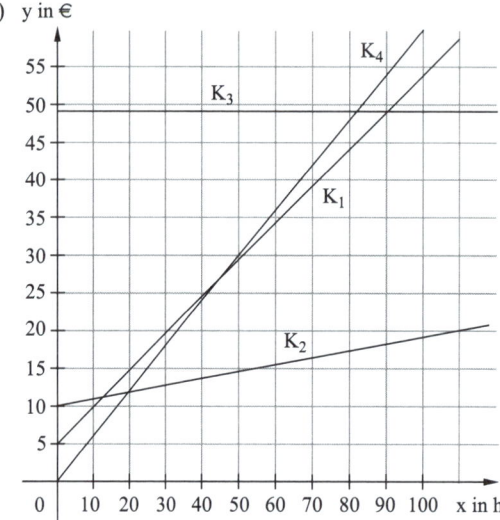

c) Es werden einfach die Gesamtkosten bei 20 h Nutzungsdauer für jeden
   der vier Anbieter errechnet und verglichen:
   $K_1(20) = 0,49 \cdot 20 + 4,9 = 14,7\ [€]$
   $K_2(20) = 0,09 \cdot 20 + 9,9 = \mathbf{11,7\ [€]}$
   $K_3(20) = 49\ [€]$
   $K_4(20) = 0,6 \cdot 20 = 12\ [€]$
   Anbieter 2 ist der günstigste.

38. Ansatz:
$$K_1(x) \le 25$$
$$0,49x + 4,9 \le 25$$
$$0,49x \le 20,1 \qquad |:0,49$$
$$x \le 41,02\ldots$$

Man darf also maximal 41 Stunden im Internet sein, wenn die Kosten 25 €
nicht übersteigen sollen.

39. a) Tarif I: $K_I(x) = 0,16x + 15$
   Tarif II: $K_{II}(x) = 0,49x$

   b) Berechnung der Schnittstelle durch Ansatz auf Schneiden: $K_I(x) = K_{II}(x)$
   $$0,16x + 15 = 0,49x$$
   $$-0,33x = -15 \qquad |:(-0,33)$$
   $$x \approx 45,5$$
   Ab einem Verbrauch von ca. 45,5 kWh ist Tarif I günstiger.

c) $0{,}16x + 15 \leq 50$

$\qquad 0{,}16x \leq 35 \qquad |:0{,}16$

$\qquad\qquad x \leq 218{,}75$

Es dürfen höchstens 218,75 kWh verbraucht werden.

40. a) $2x - 2 \leq 2 \cdot (x + 2) - 1$

$\qquad 2x - 2 \leq 2x + 4 - 1$

$\qquad 2x - 2 \leq 2x + 3$

$\qquad\quad -2 \leq 3$

Diese Ungleichung ist (unabhängig von x) immer erfüllt. Das bedeutet:
$L = \mathbb{R}$

b) $\frac{1}{2}\left(x - \frac{3}{2}\right) + \frac{1}{4} > \frac{5}{2}x + \frac{1}{2} \quad |\cdot 2$

$\qquad \left(x - \frac{3}{2}\right) + \frac{1}{2} > 5x + 1$

$\qquad\qquad x - 1 > 5x + 1$

$\qquad\qquad -4x > 2 \qquad |:(-4)$

$\qquad\qquad\quad x < -\frac{1}{2}$

$\Rightarrow L = \left]-\infty; -\frac{1}{2}\right[$

41. a) Es handelt sich um eine nach unten geöffnete Normalparabel.

Wertebereich:
$W_{f_1} = \,]-\infty; 0]$

Schnittpunkt mit der y-Achse:
$y = f_1(0) = 0 \;\Rightarrow\; S_y(0 \,|\, 0)$

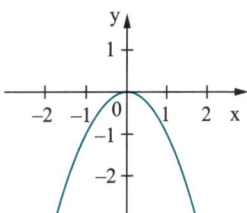

b) Die Parabel ist enger als die Normalparabel ($a = 2$) und gegenüber dieser um eine Einheit nach oben (längs der y-Achse) verschoben.

Wertebereich:
$W_{f_2} = [1; \infty[$

Schnittpunkt mit der y-Achse:
$y = f_2(0) = 1 \;\Rightarrow\; S_y(0 \,|\, 1)$

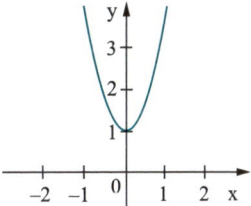

c) Lage wie Normalparabel, jedoch geweitet,
da $a = \frac{1}{3}$.

Wertebereich:
$W_{f_3} = [0; \infty[$

Schnittpunkt mit der y-Achse:
$y = f_3(0) = 0 \Rightarrow S_y(0|0)$

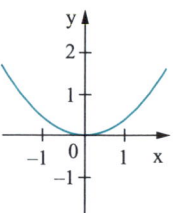

d) Nach unten geöffnete und geweitete Parabel,
Scheitel bei $\left(0 \middle| -\frac{3}{4}\right)$.

Wertebereich:
$W_{f_4} = \left]-\infty; -\frac{3}{4}\right]$

Schnittpunkt mit der y-Achse:
$y = f_4(0) = -\frac{3}{4} \Rightarrow S_y\left(0 \middle| -\frac{3}{4}\right)$

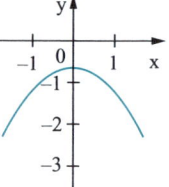

42. a)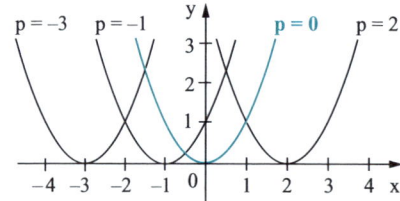

Die Zahl p in der Formel $f_p(x) = (x-p)^2$ bewirkt die Verschiebung des
zugehörigen Graphen längs der x-Achse um $|p|$ Einheiten.

b) Die Parameter p und q in der
Darstellungsform
$f(x) = (x-p)^2 + q$
für quadratische Funktionen sind
die Scheitelkoordinaten der zugehörigen Normalparabel.
Der Scheitelpunkt lautet daher:
$S(p|q)$

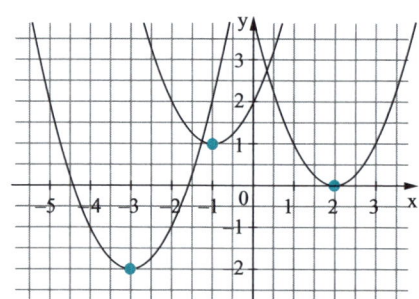

c) $f(x) = a(x-p)^2 + q$
$\qquad = a(x^2 - 2px + p^2) + q$
$\qquad = ax^2 - 2apx + ap^2 + q$

Der Koeffizientenvergleich mit der Form $f(x) = ax^2 + bx + c$ ergibt:
$a = a$
$b = -2ap$
$c = ap^2 + q$

Aus der Gleichung $b = -2ap$ folgt, dass sich die x-Koordinate des Scheitelpunktes folgendermaßen berechnen lässt:

$$x_S = p = -\frac{b}{2a}$$

(Für diese Formel hat man eine einfache Merkregel in Zusammenhang mit der Lösungsformel für quadratische Gleichungen. Dort ist diese Merkregel auch dargestellt.)

Aus der Gleichung $c = ap^2 + q$ folgt $c = a\left(-\frac{b}{2a}\right)^2 + q = \frac{b^2}{4a} + q$.

Demnach ergibt sich für die y-Koordinate des Scheitelpunktes:

$$y_S = q = c - \frac{b^2}{4a}$$

43. a) Im nebenstehenden Graphen ist die y-Achse nach unten orientiert, damit das Fallen der Kugel zum Ausdruck kommt. Es ist eingezeichnet, wo sich die Kugel zu den Zeitpunkten 0 s, 1 s und 2 s befindet. Man erkennt deutlich, dass die durchfallende Höhe nichtlinear mit der Zeit zunimmt.

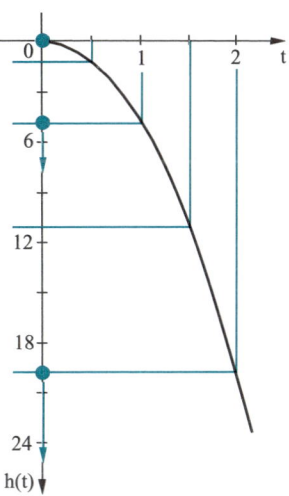

b) Für die gefallene Höhe des Steins im freien Fall gilt $h(t) = \frac{1}{2}gt^2$ (zur Erinnerung: $g = 9,81\,\frac{m}{s^2}$ ist bekannt). Da der Stein nach $t = 2,5$ s aufschlägt, braucht man nur 2,5 für t einsetzen, sodass sich unter Weglassen der Einheiten ergibt:

$$h(2,5) = \frac{1}{2} \cdot 9,81 \cdot 2,5^2 \approx 30,7\,[m]$$

Der Brunnen ist ca. 31 m tief.

44. a) $x^2 + 2x + 1 = 0$

Lösungsformel:

$$x_{1/2} = \frac{-2 \pm \sqrt{4 - 4 \cdot 1 \cdot 1}}{2} = \frac{-2 \pm \sqrt{0}}{2} = -1 \quad \Rightarrow \quad \mathbf{L = \{-1\}}$$

Alternative: Anwenden der 1. binomischen Formel:

$$x^2 + 2x + 1 = 0$$
$$(x+1)^2 = 0$$
$$x + 1 = 0$$
$$x_{1/2} = -1$$

b) $\frac{1}{2}x^2 + 4x + \frac{3}{2} = 0 \quad | \cdot 2$

$$x^2 + 8x + 3 = 0$$

Lösungsformel:

$$x_{1/2} = \frac{-8 \pm \sqrt{64 - 4 \cdot 3}}{2} = \frac{-8 \pm \sqrt{52}}{2} = \frac{-8 \pm \sqrt{4 \cdot 13}}{2} = \frac{-8 \pm 2\sqrt{13}}{2}$$

$$= \frac{2 \cdot (-4 \pm \sqrt{13})}{2} = -4 \pm \sqrt{13} \approx \begin{cases} -0,39 \\ -7,61 \end{cases} \Rightarrow \mathbf{L = \{-7,61;\ -0,39\}}$$

c) $\frac{2}{3}m^2 + \frac{4}{3}m = \frac{5}{3} \quad | \cdot 3$

$$2m^2 + 4m = 5$$
$$2m^2 + 4m - 5 = 0$$

Lösungsformel:

$$m_{1/2} = \frac{-4 \pm \sqrt{16 - 4 \cdot 2 \cdot (-5)}}{4} = \frac{-4 \pm \sqrt{56}}{4} = \frac{-4 \pm \sqrt{4 \cdot 14}}{4} = \frac{-4 \pm 2\sqrt{14}}{4}$$

$$= -1 \pm \frac{1}{2}\sqrt{14} \approx \begin{cases} 0,87 \\ -2,87 \end{cases} \Rightarrow \mathbf{L = \{-2,87;\ 0,87\}}$$

d) $5x^2 + 4x = 0$

Lösungsformel:

$$x_{1/2} = \frac{-4 \pm \sqrt{16 - 4 \cdot 5 \cdot 0}}{2 \cdot 5} = \frac{-4 \pm 4}{10} = \begin{cases} 0 \\ -0,8 \end{cases} \Rightarrow \mathbf{L = \{-0,8;\ 0\}}$$

Alternative: Ausklammern von x:

$$5x^2 + 4x = 0$$
$$x(5x + 4) = 0$$
$$\Rightarrow x_1 = 0;\ x_2 = -0,8$$

e) $\frac{2x^2}{3} = 576 \quad | \cdot 3$

$$2x^2 - 1\,728 = 0 \quad | : 2$$
$$x^2 - 864 = 0$$

Lösungsformel:

$$x_{1/2} = \frac{0 \pm \sqrt{0 - 4 \cdot (-864)}}{2} = \frac{\pm \sqrt{4 \cdot 864}}{2} = \frac{\pm 2\sqrt{864}}{2} = \pm\sqrt{864} \approx \pm 29,39$$

$$\Rightarrow \mathbf{L = \{-29,39;\ 29,39\}}$$

Alternative: „Wurzelziehen"

$$x^2 - 864 = 0$$
$$x^2 = 864 \qquad | \sqrt{}$$
$$x_{1/2} = \pm\sqrt{864}$$

(siehe auch Abschnitt „rein-quadratische Gleichungen")

f)
$$k^2 = 4(k-3)$$
$$k^2 = 4k - 12$$
$$k^2 - 4k + 12 = 0$$

Lösungsformel:

$$k_{1/2} = \frac{4 \pm \sqrt{16 - 4\cdot 12}}{2} = \frac{4 \pm \sqrt{-32}}{2} \notin \mathbb{R}$$

Wegen $D = -32 < 0$ (negative Diskriminante) hat diese Gleichung keine reelle Lösung. $\Rightarrow$ $\mathbf{L = \varnothing}$

g)
$$(x+1)^2 + (x-1)^2 = 7x - 4$$
$$x^2 + 2x + 1 + x^2 - 2x + 1 = 7x - 4$$
$$2x^2 - 7x + 6 = 0$$

Lösungsformel:

$$x_{1/2} = \frac{7 \pm \sqrt{49 - 4\cdot 2\cdot 6}}{4} = \frac{7 \pm 1}{4} = \begin{cases} 2 \\ \frac{3}{2} \end{cases} \Rightarrow \mathbf{L = \{1{,}5;\ 2\}}$$

h)
$$x + 1 = \frac{2}{x} \quad | \cdot x, \quad \text{wobei } x \neq 0$$
$$x^2 + x - 2 = 0$$

Lösungsformel:

$$x_{1/2} = \frac{-1 \pm \sqrt{1 - 4\cdot(-2)}}{2} = \frac{-1 \pm 3}{2} = \begin{cases} 1 \\ -2 \end{cases} \Rightarrow \mathbf{L = \{-2;\ 1\}}$$

i) $(x-3)(x+1) = 0$

Da es sich um die Produktform einer Gleichung handelt, kann man die Lösungen direkt ablesen. Wählt man $x_1 = 3$, so ist die erste Klammer null, für $x_2 = -1$ ist die zweite Klammer null. In beiden Fällen ist die Gleichung gelöst.

$\Rightarrow$ $\mathbf{L = \{-1;\ 3\}}$

Alternative: „Ausmultiplizieren"

$$(x-3)(x+1) = 0$$
$$x^2 - 2x - 3 = 0$$

Lösungsformel:

$$x_{1/2} = \frac{2 \pm \sqrt{4 - 4\cdot(-3)}}{2} = \frac{2 \pm 4}{2} = \begin{cases} 3 \\ -1 \end{cases}$$

j) $\quad \frac{1}{2}t^2 + t = \sqrt{3}$

$\frac{1}{2}t^2 + t - \sqrt{3} = 0$

Lösungsformel:

$$t_{1/2} = \frac{-1 \pm \sqrt{1 - 4 \cdot \frac{1}{2} \cdot (-\sqrt{3})}}{2 \cdot \frac{1}{2}} = -1 \pm \sqrt{1 + 2\sqrt{3}} \approx \begin{cases} 1{,}11 \\ -3{,}11 \end{cases}$$

$\Rightarrow$ **L = {−3,11; 1,11}**

45. a) Nullstellen:

$x^2 + 1 = 0$

$x_{1/2} = \frac{0 \pm \sqrt{0 - 4}}{2} = \frac{\pm\sqrt{-4}}{2} \quad \Rightarrow \quad$ keine Nullstellen, weil D = −4 < 0

Scheitelkoordinaten:

$x_S = -\frac{b}{2a} = -\frac{0}{2} = 0$

$y_S = f(x_S) = f(0) = 1$

$\Rightarrow$ **S(0 | 1)**

b) Nullstellen:

$x^2 + 6x + 5 = 0$

$x_{1/2} = \frac{-6 \pm \sqrt{36 - 4 \cdot 5}}{2} = \frac{-6 \pm \sqrt{16}}{2} = \frac{-6 \pm 4}{2} = \begin{cases} -1 \\ -5 \end{cases}$

Scheitelkoordinaten:

$x_S = \frac{-6}{2} = -3$ bzw. $x_S = \frac{1}{2}(-1 - 5) = -3$

$y_S = f(-3) = (-3)^2 + 6 \cdot (-3) + 5 = -4$

$\Rightarrow$ **S(−3 | −4)**

c) Nullstellen:

$3x^2 + 2x - 5 = 0$

$x_{1/2} = \frac{-2 \pm \sqrt{4 - 4 \cdot 3 \cdot (-5)}}{2 \cdot 3} = \frac{-2 \pm \sqrt{64}}{6} = \frac{-2 \pm 8}{6} = \begin{cases} 1 \\ -\frac{5}{3} \end{cases}$

Scheitelkoordinaten:

$x_S = \frac{-2}{2 \cdot 3} = -\frac{1}{3}$ bzw. $x_S = \frac{1}{2}\left(1 - \frac{5}{3}\right) = -\frac{1}{3}$

$y_S = f\left(-\frac{1}{3}\right) = 3 \cdot \left(-\frac{1}{3}\right)^2 + 2 \cdot \left(-\frac{1}{3}\right) - 5 = \frac{1}{3} - \frac{2}{3} - 5 = -\frac{16}{3}$

$\Rightarrow$ **S$\left(-\frac{1}{3} \middle| -\frac{16}{3}\right)$**

d) Die Nullstellen können durch Ausklammern von x bestimmt werden:

$$\frac{1}{3}x^2 + 4x = 0$$

$$x\left(\frac{1}{3}x + 4\right) = 0$$

$$\Rightarrow \quad x_1 = 0; \; x_2 = -12$$

Scheitelkoordinaten:

$$x_S = \frac{-4}{2 \cdot \frac{1}{3}} = -6 \text{ bzw. } x_S = \frac{1}{2}(0 - 12) = -6$$

$$y_S = f(-6) = \frac{1}{3}(-6)^2 + 4 \cdot (-6) = -12$$

$$\Rightarrow \quad \mathbf{S(-6|-12)}$$

e) Nullstellen:

$$-\frac{1}{2}(x - 1)^2 + 1 = 0$$

$$-\frac{1}{2}(x^2 - 2x + 1) + 1 = 0$$

$$-\frac{1}{2}x^2 + x + \frac{1}{2} = 0$$

$$x_{1/2} = \frac{-1 \pm \sqrt{1 - 4 \cdot (-\frac{1}{2}) \cdot \frac{1}{2}}}{-1} = 1 \mp \sqrt{2} \approx \begin{cases} -0,41 \\ 2,41 \end{cases}$$

Scheitelkoordinaten:

$$x_S = \frac{-1}{2 \cdot (-\frac{1}{2})} = 1 \text{ bzw. } x_S = \frac{1}{2}(2,41 - 0,41) = 1$$

$$y_S = f(1) = -\frac{1}{2}(1 - 1)^2 + 1 = 1$$

$$\Rightarrow \quad \mathbf{S(1|1)}$$

f) Nullstellen:

$$\frac{(x - 2)^2}{\sqrt{3}} = 0$$

Hierbei handelt es sich um die Produktform einer Gleichung. Diese ist erfüllt, falls $(x - 2)^2 = 0$, also für $x_{1/2} = 2$.

Scheitelkoordinaten:

$x_{1/2} = 2$ ist eine doppelte Nullstelle. Bei einer Parabel ist die doppelte Nullstelle zugleich die x-Koordinate des Scheitels.

$$\Rightarrow \quad \mathbf{S(2|0)}$$

46. a) $x^2 + 1 = 0$

Lösungsformel:

$$x_{1/2} = \frac{\pm\sqrt{-4}}{2} \quad \Rightarrow \quad \mathbf{L = \varnothing}$$

Direkter Weg:

$x^2 + 1 = 0$

$x^2 = -1 < 0 \quad \Rightarrow \quad \mathbf{L = \emptyset}$

b) $\quad x^2 + \sqrt{3} = 2x^2$

$-x^2 + \sqrt{3} = 0$

Lösungsformel:

$$x_{1/2} = \frac{0 \pm \sqrt{0 - 4 \cdot (-1) \cdot \sqrt{3}}}{2 \cdot (-1)} = \frac{\pm\sqrt{4\sqrt{3}}}{-2} = \mp\sqrt{\sqrt{3}} = \mp\sqrt[4]{3} \quad \Rightarrow \quad \mathbf{L = \{-1{,}32;\ 1{,}32\}}$$

Direkter Weg:

$-x^2 + \sqrt{3} = 0$

$-x^2 = -\sqrt{3} \qquad | \cdot (-1)$

$x^2 = \sqrt{3} \qquad | \sqrt{\ }$

$x_{1/2} = \pm\sqrt{\sqrt{3}} = \pm\sqrt[4]{3}$

c) $4x^2 - 0{,}5 = 0$

Lösungsformel:

$$x_{1/2} = \frac{0 \pm \sqrt{0 - 4 \cdot 4 \cdot (-0{,}5)}}{2 \cdot 4} = \frac{\pm\sqrt{8}}{8} = \pm\frac{2\sqrt{2}}{8} = \pm\frac{\sqrt{2}}{4} \quad \Rightarrow \quad \mathbf{L = \{-0{,}35;\ 0{,}35\}}$$

Direkter Weg:

$4x^2 - 0{,}5 = 0$

$4x^2 = 0{,}5$

$x^2 = \frac{1}{8} \qquad | \sqrt{\ }$

$\Rightarrow \quad x_{1/2} = \pm\sqrt{\frac{1}{8}} = \pm\sqrt{\frac{2}{16}} = \pm\frac{\sqrt{2}}{4}$

d) $\quad \frac{1}{a^2} = 9 \qquad | \cdot a^2$

$1 = 9a^2$

$9a^2 - 1 = 0$

Lösungsformel:

$$a_{1/2} = \frac{0 \pm \sqrt{0 - 4 \cdot 9 \cdot (-1)}}{2 \cdot 9} = \frac{\pm 6}{18} = \pm\frac{1}{3} \quad \Rightarrow \quad \mathbf{L = \left\{-\frac{1}{3};\ \frac{1}{3}\right\}}$$

Direkter Weg:

$9a^2 - 1 = 0$

$9a^2 = 1$

$a^2 = \frac{1}{9} \qquad | \sqrt{\ }$

$a_{1/2} = \pm\frac{1}{3}$

e) $\quad \sqrt{5} = \frac{x^2}{\sqrt{5}} \qquad |\cdot \sqrt{5}$

$\qquad 5 = x^2$

$x^2 - 5 = 0$

Lösungsformel:

$x_{1/2} = \frac{0 \pm \sqrt{0 + 4 \cdot 5}}{2} = \frac{\pm \sqrt{20}}{2} = \frac{\pm 2\sqrt{5}}{2} = \pm \sqrt{5} \; \Rightarrow \; \mathbf{L = \{-2,24; \, 2,24\}}$

Direkter Weg:

$x^2 - 5 = 0$

$\qquad x^2 = 5 \qquad\qquad |\sqrt{}$

$\qquad x_{1/2} = \pm\sqrt{5}$

f) $\quad -\sqrt{2}z^2 + \frac{1}{\sqrt{2}} = 2 \qquad |\cdot \sqrt{2}$

$\qquad -2z^2 + 1 = 2\sqrt{2}$

$-2z^2 + 1 - 2\sqrt{2} = 0$

Lösungsformel:

$z_{1/2} = \frac{0 \pm \sqrt{0 - 4 \cdot (-2) \cdot (1 - 2\sqrt{2})}}{2 \cdot (-2)} = \frac{\pm\sqrt{8 - 16\sqrt{2}}}{-4} \approx \frac{\pm\sqrt{-14{,}63}}{-4} \notin \mathbb{R} \;\Rightarrow\; \mathbf{L = \varnothing}$

Direkter Weg:

$-\sqrt{2}z^2 + \frac{1}{\sqrt{2}} = 2 \qquad |\cdot (-\sqrt{2})$

$\qquad 2z^2 - 1 = -2\sqrt{2}$

$\qquad\quad 2z^2 = 1 - 2\sqrt{2} \quad |:2$

$\qquad\qquad z^2 = \frac{1}{2} - \sqrt{2} \approx -0{,}91 \;\Rightarrow\;$ keine reelle Lösung

47. a) $\quad x^2 = x$

$\quad x^2 - x = 0$

Lösungsformel:

$x_{1/2} = \frac{1 \pm \sqrt{(-1)^2 - 4 \cdot 1 \cdot 0}}{2} = \frac{1 \pm \sqrt{1}}{2} = \frac{1 \pm 1}{2} = \begin{cases} 1 \\ 0 \end{cases} \;\Rightarrow\; \mathbf{L = \{0; 1\}}$

Ausklammern von x:

$\quad x^2 - x = 0$

$\quad x(x - 1) = 0$

$\Rightarrow \; x_1 = 0; \; x_2 = 1$

b) $\left(\frac{x}{3}\right)^2 + \frac{x}{3} = 0$

$\qquad \frac{x^2}{9} + \frac{x}{3} = 0 \quad |\cdot 9$

$\qquad x^2 + 3x = 0$

Lösungsformel:

$$x_{1/2} = \frac{-3 \pm \sqrt{9 - 4 \cdot 1 \cdot 0}}{2} = \frac{-3 \pm 3}{2} = \begin{cases} 0 \\ -3 \end{cases} \Rightarrow \mathbf{L = \{-3; 0\}}$$

Ausklammern von x:

$$x^2 + 3x = 0$$
$$x(x + 3) = 0$$
$$\Rightarrow x_1 = 0; \ x_2 = -3$$

c) $$\frac{w^2}{81} = \frac{w}{9}$$

$$\frac{w^2}{81} - \frac{w}{9} = 0 \quad \Big| \cdot 81$$

$$w^2 - 9w = 0$$

Lösungsformel:

$$w_{1/2} = \frac{9 \pm \sqrt{81 - 4 \cdot 1 \cdot 0}}{2} = \frac{9 \pm 9}{2} = \begin{cases} 9 \\ 0 \end{cases} \Rightarrow \mathbf{L = \{0; 9\}}$$

Ausklammern von w:

$$w^2 - 9w = 0$$
$$w(w - 9) = 0$$
$$\Rightarrow w_1 = 0; \ w_2 = 9$$

d) $\sqrt{3}x^2 + x = 0$

Lösungsformel:

$$x_{1/2} = \frac{-1 \pm \sqrt{1^2 - 4 \cdot \sqrt{3} \cdot 0}}{2 \cdot \sqrt{3}} = \frac{-1 \pm 1}{2 \cdot \sqrt{3}} \approx \begin{cases} 0 \\ -0{,}58 \end{cases} \Rightarrow \mathbf{L = \{-0{,}58; 0\}}$$

Ausklammern von x:

$$\sqrt{3}x^2 + x = 0$$
$$x(\sqrt{3}x + 1) = 0$$
$$\Rightarrow x_1 = 0; \ x_2 = -\frac{1}{\sqrt{3}} \approx -0{,}58$$

48. $f(x) = x^2 - 5x + 6$

Mögliche Faktorisierungen von **6** sind ±1; ±6 und ±2; ±3. Die Summe muss $-(-5) = 5$ ergeben, daher ist **2; 3** das passende Zahlenpaar.

Zerlegung von f in Linearfaktoren:

$$f(x) = (x - 2)(x - 3)$$

Nullstellen von f:

$$(x - 2)(x - 3) = 0$$
$$\Rightarrow x_1 = 2; \ x_2 = 3$$

49. Die Schnittstellen mit der x-Achse sind die Nullstellen. Man kann die Funktion daher direkt in Produktform angeben:

$f(x) = [x - (\mathbf{-2})](x - \mathbf{3}) = (x + 2)(x - 3)$

Die Funktion kann natürlich auch in die ausmultiplizierte Form umgewandelt werden, sie lautet dann $f(x) = x^2 - x - 6$.

50. $x^2 + \mathbf{3}x - \mathbf{10} = 0$

Gleichung in Produktform:

$[x - (\mathbf{-5})](x - \mathbf{2}) = 0$

$(x + 5)(x - 2) = 0$

Folglich lauten die Lösungen:

$x_1 = -5; x_2 = 2$

Mögliche Faktorisierungen von $\mathbf{-10}$ sind ± 1; ∓ 10 und ± 2; ∓ 5. Die Summe muss $\mathbf{-3}$ ergeben, daher ist $\mathbf{-5; 2}$ das passende Zahlenpaar.

51. a) $f(x) = \mathbf{3}x^2 - 15x + 18$

$= 3(x^2 - \mathbf{5}x + \mathbf{6})$

Gleichung in Produktform:

$f(x) = 3(x - \mathbf{2})(x - \mathbf{3})$

Die Nullstellen von f lauten:

$x_1 = 2; x_2 = 3$

Der Koeffizient $\mathbf{3}$ von x^2 wird ausgeklammert.

Auf die runde Klammer wird der Satz von Vieta angewandt. Mögliche Faktorisierungen von $\mathbf{6}$ sind ± 1; ± 6 und ± 2; ± 3. Die Summe muss $-(\mathbf{-5}) = \mathbf{5}$ ergeben, daher ist $\mathbf{2; 3}$ das passende Zahlenpaar.

b) $g(x) = \mathbf{2}x^2 + 14x + 24$

$= 2(x^2 + \mathbf{7}x + \mathbf{12})$

Gleichung in Produktform:

$g(x) = 2[x - (\mathbf{-3})][x - (\mathbf{-4})]$

$= 2(x + 3)(x + 4)$

Die Nullstellen von g lauten:

$x_1 = -3; x_2 = -4$

Der Koeffizient $\mathbf{2}$ von x^2 wird ausgeklammert.

Auf die runde Klammer wird der Satz von Vieta angewandt. Mögliche Faktorisierungen von $\mathbf{12}$ sind ± 1; ± 12, ± 2; ± 6 und ± 3; ± 4. Die Summe muss $\mathbf{-7}$ ergeben, daher ist $\mathbf{-3; -4}$ das passende Zahlenpaar.

52. a) $f(x) = x^2 - \mathbf{3}x - \mathbf{28}$

Zerlegung in Linearfaktoren:

$f(x) = [x - (\mathbf{-4})](x - \mathbf{7})$

$= (x + 4)(x - 7)$

Nullstellen ablesen:

$x_1 = -4; x_2 = 7$

Vieta anwenden. Mögliche Faktorisierungen von $\mathbf{-28}$ sind ± 1; ∓ 28, ± 2; ∓ 14 und ± 4; ∓ 7. Die Summe muss $-(\mathbf{-3}) = \mathbf{3}$ ergeben, daher ist $\mathbf{-4; 7}$ das passende Zahlenpaar.

b) $f(x) = 2x^2 - 4x$

$= \mathbf{2x}(x - 2)$

Nullstellen:

$x_1 = 0; x_2 = 2$

Ausklammern von $\mathbf{2x}$ ist möglich.

Dies ist bereits die Zerlegung in Linearfaktoren.

c) $f(x) = -x^2 + 8x - 16$ — Minus ausklammern.

$\quad = -(x^2 - 8x + 16)$ — In der Klammer die zweite binomische Formel **(Minusformel)** erkennen und anwenden.

$\quad = -(x - 4)^2$

$\quad f(x) = -(x - 4)^2$ — Dies ist bereits die Zerlegung in Linearfaktoren.

doppelte Nullstelle: $x_{1/2} = 4$

d) $f(x) = (x - 2)^2$

doppelte Nullstelle: $x_{1/2} = 2$

e) $f(x) = 4x^2 - 12x + 9$ — Ausklammern von 4 ist ungünstig (Brüche entstehen).

$$x_{1/2} = \frac{12 \pm \sqrt{144 - 4 \cdot 4 \cdot 9}}{2 \cdot 4}$$ — Die Nullstellen werden deshalb mit der Lösungsformel ermittelt.

$$= \frac{12 \pm 0}{8} = \frac{3}{2}$$

doppelte Nullstelle: $x_{1/2} = \frac{3}{2}$

Zerlegung in Linearfaktoren:

$$f(x) = 4\left(x - \frac{3}{2}\right)^2$$

f) $f(x) = \frac{1}{2}x^2 - \frac{1}{2}x - 3$ — Ausklammern von $\frac{1}{2}$

$\quad = \frac{1}{2}(x^2 - x - \mathbf{6})$ — Vieta anwenden. Mögliche Faktorisierungen von **−6** sind ± 1; ∓ 6 und ± 2; ∓ 3. Die Summe muss $-(\mathbf{-1}) = \mathbf{1}$ ergeben, daher ist **−2; 3** das passende Zahlenpaar.

Zerlegung in Linearfaktoren:

$f(x) = \frac{1}{2}[x - (\mathbf{-2})](x - \mathbf{3})$

$\quad = \frac{1}{2}(x + 2)(x - 3)$

Nullstellen:

$x_1 = -2$; $x_2 = 3$

g) $f(x) = -\frac{1}{3}(x - 3)^2 + 2$ — Ausmultiplizieren

$\quad = -\frac{1}{3}x^2 + 2x - 1$

$f(x) = -\frac{1}{3}(x^2 - 6x + 3)$ — Den Faktor $-\frac{1}{3}$ ausklammern, Vieta lässt sich nicht anwenden.

Nullstellen von f: — Daher wird mit der Lösungsformel gearbeitet.

$$x_{1/2} = \frac{6 \pm \sqrt{36 - 4 \cdot 1 \cdot 3}}{2} = \frac{6 \pm \sqrt{24}}{2}$$

$$= \frac{6 \pm 2\sqrt{6}}{2} = 3 \pm \sqrt{6} \approx \begin{cases} 5,45 \\ 0,55 \end{cases}$$

h) $f(x) = 2x^2 + 1$ hat keine reellen Nullstellen (wovon man sich beispielsweise durch Berechnen der Diskriminante überzeugen kann: $D = -8 < 0$). Deshalb lässt sich f(x) **nicht** faktorisieren.

53. a) $-0{,}5x^2 + 2x + 6 = 0 \quad |\cdot(-2)$

$\quad\quad x^2 - 4x - 12 = 0$

Multiplikation mit –2 ändert die Lösungsmenge nicht.

$\quad [x-(-2)](x-6) = 0$

$\quad\quad (x+2)(x-6) = 0$

Vieta anwenden. Mögliche Faktorisierungen von **–12** sind $\pm 1;\ \mp 12,\ \pm 2;\ \mp 6$ und $\pm 3;\ \mp 4$. Die Summe muss $-(-4) = 4$ ergeben, daher ist **–2; 6** das passende Zahlenpaar.

Lösungen ablesen:

$x_1 = -2;\ x_2 = 6 \ \Rightarrow\ \mathbf{L = \{-2;\ 6\}}$

b) $\quad \dfrac{1}{x^2} + \dfrac{1}{x} = 1 \quad\quad\quad |\cdot x^2$

Multiplikation mit x^2 ändert die Lösungsmenge nicht, da $x \neq 0$.

$\quad\quad 1 + x = x^2$

$x^2 - x - 1 = 0$

$x_{1/2} = \dfrac{1 \pm \sqrt{1+4}}{2} = \dfrac{1}{2}(1 \pm \sqrt{5})$

Vieta lässt sich nicht anwenden, daher wird mit der Lösungsformel gearbeitet.

$\quad\quad \approx \begin{cases} 1{,}62 \\ -0{,}62 \end{cases}$

$\Rightarrow\ \mathbf{L = \{-0{,}62;\ 1{,}62\}}$

c) $\quad\quad u^2 = 4u$

$\quad u^2 - 4u = 0$

$\quad u(u-4) = 0$

u lässt sich ausklammern.

Lösungen ablesen:

$u_1 = 0;\ u_2 = 4 \ \Rightarrow\ \mathbf{L = \{0;\ 4\}}$

d) $4(x+3)^2 = 0$

$x_{1/2} = -3 \ \Rightarrow\ \mathbf{L = \{-3\}}$

e) $\quad \dfrac{\sqrt{2}}{x^2+1} = \dfrac{1}{\sqrt{2}}$

„Über Kreuz" ausmultiplizieren

$\sqrt{2} \cdot \sqrt{2} = x^2 + 1$

$\quad\quad 2 = x^2 + 1$

$\quad\quad x^2 = 1$

$x_{1/2} = \pm\sqrt{1} = \pm 1 \ \Rightarrow\ \mathbf{L = \{-1;\ 1\}}$

Es liegt eine rein-quadratische Gleichung vor.

f) $\quad\quad \dfrac{1}{a} = \dfrac{a}{a+1}$

„Über Kreuz" ausmultiplizieren

$\quad\quad a + 1 = a^2$

$\quad a^2 - a - 1 = 0$

$a_{1/2} = \dfrac{1 \pm \sqrt{1+4}}{2} = \dfrac{1}{2}(1 \pm \sqrt{5})$

Vieta lässt sich nicht anwenden, daher wird mit der Lösungsformel gearbeitet.

$\quad\quad \approx \begin{cases} 1{,}62 \\ -0{,}62 \end{cases}$

$\Rightarrow\ \mathbf{L = \{-0{,}62;\ 1{,}62\}}$

54. a) $x^2 - 7x + 12 > 0$
zugehörige Gleichung:
$x^2 - 7x + 12 = 0$
Satz von Vieta:
$(x - 3)(x - 4) = 0$
Lösungen ablesen:
$x_1 = 3;\ x_2 = 4$
$\Rightarrow$ **L =]$-\infty$; 3[$\cup$]4; ∞[= $\mathbb{R}$ \ [3; 4]**

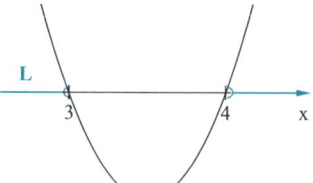

b) $-x^2 + 12x - 26 < 6$
$-x^2 + 12x - 32 < 0$
zugehörige Gleichung:
$-x^2 + 12x - 32 = 0 \qquad | \cdot (-1)$
$x^2 - 12x + 32 = 0$
Satz von Vieta:
$(x - 8)(x - 4) = 0$
Lösungen ablesen:
$x_1 = 4;\ x_2 = 8$
$\Rightarrow$ **L =]$-\infty$; 4[$\cup$]8; ∞[= $\mathbb{R}$ \ [4; 8]**

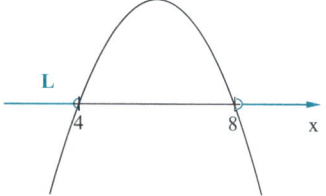

c) $\qquad x^2 + 1 \leq 2(x - 2)$
$\qquad x^2 + 1 \leq 2x - 4$
$x^2 - 2x + 5 \leq 0$
zugehörige Gleichung:
$x^2 - 2x + 5 = 0$
Vieta ist nicht möglich, daher Lösungsformel:
$x_{1/2} = \dfrac{2 \pm \sqrt{4 - 4 \cdot 5}}{2} = \dfrac{2 \pm \sqrt{-16}}{2} \notin \mathbb{R}$

Die Gleichung hat keine reelle Lösung,
da $D = -16 < 0$.
$\Rightarrow$ **L = $\varnothing$**

Da die zugehörige Parabel nirgends
unterhalb der x-Achse verläuft, hat
die Ungleichung $x^2 - 2x + 5 \leq 0$ **keine
Lösung.**

Für die Ungleichung $x^2 - 2x + 5 \geq 0$
wäre $L = \mathbb{R}$, da die Parabel vollständig
im Positiven verläuft.

d) $\qquad x^2 \geq x$
$x^2 - x \geq 0$
zugehörige Gleichung:
$x^2 - x = 0$
Ausklammern von x:
$x(x - 1) = 0$
Lösungen ablesen:
$x_1 = 0;\ x_2 = 1$
$\Rightarrow$ **L =]$-\infty$; 0] $\cup$ [1; ∞[= $\mathbb{R}$ \ ]0; 1[**

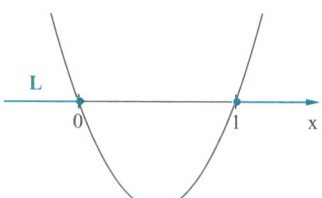

e) $2(x+1) > x(x+1)$
     $2x+2 > x^2+x$
    $x^2-x-2 < 0$
    zugehörige Gleichung:
    $x^2-x-2=0$
    Satz von Vieta:
    $(x-2)(x+1)=0$
    Lösungen ablesen:
    $x_1=-1; x_2=2$
    $\Rightarrow$ **L =]–1; 2[**

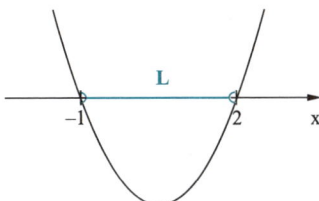

f) $-(3x+2)^2 \geq 0 \quad |\cdot(-1)$
     $(3x+2)^2 \leq 0$
    Die linke Seite ist aufgrund des
    Quadrats ≥ 0, daher muss gelten:
    $(3x+2)^2=0$ bzw. $3x+2=0$
    Lösungen ablesen:
    $x_{1/2}=-\frac{2}{3}$

    $\Rightarrow$ **L** $=\left\{-\frac{2}{3}\right\}$

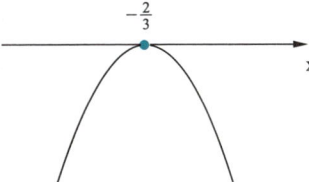

Die zugehörige Parabel berührt die
x-Achse, die Lösungsmenge ist demnach einelementig.

55. Lautet die Ungleichung $2x^2+3x \leq 2$, so ist die Rechnung die gleiche wie in
Beispiel 1. Allerdings sind nun auch die Intervallränder in der Lösungsmenge
enthalten: $L=[-2; 0,5]$.
Auch die Ungleichung $2x^2+3x > 2$ führt zu dem gleichen Rechenweg wie in
Beispiel 1. Jetzt ist allerdings gefragt, für welche x sich **positive** Werte erge-
ben. Das ist der Fall für $L=]-\infty; -2[\cup]0,5; \infty[$, einfacher geschrieben:
$L=\mathbb{R} \setminus [-2; 0,5]$.
Die Ungleichung $2x^2+3x \geq 2$ führt schließlich auf die Lösungsmenge
$L=\mathbb{R} \setminus]-2; 0,5[$. Es ist zu beachten, dass –2 und 0,5 Elemente der Lösungs-
menge sind. Deshalb muss das aus $\mathbb{R}$ herausgenommene Intervall offen sein.

56. $-x^2+(t-1)x=0$

Zur Bestimmung der Nullstellen wird die Funktionenschar $f_t(x)$ gleich null gesetzt.

   $x(-x+t-1)=0$

Die beste Lösungsmethode ist es, x auszuklammern.

   $x_1=0$

Die erste Nullstelle, die unabhängig von t ist,
kann abgelesen werden.

   $x_2=t-1$

Der andere Faktor der in Produktform vorliegenden Gleichung ist null, wenn $-x+t-1=0$ ist.

Damit hat man eine „feste" Nullstelle bei $x_1=0$ und eine „bewegliche", d. h.
von t abhängige, bei $x_2=t-1$.

Für **t = 1** ist die zweite Nullstelle ebenfalls null. Dann fallen beide Nullstellen zusammen und man hat für t = 1 eine doppelte Nullstelle bei $x_{1/2} = 0$.
Für **t ≠ 1** sind stets zwei einfache Nullstellen vorhanden. Der Fall „keine Nullstelle" kommt bei dieser Funktionenschar nicht vor.

Im Diagramm, das die Graphen für $t \in \{-3; -1; 1; 3; 5\}$ enthält, erkennt man, dass alle Parabeln der Schar eine Nullstelle bei 0 besitzen.

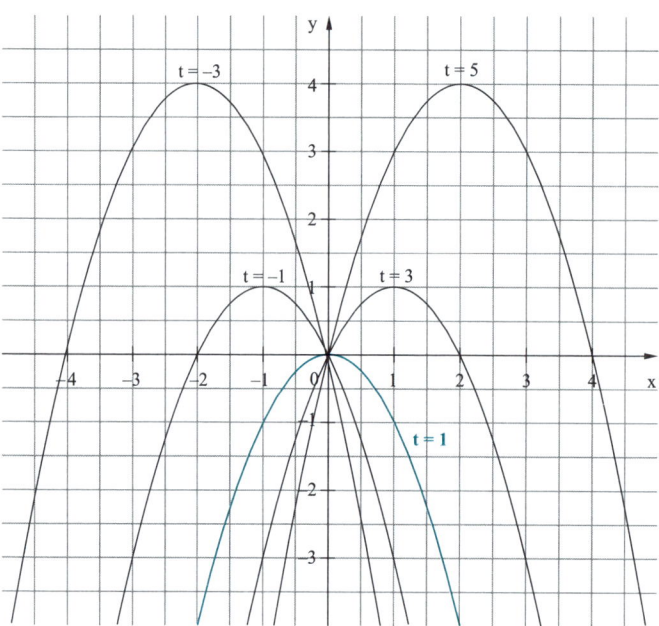

57. a) $\qquad f_t(x) = 0$

$2x^2 + 6x + t = 0$

Die Anzahl der Nullstellen wird mithilfe der Diskriminante bestimmt:
$D = 6^2 - 4 \cdot 2 \cdot t = 36 - 8t$

Es gibt drei Fälle:

Fall 1: $D > 0$

$36 - 8t > 0 \Leftrightarrow t < \frac{9}{2}$

Für $t < \frac{9}{2}$ hat f_t zwei einfache Nullstellen:

$x_{1/2} = \frac{-6 \pm \sqrt{36 - 8t}}{4}$
$= \frac{1}{2}(-3 \pm \sqrt{9 - 2t})$

Fall 2: $D = 0$

$36 - 8t = 0 \Leftrightarrow t = \frac{9}{2}$

Für $t = \frac{9}{2}$ hat f_t eine doppelte Nullstelle:

$x_{1/2} = \frac{-6 \pm 0}{4} = -\frac{3}{2}$

Fall 3: $D < 0$

$36 - 8t < 0 \Leftrightarrow t > \frac{9}{2}$

keine Nullstellen

b) $\qquad f_a(x) = 0$

$$x^2 - 6ax + 5a^2 = 0$$

Berechnung der Diskriminante:

$$D = (-6a)^2 - 4 \cdot 1 \cdot 5a^2 = 36a^2 - 20a^2 = 16a^2 \geq 0$$

Es gibt immer mindestens eine Nullstelle.

$$x_{1/2} = \frac{6a \pm \sqrt{36a^2 - 4 \cdot 5a^2}}{2} = \frac{6a \pm 4a}{2} = \begin{cases} 5a \\ a \end{cases}$$

Anmerkung: Für $a = 0$ besitzt f_a eine doppelte Nullstelle $x_{1/2} = 0$, andernfalls zwei einfache Nullstellen $x_1 = a$, $x_2 = 5a$.

c) $\qquad f_k(x) = 0$

$$x^2 - k^2 = 0$$
$$x^2 = k^2$$

Diese rein-quadratische Gleichung wird durch Wurzelziehen gelöst:

$$x_{1/2} = \pm\sqrt{k^2} = \pm k$$

Für $k = 0$ besitzt f_k eine doppelte Nullstelle $x_{1/2} = 0$, andernfalls zwei einfache Nullstellen $x_1 = k$, $x_2 = -k$.

d) $\qquad f_m(x) = 0$

$$x^2 + mx + \frac{3m + 4}{4} = 0$$

Die Diskriminante lautet:

$$D = m^2 - 4 \cdot \frac{3m + 4}{4} = m^2 - 3m - 4$$

Es handelt sich bei D um einen quadratischen Term, eine nach oben geöffnete Parabel. Es sind diejenigen m zu bestimmen, für die $D > 0$, $D = 0$ und $D < 0$ ist. Daraus ergibt sich dann (in Abhängigkeit von m) die Anzahl der Nullstellen von f_m.

Die Diskriminante wird null gesetzt:

$m^2 - 3m - 4 = 0$

Satz von Vieta:

$(m - 4)(m + 1) = 0$

$\Rightarrow\ m_1 = -1;\ m_2 = 4$

Eine Skizze der Diskriminanten-funktion verdeutlicht die drei zu unterscheidenden Fälle:

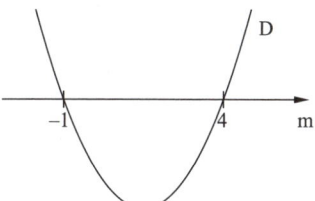

Fall 1: $D > 0$
$\Leftrightarrow m \in \mathbb{R} \setminus [-1; 4]$
f_m besitzt zwei einfache Nullstellen.

Fall 2: $D = 0$
$\Leftrightarrow m = -1$ oder $m = 4$
f_m besitzt jeweils eine doppelte Nullstelle.

Fall 3: $D < 0$
$\Leftrightarrow m \in\ ]-1; 4[$
f_m besitzt keine Nullstellen.

e)
$$f_n(x) = 0$$
$$-\frac{1}{2}x^2 + (2-n)x + 4n - \frac{9}{2} = 0$$

Diskriminante:

$$D = (2-n)^2 - 4 \cdot \left(-\frac{1}{2}\right)\left(4n - \frac{9}{2}\right) = n^2 + 4n - 5$$

Es sind die drei Fälle $D > 0$, $D = 0$ und $D < 0$ zu untersuchen. Dazu wird D gleich null gesetzt:

$$n^2 + 4n - 5 = 0$$

Satz von Vieta:

$$(n-1)(n+5) = 0$$

Daraus folgt: $n_1 = -5$; $n_2 = 1$
Eine Skizze der Diskriminanten-
funktion in Abhängigkeit von n
hilft, die drei Fälle zu erkennen:

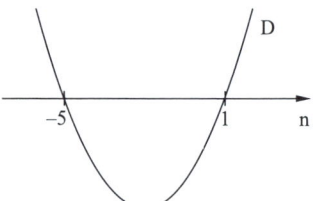

Fall 1: $D > 0$
$\Leftrightarrow n \in \mathbb{R} \setminus [-5; 1]$
f_n besitzt zwei ein-
fache Nullstellen.

Fall 2: $D = 0$
$\Leftrightarrow n = -5$ oder $n = 1$
f_n besitzt jeweils eine
doppelte Nullstelle.

Fall 3: $D < 0$
$\Leftrightarrow n \in]-5; 1[$
f_n besitzt keine
Nullstellen.

Die drei unterschiedlichen Fallgruppen sind in der Grafik zu erkennen:

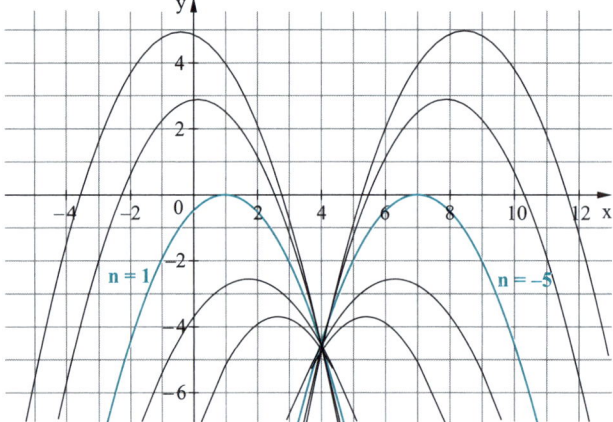

58. a)
$$\frac{m_1}{x^2} = \frac{m_2}{(d-x)^2} \qquad \Big| \cdot x^2(d-x)^2$$
$$m_1(d-x)^2 = m_2 x^2$$
$$m_1(d^2 - 2dx + x^2) - m_2 x^2 = 0$$
$$(m_1 - m_2)x^2 - 2dm_1 x + d^2 m_1 = 0$$

Die Koeffizienten der Gleichung lauten:
$$a = m_1 - m_2; \ b = -2dm_1; \ c = d^2 m_1$$

b) Für $m_1 = m_2$ folgt nach Teilaufgabe a:

$$-2dm_1 x + d^2 m_1 = 0 \quad | : m_1$$
$$-2dx + d^2 = 0 \quad | : d \neq 0$$
$$-2x + d = 0$$
$$x = \frac{d}{2}$$

In diesem Fall herrscht genau in der Mitte zwischen den gleichen Massen Schwerelosigkeit.

c) $x_{1/2} = \dfrac{-b \pm \sqrt{b^2 - 4ac}}{2a} = \dfrac{2dm_1 \pm \sqrt{4d^2 m_1^2 - 4(m_1 - m_2) \cdot d^2 m_1}}{2(m_1 - m_2)}$

$\qquad = \dfrac{2dm_1 \pm \sqrt{4d^2 m_1 m_2}}{2(m_1 - m_2)} = \dfrac{2dm_1 \pm 2d\sqrt{m_1 m_2}}{2(m_1 - m_2)} = \dfrac{m_1 \pm \sqrt{m_1 m_2}}{m_1 - m_2} \cdot d$

Bemerkung: Es ist nur eine Lösung (die „–"-Lösung) für diese Problemstellung von Bedeutung, da $x \in [0; d]$ sein muss.

59. Das Zeit-Weg-Gesetz des senkrechten Wurfes lautet $h(t) = -\frac{1}{2} g t^2 + v_0 t$ mit $0 \leq t \leq t_A$ (siehe Beispiel 3).

Der Ansatz für die Aufgabenstellung ist damit:

$$-\tfrac{1}{2} g t^2 + v_0 t = h$$

Diese quadratische Gleichung mit der Unbekannten t wird auf die Grundform gebracht:

$$-\tfrac{1}{2} g t^2 + v_0 t - h = 0$$

Daher gilt $a = -\frac{1}{2} g$, $b = v_0$ und $c = -h$.

Setzt man in die Lösungsformel ein, so findet man:

$$t_{1/2} = \frac{v_0 \pm \sqrt{v_0^2 - 2gh}}{g}$$

Die unterschiedlichen Werte t_1 und t_2 sind die Zeiten bei gleicher Höhe, einmal beim Hochsteigen und das andere Mal beim Zurückfallen. Im höchsten Punkt liegt eine Doppellösung vor. Das ist der Fall, wenn die Diskriminante null ist, also wenn $v_0^2 - 2gh = 0$. Daraus ergibt sich die maximale Steighöhe zu:

$$h_{max} = \frac{v_0^2}{2g}$$

60. Ansatz:

$$f(x) = h_m(x)$$
$$-\frac{1}{2}(x+2)(x-4) = mx + \frac{17}{2} \quad | \cdot (-2), \text{ ausmultiplizieren, zusammenfassen}$$
$$x^2 + 2(m-1)x + 9 = 0$$

Die zugehörige Diskriminante lautet dann:
$$D = 4(m-1)^2 - 36 = 4m^2 - 8m - 32 = 4(m^2 - 2m - 8) = 4(m+2)(m-4)$$
Es muss nun festgestellt werden, für welche m die Diskriminante größer, gleich bzw. kleiner null ist.

Da die Diskriminante ihrerseits ein quadratischer Term in Abhängigkeit von m ist, muss die zugehörige quadratische Ungleichung gelöst werden. Man liest ab, dass $D=0$ für $m_1 = -2$ oder $m_2 = 4$. D ist in Abhängigkeit von m eine nach oben geöffnete Parabel, sodass gilt:

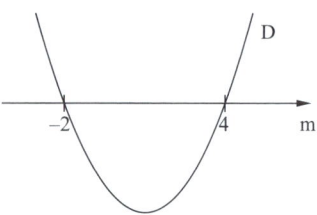

Fall 1: $D > 0$
$\Leftrightarrow m \in \mathbb{R} \setminus [-2; 4]$
f und h_m besitzen jeweils 2 Schnittpunkte.

Fall 2: $D = 0$
$\Leftrightarrow m = -2$ oder $m = 4$
f und h_m haben jeweils einen Berührpunkt.

Fall 3: $D < 0$
$\Leftrightarrow m \in {]-2; 4[}$
f und h_m haben keine gemeinsamen Punkte.

Die Koordinaten der Berührpunkte können berechnet werden, indem man die quadratische Gleichung $x^2 + 2(m-1)x + 9 = 0$ für die beiden Werte $m_{1/2}$ löst, für die die Diskriminante null ergibt:
$$x_{1/2} = \frac{-2(m_{1/2} - 1) \pm 0}{2} = -m_{1/2} + 1$$
Für $m_1 = -2$ folgt $x_{1/2} = 3$ und damit $y_1 = f(3) = 2,5$. $\quad \Rightarrow \quad B_1(3 \,|\, 2,5)$
Für $m_2 = 4$ folgt $x_{1/2} = -3$ und damit $y_2 = f(-3) = -3,5$. $\quad \Rightarrow \quad B_2(-3 \,|\, -3,5)$

Die Koordinaten der Schnittstellen für den 1. Fall ergeben sich mithilfe der Lösungsformel in Abhängigkeit von m folgendermaßen:
$$x_{1/2} = \frac{-2(m-1) \pm \sqrt{4(m^2 - 2m - 8)}}{2} = \frac{-2(m-1) \pm 2\sqrt{m^2 - 2m - 8}}{2}$$
$$= -m + 1 \pm \sqrt{m^2 - 2m - 8}$$

Dies gilt nur für
$m \in \mathbb{R} \setminus]{-2}; 4[$.

Eine weitere Vereinfachung der x-Koordinaten der Schnittpunkte ist nicht mehr möglich.

Die drei unterschiedlichen Fallgruppen sind in der nebenstehenden Grafik zu erkennen:

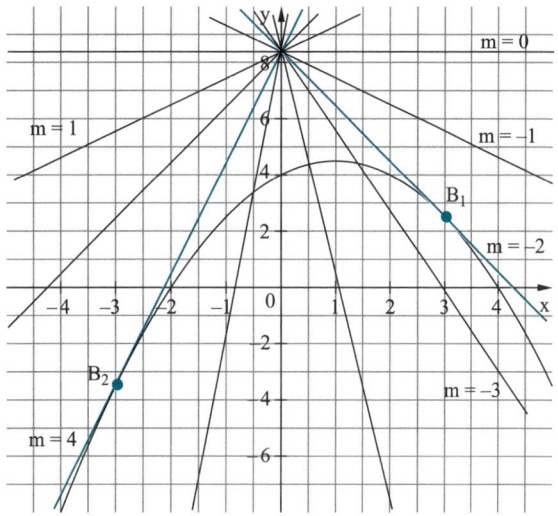

61.

$$f_{t_1}(x) = f_{t_2}(x)$$

$$t_1^2 x^2 - 4t_1 x + 1 = t_2^2 x^2 - 4t_2 x + 1 \quad |-1$$

Mit zwei unterschiedlichen Parametern t_1, $t_2 \in \mathbb{R} \setminus \{0\}$ und $t_1 \neq t_2$ wird die Funktionenschar auf Schneiden angesetzt.

$$t_1^2 x^2 - 4t_1 x = t_2^2 x^2 - 4t_2 x$$

$$(t_1^2 - t_2^2)x^2 - 4(t_1 - t_2)x = 0$$

x lässt sich ausklammern.

$$x[(t_1^2 - t_2^2)x - 4(t_1 - t_2)] = 0$$

$$\Rightarrow \quad x_1 = 0$$

Man erkennt bei der Produktform die 1. Lösung: $x_1 = 0$

$$(t_1^2 - t_2^2)x - 4(t_1 - t_2) = 0$$

$$(t_1^2 - t_2^2)x = 4(t_1 - t_2)$$

Um die 2. Lösung zu finden, wird der 2. Faktor (in den eckigen Klammern stehend) gleich null gesetzt.

$$(t_1 - t_2) \cdot (t_1 + t_2)x = 4(t_1 - t_2) \quad |:(t_1 - t_2)$$

$$(t_1 + t_2)x = 4$$

$t_1^2 - t_2^2$ lässt sich nach der dritten binomischen Formel umwandeln in das Produkt $(t_1 - t_2) \cdot (t_1 + t_2)$. Division durch $(t_1 - t_2)$ ist möglich, da $t_1 \neq t_2$.

Ab hier ist eine Fallunterscheidung nötig.

Fall 1:

$t_1 + t_2 = 0$, d. h. $t_1 = -t_2$ $\Rightarrow$ Die Gleichung $0 = 4$ hat keine Lösung; es gibt keine weiteren Schnittstellen (außer die bei $x = 0$).

Fall 2:

$t_1 + t_2 \neq 0$, d. h. $t_1 \neq -t_2$

In diesem Fall wird weiter aufgelöst: $x_2 = \dfrac{4}{t_1 + t_2}$

Zusammengefasst erhält man:
Alle Parabeln gehen durch den
Punkt $P_1(0|1)$. Je zwei Parabeln,
deren Scharparameter die Summe
null ergeben, haben keinen weiteren gemeinsamen Punkt. Je zwei
Parabeln, bei denen das nicht zutrifft, schneiden sich außer in P_1
noch in einem weiteren Punkt P_2
mit der x-Koordinate $x_2 = \dfrac{4}{t_1 + t_2}$.

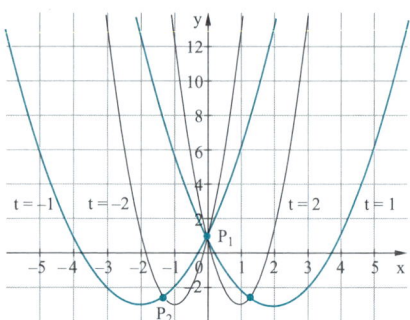

62. a) Nullstellen: $f(x) = 0$

$$-\tfrac{1}{2}x^2 - \tfrac{3}{2}x + \tfrac{7}{8} = 0 \qquad |\cdot(-8)$$

$$4x^2 + 12x - 7 = 0$$

$$x_{1/2} = \frac{-12 \pm \sqrt{144 + 4\cdot 4 \cdot 7}}{2\cdot 4} = \frac{-12 \pm \sqrt{256}}{8} = \frac{-12 \pm 16}{8} = \begin{cases} \tfrac{1}{2} \\ -\tfrac{7}{2} \end{cases}$$

Scheitel von f: $x_S = \dfrac{-b}{2a} = \dfrac{\tfrac{3}{2}}{2\left(-\tfrac{1}{2}\right)} = -\tfrac{3}{2}$; $\;y_S = f\left(-\tfrac{3}{2}\right) = 2 \;\Rightarrow\; S_f\left(-\tfrac{3}{2}\,|\,2\right)$

Nullstellen: $g(x) = 0$

$$\tfrac{1}{8}(4x^2 - 12x - 11) = \tfrac{1}{2}x^2 - \tfrac{3}{2}x - \tfrac{11}{8} = 0 \qquad |\cdot 8$$

$$4x^2 - 12x - 11 = 0$$

$$x_{1/2} = \frac{12 \pm \sqrt{144 + 4\cdot 4 \cdot 11}}{2\cdot 4} = \frac{12 \pm \sqrt{320}}{8} = \frac{12 \pm 8\sqrt{5}}{8} = \tfrac{1}{2}(3 \pm 2\sqrt{5}) \approx \begin{cases} 3{,}74 \\ -0{,}74 \end{cases}$$

Scheitel von g: $x_S = \dfrac{\tfrac{3}{2}}{2\cdot\tfrac{1}{2}} = \tfrac{3}{2}$; $\;y_S = g\left(\tfrac{3}{2}\right) = -\tfrac{5}{2} \;\Rightarrow\; S_g\left(\tfrac{3}{2}\,|\,-\tfrac{5}{2}\right)$

b) $f(x) = a(x - x_1)(x - x_2)$

$\qquad = -\tfrac{1}{2}\left(x - \tfrac{1}{2}\right)\left(x + \tfrac{7}{2}\right)$

c) Schnittstellen: $f(x) = g(x)$

$$-\tfrac{1}{2}x^2 - \tfrac{3}{2}x + \tfrac{7}{8} = \tfrac{1}{8}(4x^2 - 12x - 11) \qquad |\cdot 8$$

$$-4x^2 - 12x + 7 = 4x^2 - 12x - 11$$

$$-8x^2 + 18 = 0 \qquad\qquad\quad |:(-8)$$

$$x^2 = \tfrac{9}{4} \qquad\qquad\qquad\quad |\sqrt{}$$

$$x_{1/2} = \pm\tfrac{3}{2}$$

Damit sind die Schnittstellen berechnet.

$y_1 = f\left(\tfrac{3}{2}\right) = -\tfrac{5}{2} \;\Rightarrow\; \mathbf{S_1\left(\tfrac{3}{2}\,|\,-\tfrac{5}{2}\right)}$

$y_2 = f\left(-\tfrac{3}{2}\right) = 2 \;\Rightarrow\; \mathbf{S_2\left(-\tfrac{3}{2}\,|\,2\right)}$

S_1 stimmt mit S_g, S_2 mit S_f überein.

d) h: $y = mx + t$, mit $m = \dfrac{\Delta y}{\Delta x} = \dfrac{-\tfrac{5}{2} - 2}{\tfrac{3}{2} - \left(-\tfrac{3}{2}\right)} = \dfrac{-\tfrac{9}{2}}{3} = -\tfrac{3}{2};$

S_1 eingesetzt in h: $y = -\tfrac{3}{2} x + t$ ergibt:

$-\tfrac{5}{2} = -\tfrac{3}{2} \cdot \tfrac{3}{2} + t$

$t = -\tfrac{5}{2} + \tfrac{9}{4} = -\tfrac{1}{4}$

$\Rightarrow$ h: $y = -\tfrac{3}{2} x - \tfrac{1}{4}$

e) Da h* und h** parallel zu h verlaufen, müssen sie die gleiche Steigung wie h haben.

h*: $y = -\tfrac{3}{2} x + t$

h**: $y = -\tfrac{3}{2} x + t$

Die Geraden h* und f werden auf Schneiden angesetzt:

$$f(x) = h^*(x)$$

$-\tfrac{1}{2} x^2 - \tfrac{3}{2} x + \tfrac{7}{8} = -\tfrac{3}{2} x + t$

$-\tfrac{1}{2} x^2 + \tfrac{7}{8} - t = 0 \qquad |\cdot(-2)$

$x^2 - \tfrac{7}{4} + 2t = 0 \quad \text{(I)}$

Für diese Gleichung wird die Diskriminante berechnet (Achtung: $b = 0$):

$D = 0^2 - 4 \cdot \left(-\tfrac{7}{4} + 2t\right) = 7 - 8t$

Die zugehörigen Graphen berühren sich, wenn $D = 0$ ist, also für $t = \tfrac{7}{8}$.

$\Rightarrow$ h*: $y = -\tfrac{3}{2} x + \tfrac{7}{8}$

Ganz entsprechend wird mit h** verfahren. h** wird mit G_g zum Schnitt gebracht:

$$g(x) = h^{**}(x)$$

$\tfrac{1}{2} x^2 - \tfrac{3}{2} x - \tfrac{11}{8} = -\tfrac{3}{2} x + t$

$x^2 - \tfrac{11}{4} - 2t = 0 \quad \text{(II)}$

Die zugehörige Diskriminante $D = 11 + 8t$ wird null für $t = -\tfrac{11}{8}$, woraus sich h** folgendermaßen ergibt:

h**: $y = -\tfrac{3}{2} x - \tfrac{11}{8}$

Die x-Koordinaten der Berührpunkte werden berechnet, indem die „Schnittgleichungen" I und II für die zugehörigen t-Werte gelöst werden, wobei die jeweilige Diskriminante den Wert null hat.

$$x^* = \frac{-b \pm 0}{2a} = \frac{0}{2 \cdot 1} = 0; \quad y^* = h^*(0) = \frac{7}{8} \implies B^*\left(0 \mid \frac{7}{8}\right)$$

Entsprechend gilt:

$$x^{**} = \frac{0}{2 \cdot 1} = 0; \quad y^{**} = h^{**}(0) = -\frac{11}{8} \implies B^{**}\left(0 \mid -\frac{11}{8}\right)$$

f)

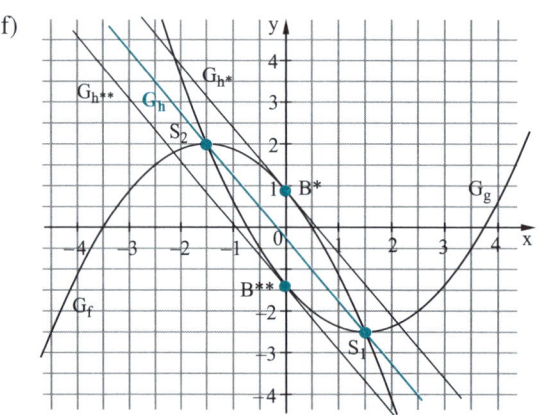

63. a) Ansatz auf Schneiden für $k = 1$:

$$f_1(x) = g(x)$$
$$(x-2)^2 = x^2 + 2x$$
$$x^2 - 4x + 4 = x^2 + 2x$$
$$6x = 4$$

$$\implies x_1 = \frac{2}{3}; \quad y_1 = f_1\left(\frac{2}{3}\right) = \left(\frac{2}{3} - 2\right)^2 = \left(-\frac{4}{3}\right)^2 = \frac{16}{9}$$

$$\implies S_1\left(\frac{2}{3} \mid \frac{16}{9}\right)$$

b) Ansatz auf Schneiden:

$$f_k(x) = g(x)$$
$$k(x-2)^2 = x^2 + 2x$$
$$kx^2 - 4kx + 4k - x^2 - 2x = 0$$
$$(k-1)x^2 - 2(2k+1)x + 4k = 0$$

Diskriminante:

$$D = b^2 - 4ac = [-2(2k+1)]^2 - 4 \cdot (k-1) \cdot 4k$$
$$= 16k^2 + 16k + 4 - 16k^2 + 16k = 32k + 4$$

Genau eine Lösung (Schnittstelle) gibt es, wenn $D = 0$:

$$32k + 4 = 0 \implies k = -\frac{1}{8}$$

Berechnung des Berührpunktes:

$$x_{1/2} = \frac{-b \pm 0}{2a} = \frac{2 \cdot \left[2\left(-\frac{1}{8}\right)+1\right]}{2\left(-\frac{1}{8}-1\right)} = \frac{\frac{3}{2}}{-\frac{9}{4}} = -\frac{2}{3}$$

$$g\left(-\frac{2}{3}\right) = \frac{4}{9} - \frac{4}{3} = -\frac{8}{9} \;\Rightarrow\; B\left(-\frac{2}{3}\,\middle|\,-\frac{8}{9}\right) \text{ für } k = -\frac{1}{8}$$

c) Die Diskriminante lautet (siehe Teilaufgabe b):
D = 32k + 4

Fall 1: D > 0

$32k + 4 > 0 \Leftrightarrow k > -\frac{1}{8}$

zwei Schnittpunkte

Fall 2: D = 0

$32k + 4 = 0 \Leftrightarrow k = -\frac{1}{8}$

ein Schnittpunkt

Fall 3: D < 0

$32k + 4 < 0 \Leftrightarrow k < -\frac{1}{8}$

keine Schnittpunkte

Sonderfall für k = 1:
ein Schnittpunkt
(In diesem Fall liegt
keine quadratische
Gleichung vor, siehe
Teilaufgabe a.)

d) Nach Teilaufgabe c gibt es für k = 0,5 zwei Schnittpunkte.
Die „Schnittgleichung" für k = 0,5 lautet (vgl. Teilaufgabe b):
$-0,5x^2 - 4x + 2 = 0$

Lösungsformel:

$$x_{1/2} = \frac{4 \pm \sqrt{20}}{2 \cdot (-0,5)} = \frac{4 \pm \sqrt{4 \cdot 5}}{-1} = -4 \mp 2\sqrt{5} \approx \begin{cases} -8,47 \\ 0,47 \end{cases}$$

Einsetzen der Lösungen in g:

$y_1 = g(0,47) = 1,17 \qquad \Rightarrow\; S_1(0,47 \,|\, 1,17)$

$y_2 = g(-8,47) = 54,83 \qquad \Rightarrow\; S_2(-8,47 \,|\, 54,83)$

e)

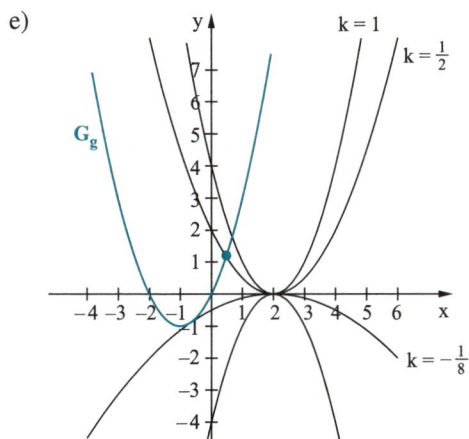

64. a) Ansatz auf Schneiden:
$$f(x) = g_m(x)$$
$$(x-1)^2 = mx + \frac{m}{2} - 4$$
$$x^2 - 2x + 1 - mx - \frac{m}{2} + 4 = 0$$
$$x^2 - (m+2)x + 5 - \frac{m}{2} = 0$$

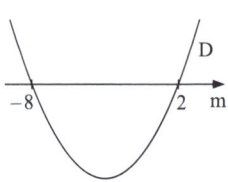

Diskriminante:
$$D = b^2 - 4ac = [-(m+2)]^2 - 4 \cdot \left(5 - \frac{m}{2}\right)$$
$$= m^2 + 4m + 4 - 20 + 2m = m^2 + 6m - 16$$
$$= (m+8)(m-2)$$

Fall 1: $D > 0$ **Fall 2:** $D = 0$ **Fall 3:** $D < 0$
$\Leftrightarrow m \in \mathbb{R} \setminus [-8; 2]$ $\Leftrightarrow m = -8$ oder $m = 2$ $\Leftrightarrow m \in \,]-8; 2[$
zwei Schnittpunkte   jeweils ein Berührpunkt   keine Schnittpunkte

b) Nach Teilaufgabe a gibt es für $m = -8$ und $m = 2$ genau einen Schnittpunkt.

$m = -8$:
$$x_{1/2} = \frac{-b \pm 0}{2a} = \frac{-8+2}{2} = -3; \quad y_1 = f(-3) = 16 \quad \Rightarrow \quad \mathbf{B_1(-3 \,|\, 16)}$$

$m = 2$:
$$x_{1/2} = \frac{-b \pm 0}{2a} = \frac{2+2}{2} = 2; \quad y_2 = f(2) = 1 \quad \Rightarrow \quad \mathbf{B_2(2 \,|\, 1)}$$

c)

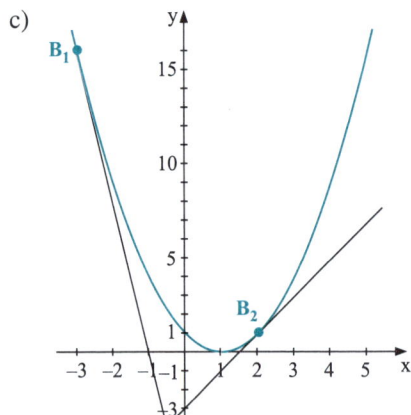

65. Die Berechnung wird in mehrere Schritte unterteilt:

1. Formel für die zu optimierende Größe aufstellen:
$$A(h; r) = 2r \cdot h + \frac{1}{2}r^2\pi$$

2. Nebenbedingung aufstellen:

$U = 2h + 2r + r\pi$

Mit $U = 20$ erhält man $2h + 2r + r\pi = 20$, woraus dann folgt:

$h = 10 - r - \frac{1}{2}r\pi$

3. h in der Hauptformel ersetzen:

$$A(r) = 2r\left(10 - r - \frac{1}{2}r\pi\right) + \frac{1}{2}r^2\pi = \left(-2 - \frac{\pi}{2}\right)r^2 + 20r \approx -3,57r^2 + 20r$$

Der Definitionsbereich für diese Funktion ergibt sich aus folgenden Überlegungen: Die linke Grenze $r = 0$ ist klar. Den größtmöglichen Wert von r erhält man, wenn man für $h = 0$ wählt. Dann stehen nur für den Halbkreis und den Durchmesser 20 m Umfang zur Verfügung:

$$r\pi + 2r = 20 \quad \Rightarrow \quad r = \frac{20}{2 + \pi} \approx 3,89$$

Deshalb gilt: $D_A = [0; 3,89]$

4. Berechnung des Maximums (Scheitel):

$$r_S = \frac{-20}{2 \cdot (-3,57)} \approx 2,80$$

Wenn der Radius r ca. 2,80 m beträgt, hat die Toreinfahrt den größtmöglichen Flächeninhalt. Die Höhe h beträgt in diesem Fall:

$h = 10 - 2,80 - \frac{1}{2} \cdot 2,80 \cdot \pi \approx 2,80$

Die Höhe und der Radius haben also die gleichen Werte, nämlich jeweils 2,80 m, wenn der Flächeninhalt maximal ist:

$A_{max} = A(2,80) = -3,57 \cdot 2,80^2 + 20 \cdot 2,80 \approx 28,0$

Die größtmögliche Torfläche beträgt 28 m².

66. a) Wegen des rechten Winkels gilt (Pythagoras):

$$x^2 + x^2 = b^2$$
$$2x^2 = b^2$$
$$x^2 = \frac{1}{2}b^2$$
$$x = \frac{1}{\sqrt{2}}b$$

b) $A(b; h) = b \cdot h + \frac{1}{2} \cdot x \cdot x = bh + \frac{1}{2}x^2$

Einsetzen von $x = \frac{1}{\sqrt{2}}b$:

$A(b; h) = bh + \frac{1}{4}b^2$

c) $U = b + 2h + 2x = 50$

Einsetzen von $x = \frac{1}{\sqrt{2}}b$:

$b + 2h + 2\frac{1}{\sqrt{2}}b = 50$

$\Rightarrow \quad h = 25 - \frac{1}{2}b - \frac{1}{\sqrt{2}}b = 25 - \left(\frac{1}{2} + \frac{1}{\sqrt{2}}\right)b \approx 25 - 1,21b$

h in der Hauptformel ersetzen:

$A(b) = b(25 - 1,21b) + \frac{1}{4}b^2 = -0,96b^2 + 25b$

d) Berechnung der Scheitelkoordinaten von A(b):

$$b_S = \frac{-25}{2 \cdot (-0,96)} \approx 13,02$$

Für b = 13,02 m ist die Giebelfläche maximal. In diesem Fall hat h den Wert:

h = 25 − 1,21 · 13,02 ≈ 9,25

Die Dachschräge x hat dann die Länge $x = \frac{1}{\sqrt{2}} \cdot 13,02 \approx 9,21$.

Für den maximalen Flächeninhalt ergibt sich mit diesen Abmessungen:

$A_{max} = A(13,02) = -0,96 \cdot 13,02^2 + 25 \cdot 13,02 \approx 162,76$ [m²]

67. a) Ansatz: **y = mx + t**

Die Steigung wird mithilfe der Punkte C(4 | 1) und D(2,5 | 2) ermittelt:

$$m = \frac{\Delta y}{\Delta x} = \frac{1-2}{4-2,5} = -\frac{2}{3}$$

C(4 | 1) in die Geradengleichung einsetzen: $1 = -\frac{2}{3} \cdot 4 + t \Rightarrow t = \frac{11}{3}$

$\Rightarrow y = -\frac{2}{3}x + \frac{11}{3}$

b) $A(x) = xy = x\left(-\frac{2}{3}x + \frac{11}{3}\right) = \frac{1}{3}(-2x^2 + 11x)$, wobei (siehe Skizze):

$D_A = [2,5; 4]$

c) Der Graph von $A(x) = -\frac{2}{3}x^2 + \frac{11}{3}x$ ist eine nach unten geöffnete Parabel, die im Scheitel den größten Funktionswert hat.

$$x_S = \frac{-\frac{11}{3}}{2 \cdot \left(-\frac{2}{3}\right)} = \frac{11}{4} = 2,75$$

Das zugehörige y erhält man, wenn man x_S in die Geradengleichung einsetzt: $y = -\frac{2}{3} \cdot \frac{11}{4} + \frac{11}{3} = \frac{11}{6} \approx 1,83$

Für x = 2,75 m und y = 1,83 m erhält man die flächengrößte Rechteckscheibe.

d) Der größte Flächeninhalt ist $A_{max} = 2,75 \cdot \frac{11}{6} \approx 5,04$ [m²].

Zur Berechnung des ursprünglichen Flächeninhalts wird die Gesamtfläche in 2 Rechtecke und 1 Dreieck unterteilt:

$A_{R_1} = g \cdot h = 2,5 \cdot 2 = 5$

$A_{R_2} = g \cdot h = 1,5 \cdot 1 = 1,5$

$A_\Delta = \frac{1}{2} \cdot g \cdot h = \frac{1}{2} \cdot 1,5 \cdot 1 = 0,75$

$A_G = A_{R_1} + A_{R_2} + A_\Delta = 7,25$ [m²]

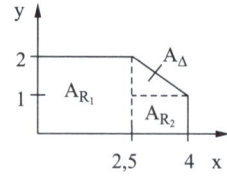

Prozentanteil: $\frac{5,04}{7,25} \cdot 100 \% \approx 69,5 \%$

e) Da die maximale Höhe 2 m beträgt, ist
   bei einer quadratischen Scheibe auch
   für die Breite 2 m zu wählen.
   $A_Q = 2 \cdot 2 = 4 \, [m^2]$
   Prozentanteil: $\frac{4}{5,04} \cdot 100 \, \% \approx 79,4 \, \%$

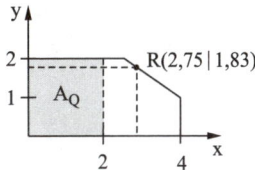

68. a) E = Eintrittspreis · Besucherzahl
   Eintrittspreis = 15 + x; Besucherzahl = 300 – 10x
   Wenn sich der Eintrittspreis um x € erhöht, geht die Besucherzahl um 10x
   zurück.
   $E(x) = (15 + x)(300 - 10x) = -10x^2 + 150x + 4\,500$

   b) Da nur positive Einnahmen sinnvoll sind, lautet der Ansatz: $E(x) = 0$
   $(15 + x)(300 - 10x) = 0 \implies x_1 = -15, \; x_2 = 30$
   $\implies D_E = [-15; 30]$

   c) Die Nullstellen sind bekannt, daher hat der Scheitel die x-Koordinate
   $x_S = \frac{1}{2}(x_1 + x_2) = \frac{1}{2}(-15 + 30) = 7,5$
   $\implies$ Eintrittspreis: $15 \, € + 7,5 \; = 22,5$
   Besucherzahl: $300 - 10 \cdot 7,5 = 225$

   d) $E_{max} = 22,5 \, € \cdot 225 = 5\,062,5 \, €$
   $E_{bisher} = 15 \, € \cdot 300 = 4\,500 \, €$
   Berechnung der Mehreinnahmen:
   $\frac{\Delta E}{E_{bisher}} = \frac{E_{max} - E_{bisher}}{E_{bisher}} = \frac{562,5 \, €}{4\,500 \, €} = 0,125 = 12,5 \, \%$

69. a) Die Gewinnfunktion
   $g(x) = e(x) - k(x) = 8,9x - (0,8x^2 + 20) = -0,8x^2 + 8,9x - 20$
   stellt eine nach unten geöffnete Parabel dar. Verläuft diese im positiven
   Bereich, so wird ein Gewinn erzielt, ansonsten wird Verlust gemacht. Die
   Nullstellen sind gerade die Übergänge von Verlust zu Gewinn oder umge-
   kehrt.
   $$g(x) = 0$$
   $$-0,8x^2 + 8,9x - 20 = 0$$
   Lösungsformel:
   $$x_{1/2} = \frac{-8,9 \pm \sqrt{8,9^2 - 4 \cdot (-0,8) \cdot (-20)}}{2 \cdot (-0,8)} = \frac{-8,9 \pm \sqrt{15,21}}{-1,6} = \frac{-8,9 \pm 3,9}{-1,6}$$
   $\implies x_1 = 3,125; \; x_2 = 8$
   Zwischen diesen Stückzahlen wird ein Gewinn erzielt (Gewinnzone),
   außerhalb davon wird Verlust gemacht (Verlustzone).

b) Der größte Gewinn wird dort erzielt, wo $g(x)$ den größten Funktionswert besitzt. Das ist im Scheitel der zugehörigen Parabel, also in der Mitte zwischen x_1 und x_2:

$$x_S = \tfrac{1}{2}(x_1 + x_2) = \tfrac{1}{2}(3{,}125 + 8) = 5{,}5625$$

c)

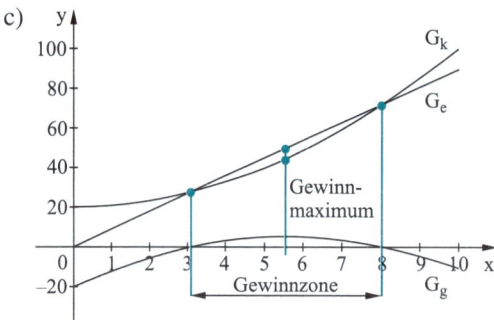

70. a) $(-12x^3 + 7x^2 + 15x - 4):(x+1) = -12x^2 + 19x - 4$
$\underline{-(-12x^3 - 12x^2)}$
$\qquad / \qquad 19x^2 + 15x$
$\qquad \underline{-(19x^2 + 19x)}$
$\qquad\qquad / \qquad -4x - 4$
$\qquad\qquad \underline{-(-4x - 4)}$
$\qquad\qquad\qquad / \quad /$

Probe: $(-12x^2 + 19x - 4) \cdot (x+1) = -12x^3 + 7x^2 + 15x - 4$

b) $\left(3x^4 - \tfrac{5}{2}x^3 + \tfrac{13}{2}x^2 - 5x + 1\right):\left(x - \tfrac{1}{2}\right) = 3x^3 - x^2 + 6x - 2$
$\underline{-\left(3x^4 - \tfrac{3}{2}x^3\right)}$
$\qquad / \quad -x^3 + \tfrac{13}{2}x^2$
$\qquad \underline{-(-x^3 + \tfrac{1}{2}x^2)}$
$\qquad\qquad / \qquad 6x^2 - 5x$
$\qquad\qquad \underline{-(6x^2 - 3x)}$
$\qquad\qquad\qquad / \quad -2x + 1$
$\qquad\qquad\qquad \underline{-(-2x + 1)}$
$\qquad\qquad\qquad\qquad / \quad /$

Probe: $(3x^3 - x^2 + 6x - 2) \cdot \left(x - \tfrac{1}{2}\right) = 3x^4 - \tfrac{5}{2}x^3 + \tfrac{13}{2}x^2 - 5x + 1$

c) Wenn im Polynom bestimmte Potenzen von x fehlen, so bedeutet das, dass ihre Koeffizienten null sind. Es mag hilfreich sein, diese bei der Polynomdivision zu ergänzen:

$$
\begin{array}{l}
(x^3 + 0x^2 + 0x + 8) : (x + 2) = x^2 - 2x + 4 \\
\underline{-(x^3 + 2x^2)} \\
\qquad /\ -2x^2 + 0x \\
\qquad \underline{-(-2x^2 - 4x)} \\
\qquad\qquad /\qquad 4x + 8 \\
\qquad\qquad \underline{-(-4x + 8)} \\
\qquad\qquad\qquad /\ \ /
\end{array}
$$

Probe: $(x^2 - 2x + 4) \cdot (x + 2) = x^3 + 8$

d) Auch wenn ein Parameter enthalten ist, lässt sich die Polynomdivision in ganz entsprechender Weise durchführen:

$$
\begin{array}{l}
(x^3 - 2ax^2 + x - 2a) : (x - 2a) = x^2 + 1 \\
\underline{-(x^3 - 2ax^2)} \\
\qquad /\qquad /\quad x - 2a \\
\qquad\qquad \underline{-(x - 2a)} \\
\qquad\qquad\quad /\quad /
\end{array}
$$

Probe: $(x^2 + 1) \cdot (x - 2a) = x^3 - 2ax^2 + x - 2a$

71. $f(x) = \frac{1}{4}x^4 - \frac{1}{4}x^3 - \frac{31}{16}x^2 + x + \frac{15}{16}$

a) Um Funktionswerte zu berechnen ist es vorteilhaft, $\frac{1}{16}$ auszuklammern.

$$f(x) = \frac{1}{16}(4x^4 - 4x^3 - 31x^2 + 16x + 15)$$

$$f\left(-\frac{5}{2}\right) = \frac{1}{16}\left[4\left(-\frac{5}{2}\right)^4 - 4\left(-\frac{5}{2}\right)^3 - 31\left(-\frac{5}{2}\right)^2 + 16\left(-\frac{5}{2}\right) + 15\right]$$

$$= \frac{1}{16}(156,25 + 62,5 - 193,75 - 40 + 15) = 0$$

$$f\left(-\frac{1}{2}\right) = \frac{1}{16}\left[4\left(-\frac{1}{2}\right)^4 - 4\left(-\frac{1}{2}\right)^3 - 31\left(-\frac{1}{2}\right)^2 + 16\left(-\frac{1}{2}\right) + 15\right]$$

$$= \frac{1}{16}(0,25 + 0,5 - 7,75 - 8 + 15) = 0$$

$$f(1) = \frac{1}{16}(4 \cdot 1^4 - 4 \cdot 1^3 - 31 \cdot 1^2 + 16 \cdot 1 + 15) = \frac{4 - 4 - 31 + 16 + 15}{16} = 0$$

$$f(3) = \frac{1}{16}(4 \cdot 3^4 - 4 \cdot 3^3 - 31 \cdot 3^2 + 16 \cdot 3 + 15) = \frac{324 - 108 - 279 + 48 + 15}{16} = 0$$

b) Die Faktorisierung lässt sich mithilfe der Nullstellen direkt angeben:

$$f(x) = \frac{1}{4}\left(x + \frac{5}{2}\right)\left(x + \frac{1}{2}\right)(x - 1)(x - 3)$$

Beachten Sie: Der Koeffizient vor der höchstens Potenz, hier $\frac{1}{4}$, muss vor dem Produkt stehen.

72. a) $f(x) = x^3 - 3x^2 - 2x + 6$

Nullstelle durch Probieren: Es kommen nur die Zahlen $\pm 1, \pm 2, \pm 3$ oder ± 6 infrage, da nur sie Teiler von 6 sind.

Man stellt fest: $f(3) = 0$, also $\mathbf{x_1 = 3}$

$$
\begin{array}{l}
(x^3 - 3x^2 - 2x + 6) : (\mathbf{x - 3}) = x^2 - 2 \\
\underline{-(x^3 - 3x^2)} \\
\qquad /\qquad /\; -2x + 6 \\
\qquad\quad \underline{-(-2x + 6)} \\
\qquad\qquad\quad /\quad /
\end{array}
$$

Nullstellen des abdividierten Polynoms:

$x^2 - 2 = 0$

$\qquad x^2 = 2 \;\Rightarrow\; x_{2/3} = \pm\sqrt{2}$

Damit kann die Zerlegung in Linearfaktoren vorgenommen werden:

$f(x) = (x - 3)(x - \sqrt{2})(x + \sqrt{2})$

b) $f(x) = x^4 + 2x^3 - 5{,}75x^2 - 6{,}75x + 4{,}5$

Durch Probieren findet man bei -3 und 2 ganzzahlige Nullstellen:

x	−3	−2	−1	0	1	2	3
f(x)	0	−5	4,5	4,5	−5	0	67,5

Zunächst wird $\mathbf{x_1 = 2}$ zur Polynomdivision herangezogen:

$$
\begin{array}{l}
(x^4 + 2x^3 - 5{,}75x^2 - 6{,}75x + 4{,}5) : (\mathbf{x - 2}) = x^3 + 4x^2 + 2{,}25x - 2{,}25 \\
\underline{-(x^4 - 2x^3)} \\
\qquad /\quad 4x^3 - 5{,}75x^2 \\
\qquad\;\; \underline{-(4x^3 - \quad 8x^2)} \\
\qquad\qquad /\quad 2{,}25x^2 - 6{,}75x \\
\qquad\qquad\;\; \underline{-(2{,}25x^2\; -4{,}5x)} \\
\qquad\qquad\qquad /\quad -2{,}25x + 4{,}5 \\
\qquad\qquad\qquad\;\; \underline{-(-2{,}25x + 4{,}5)} \\
\qquad\qquad\qquad\qquad /\quad\;\; /
\end{array}
$$

Aus der oben berechneten Wertetabelle ist bereits bekannt, dass $x_2 = -3$ eine weitere ganzzahlige Nullstelle ist:

$$
\begin{array}{l}
(x^3 + 4x^2 + 2{,}25x - 2{,}25) : (x + 3) = x^2 + x - 0{,}75 \\
\underline{-(x^3 + 3x^2)} \\
\qquad /\quad x^2 + 2{,}25x \\
\qquad\;\; \underline{-(x^2 + \quad 3x)} \\
\qquad\qquad\;\; -0{,}75x - 2{,}25 \\
\qquad\qquad\;\; \underline{-(-0{,}75x - 2{,}25)} \\
\qquad\qquad\qquad /\quad\;\; /
\end{array}
$$

Die Nullstellen des abdividierten (quadratischen) Polynoms werden mit der Lösungsformel ermittelt:

$$x^2 + x - 0,75 = 0$$

$$x_{3/4} = \frac{-1 \pm \sqrt{1^2 + 4 \cdot 0,75}}{2} = \frac{-1 \pm 2}{2} = \begin{cases} 0,5 \\ -1,5 \end{cases}$$

Mit den vier Nullstellen ergibt sich folgende Zerlegung in Linearfaktoren:

$$f(x) = (x+3)(x-2)(x-0,5)(x+1,5)$$

c) $f(x) = (x+1)(x^3 - 3x^2 - 2x + 6)$

Die Nullstelle $x_1 = -1$ lässt sich direkt ablesen. Es muss noch der Term 3. Grades auf Nullstellen untersucht werden:

$$x^3 - 3x^2 - 2x + 6 = 0$$

Nullstelle durch Probieren: $\mathbf{x_2 = 3}$

$$\begin{array}{l} (x^3 - 3x^2 - 2x + 6) : (\mathbf{x-3}) = x^2 - 2 \\ \underline{-(x^3 - 3x^2)} \\ \qquad /\qquad /\ \ -2x + 6 \\ \qquad\quad \underline{-(-2x+6)} \\ \qquad\qquad\quad /\quad / \end{array}$$

$$x^2 - 2 = 0$$
$$x^2 = 2 \implies x_{3/4} = \pm\sqrt{2}$$

Mithilfe der Nullstellen x_1, x_2, x_3 und x_4 kann man folgende Zerlegung angeben:

$$f(x) = (x+1)(x-3)(x-\sqrt{2})(x+\sqrt{2})$$

d) $f(x) = x^3 + 2x^2 - 35x$

Zur Berechnung ist keine Polynomdivision erforderlich. Die günstigste Methode ist hier das Ausklammern von x:

$$x^3 + 2x^2 - 35x = 0$$
$$\mathbf{x}(x^2 + 2x - 35) = 0$$
$$\implies x_1 = 0$$
$$x^2 + 2x - 35 = 0$$

Vieta (oder Lösungsformel):

$$(x-5)(x+7) = 0 \implies x_2 = 5;\ x_3 = -7$$

Faktorisierung: $f(x) = x(x-5)(x+7)$

e) $f(x) = x^3 - 1$

Die Gleichung $x^3 - 1 = 0$ lässt sich, da x^3 alleine vorkommt, durch die Isolierung von x^3 und anschließendes Wurzelziehen lösen:

$$x^3 - 1 = 0$$
$$x^3 = 1 \quad |\sqrt[3]{\ }$$
$$\mathbf{x_1 = 1}$$

Man beachte, dass in diesem Fall (ungeradzahlige Potenz) keine ± Lösungen auftreten.

Polynomdivision:

$$(x^3 + 0x^2 + 0x - 1) : (x - 1) = x^2 + x + 1$$
$$\underline{-(x^3 \quad - x^2)}$$
$$/ \quad x^2 + 0x$$
$$\underline{-(x^2 - \quad x)}$$
$$/ \quad x - 1$$
$$\underline{-(x - 1)}$$
$$/ \quad /$$

In dem quadratischen Term $x^2 + x + 1$ ist keine weitere reelle Nullstelle mehr enthalten, wie man etwa durch das Ausrechnen der zugehörigen Diskriminante ($D = -3$) bestätigt. Deshalb lässt sich dieser Term nicht weiter in Linearfaktoren zerlegen. Damit lautet die Zerlegung von f(x):
$$f(x) = (x - 1)(x^2 + x + 1)$$

f) $f(x) = 4x^3 + 2x^2 - 26x + 12$

Man findet durch Probieren: $\mathbf{x_1 = 2}$

$$(4x^3 + 2x^2 - 26x + 12) : (x - 2) = 4x^2 + 10x - 6$$
$$\underline{-(4x^3 - 8x^2)}$$
$$/ \quad 10x^2 - 26x$$
$$\underline{-(10x^2 - 20x)}$$
$$/ \quad -6x + 12$$
$$\underline{-(-6x + 12)}$$
$$/ \quad /$$

$$4x^2 + 10x - 6 = 0 \quad | : 2$$
$$2x^2 + 5x - 3 = 0$$

$$x_{2/3} = \frac{-5 \pm \sqrt{5^2 + 4 \cdot 2 \cdot 3}}{2 \cdot 2} = \frac{-5 \pm \sqrt{49}}{4} = \frac{-5 \pm 7}{4} = \begin{cases} \frac{1}{2} \\ -3 \end{cases}$$

Mit den drei Nullstellen $x_1 = 2$, $x_2 = \frac{1}{2}$ und $x_3 = -3$ hat man folgende Zerlegung:

$$f(x) = 4(x - 2)\left(x - \frac{1}{2}\right)(x + 3)$$

Man beachte, dass der Koeffizient vor der höchsten Potenz, hier die 4, vor dem Produkt stehen muss!

73. a) $\frac{1}{4}x^4 - \frac{5}{4}x^2 + 1 = 0 \quad | \cdot 4$

$$x^4 - 5x^2 + 4 = 0$$

Substitution: $\mathbf{z = x^2}$

$$z^2 - 5z + 4 = 0$$

Vieta:

$(z-4)(z-1)=0$

$\Rightarrow z_1=4; z_2=1$

Rücksubstitution:

$x^2=4 \Rightarrow x_{1/2}=\pm 2$

$x^2=1 \Rightarrow x_{3/4}=\pm 1$

b) $x^4+2x^2+1=0$

Substitution: $z=x^2$

$z^2+2z+1=0$

Erste binomische Formel (alternativ mit Vieta oder Lösungsformel):

$(z+1)^2=0$

$\Rightarrow z_{1/2}=-1$

Rücksubstitution: $x^2=-1$ (hat keine reellen Lösungen)

Die Funktion f hat keine reellen Nullstellen. Man kann das auch bereits am Funktionsterm erkennen, bei dem zu 1 lauter nicht negative Summanden addiert werden.

c) $x^4-2x^2+1=0$

Substitution: $z=x^2$

$z^2-2z+1=0$

Zweite binomische Formel (alternativ mit Vieta oder Lösungsformel):

$(z-1)^2=0$

$\Rightarrow z_{1/2}=1$

Rücksubstitution: $x^2=1 \Rightarrow x=\pm 1$

In diesem Fall sind das jeweils doppelte Nullstellen: $x_{1/2}=1; x_{3/4}=-1$

d) $x^4-2x^2=0$

Man kommt ohne Substitution aus, da sich x^2 ausklammern lässt:

$x^4-2x^2=x^2(x^2-2)=0$

$\Rightarrow x_{1/2}=0$

$x^2-2=0$

$\quad x^2=2$

$\Rightarrow x_{3/4}=\pm\sqrt{2}$

e) $x^6-4x^3+4=0$

Substitution: $z=x^3$

$z^2-4z+4=0$

Zweite binomische Formel (alternativ mit Vieta oder Lösungsformel):

$(z-2)^2=0$

$\Rightarrow z_{1/2}=2$

Rücksubstitution: $x^3=2 \Rightarrow x_{1/2}=\sqrt[3]{2}$

Es handelt sich um eine doppelte Nullstelle.

74. a) Der Graph verläuft von „links unten nach rechts unten" und besitzt zwei
doppelte Nullstellen bei $x_{1/2} = -1$ und $x_{3/4} = 2$. Es liegt eine ganzrationale
Funktion 4. Grades vor, der Koeffizient a vor x^4 muss negativ sein.
$\Rightarrow$ $f(x) = a(x+1)^2(x-2)^2$, wobei $a < 0$

b) Der Graph verläuft von „links oben nach rechts unten", besitzt eine doppelte Nullstelle bei $x_{1/2} = 0$ und eine einfache Nullstelle bei $x_3 = 1{,}5$. Es
liegt eine ganzrationale Funktion 3. Grades mit negativem a vor.
$\Rightarrow$ $f(x) = ax^2(x-1{,}5)$, wobei $a < 0$

c) Der Graph verläuft von „links unten nach rechts oben" und besitzt drei
einfache Nullstellen bei $x_1 = -1$, $x_2 = 0$ und $x_3 = 1$. Es liegt eine ganzrationale Funktion 3. Grades mit positivem a vor.
$\Rightarrow$ $f(x) = ax(x+1)(x-1)$, wobei $a > 0$

d) Der Graph verläuft von „links oben nach rechts oben" und besitzt vier einfache Nullstellen bei $x_1 = -2$, $x_2 = -1$, $x_3 = 1$ und $x_4 = 2$. Es liegt eine ganzrationale Funktion 4. Grades mit positivem a vor.
$\Rightarrow$ $f(x) = a(x+2)(x+1)(x-1)(x-2)$, wobei $a > 0$

75. a) $f(x) = x^4 - 4x^3 + 5x^2 - 4x + 4$

Man findet durch Probieren: $f(2) = 0$

$$
\begin{array}{l}
(x^4 - 4x^3 + 5x^2 - 4x) : (x-2) = x^3 - 2x^2 + x - 2 \\
\underline{-(x^4 - 2x^3)} \\
\quad / \ -2x^3 + 5x^2 \\
\quad \underline{-(-2x^3 + 4x^2)} \\
\quad\quad / \quad x^2 - 4x \\
\quad\quad \underline{-(x^2 - 2x)} \\
\quad\quad\quad / \ -2x + 4 \\
\quad\quad\quad \underline{-(-2x + 4)} \\
\quad\quad\quad\quad / \quad /
\end{array}
$$

$x^3 - 2x^2 + x - 2 = 0$
Probierlösung: $x_2 = 2$

$$
\begin{array}{l}
(x^3 - 2x^2 + x - 2) : (x-2) = x^2 + 1 \\
\underline{-(x^3 - 2x^2)} \\
\quad / \quad / \quad x - 2 \\
\quad\quad \underline{-(x-2)} \\
\quad\quad\quad / \quad /
\end{array}
$$

$x^2 + 1 = 0$ hat keine weiteren reellen Lösungen.
f hat eine doppelte Nullstelle $x_{1/2} = 2$.
Faktorisierung: $f(x) = (x-2)^2(x^2+1)$

b) $f(x) = \frac{1}{4}x^4 - 2x^3 + 6x^2 - 8x + 4$

Man findet durch Probieren: $f(2) = 0$, also $x_1 = 2$

$$\left(\tfrac{1}{4}x^4 - 2x^3 + 6x^2 - 8x + 4\right) : (x-2) = \tfrac{1}{4}x^3 - \tfrac{3}{2}x^2 + 3x - 2$$

$$\underline{-\left(\tfrac{1}{4}x^4 - \tfrac{1}{2}x^3\right)}$$

$$/ \quad -\tfrac{3}{2}x^3 + 6x^2$$

$$\underline{-\left(-\tfrac{3}{2}x^3 + 3x^2\right)}$$

$$/ \quad 3x^2 - 8x$$

$$\underline{-(3x^2 - 6x)}$$

$$/ \quad -2x + 4$$

$$\underline{-(-2x + 4)}$$

$$/ \quad /$$

$\frac{1}{4}x^3 - \frac{3}{2}x^2 + 3x - 2 = 0$

Probierlösung: $x_2 = 2$

$$\left(\tfrac{1}{4}x^3 - \tfrac{3}{2}x^2 + 3x - 2\right) : (x-2) = \tfrac{1}{4}x^2 - x + 1$$

$$\underline{-\left(\tfrac{1}{4}x^3 - \tfrac{1}{2}x^2\right)}$$

$$/ \quad x^2 + 3x$$

$$\underline{-(x^2 + 2x)}$$

$$/ \quad x - 2$$

$$\underline{-(x - 2)}$$

$$/ \quad /$$

$\frac{1}{4}x^2 - x + 1 = 0$

Lösungsformel:

$$x_{3/4} = \frac{1 \pm \sqrt{(-1)^2 - 4 \cdot \frac{1}{4} \cdot 1}}{2 \cdot \frac{1}{4}} = \frac{1 \pm 0}{\frac{1}{2}} = 2$$

Die Funktion f hat die 4-fache Nullstelle $x_{1/2/3/4} = 2$. Demnach gilt für die Faktorisierung:

$f(x) = \frac{1}{4}(x-2)^4$

c) $f(x) = \frac{1}{8}(x^3 - 3x^2 - 3x + 9)$

Da $\frac{1}{8}$ ein konstanter Vorfaktor ist (der nicht null werden kann) genügt es, den Term in den Klammern zu behandeln:

$x^3 - 3x^2 - 3x + 9 = 0$

Durch Probieren findet man als Lösung $x_1 = 3$.

Polynomdivision:

$$(x^3 - 3x^2 - 3x + 9) : (x - 3) = x^2 - 3$$
$$\underline{-(x^3 - 3x^2)}$$
$$/ \quad / \quad -3x + 9$$
$$\underline{-(-3x + 9)}$$
$$/ \quad /$$

Das abdividierte Polynom führt auf eine rein-quadratische Gleichung:

$$x^2 - 3 = 0$$
$$x^2 = 3$$
$$\Rightarrow x_{2/3} = \pm\sqrt{3}$$

Demnach hat f drei einfache Nullstellen: $x_1 = 3$; $x_{2/3} = \pm\sqrt{3}$
Faktorisierung:

$$f(x) = \tfrac{1}{8}(x - 3)(x - \sqrt{3})(x + \sqrt{3})$$

d) f liegt bereits in einer faktorisierten Form vor. Um die Nullstellen zu bestimmen, sollte auf keinen Fall ausmultipliziert werden. Man muss nur feststellen, für welche Werte von x die einzelnen Faktoren null werden:

$$2x + 5 = 0 \quad \Rightarrow \quad x = -\tfrac{5}{2}$$

Es handelt sich um eine doppelte Nullstelle: $x_{1/2} = -\tfrac{5}{2}$

$$3 - 2x = 0 \quad \Rightarrow \quad x = \tfrac{3}{2}$$

Es handelt sich um eine einfache Nullstelle: $x_3 = \tfrac{3}{2}$

Damit man die Faktorisierung in gewohnter Darstellung mit Linearfaktoren erhält, wird f wie folgt umgeformt:

$$f(x) = \tfrac{1}{3}(2x + 5)^2(3 - 2x) = \tfrac{1}{3}\left[2\left(x + \tfrac{5}{2}\right)\right]^2(3 - 2x)$$
$$= \tfrac{1}{3} \cdot 2^2 \cdot \left(x + \tfrac{5}{2}\right)^2 \cdot (-2) \cdot \left(-\tfrac{3}{2} + x\right) = -\tfrac{8}{3}\left(x + \tfrac{5}{2}\right)^2\left(x - \tfrac{3}{2}\right)$$

e) $f(x) = x^5 + 3x^4 + x^3 - 5x^2 - 6x - 2$

Da das Ausklammern von x nicht möglich ist, muss eine Lösung geraten werden. Wegen des konstanten Gliedes –2 kommen als ganzzahlige Lösungen nur ±1 oder ±2 infrage. Man stellt fest, dass $x_1 = -1$ eine Lösung ist. Die Polynomdivision ergibt:

$$(x^5 + 3x^4 + x^3 - 5x^2 - 6x - 2) : (x + 1) = x^4 + 2x^3 - x^2 - 4x - 2$$

Jetzt muss das abdividierte Polynom untersucht werden:

$$x^4 + 2x^3 - x^2 - 4x - 2 = 0$$

Man findet, dass wieder –1 eine Lösung ist, d. h., $x_2 = -1$ kommt zum zweiten Mal als Lösung vor. Erneut wird die Polynomdivision durchgeführt:

$$(x^4 + 2x^3 - x^2 - 4x - 2) : (x + 1) = x^3 + x^2 - 2x - 2$$

Das abdividierte Polynom wird gleich null gesetzt:

$x^3 + x^2 - 2x - 2 = 0$

Und erneut ist −1 eine Lösung, also $x_3 = -1$.

Die Polynomdivision führt auf:

$(x^3 + x^2 - 2x - 2) : (x + 1) = x^2 - 2$

Das verbleibende Polynom führt auf die rein-quadratische Gleichung:

$x^2 - 2 = 0$

$\quad x^2 = 2 \mid \sqrt{}$

$\Rightarrow \ x_4 = -\sqrt{2}; \ x_5 = \sqrt{2}$

Insgesamt hat f demnach eine 3-fache Nullstelle $x_{1/2/3} = -1$ und je eine einfache Nullstelle $x_{4/5} = \pm\sqrt{2}$.

Der Funktionsterm von f kann damit folgendermaßen faktorisiert werden:

$f(x) = (x + 1)^3 (x - \sqrt{2})(x + \sqrt{2})$

76. a) $f(x) = (x + 3)(x - 1)^2$

b) $f(x) = -\frac{1}{4}x(x - 2)^3$

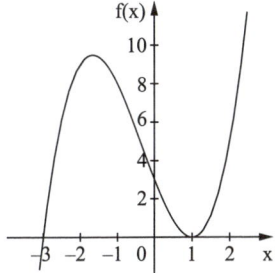

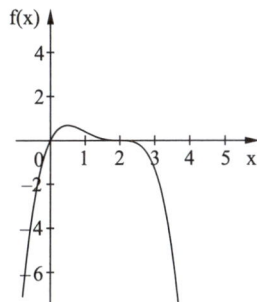

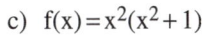

c) $f(x) = x^2(x^2 + 1)$

d) $f(x) = (x - 1)^3$

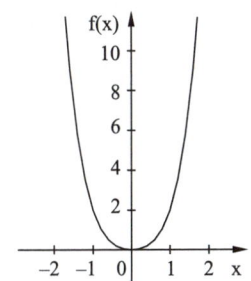

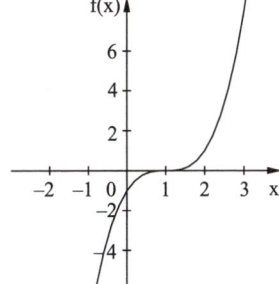

77. a) 3. Grades: $x_1 = -2$; $x_2 = 0$; $x_3 = 2$

Mögliche Funktionsterme:

$f(x) = a(x+2) \cdot x \cdot (x-2)$

$ = ax(x+2)(x-2)$

mit $a \in \mathbb{R} \setminus \{0\}$

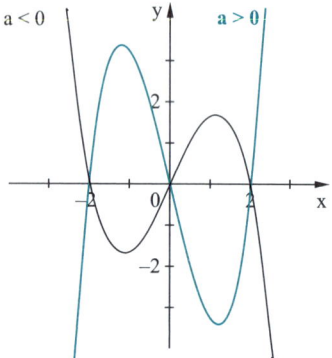

b) 3. Grades: $x_{1/2} = -1$; $x_3 = 1$

Mögliche Funktionsterme:

$f(x) = a(x+1)^2(x-1)$

mit $a \in \mathbb{R} \setminus \{0\}$

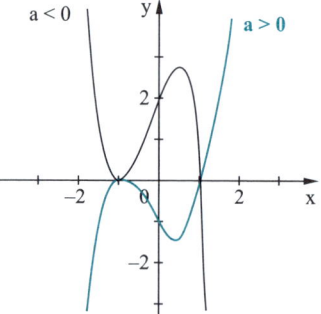

c) 4. Grades: $x_1 = -2$; $x_{2/3} = 0$; $x_4 = 2$

Mögliche Funktionsterme:

$f(x) = ax^2(x+2)(x-2)$

mit $a \in \mathbb{R} \setminus \{0\}$

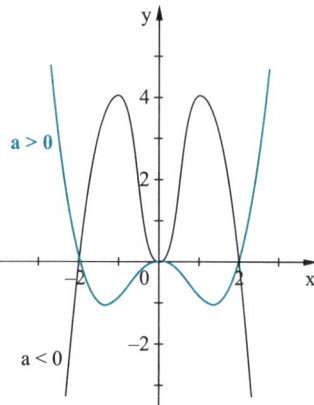

78. a) $f(x) = \frac{1}{80}(8x^3 - 2x^4) = \frac{1}{80}x^3(8-2x)$

Aus der vorgenommenen Faktorisierung lässt sich ablesen:
dreifache Nullstelle $x_{1/2/3} = 0$, einfache Nullstelle $x_4 = 4$

b) $f(x) = \frac{1}{9}x^3 - \frac{2}{3}x^2 + x = x\left(\frac{1}{9}x^2 - \frac{2}{3}x + 1\right)$

$\qquad = \frac{1}{9}x(x^2 - 6x + 9) = \frac{1}{9}x(x-3)^2$

Daraus ergibt sich: einfache Nullstelle $x_1 = 0$; doppelte Nullstelle $x_{2/3} = 3$

c) Man kann – ohne zu raten – die Nullstellen berechnen:

$\frac{1}{8}(1-x)^3 + 1 = 0 \quad |\cdot 8$

$\qquad (1-x)^3 = -8 \quad |\sqrt[3]{}$

$\qquad\quad 1 - x = -2$

$\Rightarrow \quad x_1 = 3 \quad$ (einfache Nullstelle)

Es gilt:

$\frac{1}{8}(1-x)^3 + 1 = 0 \quad\Leftrightarrow\quad -x^3 + 3x^2 - 3x + 9 = 0$

Durchführung der Polynomdivision:

$(-x^3 + 3x^2 - 3x + 9) : (x - 3) = -x^2 - 3$

Nullsetzen des abdividierten Polynoms:

$-x^2 - 3 = 0$

$\qquad x^2 = -3 \quad\Rightarrow\quad$ keine weiteren reellen Lösungen!

Damit ergibt sich für die Faktorisierung von f:

$f(x) = \frac{1}{8}(x-3)(-x^2 - 3) = -\frac{1}{8}(x-3)(x^2 + 3)$

d) $\qquad\qquad g(x) = 0$

$\qquad x^4 - x^2 + \frac{1}{4} = 0$

Substitution: $\mathbf{z = x^2}$

$z^2 - z + \frac{1}{4} = 0$

$z_{1/2} = \frac{1 \pm \sqrt{(-1)^2 - 4 \cdot 1 \cdot \frac{1}{4}}}{2 \cdot 1} = \frac{1 \pm 0}{2} = \frac{1}{2}$

$x^2 = \frac{1}{2} \Rightarrow x_{1/2} = \pm\sqrt{\frac{1}{2}} = \pm\frac{1}{2}\sqrt{2}$

Es handelt sich um zwei doppelte Nullstellen. Die Faktorisierung lautet:

$g(x) = \left(x - \frac{1}{2}\sqrt{2}\right)^2 \left(x + \frac{1}{2}\sqrt{2}\right)^2 = \left[\left(x - \frac{1}{2}\sqrt{2}\right)\left(x + \frac{1}{2}\sqrt{2}\right)\right]^2 = \left(x^2 - \frac{1}{2}\right)^2$

79. $f : x \mapsto (x+2)^2(x^2 + 4x + 4)$

a) Mithilfe der ersten binomischen Formel erhält man:

$\qquad f(x) = (x+2)^2(x^2 + 4x + 4) = (x+2)^2(x+2)^2 = (x+2)^4$

b) Der Schnittpunkt mit der x-Achse liegt bei der einzigen Nullstelle $x = -2$:

$\qquad S_x(-2 \mid 0)$

Schnittpunkt mit der y-Achse: $y_S = f(0) = 2^2 \cdot 4 = 16 \quad\Rightarrow\quad S_y(0 \mid 16)$

c) $f(-1) = (-1+2)^2 \cdot (1-4+4) = 1^2 \cdot 1 = 1$

Das bedeutet, dass der Punkt $P(-1\,|\,1)$ auf dem Graphen von f liegt.

d)

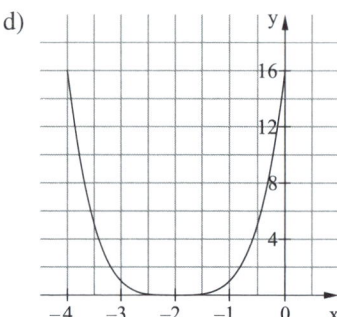

Bemerkung: Es handelt sich um eine vierfache Nullstelle $x_{1/2/3/4} = -2$.

80. a) $x^3 + x^2 + 5x + 10 = -x^3 + 3x^2 - 5x + 20$

$2x^3 - 2x^2 + 10x - 10 = 0 \quad |:2$

$x^3 - x^2 + 5x - 5 = 0$

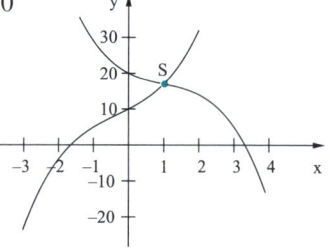

Probierlösung: $x_1 = 1$

Polynomdivision:

$(x^3 - x^2 + 5x - 5):(x-1) = x^2 + 5$

Die Gleichung $x^2 + 5 = 0$ hat keine reellen Lösungen, es gibt nur eine Schnittstelle bei $x_1 = 1$.

Berechnung der y-Koordinate:

$y = f(1) = 17 \;\Rightarrow\; S(1\,|\,17)$

b) $\frac{1}{4}x^4 - 3x^2 - 2 = -2$

$\frac{1}{4}x^4 - 3x^2 = 0 \qquad |\cdot 4$

$x^4 - 12x^2 = 0$

x^2 ausklammern:

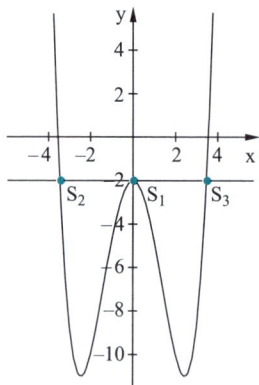

$x^2(x^2 - 12) = 0$

$\Rightarrow x_{1/2} = 0$

$x^2 - 12 = 0 \;\Rightarrow\; x_{3/4} = \pm\sqrt{12} = \pm 2\sqrt{3}$

Es gibt drei Schnittpunkte $S_1(0\,|\,-2)$, $S_2(-2\sqrt{3}\,|\,-2)$ und $S_3(2\sqrt{3}\,|\,-2)$. Dabei ist S_1 ein Berührpunkt (doppelte Lösung). Dass die y-Koordinaten alle -2 sind, ergibt sich, weil $g(x) = -2$ ist.

c) $\quad x^3 - x^2 = x(x-1)$

$\qquad x^3 - x^2 = x^2 - x$

$x^3 - 2x^2 + x = 0$

x ausklammern:

$x(x^2 - 2x + 1) = 0$

Zweite binomische Formel:

$x(x-1)^2 = 0$

$\Rightarrow \ x_1 = 0; \ x_{2/3} = 1$

$\Rightarrow \ S_1(0|0)$ und $S_2(1|0)$

Die Graphen schneiden bzw. berühren
sich an den Nullstellen.

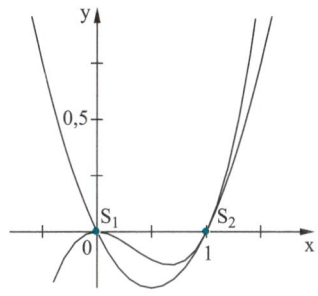

d) $\qquad\qquad \frac{1}{4}(x-2)^2(x^2+1) = -x^2 + 2{,}5x - 1$

$\frac{1}{4}(x^4 - 4x^3 + 5x^2 - 4x + 4) + x^2 - 2{,}5x + 1 = 0 \quad | \cdot 4$

$\qquad\qquad x^4 - 4x^3 + 9x^2 - 14x + 8 = 0$

Probierlösung: $x_1 = 1$

Ergebnis der Polynomdivision:

$(x^4 - 4x^3 + 9x^2 - 14x + 8) : (x-1) = x^3 - 3x^2 + 6x - 8$

Abdividiertes Polynom:

$x^3 - 3x^2 + 6x - 8 = 0$

Probierlösung: $x_2 = 2$

$(x^3 - 3x^2 + 6x - 8) : (x-2) = x^2 - x + 4$

Die Gleichung $x^2 - x + 4 = 0$ hat wegen
$D = -15 < 0$ keine reellen Lösungen, es
gibt also nur die beiden Schnittstellen
$x_1 = 1$ und $x_2 = 2$.

$\Rightarrow$ Schnittpunkte: $S_1\!\left(1|\frac{1}{2}\right)$; $S_2(2|0)$

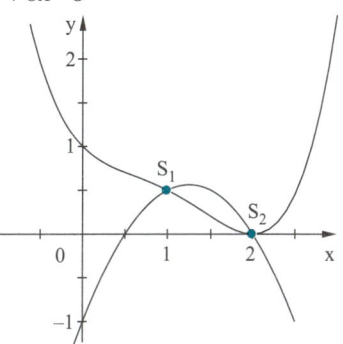

81. a) $f(x) = \frac{1}{4}x^4 - 3x^2 - 2$

G_f ist symmetrisch zur y-Achse, da nur geradzahlige Exponenten von x
auftreten. Man berechnet die Funktionswerte nur an den positiven Stellen;
sie gelten wegen der Symmetrie dann automatisch auch an den entsprechenden negativen Stellen (deshalb das $\pm$ vor den x-Werten).

x	0	± 1	± 2	± 3	± 4
f(x)	-2	$-4{,}75$	-10	$-8{,}75$	14

Skizze:

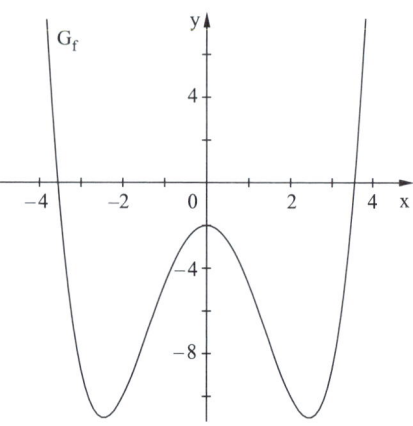

b) $f(x)=x^3-x^2$ besitzt keine der bekannten Symmetrieeigenschaften, da ungeradzahlige (x^3) und geradzahlige (x^2) Exponenten auftreten.

c) $f(x)=x(x^2-1)=x^3-x$ ist eine ungerade Funktion, denn:
$$f(-x)=(-x)^3-(-x)=-x^3+x=-(x^3-x)=-f(x)$$

Wertetabelle:

x	-2	$-1,5$	-1	$-0,5$	0	0,5	1	1,5	2
f(x)	-6	$-1,875$	0	0,375	0	$-0,375$	0	1,875	6

Man beachte die Vorzeichen-
umkehr der Funktionswerte
bei gegenüberliegenden
x-Werten.

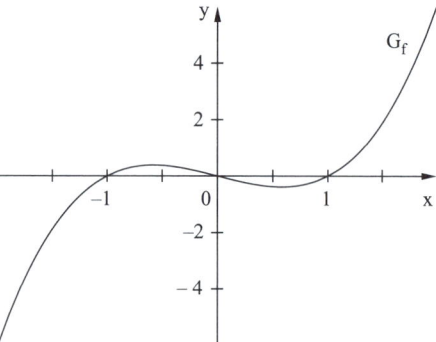

d) $f(x)=x^3-x+\mathbf{1}$

Der Graph dieser Funktion wird durch die additive Konstante **1** gegenüber dem Graphen der Funktion von Aufgabe c um eine Einheit nach oben verschoben. Dadurch geht die Punktsymmetrie zum Ursprung verloren. Es liegt Punktsymmetrie zum Punkt $P(0\,|\,1)$ vor, diese wird aber nicht weiter untersucht.

Man kann die x-freie Konstante 1 als $1 \cdot x^0$ auffassen, deshalb tritt nun ein geradzahliger Exponent von x auf und die Punktsymmetrie zum Ursprung geht dadurch verloren.

82. a) $\lim\limits_{x \to -\infty} \left(-\frac{1}{4}x^3 - 5x^2 + x\right) = \lim\limits_{x \to -\infty} -\frac{1}{4}x^3 = \infty$

$\lim\limits_{x \to \infty} \left(-\frac{1}{4}x^3 - 5x^2 + x\right) = \lim\limits_{x \to \infty} -\frac{1}{4}x^3 = -\infty$

b) $\lim\limits_{x \to -\infty} -5 = -5$

c) $\lim\limits_{x \to \pm\infty} (2x^4 - 4x^3 + 3x^2 - 10) = \lim\limits_{x \to \pm\infty} 2x^4 = \infty$ (in beiden Fällen)

83. a) $\lim\limits_{x \to \infty} (2x - 1) = \infty$ Der Graph ist eine Gerade mit **positiver** Steigung.

b) $\lim\limits_{x \to -\infty} (2x - 1) = -\infty$ Der Graph ist eine Gerade mit **positiver** Steigung.

c) $\lim\limits_{|x| \to \infty} \left(\frac{1}{4}x^2 - 5x + 1\right) = \infty$ Der Graph ist eine nach **oben** geöffnete Parabel.

(in beiden Fällen)

d) $\lim\limits_{x \to -\infty} -x^3 = \infty$ Graph verläuft von **links oben** nach **rechts unten**.

e) $\lim\limits_{x \to \infty} -x^3 = -\infty$ Graph verläuft von **links oben** nach **rechts unten**.

f) $\lim\limits_{x \to \pm\infty} x^4 = \infty$ (in beiden Fällen)   Graph verläuft von **links oben** nach **rechts oben**.

84. a) • Bei **50 %** Anziehungskraft gilt: $F(r) = \frac{1}{2}F_0$

Dieser Ansatz wird in die Formel eingesetzt:

$\frac{F_0}{r^2} = \frac{1}{2}F_0 \quad | : F_0, \quad$ Kehrbruch bilden

$r^2 = 2 \qquad | \sqrt{}$

$r = \sqrt{2} \approx 1,41$ (Die Lösung $r = -\sqrt{2}$ ist nicht relevant, da $r > 0$ vorausgesetzt ist.)

Da ein Erdradius vom Erdmittelpunkt bis zur Erdoberfläche reicht, ergibt sich von der Erdoberfläche aus gemessen die Entfernung:

$d = (\mathbf{r - 1}) \cdot r_E = 0,41 \cdot 6\,370 \text{ km} \approx 2\,612 \text{ km}$

• Bei **10 %** Anziehungskraft gilt: $F(r) = \frac{1}{10}F_0$

Der Ansatz führt auf $r^2 = 10$, also $r \approx 3,16$.

$\Rightarrow \quad d = 2,16 \cdot 6\,370 \text{ km} = 13\,759 \text{ km}$

• Bei **1 %** Anziehungskraft gilt: $F(r) = \frac{1}{100}F_0$

Der Ansatz führt auf $r^2 = 100$, also $r = 10$.

$\Rightarrow \quad d = 9 \cdot 6\,370 \text{ km} = 57\,330 \text{ km}$

b) $\lim\limits_{r \to \infty} F(r) = \lim\limits_{r \to \infty} \dfrac{F_0}{r^2} = 0$

Das heißt, dass die Anziehungskraft null wird, wenn sich der Satellit „unendlich weit" von der Erde entfernt. Zwei Massen ziehen sich also gegenseitig stets (unabhängig von ihrem gegenseitigen Abstand) an.

85. a) $m_{PQ} = \dfrac{\Delta y}{\Delta x} = \dfrac{f(2) - f(0)}{2 - 0} = \dfrac{4 - 0}{2 - 0} = 2$

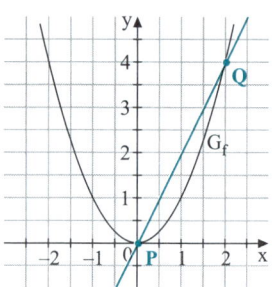

b) $m_{PQ} = \dfrac{\Delta y}{\Delta x} = \dfrac{f(1) - f(-1)}{1 - (-1)} = \dfrac{-1 - 3}{2} = -2$

G_f und die Sekante sind identisch, weil G_f eine Gerade ist.

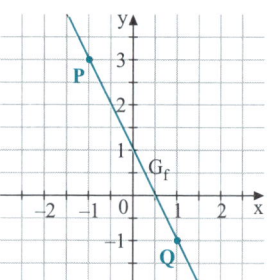

c) $m_{PQ} = \dfrac{\Delta y}{\Delta x} = \dfrac{f(1) - f\left(\frac{1}{2}\right)}{1 - \frac{1}{2}} = \dfrac{1 - 2}{\frac{1}{2}} = -2$

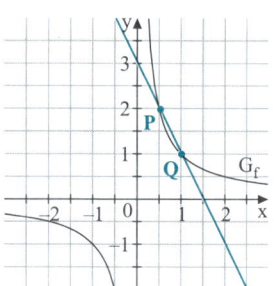

d) $m_{PQ} = \dfrac{\Delta y}{\Delta x} = \dfrac{f(3) - f(1)}{3 - 1} = \dfrac{-3 - (-3)}{2} = 0$

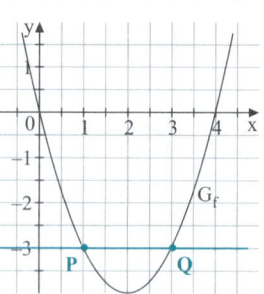

86. Für jeden Punkt Q wird in der nachfolgenden Tabelle die Steigung berechnet:

$$m_{PQ} = \frac{\Delta y}{\Delta x} = \frac{p(x_Q) - p(1)}{x_Q - 1} = \frac{-x_Q^2 + 5x_Q - 3 - 1}{x_Q - 1} = \frac{-x_Q^2 + 5x_Q - 4}{x_Q - 1}$$

x_Q	4	3	2	1,5	1,2	1,1	1,01
m_{PQ}	0	1	2	2,5	2,8	2,9	2,99

Es ist zu vermuten, dass sich die Steigungen m_{PQ} dem Wert 3 annähern, wenn sich x_Q dem Wert 1 nähert.

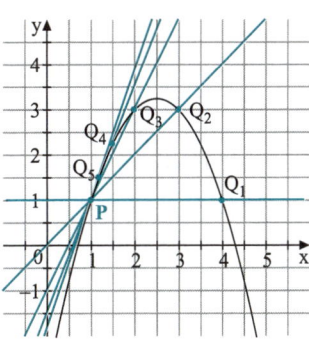

87. $f'(-1) = \lim\limits_{h \to 0} \dfrac{f(-1+h) - f(-1)}{h} = \lim\limits_{h \to 0} \dfrac{(-1+h)^2 - 2(-1+h) - 3 - 0}{h}$

$\qquad = \lim\limits_{h \to 0} \dfrac{1 - 2h + h^2 + 2 - 2h - 3}{h} = \lim\limits_{h \to 0} \dfrac{h^2 - 4h}{h} = \lim\limits_{h \to 0} \dfrac{\cancel{h}(h-4)}{\cancel{h}}$

$\qquad = \lim\limits_{h \to 0} (h - 4) = -4$

$f'(1) = \lim\limits_{h \to 0} \dfrac{f(1+h) - f(1)}{h} = \lim\limits_{h \to 0} \dfrac{(1+h)^2 - 2(1+h) - 3 - (-4)}{h}$

$\qquad = \lim\limits_{h \to 0} \dfrac{1 + 2h + h^2 - 2 - 2h + 1}{h} = \lim\limits_{h \to 0} \dfrac{h^{\cancel{2}}}{\cancel{h}} = \lim\limits_{h \to 0} h = 0$

$f'(4) = \lim\limits_{h \to 0} \dfrac{f(4+h) - f(4)}{h} = \lim\limits_{h \to 0} \dfrac{(4+h)^2 - 2(4+h) - 3 - 5}{h}$

$\qquad = \lim\limits_{h \to 0} \dfrac{16 + 8h + h^2 - 8 - 2h - 3 - 5}{h} = \lim\limits_{h \to 0} \dfrac{h^2 + 6h}{h}$

$\qquad = \lim\limits_{h \to 0} \dfrac{\cancel{h}(h+6)}{\cancel{h}} = \lim\limits_{h \to 0} (h + 6) = 6$

88. $f'(1) = \lim\limits_{h \to 0} \dfrac{f(1+h) - f(1)}{h} = \lim\limits_{h \to 0} \dfrac{(1+h)^3 - 1}{h} = \lim\limits_{h \to 0} \dfrac{1 + 3h + 3h^2 + h^3 - 1}{h}$

$\qquad = \lim\limits_{h \to 0} \dfrac{h^3 + 3h^2 + 3h}{h} = \lim\limits_{h \to 0} \dfrac{\cancel{h}(h^2 + 3h + 3)}{\cancel{h}} = \lim\limits_{h \to 0} (h^2 + 3h + 3) = 3$

$$g'(1) = \lim_{h \to 0} \frac{g(1+h) - g(1)}{h} = \lim_{h \to 0} \frac{(1+h)^3 - 2 - (1^3 - 2)}{h} = \lim_{h \to 0} \frac{1 + 3h + 3h^2 + h^3 - 2 + 1}{h}$$

$$= \lim_{h \to 0} \frac{h^3 + 3h^2 + 3h}{h} = \lim_{h \to 0} \frac{\cancel{h}(h^2 + 3h + 3)}{\cancel{h}} = \lim_{h \to 0} (h^2 + 3h + 3) = 3$$

Die beiden Steigungen sind gleich, weil die Graphen nur längs der y-Achse gegeneinander verschoben sind. Deshalb sind die Tangenten in diesen Punkten parallel.

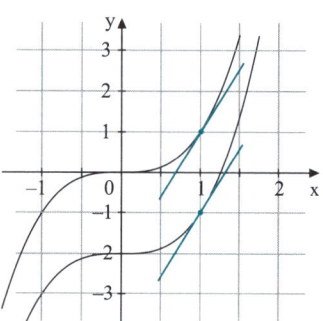

89. $g'(x_0) = \lim_{h \to 0} \frac{g(x_0 + h) - g(x_0)}{h} = \lim_{h \to 0} \frac{m(x_0 + h) + t - (mx_0 + t)}{h} = \lim_{h \to 0} \frac{m\cancel{h}}{\cancel{h}}$

$$= \lim_{h \to 0} m = m$$

Der Graph der Funktion g hat an jeder Stelle x_0 dieselbe Steigung, nämlich m. Das war aber von vornherein zu erwarten, da es sich bei dem Graphen von g um eine Gerade mit der Steigung m handelt.

90. $p(x) = x^2$

$$p'(x_0) = \lim_{h \to 0} \frac{p(x_0 + h) - p(x_0)}{h} = \lim_{h \to 0} \frac{(x_0 + h)^2 - x_0^2}{h} = \lim_{h \to 0} \frac{x_0^2 + 2hx_0 + h^2 - x_0^2}{h}$$

$$= \lim_{h \to 0} \frac{h^2 + 2hx_0}{h} = \lim_{h \to 0} \frac{\cancel{h}(h + 2x_0)}{\cancel{h}} = \lim_{h \to 0} (h + 2x_0) = 2x_0$$

Ergebnis: $p'(x_0) = 2x_0$.

Braucht man jetzt die Steigung der Normalparabel z. B. an der Stelle 3, so setzt man ein: $p'(3) = 2 \cdot 3 = 6$ und hat sofort die Steigung an dieser Stelle! Das gilt auch für jede andere Stelle!

91. a) $s(4) = 5 \cdot 4^2 = 80$

$$\bar{v} = \frac{s}{t} = \frac{80}{4} = 20$$

Durchschnittsgeschwindigkeit $\bar{v}$

$$v(4) = \lim_{\Delta t \to 0} \frac{s(4 + \Delta t) - s(4)}{\Delta t}$$

Die Aufschlaggeschwindigkeit ist die Momentangeschwindigkeit zum Zeitpunkt $t_0 = 4$, also $v(4)$.

$$= \lim_{\Delta t \to 0} \frac{5(4 + \Delta t)^2 - 80}{\Delta t}$$

$$v(4) = \lim_{\Delta t \to 0} \frac{80 + 40\Delta t + 5(\Delta t)^2 - 80}{\Delta t}$$

$$= \lim_{\Delta t \to 0} \frac{\Delta t(40 + 5\Delta t)}{\Delta t}$$

$$= \lim_{\Delta t \to 0} (40 + 5\Delta t) = 40 \qquad \text{Demnach gilt: } v(4) = 2\overline{v}$$

Im Zeit-Weg-Diagramm ist die Durchschnittsgeschwindigkeit die **Steigung der Sekante** durch die Punkte $P_1(0|0)$ und $P_2(4|80)$. Die Aufschlaggeschwindigkeit ist die **Steigung der Tangente** im Moment des Aufschlagens, also im Punkt $P_2(4|80)$.

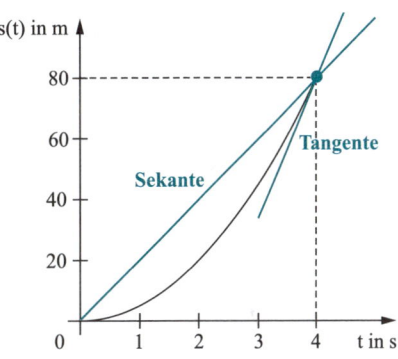

b) $s(t) = 5t^2$ mit $s(t) = 100$

$$5t^2 = 100$$
$$t^2 = 20$$
$$t = \sqrt{20} \approx 4,47$$

Zunächst wird mit dem Zeit-Weg-Gesetz des freien Falles die Zeit berechnet, die der Springer im freien Fall verbringt. Nach 4,47 s ist das Seil gespannt und bremst den Springer ab (die negative Lösung hat hier keine Bedeutung).

$$v(4,47) = \lim_{\Delta t \to 0} \frac{s(4,47 + \Delta t) - s(4,47)}{\Delta t} = \lim_{\Delta t \to 0} \frac{5(4,47 + \Delta t)^2 - 100}{\Delta t}$$

$$= \lim_{\Delta t \to 0} \frac{100 + 44,7\Delta t + 5(\Delta t)^2 - 100}{\Delta t} = \lim_{\Delta t \to 0} \frac{\Delta t(44,7 + 5\Delta t)}{\Delta t}$$

$$= \lim_{\Delta t \to 0} (44,7 + 5\Delta t) = 44,7$$

Der Springer erreicht eine Geschwindigkeit von $44,7 \, \frac{m}{s} \approx 161 \, \frac{km}{h}$.

92. a) $f(x) = x\,|x| = \begin{cases} x^2 & \text{für } x \geq 0 \\ -x^2 & \text{für } x < 0 \end{cases}$

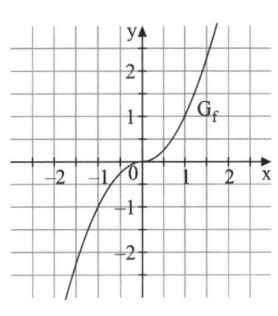

$$f'(0+) = \lim_{h \to 0+} \frac{f(0+h) - f(0)}{h} = \lim_{h \to 0+} \frac{h^2 - 0}{h}$$

$$= \lim_{h \to 0+} h = 0$$

$$f'(0-) = \lim_{h \to 0-} \frac{f(0+h) - f(0)}{h} = \lim_{h \to 0-} \frac{-h^2 - 0}{h}$$

$$= \lim_{h \to 0-} (-h) = 0$$

Daraus folgt: f ist differenzierbar an der Stelle $x_0 = 0$.

b) $f'(1+) = \lim\limits_{h \to 0+} \dfrac{f(1+h) - f(1)}{h} = \lim\limits_{h \to 0+} \dfrac{1 + h - 1}{h}$

$\quad = \lim\limits_{h \to 0} 1 = 1$

$f'(1-) = \lim\limits_{h \to 0-} \dfrac{f(1+h) - f(1)}{h} = \lim\limits_{h \to 0-} \dfrac{(1+h)^2 - 1^2}{h}$

$\quad = \lim\limits_{h \to 0-} \dfrac{1 + 2h + h^2 - 1}{h} = \lim\limits_{h \to 0-} \dfrac{h(h + 2)}{h}$

$\quad = \lim\limits_{h \to 0-} (h + 2) = 2$

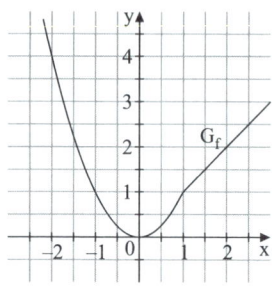

Daraus folgt: f ist **nicht** differenzierbar an der Stelle $x_0 = 1$.

c) $f'(1+) = \lim\limits_{h \to 0+} \dfrac{f(1+h) - f(1)}{h}$

$\quad = \lim\limits_{h \to 0+} \dfrac{2(1+h) - 1 - 1}{h} = \lim\limits_{h \to 0+} \dfrac{2h}{h} = 2$

$f'(1-) = \lim\limits_{h \to 0-} \dfrac{f(1+h) - f(1)}{h} = \lim\limits_{h \to 0-} \dfrac{(1+h)^2 - 1^2}{h}$

$\quad = \lim\limits_{h \to 0-} \dfrac{1 + 2h + h^2 - 1}{h} = \lim\limits_{h \to 0-} \dfrac{h(h + 2)}{h}$

$\quad = \lim\limits_{h \to 0-} (h + 2) = 2$

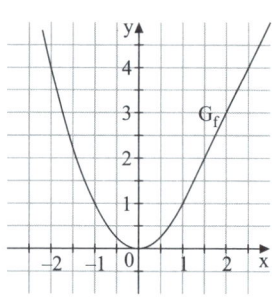

Daraus folgt: f ist differenzierbar an der Stelle $x_0 = 1$.

93. Aus Aufgabe 90 ist bekannt: $p(x) = x^2 \implies p'(x_0) = 2x_0$

$P_1(0 \mid 0)$:

$x_0 = 0$; $p(0) = 0$; $p'(0) = 0$

t_1: $y = 0(x - 0) + 0$

$\quad = 0$

Aufstellen der Tangenten-gleichung.
Da die Tangente waagrecht ist, existiert die Normale als Funk-tionsgleichung nicht, weil es sich um eine senkrechte Gerade handelt.

$P_2(-1,5 \mid 2,25)$:

$x_0 = -1,5$; $p(-1,5) = 2,25$; $p'(-1,5) = -3$

t_2: $y = -3(x + 1,5) + 2,25$

$\quad = -3x - 2,25$

Aufstellen der Tangenten-gleichung

n_2: $y = \dfrac{1}{3}(x + 1,5) + 2,25$

$\quad = \dfrac{1}{3}x + \dfrac{11}{4}$

Aufstellen der Normalen-gleichung

94. $x_0 = 1$; $f(1) = 1$; $f'(1) = -1$

t: $y = -1(x-1)+1$ Aufstellen der Tangentengleichung
$\quad = -x + 2$

n: $y = 1(x-1)+1$ Aufstellen der Normalengleichung
$\quad = x$

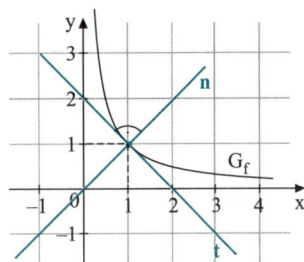

95. Die gesuchte Funktionsgleichung ist natürlich die Tangentengleichung an den Graphen von f im Punkt $P(2 \mid f(2))$. Mit $x_0 = 2$; $f(2) = \frac{1}{4} \cdot 2^2 = 1$ erhält man:

$f'(2) = \lim\limits_{h \to 0} \dfrac{f(2+h) - f(2)}{h}$ Steigung im Punkt P

$\quad = \lim\limits_{h \to 0} \dfrac{\frac{1}{4}(2+h)^2 - \frac{1}{4}2^2}{h}$

$\quad = \lim\limits_{h \to 0} \dfrac{1 + h + \frac{1}{4}h^2 - 1}{h}$

$\quad = \lim\limits_{h \to 0} \dfrac{\frac{1}{4}h^2 + h}{h}$

$\quad = \lim\limits_{h \to 0} \dfrac{h\left(\frac{1}{4}h + 1\right)}{h}$

$\quad = \lim\limits_{h \to 0} \left(\frac{1}{4}h + 1\right) = 1$

t: $y = 1(x-2)+1$ Aufstellen der Tangentengleichung
$\quad = x - 1$

96. $p(x) = x^2$

$\quad x_0 = b$; $p(b) = b^2$; $p'(b) = 2b$ siehe Ergebnis aus Aufgabe 90

$\quad$ t: $y = 2b(x-b) + b^2$ Aufstellen der Tangentengleichung

$\qquad\qquad t(x) = 0$ Schnittpunkte von t mit der x-Achse bestimmen

$\quad 2b(x-b) + b^2 = 0$

$\quad 2bx - 2b^2 + b^2 = 0$

$\quad 2bx - b^2 = 0$

$\qquad 2bx = b^2 \Rightarrow x = \dfrac{b^2}{2b} = \dfrac{b}{2}$

n: $y = -\frac{1}{2b}(x-b)+b^2$ Aufstellen der Normalengleichung

$$n(x) = 0$$ Schnittpunkte von n mit der x-Achse bestimmen

$$-\frac{1}{2b}(x-b)+b^2 = 0$$

$$-\frac{1}{2b}(x-b) = -b^2 \qquad |\cdot(-2b)$$

$$x-b = 2b^3$$

$$x = 2b^3 + b$$

97. a) $p(h_0 + \Delta h) - p(h_0)$ ist die abso-
b) lute Luftdruckänderung zwischen der Höhe h_0 und der Höhe $h_0 + \Delta h$. Sie entspricht der Differenz der eingezeichneten Funktionswerte.

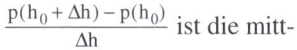

$\frac{p(h_0 + \Delta h) - p(h_0)}{\Delta h}$ ist die mittlere Luftdruckänderung im Bereich von h_0 zu $h_0 + \Delta h$, bezogen auf die Einheit von h (also z. B. pro Meter Höhe). Sie entspricht der Steigung der eingezeichneten Sekante.

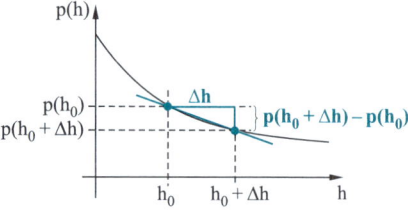

$p'(h_0)$ ist die Luftdruckänderung in der Höhe h_0, bezogen auf die Einheit von h (also z. B. pro Meter Höhe). Sie entspricht der Steigung der eingezeichneten Tangente.

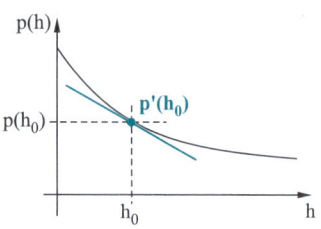

c) Das Vorzeichen von $p'(h_0)$ ist negativ. Das bedeutet, dass der Luftdruck mit zunehmender Höhe sinkt.

98. Achten Sie darauf, ob dort, wo beim Graphen waagrechte Tangenten vorhanden sind, bei der Ableitungsfunktion Nullstellen vorliegen.

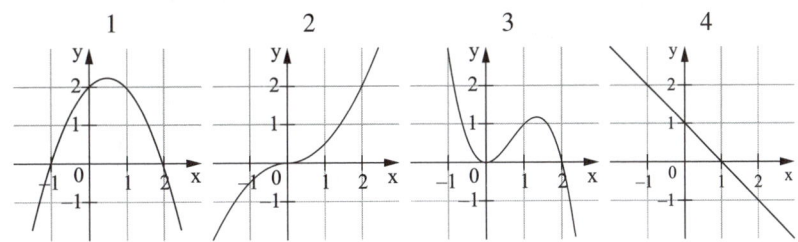

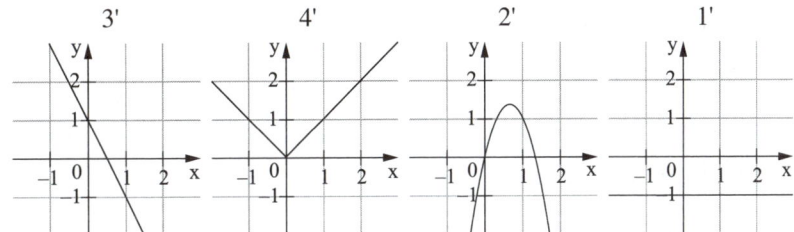

99. a) $f'(x) = 0$

b) $f'(x) = 0$

c) $p'(x) = 7x^6$

d) $p'(x) = (2a+1)x^{2a}$

e) $g'(t) = 2t$

f) $h'(x) = 0$
   $\quad$ h(x) ist eine Funktion von x, a ist ein konstanter Parameter, deshalb ist auch a^2 konstant und wird beim Ableiten nach x null.

100. a) $f(x) = x^2; f'(x) = 2x$

$\quad x_0 = -\frac{1}{2}; \ f\left(-\frac{1}{2}\right) = \frac{1}{4}; \ f'\left(-\frac{1}{2}\right) = 2 \cdot \left(-\frac{1}{2}\right) = -1$

$\quad$ t: $y = -1\left(x + \frac{1}{2}\right) + \frac{1}{4}$ $\qquad$ Aufstellen der Tangentengleichung

$\quad\quad = -x - \frac{1}{4}$

b) $g(x) = x^3; g'(x) = 3x^2$

$\quad x_0 = 2; \ g(2) = 8; \ g'(2) = 12$

$\quad$ t: $y = 12(x-2) + 8$ $\qquad$ Aufstellen der Tangentengleichung

$\quad\quad = 12x - 16$

101. a) $(x^2)' = 1,5$

$\qquad 2x = 1,5$

$\qquad x = 0,75$

Die Steigung wird durch die Funktionswerte der Ableitungsfunktion angegeben. Es muss also gefragt werden, wo $f'(x)$ den Wert 1,5 hat.

b) $f'(x) = 3x^2$

$\qquad 3x^2 = 1$

$\qquad x^2 = \frac{1}{3}$

$\qquad x_{1/2} = \pm\sqrt{\frac{1}{3}} \approx \pm 0,58$

Ansatz

102. a) $f'(x) = 3x^2 + 1$

b) $f'(x) = 3x^2 + 2x + 1$

c) $f'_t(x) = 1$

d) $f'(x) = 3x^2 + 1$

e) $f'_a(x) = 2x$

103. a) $f'(x) = -2$

b) $f'(x) = \frac{2}{3}x$

c) $f'(x) = 4\sqrt{3}x^3$

$\sqrt{3}$ ist ein konstanter Faktor.

d) $f'(x) = 2\frac{x}{4} = \frac{1}{2}x$

e) $f'_t(x) = t$

f) $g'_a(x) = 2a^3x$

a^3 ist ein konstanter Faktor.

104. a) $f'(x) = 4 \cdot \frac{1}{4}x^3 - 3 \cdot 5x^2 + 2 \cdot 9x - \sqrt{3} + 0 = x^3 - 15x^2 + 18x - \sqrt{3}$

b) $f'_k(x) = \frac{1}{2}(3x^2 + 2k^2x)$

$\frac{1}{2}$ ist ein konstanter Faktor.

c) $f(x) = x^2(x-2) = x^3 - 2x^2$

$\quad f'(x) = 3x^2 - 4x$

Hier muss $f(x)$ zuerst ausmultipliziert werden, erst dann kann abgeleitet werden!

d) $f(x) = (x-1)^2 = x^2 - 2x + 1$

$\quad f'(x) = 2x - 2$

e) $f_t(x) = \frac{3}{10}tx(x^2 - 2tx + t^2)$

$\qquad = \frac{3}{10}t(x^3 - 2tx^2 + t^2x)$

$\quad f'_t(x) = \frac{3t}{10}(3x^2 - 4tx + t^2)$

Das x ist kein konstanter Faktor. Es muss deshalb erst in die Klammer hineinmultipliziert werden. Für t ist das nicht nötig, da t ein konstanter Faktor ist.

f) $A_z(u) = zu^2 - zu + u - z^2$

Achtung: Hier ist u die Funktionsvariable und z eine Konstante. Es wird nach u abgeleitet.

$A'_z(u) = 2zu - z + 1$

g) $B_u(z) = zu^2 - zu + u - z^2$

Jetzt ist z die Variable und u eine Konstante.

$B'_u(z) = u^2 - u - 2z$

105. a) $f(x) = 2x - x^3$

$f'(x) = 2 - 3x^2$

$x_0 = -1;\ f(-1) = -1;\ f'(-1) = -1$

t: $y = -1(x+1) - 1 = -x - 2$ Tangentengleichung

b) $f(x) = \frac{1}{8}(x^4 - 2x^2)$

$f'(x) = \frac{1}{8}(4x^3 - 2 \cdot 2x) = \frac{1}{2}(x^3 - x)$

$x_0 = 1;\ f(1) = -\frac{1}{8};\ f'(1) = 0$ waagrechte Tangente

t: $y = 0 \cdot (x-1) - \frac{1}{8} = -\frac{1}{8}$ Tangentengleichung

c) $f(x) = (x+1)(x-2) = x^2 - x - 2$

$f'(x) = 2x - 1$

$x_0 = 2;\ f(2) = 0;\ f'(2) = 3$

t: $y = 3(x-2) + 0 = 3x - 6$

106. $f(x) = -\frac{1}{2}(x+2)(x-1) = -\frac{1}{2}x^2 - \frac{1}{2}x + 1;\ f'(x) = -x - \frac{1}{2}$

a) $f'(-2) = \frac{3}{2};\ f'(-0,5) = 0;\ f'(1) = -\frac{3}{2}$

b) $P_1(-2\,|\,?)$: $x_0 = -2;\ f(-2) = 0$ $\Rightarrow$ $t_1: y = \frac{3}{2}(x+2) = \frac{3}{2}x + 3$

$P_2(-0,5\,|\,?)$: $x_0 = -0,5;\ f(-0,5) = \frac{9}{8}$ $\Rightarrow$ $t_2:\ y = \frac{9}{8}$

$P_3(1\,|\,?)$: $x_0 = 1;\ f(1) = 0$ $\Rightarrow$ $t_3:\ y = -\frac{3}{2}(x-1) = -\frac{3}{2}x + \frac{3}{2}$

c)

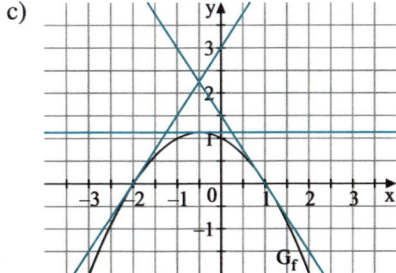

107. a) $f(x) = \frac{1}{3}x^3 + \frac{1}{2}x^2 - 2x + 3$

$f'(x) = x^2 + x - 2$

$x^2 + x - 2 = 0$ Ansatz für waagrechte Tangenten

$(x+2)(x-1) = 0$ Anwenden des Satzes von Vieta

$x_1 = -2; \; x_2 = 1$ An diesen Stellen hat der Graph von f waagrechte Tangenten.

b) $f(x) = 2(x-1)^2 = 2(x^2 - 2x + 1)$

$f'(x) = 2(2x - 2) = 4x - 4$

$4x - 4 = 1$ Ansatz für Steigung 1

$4x = 5$

$x_0 = \frac{5}{4}$ An dieser Stelle hat der Graph von f die Steigung 1.

c) $f(x) = \frac{1}{3}x(x^2 - 2x + 3) = \frac{1}{3}(x^3 - 2x^2 + 3x)$

$f'(x) = \frac{1}{3}(3x^2 - 4x + 3)$

$\frac{1}{3}(3x^2 - 4x + 3) = -\frac{1}{2} \quad \big| \cdot 3$ Damit die Tangente parallel zu der Geraden g ist, muss sie die gleiche Steigung haben wie g.

$3x^2 - 4x + 3 = -\frac{3}{2}$

$3x^2 - 4x + \frac{9}{2} = 0$

$x_{1/2} = \dfrac{4 \pm \sqrt{4^2 - 4 \cdot 3 \cdot \frac{9}{2}}}{2 \cdot 3}$ Mit der Lösungsformel sieht man, dass diese Gleichung keine reelle Lösung hat. Der Graph von f hat keine zu g parallele Tangente.

$\phantom{x_{1/2}} = \dfrac{4 \pm \sqrt{16 - 54}}{6}$

$\phantom{x_{1/2}} = \dfrac{4 \pm \sqrt{-38}}{6} \notin \mathbb{R}$

108. $f(x) = ax^2 + bx + c; \; f'(x) = 2ax + b$

$f'(x) = 0$ Nur im Scheitelpunkt liegt eine waagrechte Tangente vor, also ist dort und nur dort die Ableitung null. Diese Einsicht nutzt man, um die x-Koordinate des Scheitels zu berechnen.

$2ax + b = 0$

$2ax = -b \; \Rightarrow \; x_0 = -\dfrac{b}{2a}$

$y_0 = f(x_0)$ Die y-Koordinate ergibt sich durch Einsetzen der x-Koordinate in den Funktionsterm.

109. $f(x) = x^3; \; f'(x) = 3x^2$

$t: y = f'(x_0)(x - x_0) + f(x_0)$ Allgemeine Form der Tangente mit unbekanntem x_0

$t: y = 3x_0^2(x - x_0) + x_0^3$ Einsetzen der Funktion $f(x) = x^3$

$-2 = 3x_0^2(0 - x_0) + x_0^3$ Da t den Punkt $P(0 \,|\, -2)$ enthält, müssen diese Koordinaten die Tangentengleichung erfüllen.

$-2 = -2x_0^3$

$x_0^3 = 1 \iff x_0 = 1$

Somit ergibt sich für die Berührstelle: $x_0 = 1$.

$y_0 = f(1) = 1 \implies B(1\,|\,1)$

Der Berührpunkt hat die Koordinaten $B(1\,|\,1)$.

t: $y = 3(x-1)+1$
$\quad = 3x - 2$

Die Tangentengleichung ergibt sich nach Einsetzen der gefundenen Berührstelle.

110. a) $f(x) = g(x)$

Ansatz auf Schneiden

$x^2 + x - 0{,}5 = -x^2$

$2x^2 + x - 0{,}5 = 0$

$x_{1/2} = \frac{1}{4}(-1 \pm \sqrt{5})$

Mit der Lösungsformel erhält man die Lösungen.

$f'(x_1) = 2 \cdot \frac{1}{4}(-1 - \sqrt{5}) + 1$

$\qquad = \frac{1}{2}(1 - \sqrt{5})$

Es werden die Steigungen der Tangenten im Schnittpunkt an der Stelle $x_1 = \frac{1}{4}(-1-\sqrt{5})$ berechnet.

$g'(x_1) = -2 \cdot \frac{1}{4}(-1 - \sqrt{5})$

$\qquad = \frac{1}{2}(1 + \sqrt{5})$

$f'(x_1) \cdot g'(x_1)$

$= \frac{1}{2}(1 - \sqrt{5}) \cdot \frac{1}{2}(1 + \sqrt{5})$

$= \frac{1}{4}(1 - 5) = -1$

Die Graphen von f und von g schneiden sich an der Stelle x_1 senkrecht. Der Nachweis für die Stelle x_2 erfolgt genauso.

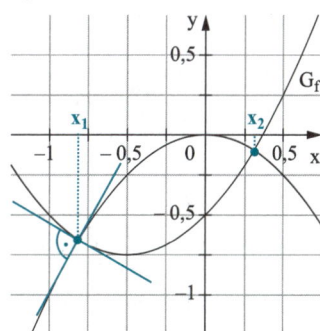

b) $f(x) = g(x)$

Ansatz auf Schneiden

$x^2 + x - 1 = x^3$

$x^3 - x^2 - x + 1 = 0$

Um diese Gleichung dritten Grades zu lösen, muss eine Lösung geraten werden: $x_1 = 1$

$(x^3 - x^2 - x + 1) : (x-1) = x^2 - 1$

Dann wird eine Polynomdivision durchgeführt.

$\underline{-(x^3 - x^2)}$
$\quad / \quad / -x + 1$
$\qquad \underline{-(-x+1)}$
$\qquad\quad / \quad /$

$x^2 - 1 = 0$

Es wird der abgespaltene Term null gesetzt.

$x^2 = 1$

$x_{2/3} = \pm 1$

Es ergibt sich also eine doppelte und eine einfache Lösung: $x_{1/2} = 1$; $x_3 = -1$.

$f'(x) = 2x + 1$,
also $f'(-1) = -1$ und $f'(1) = 3$

$g'(x) = 3x^2$,
also $g'(-1) = 3$ und $g'(1) = 3$.

An der Stelle –1 schneiden
sich die beiden Graphen,
ihre Steigungen sind dort
unterschiedlich. An der
Stelle 1 berühren sich die
beiden Graphen, ihre Steigungen sind dort gleich.

Die Steigungen an den Schnittstellen werden
berechnet.

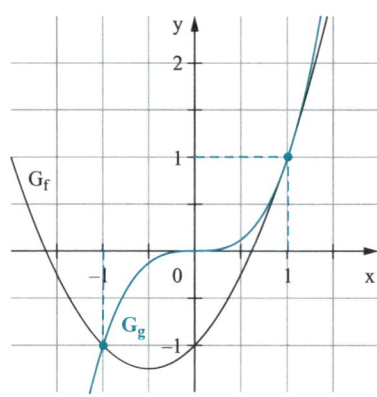

111. a) Die Erlösfunktion lautet:
$e(x) = 41x; \; D_e = [0; 9]$

Für die Gewinnfunktion (Verlust = negativer Gewinn) erhält man damit:
$g(x) = e(x) - k(x)$
$= 41x - (x^3 - 6x^2 + 13x + 72)$
$= -x^3 + 6x^2 + 28x - 72 \quad \text{mit } x \in [0; 9]$

b) Grenzgewinnfunktion:
$g'(x) = -3x^2 + 12x + 28$,
mit $x \in [0; 9]$

Die Nullstelle der Grenz-
gewinnfunktion liegt
offensichtlich genau
bei der Stückzahl für
das Gewinnmaximum.

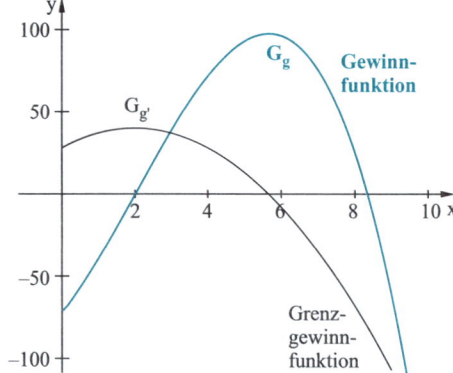

112. $p(x) = \frac{1}{4}x^2;\ \ p'(x) = \frac{1}{2}x;\ \ x_0 = ?$

t: $y = \frac{1}{2}x_0(x - x_0) + \frac{1}{4}x_0^2$ Aufstellen der Tangentengleichung

$-2 = \frac{1}{2}x_0(0 - x_0) + \frac{1}{4}x_0^2$ Die Tangente muss den Punkt P(0|−2) enthalten.

$\Leftrightarrow\ -2 = -\frac{1}{4}x_0^2\ \Leftrightarrow\ x_0^2 = 8$

$\Rightarrow\ x_0 = \pm\sqrt{8} = \pm 2\sqrt{2}$ x-Koordinaten der Berührpunkte

$p(\pm\sqrt{8}) = 2$ y-Koordinaten der Berührpunkte

Die Koordinaten der Berührpunkte lauten damit: $B_{1/2}(\pm 2\sqrt{2}\,|\,2)$.

Es genügt, die Normale in einem Berührpunkt zu errichten, da die gesuchten Punkte symmetrisch zur y-Achse liegen.

$x_0 = 2\sqrt{2};\ \ p(x_0) = 2;\ \ p'(x_0) = \sqrt{2}$

n: $y = -\frac{1}{\sqrt{2}}(x - 2\sqrt{2}) + 2$ Aufstellen der Normalengleichung in $B_1(2\sqrt{2}\,|\,2)$

$ = -\frac{1}{\sqrt{2}}x + 4$

$-\frac{1}{\sqrt{2}}x + 4 = 0$ Nullstelle der Normale

$\Rightarrow\ x = 4\sqrt{2} \approx 5{,}66$

Die Koordinaten der Schnittpunkte mit der x-Achse sind $S_{1/2}(\pm 4\sqrt{2}\,|\,0)$.

113. a) $f'(x) = \frac{1}{5}(4x^3 + 12x^2) = \frac{4}{5}(x^3 + 3x^2)$

$\ f''(x) = \frac{4}{5}(3x^2 + 6x) = \frac{12}{5}(x^2 + 2x)$

$\ f'''(x) = \frac{12}{5}(2x + 2) = \frac{24}{5}(x + 1)$

b) $f'(x) = 3x^2 - 4x + 1$

$\ f''(x) = 6x - 4$

$\ f'''(x) = 6$

c) $f_t'(x) = \frac{1}{4}\cdot 4x^3 - 2t^2 x = x^3 - 2t^2 x$

$\ f_t''(x) = 3x^2 - 2t^2$

$\ f_t'''(x) = 6x$

d) $f_a'(x) = 3ax^2 + \frac{2 - 3a}{4}$

$\ f_a''(x) = 6ax$

$\ f_a'''(x) = 6a$

e) $f_k(x) = \frac{1}{8}(x+1)^2(x^2-k) = \frac{1}{8}(x^4+2x^3+x^2-kx^2-2kx-k)$

$f'_k(x) = \frac{1}{8}(4x^3+6x^2+2x-2kx-2k)$

$f''_k(x) = \frac{1}{8}(12x^2+12x+2-2k)$

$f'''_k(x) = \frac{1}{8}(24x+12) = \frac{12}{8}(2x+1) = \frac{3}{2}(2x+1)$

f) $g'_k(x) = kx^2-2x-(k+1)$

$g''_k(x) = 2kx-2$

$g'''_k(x) = 2k$

114. a) Zeit-Weg-Gesetz:

b) $h(t) = v_0 t - \frac{1}{2}gt^2$

$h(t) = 20 \cdot t - 5 \cdot t^2$

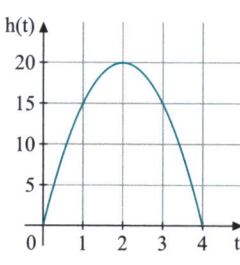

Zeit-Geschwindigkeits-Gesetz:

$v(t) = h'(t) = v_0 - gt$

$v(t) = 20 - 10 \cdot t$

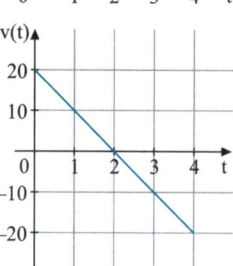

Zeit-Beschleunigungs-Gesetz:

$a(t) = v'(t) = -g$

$a(t) = -10$

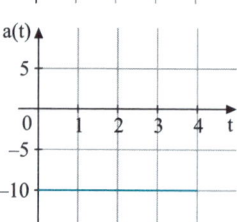

c) Die Geschwindigkeit des Körpers ist im höchsten Punkt, dem Umkehr-punkt, gleich null. Die Beschleunigung hat ein negatives Vorzeichen, weil sie entgegen der als positiv nach oben orientierten y-Achse wirkt.

115. a) $f(x) = \begin{cases} -x^2 - x + 2 & \text{für } x \leq 2 \\ \frac{3}{4}x(x-2) & \text{für } x > 2 \end{cases}$

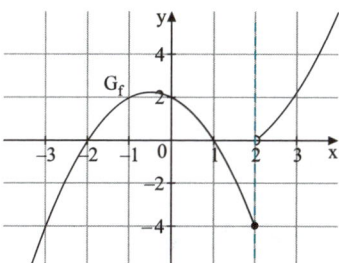

Der Graph von f hat an der Nahtstelle $x_0 = 2$ einen Sprung. f ist daher
an der Nahtstelle nicht differenzierbar.

b) $f(x) = \begin{cases} x^2 & \text{für } x < 0 \\ x^3 & \text{für } x \geq 0 \end{cases}$

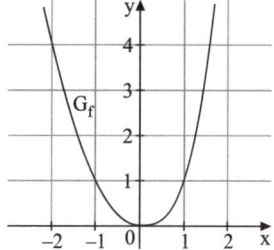

Der Graph von f verläuft ohne plötz-
liche Richtungsänderung durch die
Nahtstelle $x_0 = 0$. f ist daher an der
Nahtstelle differenzierbar.

c) $f(x) = x|x| = \begin{cases} x^2 & \text{für } x \geq 0 \\ -x^2 & \text{für } x < 0 \end{cases}$

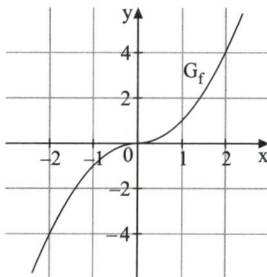

Der Graph von f verläuft ohne plötz-
liche Richtungsänderung durch die
Nahtstelle $x_0 = 0$. f ist daher an der
Nahtstelle differenzierbar.

d) $f(x) = \frac{1}{2}(x + |x|) = \begin{cases} x & \text{für } x \geq 0 \\ 0 & \text{für } x < 0 \end{cases}$

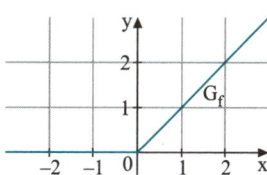

Der Graph von f hat an der Nahtstelle $x_0 = 0$ einen Knick. f ist daher an
der Nahtstelle nicht differenzierbar.

116. Wertetabelle:

x	–3	–2	–1	0	1	2	3
y	3,75	0	–1	0	0,75	0	–3,75

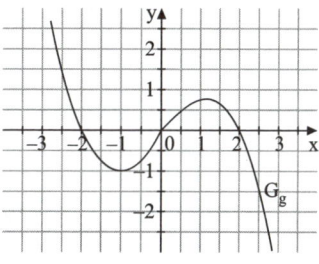

g ist an der Stelle –2 differenzierbar (keine
plötzliche Richtungsänderung), an der Stelle 0 hingegen nicht.

117. a)

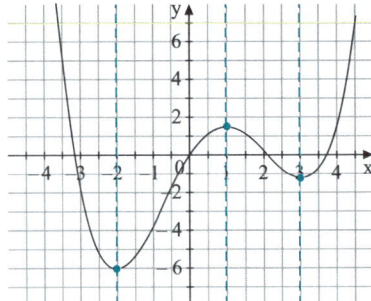

b) Beim linken Graphen gilt: In
   -]–∞; –2] ist f streng monoton zunehmend.
   - [–2; 0]   ist f streng monoton abnehmend.
   - [0; 3]   ist f streng monoton zunehmend.
   - [3; ∞[ist f streng monoton abnehmend.

   Beim rechten Graphen gilt: In
   -]–∞; –1] ist f streng monoton abnehmend.
   - [–1; 1]   ist f streng monoton zunehmend.
   - [1; ∞[ist f streng monoton abnehmend.

c) Das Monotonieverhalten der Funktionen hängt mit den Vorzeichen der Ableitungsfunktionen zusammen. An den Stellen, wo die Ableitungsfunktionen ihr Vorzeichen wechseln, also den Nullstellen von f' mit Vorzeichenwechsel, ändert sich das Monotonieverhalten von f.

   Aus der Ableitungsfunktion zum Graphen links folgt für die Funktion f: In
   -]–∞; –2] ist f streng monoton abnehmend, da $f'(x) \leq 0$.
   - [–2; 1]   ist f streng monoton zunehmend, da $f'(x) \geq 0$.
   - [1; ∞[ist f streng monoton abnehmend, da $f'(x) \leq 0$.

   Aus der Ableitungsfunktion zum Graphen rechts folgt für die Funktion f: In
   -]–∞; –2] ist f streng monoton zunehmend.
   - [–2; 0]   ist f streng monoton abnehmend.
   - [0; 3]   ist f streng monoton zunehmend.
   - [3; ∞[ist f streng monoton abnehmend.

d) $f_1'(x) = 2 > 0$ in ganz $\mathbb{R}$
   $\Rightarrow$ f_1 ist streng monoton zunehmend in ganz $\mathbb{R}$.

   $f_2'(x) = -x$. Das Vorzeichen von $f_2'(x)$ ist positiv für $x < 0$ und negativ für $x > 0$.
   $\Rightarrow$ f_2 ist in]–∞; 0] streng monoton zunehmend und in [0; –∞[streng monoton abnehmend.

$g'(x) = (x-1)^2 > 0$ für alle $x \neq 1$ und $g'(x) = 0$ für $x = 1$

$\Rightarrow$ g ist streng monoton zunehmend in ganz $\mathbb{R}$.

$h'(x) = x^2 + 1 > 0$ in ganz $\mathbb{R}$

$\Rightarrow$ h ist streng monoton zunehmend in ganz $\mathbb{R}$.

118. a) $f(x) = -(x-1)^2 = -x^2 + 2x - 1$

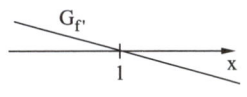

$f'(x) = -2x + 2$

$f'(x) = 0 \Leftrightarrow -2x + 2 = 0 \Rightarrow x_1 = 1$

x		1	
f'(x)	+	0	−
f(x)	↗		↘

Monotonieverhalten: In

- $]-\infty; 1]$ ist f streng monoton zunehmend.
- $[1; \infty[$ ist f streng monoton abnehmend.

b) $f(x) = x(x-1)^2 = x(x^2 - 2x + 1) = x^3 - 2x^2 + x$

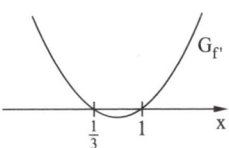

$f'(x) = 3x^2 - 4x + 1$

$f'(x) = 0 \Leftrightarrow 3x^2 - 4x + 1 = 0$

$\Rightarrow x_1 = \frac{1}{3}; x_2 = 1$

Der Graph von f' ist eine nach oben geöffnete Parabel mit den beiden angegebenen Nullstellen, daraus ergeben sich seine Vorzeichen.

x		$\frac{1}{3}$		1	
f'(x)	+	0	−	0	+
f(x)	↗		↘		↗

c) $f(x) = \frac{1}{9}x^3 - \frac{2}{3}x^2 + x$

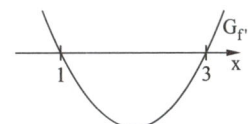

$f'(x) = \frac{1}{3}x^2 - \frac{4}{3}x + 1$

$f'(x) = 0 \Rightarrow x_1 = 1; x_2 = 3$

x		1		3	
f'(x)	+	0	−	0	+
f(x)	↗		↘		↗

d) $f(x) = -\frac{1}{4}x^4 + \frac{1}{3}x^3 + 3x^2$

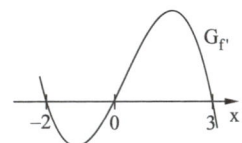

$f'(x) = -x^3 + x^2 + 6x$

$f'(x) = 0 \Leftrightarrow -x(x^2 - x - 6) = 0$

$\Leftrightarrow -x(x-3)(x+2) = 0$

$\Rightarrow x_1 = -2; x_2 = 0; x_3 = 3$

x		-2		0		3	
f'(x)	+	0	–	0	+	0	–
f(x)	↗		↘		↗		↘

e) $f(x) = x|x| = \begin{cases} x^2 & \text{für } x \geq 0 \\ -x^2 & \text{für } x < 0 \end{cases}$

$f'(x) = \begin{cases} 2x & \text{für } x \geq 0 \\ -2x & \text{für } x < 0 \end{cases}$

f ist an der Nahtstelle $x_0 = 0$ differenzierbar mit $f'(0) = 0$.
$f'(x) = 0 \implies x_1 = 0$
Ferner erkennt man hier das Vorzeichen von f'(x) sofort: $f'(x) > 0$ für alle
x bis auf $x_0 = 0$. Daraus folgt, dass f in ganz $\mathbb{R}$ streng monoton zunimmt.

119. a) $p(x) = -\frac{1}{2}(x^2 + 1)$

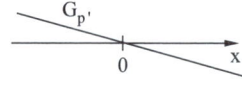

$p'(x) = -\frac{1}{2} \cdot 2x = -x$

$p'(x) = 0 \implies x = 0$

x		0	
p'(x)	+	0	–
p(x)	↗		↘

b) $f(x) = (x+1)(x-1)^2 = (x+1)(x^2 - 2x + 1) = x^3 - x^2 - x + 1$
$f'(x) = 3x^2 - 2x - 1$
$f'(x) = 0 \implies 3x^2 - 2x - 1 = 0$

Diskriminante: $D = 4 - 4 \cdot 3 \cdot (-1) = 16 > 0$

Damit ergeben sich zwei Lösungen wie folgt:

$x_{1/2} = \frac{2 \pm \sqrt{16}}{2 \cdot 3} = \frac{2 \pm 4}{6} = \frac{1 \pm 2}{3} = \begin{cases} 1 \\ -\frac{1}{3} \end{cases}$

f'(x) hat also zwei Nullstellen. Der
Graph von f' ist eine nach oben geöffnete Parabel. Mit dieser Überlegung ergibt
sich das folgende Monotonieverhalten:

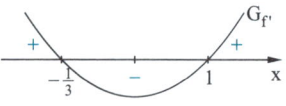

x		$-\frac{1}{3}$		1	
f'(x)	+	0	–	0	+
f(x)	↗		↘		↗

120. a) Die Steigung des Graphen G_{f_1} ist streng monoton zunehmend, deshalb ist der Graph linksgekrümmt.

Die Steigung von G_g ist konstant; der Graph hat keine Krümmung.

Die Steigung des Graphen G_{f_2} ist streng monoton abnehmend, deshalb ist der Graph rechtsgekrümmt.

b) Bei dem links abgebildeten Graphen erkennt man den Vorzeichenwechsel von f'' bei $x_0 = -1$; links davon ist f'' negativ, rechts davon positiv. Daraus folgt: In

- $]-\infty; -1]$ ist der Graph der zugehörigen Funktion rechtsgekrümmt.
- $[-1; \infty[$ ist der Graph der zugehörigen Funktion linksgekrümmt.

Die Vorzeichen des rechts abgebildeten Graphen von f'' ergeben folgendes Krümmungsverhalten des Graphen von f: In

- $]-\infty; -2]$ ist der Graph der zugehörigen Funktion rechtsgekrümmt.
- $[-2; 1]$ ist der Graph der zugehörigen Funktion linksgekrümmt.
- $[1; \infty[$ ist der Graph der zugehörigen Funktion rechtsgekrümmt.

c) $f_1''(x) = -1 < 0 \Rightarrow$ Der Graph von f_1 ist überall rechtsgekrümmt.

$f_2''(x) = -x + 1$; $f_2''(x) = 0$ für $x_0 = 1$, links davon positiv, rechts davon negativ („fallende" Gerade). Damit gilt: Der Graph von f_2 ist für $x \le 1$ linksgekrümmt und für $x \ge 1$ rechtsgekrümmt.

$g''(x) = (x-1)^2 \ge 0 \Rightarrow$ Der Graph ist überall linksgekrümmt.

$h''(x) = -x^2 + 1 = 0$ für $x_{1/2} = \pm 1$. Aus den Vorzeichen der nach unten geöffneten Parabel von h'' ergibt sich das Krümmungsverhalten des Graphen von h: In

- $]-\infty; -1]$ ist der Graph der zugehörigen Funktion rechtsgekrümmt.
- $[-1; 1]$ ist der Graph der zugehörigen Funktion linksgekrümmt.
- $[1; \infty[$ ist der Graph der zugehörigen Funktion rechtsgekrümmt.

121. a) $f(x) = x(x+2)^2 = x^3 + 4x^2 + 4x$

$f'(x) = 3x^2 + 8x + 4$

$f''(x) = 6x + 8$

$f''(x) = 0 \Rightarrow x_1 = -\frac{4}{3}$

Nach dem Vorzeichen von f'' (steigende Gerade) gilt: In

- $\left]-\infty; -\frac{4}{3}\right]$ ist der Graph von f rechtsgekrümmt.
- $\left[-\frac{4}{3}; \infty\right[$ ist der Graph von f linksgekrümmt.

b) $f'(x) = \frac{1}{3}x^2 - \frac{4}{3}x + 1$

$f''(x) = \frac{2}{3}x - \frac{4}{3}$

$f''(x) = 0 \Rightarrow x_1 = 2$

Nach dem Vorzeichen von f" (steigende Gerade) gilt: In
- $]{-}\infty; 2]$ ist der Graph von f rechtsgekrümmt.
- $[2; \infty[$ ist der Graph von f linksgekrümmt.

c) $f'(x) = -x^3 + x^2 + 6x$

$f''(x) = -3x^2 + 2x + 6$

$f''(x) = 0 \Rightarrow x_{1/2} = \dfrac{-2 \pm \sqrt{4 + 4 \cdot 3 \cdot 6}}{2 \cdot (-3)} = \dfrac{-2 \pm 2\sqrt{19}}{-6} = \dfrac{1}{3}(1 \pm \sqrt{19}) \approx \begin{cases} 1,79 \\ -1,12 \end{cases}$

Da der Graph von f" eine nach unten geöffnete Parabel ist, ergibt sich folgendes Vorzeichenverhalten und das daraus resultierende Krümmungsverhalten von f.

x		−1,12		1,79	
f"(x)	−	0	+	0	−
f(x)	⌢		⌣		⌢

d) $f'(x) = \dfrac{1}{8}(4x^3 + 12x^2 - 32x)$

$f''(x) = \dfrac{1}{8}(12x^2 + 24x - 32) = \dfrac{1}{2}(3x^2 + 6x - 8)$

$f''(x) = 0 \Rightarrow x_{1/2} = \dfrac{-6 \pm \sqrt{36 + 4 \cdot 3 \cdot 8}}{2 \cdot 3} = \dfrac{-6 \pm \sqrt{132}}{6} \approx \begin{cases} -2,91 \\ 0,91 \end{cases}$

Da der Graph von f" eine nach oben geöffnete Parabel ist, ergibt sich folgendes Vorzeichenverhalten und das daraus resultierende Krümmungsverhalten von f.

x		−2,91		0,91	
f"(x)	+	0	−	0	+
f(x)	⌣		⌢		⌣

122. a) $f(x) = (x+1)(x-2)^2 = (x+1)(x^2 - 4x + 4) = x^3 - 3x^2 + 4$

$f'(x) = 3x^2 - 6x$

$f''(x) = 6x - 6$

$f''(x) = 0 \Leftrightarrow 6x - 6 = 0 \Rightarrow x = 1$

f"(x) hat als Graphen eine steigende Gerade mit der Nullstelle $x = 1$. Daher ist $f''(x) < 0$ links von $x = 1$ und $f''(x) > 0$ rechts von $x = 1$. Daraus ergibt sich folgendes Krümmungsverhalten: In
- $]{-}\infty; 1]$ ist der Graph von f rechtsgekrümmt.
- $[1; \infty[$ ist der Graph von f linksgekrümmt.

b) $f(x) = \frac{1}{8}(x+2)^2(x^2-2) = \frac{1}{8}(x^4 + 4x^3 + 2x^2 - 8x - 8)$

$f'(x) = \frac{1}{8}(4x^3 + 12x^2 + 4x - 8)$

$f''(x) = \frac{1}{8}(12x^2 + 24x + 4) = \frac{3}{2}x^2 + 3x + \frac{1}{2}$

$f''(x) = 0 \Leftrightarrow \frac{3}{2}x^2 + 3x + \frac{1}{2} = 0$

Zunächst wird die Diskriminante berechnet:

$D = 9 - 4 \cdot \frac{3}{2} \cdot \frac{1}{2} = 6$

Es gilt $D > 0$, also hat die Gleichung zwei Lösungen.

Die beiden Nullstellen der nach oben geöffneten Parabel f " sind:

$x_{1/2} = \frac{-3 \pm \sqrt{6}}{2 \cdot \frac{3}{2}} = \frac{-3 \pm \sqrt{6}}{3} = -1 \pm \frac{1}{3}\sqrt{6}$

$\Rightarrow \quad x_1 = -1 - \frac{1}{3}\sqrt{6} \approx -1,82; \quad x_2 = -1 + \frac{1}{3}\sqrt{6} \approx -0,18$

Man hat damit das Krümmungsverhalten: In

- $\left]-\infty; -1 - \frac{1}{3}\sqrt{6}\right]$ ist der Graph von f linksgekrümmt.

- $\left[-1 - \frac{1}{3}\sqrt{6}; -1 + \frac{1}{3}\sqrt{6}\right]$ ist der Graph von f rechtsgekrümmt.

- $\left[-1 + \frac{1}{3}\sqrt{6}; \infty\right[$ ist der Graph von f linksgekrümmt.

123. a) **Schritt 1:**
$f'(x) = 2x + 2$
$f''(x) = 2$
Schritt 2:
$f'(x) = 0 \Leftrightarrow 2x + 2 = 0 \Rightarrow x_1 = -1$
Schritt 3:
$f''(-1) = 2 > 0 \Rightarrow$ lokales Minimum
Schritt 4:
$f(-1) = -1 \Rightarrow T(-1|-1)$

b) **Schritt 1:**
$f(x) = x(x-2)^2 = x^3 - 4x^2 + 4x$
$f'(x) = 3x^2 - 8x + 4$
$f''(x) = 6x - 8$
Schritt 2:
$f'(x) = 0 \Leftrightarrow 3x^2 - 8x + 4 = 0 \Rightarrow x_1 = \frac{2}{3}; \quad x_2 = 2$

Schritt 3:

$f''\left(\frac{2}{3}\right) = -4 < 0 \Rightarrow$ lokales Maximum

$f''(2) = 4 > 0 \quad \Rightarrow$ lokales Minimum

Schritt 4:

$f\left(\frac{2}{3}\right) = \frac{32}{27} \Rightarrow H\left(\frac{2}{3} \mid \frac{32}{27}\right)$

$f(2) = 0 \quad \Rightarrow T(2 \mid 0)$

c) **Schritt 1:**

$f'(x) = 6x^2 + 6x - 12$

$f''(x) = 12x + 6$

Schritt 2:

$f'(x) = 0 \Leftrightarrow 6x^2 + 6x - 12 = 0 \Rightarrow x_1 = -2;\, x_2 = 1$

Schritt 3:

$f''(-2) = -18 < 0 \Rightarrow$ lokales Maximum

$f''(1) = 18 > 0 \quad \Rightarrow$ lokales Minimum

Schritt 4:

$f(-2) = 21 \Rightarrow H(-2 \mid 21)$

$f(1) = -6 \quad \Rightarrow T(1 \mid -6)$

d) **Schritt 1:**

$f'(x) = 4x^3 - 12x^2$

$f''(x) = 12x^2 - 24x$

Schritt 2:

$f'(x) = 0 \Leftrightarrow 4x^3 - 12x^2 = 0 \Leftrightarrow 4x^2(x-3) = 0 \Rightarrow x_{1/2} = 0;\, x_3 = 3$

Schritt 3:

$f''(0) = 0 \Rightarrow$ zunächst keine Aussage möglich

An der Stelle 0 liegt eine doppelte Nullstelle von f' vor, also eine Null-stelle ohne Vorzeichenwechsel. f hat an dieser Stelle daher **keine** Extremstelle.

$f''(3) = 36 > 0 \Rightarrow$ lokales Minimum

Schritt 4:

$f(3) = -27 \Rightarrow T(3 \mid -27)$

e) **Schritt 1:**

$f'(x) = x^3 - x^2 - 2x$

$f''(x) = 3x^2 - 2x - 2$

Schritt 2:

$f'(x) = 0 \Leftrightarrow x^3 - x^2 - 2x = 0 \Leftrightarrow x(x^2 - x - 2) = 0$

$\Rightarrow x_1 = 0;\, x_2 = -1;\, x_3 = 2$

Schritt 3:

$f''(0) = -2 < 0 \;\Rightarrow\;$ lokales Maximum

$f''(-1) = 3 > 0 \;\Rightarrow\;$ lokales Minimum

$f''(2) = 6 > 0 \;\;\Rightarrow\;$ lokales Minimum

Schritt 4:

$f(0) = 0 \;\;\;\Rightarrow\; H(0\,|\,0)$

$f(-1) = -\frac{5}{12} \;\Rightarrow\; T\!\left(-1\,\middle|\,-\frac{5}{12}\right)$

$f(2) = -\frac{8}{3} \;\;\Rightarrow\; T\!\left(2\,\middle|\,-\frac{8}{3}\right)$

f) **Schritt 1:**

$f'(x) = 12x^3 - 34x^2 + 10x$

$f''(x) = 36x^2 - 68x + 10$

Schritt 2:

$f'(x) = 0 \;\Leftrightarrow\; 12x^3 - 34x^2 + 10x = 0 \;\Rightarrow\; x_1 = 0; \;\; x_2 = \frac{1}{3}; \;\; x_3 = \frac{5}{2}$

Schritt 3:

$f''(0) = 10 > 0 \;\;\;\;\Rightarrow\;$ lokales Minimum

$f''\!\left(\frac{1}{3}\right) = -\frac{26}{3} < 0 \;\Rightarrow\;$ lokales Maximum

$f''\!\left(\frac{5}{2}\right) = 65 > 0 \;\;\;\Rightarrow\;$ lokales Minimum

Schritt 4:

$f(0) = 1 \;\;\;\;\;\Rightarrow\; T(0\,|\,1)$

$f\!\left(\frac{1}{3}\right) = \frac{95}{81} \;\;\;\Rightarrow\; H\!\left(\frac{1}{3}\,\middle|\,\frac{95}{81}\right)$

$f\!\left(\frac{5}{2}\right) = -\frac{1327}{48} \;\Rightarrow\; T\!\left(\frac{5}{2}\,\middle|\,-\frac{1327}{48}\right)$

124. a) **Schritt 1:**

$f'(x) = 2x - 2$

$f''(x) = 2$

Schritt 2:

$f'(x) = 0 \;\Leftrightarrow\; 2x - 2 = 0 \;\Rightarrow\; x_1 = 1$

Schritt 3:

$f''(1) = 2 > 0 \;\Rightarrow\;$ lokales Minimum

Schritt 4:

$f(1) = -1 \;\Rightarrow\; T(1\,|\,-1)$

b) **Schritt 1:**

$f(x) = x^2(x - 3) = x^3 - 3x^2$

$f'(x) = 3x^2 - 6x$

$f''(x) = 6x - 6 = 6(x - 1)$

Schritt 2:

$f'(x) = 0 \iff 3x^2 - 6x = 0 \iff 3x(x-2) = 0 \implies x_1 = 0; \ x_2 = 2$

Schritt 3/4:

$f''(0) = -6 < 0; \ f(0) = 0 \implies H(0|0)$

$f''(2) = 6 > 0; \ f(2) = -4 \implies T(2|-4)$

c) **Schritt 1:**

$f'(x) = -3x^2 + 4x$

$f''(x) = -6x + 4$

Schritt 2:

$f'(x) = 0 \iff -3x^2 + 4x = 0 \iff 3x^2 - 4x = 0 \iff x(3x-4) = 0$

$\implies x_1 = 0; \ x_2 = \frac{4}{3}$

Schritt 3/4:

$f''(0) = 4 > 0; f(0) = 0 \implies T(0|0)$

$f''\left(\frac{4}{3}\right) = -4 < 0; f\left(\frac{4}{3}\right) = \frac{32}{27} \implies H\left(\frac{4}{3} \,\middle|\, \frac{32}{27}\right)$

125. a) $T(2|0,5); \ H(4|2,5)$ Randmaximum

b) $T(1|0,5)$ Randminimum; $H(4|2,5)$ Randmaximum

c) $T(1|-1,5); \ H(3|1,5)$

d) keine globalen Extrema

126. a) $p_1'(x) = x - 2$

$p_1'(x) = 0 \implies x_1 = 2 \in D_1$

$\implies T\left(2 \,\middle|\, \frac{1}{2}\right)$

An dieser Stelle muss das globale Minimum liegen, weil es sich beim Graphen um eine nach oben geöffnete Parabel handelt.

$p_1(1) = 1; p_1(4) = \frac{5}{2}$

Das globale Maximum muss am Rand liegen.

$\implies H\left(4 \,\middle|\, \frac{5}{2}\right)$

b) $p_2'(x) = \frac{1}{18}(8x - 8)$

$p_2'(x) = 0 \implies x_1 = 1 \in D_2$

An dieser Stelle muss das globale Minimum liegen, weil es sich beim Graphen um eine nach oben geöffnete Parabel handelt.

$\implies T\left(1 \,\middle|\, \frac{1}{2}\right)$

Das globale Minimum ist ein Randminimum.

$\implies H\left(4 \,\middle|\, \frac{5}{2}\right)$

Am anderen Rand muss das globale Maximum liegen.

c) **Schritt 1:**

$f'(x) = 3x^2 - 3$

$f''(x) = 6x$

$f'(x) = 0 \Rightarrow x_{1/2} = \pm 1$

$x_1 = -1 \notin D_f$ x_1 wird nicht weiter beachtet.

$x_2 = 1 \in D_f$ x_2 ist Kandidat für ein globales Extremum.

$f''(1) = 6 > 0; \ f(1) = -2$

$\Rightarrow$ lokales Minimum

Schritt 2:

$f(-0,5) = 1,375; \ f(3) = 18$ Randuntersuchung

Schritt 3:

An der Stelle 3 liegt das globale Maximum H(3 | 18), es ist ein Rand-
maximum. Da an der Stelle 1 der Funktionswert kleiner ist als am Rand
bei −0,5, liegt an der Stelle 1 das globale Minimum T(1 | −2).

d) **Schritt 1:**

$g'(x) = \frac{1}{5}x(-4x^2 + 16)$

$g''(x) = \frac{4}{5}(-3x^2 + 4)$

$g'(x) = 0 \Rightarrow x_1 = -2; \ x_2 = 0; \ x_3 = 2$

$x_1 = -2 \notin D_g$ x_1 wird nicht weiter beachtet.

$x_2 = 0 \in D_g: \ g''(0) > 0; \ g(0) = \frac{9}{5}$

$\Rightarrow$ lokales Minimum

$x_3 = 2 \in D_g: \ g''(2) < 0; \ g(2) = 5$

$\Rightarrow$ lokales Maximum

Schritt 2:

$g(-1) = 3,2; \ g(3) = 0$ Randuntersuchung

Schritt 3:

Der Vergleich mit den Funktionswerten an den Rändern ergibt die glo-
balen Extrema T(3 | 0) und H(2 | 5).

127. a) $f(0) = 8 \Rightarrow C(0 | 8)$

An der Stelle B ist mathematisch gesehen eine Nullstelle: $f(x) = 0$

$\frac{1}{1875}x^2 - \frac{11}{75}x + 8 = 0 \quad | \cdot 1\,875$

$x^2 - 275x + 15\,000 = 0 \Rightarrow x_1 = 75; \ x_2 = 200 \Rightarrow B(200 | 0)$

b) $D = [0; 200]$

c) Höchster Punkt: $C(0\,|\,8)$
Tiefster Punkt: $f'(x)=0 \;\Rightarrow\; x_0=137{,}5;\; f(137{,}5)=-2{,}08$
$\Rightarrow\; T(137{,}5\,|\,{-2{,}08})$

d) $h=8-(-2{,}08)=10{,}08$ [m]

128. a) $e(x)=k(x)$ Ansatz auf Schneiden

$$x^3-6x^2+13x+72=41x$$
$$x^3-6x^2-28x+72=0$$

$(x^3-6x^2-28x+72):(x-2)$ Nullstelle geraten: $x_1=2$
$=x^2-4x-36$
$$x^2-4x-36=0$$

$x_1 \approx 8{,}325$
$x_2 \approx -4{,}325 \notin D$

Die Gewinnzone ist das Intervall $]2;\,8{,}325[$.

b) $g'(x)=0$
$-3x^2+12x+28=0 \;\Rightarrow\; -1{,}65 \notin D;\; x_0=5{,}65$

c) Gewinnmaximum: $g(5{,}65) \approx 97$

129. a) (1) $x_W=2$
(2) $x_{W_1}=-1;\; x_{W_2}=2$
Es gibt keine Sattelpunkte.

b) (1) Der Graph der zugehörigen Funktion hat an den Stellen $x_{W_1}=-1;$
$x_{W_2}=2$ Wendepunkte, da die zweite Ableitung an diesen Stellen
Nullstellen mit Vorzeichenwechsel besitzt.
(2) Da die zweite Ableitung ihr Vorzeichen nicht wechselt, hat der
zugehörige Graph keinen Wendepunkt.

130. a)

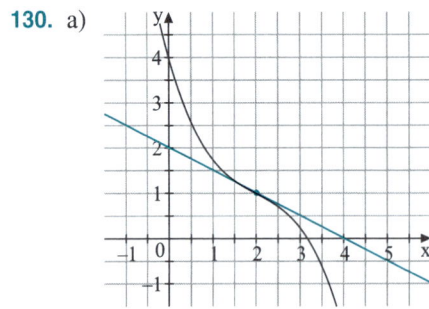

b)

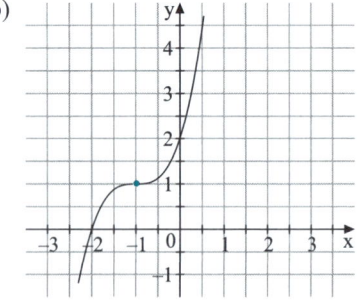

131. a) $f'(x) = \frac{1}{2}x^2 - 2x$ Die ersten drei Ableitungen werden berechnet.

$f''(x) = x - 2$

$f'''(x) = 1$

$f''(x) = 0 \Rightarrow x_1 = 2$ Die Nullstellen von f'' werden berechnet.

$f'''(2) = 1 \neq 0 \Rightarrow W\left(2 \mid -\frac{5}{3}\right)$ Die Nullstelle von f'' wird in f''' eingesetzt.

t: $y = f'(x_0)(x - x_0) + f(x_0)$ Allgemeiner Ansatz für die Wendetangente

$x_0 = 2$; $f(2) = -\frac{5}{3}$; $f'(2) = -2$

t: $y = -2(x - 2) - \frac{5}{3}$ Einsetzen und Zusammenfassen ergibt die Gleichung der Wendetangente.

$= -2x + \frac{7}{3}$

b) $f'(x) = \frac{1}{5}(4x^3 - 12x^2)$

$f''(x) = \frac{1}{5}(12x^2 - 24x) = \frac{12}{5}(x^2 - 2x)$

$f'''(x) = \frac{24}{5}(x - 1)$

$f''(x) = 0 \Leftrightarrow \frac{12}{5}x(x - 2) = 0 \Rightarrow x_1 = 0$; $x_2 = 2$

$f'''(0) \neq 0 \Rightarrow W_1(0 \mid 0)$

$f'''(2) \neq 0 \Rightarrow W_2\left(2 \mid -\frac{16}{5}\right)$

c) $f'(x) = \frac{1}{6}x^3 - x^2 + 2x$

$f''(x) = \frac{1}{2}x^2 - 2x + 2$

$f'''(x) = x - 2$

$f''(x) = 0 \Leftrightarrow \frac{1}{2}x^2 - 2x + 2 = 0 \quad | \cdot 2$

$\Leftrightarrow (x - 2)^2 = 0 \Rightarrow x_{1/2} = 2$ (doppelte Nullstelle, ohne VZW)

$f'''(2) = 0$

Weil f'' an der Stelle 2 sein Vorzeichen nicht wechselt, hat der Graph von f an dieser Stelle keinen Wendepunkt.

d) $f'(x) = \frac{3}{2}x^3 - 2x$

$f''(x) = \frac{9}{2}x^2 - 2$

$f'''(x) = 9x$

$f''(x) = 0 \Leftrightarrow \frac{9}{2}x^2 - 2 = 0$

$\Leftrightarrow x^2 = \frac{4}{9} \Rightarrow x_{1/2} = \pm\frac{2}{3}$

$f'''\left(\pm\frac{2}{3}\right) \neq 0 \Rightarrow W\left(\pm\frac{2}{3} \mid -\frac{10}{27}\right)$

132. a) Der Hang ist dort am steilsten, wo die 1. Ableitungsfunktion (= Steigung) einen Extremwert hat. f' muss also auf Extremwerte untersucht werden, dazu wird die Ableitung von f', also f'' benötigt.

$$f'(x) = \frac{9}{625\,000} x^2 - \frac{9}{1\,250} x$$

$$f''(x) = \frac{9}{312\,500} x - \frac{9}{1\,250}$$

$$f'''(x) = \frac{9}{312\,500}$$

$$f''(x) = 0 \iff x_0 = 250$$

Wegen $f'''(250) > 0$ liegt also tatsächlich ein Extremwert von f' vor. An der Stelle $x_0 = 250$ m ist der Hang am steilsten.

b) $f'(250) = -\frac{9}{10} = -0,9;\ \tan\varphi = -0,9 \implies \varphi \approx -42°$

c) An dieser Stelle x_0 hat der Graph einen Wendepunkt. Es gilt nämlich: $f''(x_0) = 0$ und $f'''(x_0) \neq 0$

133. a) **Schritt 1:**

$$f'(x) = -\frac{1}{2}(3x^2 - 6x) = -\frac{3}{2}(x^2 - 2x) = -\frac{3}{2} x(x-2)$$

$$f''(x) = -\frac{3}{2}(2x - 2) = -3(x - 1)$$

$$f'''(x) = -3$$

Schritt 2:

$$f'(x) = 0 \iff x(x-2) = 0 \implies x_1 = 0;\ x_2 = 2$$

Schritt 3:

$$f''(0) = 3 > 0 \implies T(0|0)$$

$$f''(2) = -3 < 0 \implies H(2|2)$$

Schritt 4:

$$f''(x) = 0 \iff x - 1 = 0$$

$$\implies x_1 = 1$$

Schritt 5:

$$f'''(1) \neq 0 \implies W(1|1)$$

Wendetangente:

$$x_0 = 1;\ f(1) = 1;\ f'(1) = \frac{3}{2}$$

$$t:\ y = \frac{3}{2}(x - 1) + 1$$

$$= \frac{3}{2} x - \frac{1}{2}$$

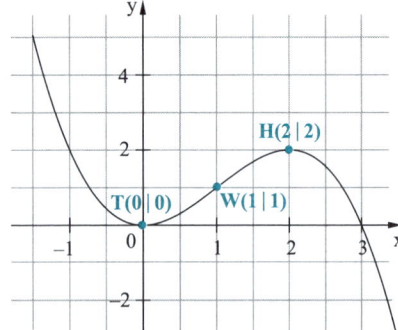

b) **Schritt 1:**

$$f'(x) = 3x^2 - 6x + 3$$

$$f''(x) = 6x - 6$$

$$f'''(x) = 6$$

Schritt 2:

$f'(x) = 0 \Leftrightarrow 3x^2 - 6x + 3 = 0 \Leftrightarrow 3(x-1)^2 = 0$

$\Rightarrow x_{1/2} = 1$

Schritt 3:

$f''(1) = 0$

Die Funktion hat keinen Extremalpunkt.

Schritt 4:

$f''(x) = 0 \Leftrightarrow 6x - 6 = 0$

$\Rightarrow x_1 = 1$

Schritt 5:

$f'''(1) \neq 0 \Rightarrow$ An der Stelle 1 liegt ein Sattelpunkt S(1 | 16) vor.

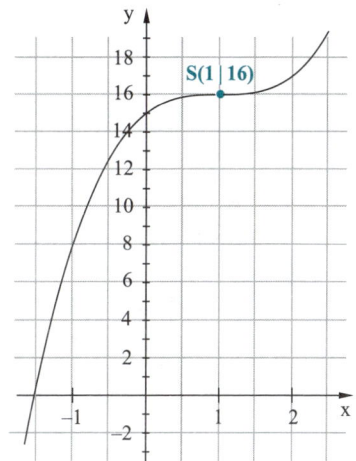

c) $f(x) = 2(x+1)(x-2)^2 = 2x^3 - 6x^2 + 8$

Schritt 1:

$f'(x) = 6x^2 - 12x$

$f''(x) = 12x - 12$

$f'''(x) = 12$

Schritt 2:

$f'(x) = 0 \Leftrightarrow 6x^2 - 12x = 0 \Rightarrow x_1 = 0; x_2 = 2$

Schritt 3:

$f''(0) = -12 < 0 \Rightarrow H(0 | 8)$

$f''(2) = 12 > 0 \Rightarrow T(2 | 0)$

Schritt 4:

$f''(x) = 0 \Rightarrow x_1 = 1$

Schritt 5:

$f'''(1) \neq 0 \Rightarrow W(1 | 4)$

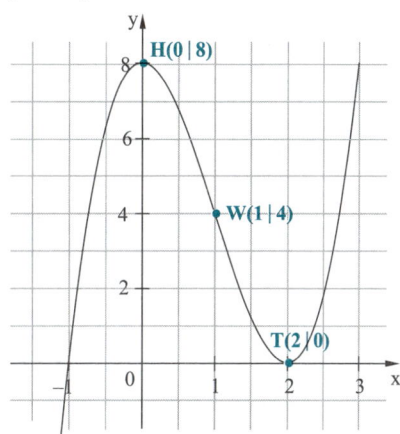

d) $f(x) = \frac{1}{6}x^2(x+3) = \frac{1}{6}x^3 + \frac{1}{2}x^2$

Schritt 1:

$f'(x) = \frac{1}{2}x^2 + x$

$f''(x) = x + 1$

$f'''(x) = 1$

Schritt 2:

$f'(x) = 0 \Leftrightarrow \frac{1}{2}x(x+2) = 0 \Rightarrow x_1 = -2; \ x_2 = 0$

Schritt 3:

$f''(-2) = -1 < 0 \Rightarrow H\left(-2 \,\middle|\, \frac{2}{3}\right)$

$f''(0) = 1 > 0 \Rightarrow T(0|0)$

Schritt 4:

$f''(x) = 0 \Rightarrow x_1 = -1$

Schritt 5:

$f'''(-1) \neq 0 \Rightarrow W\left(-1 \,\middle|\, \frac{1}{3}\right)$

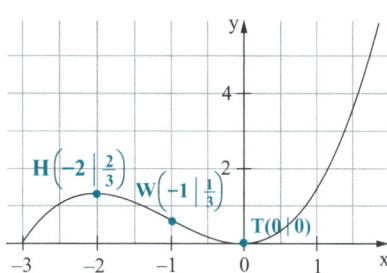

e) **Schritt 1:**

$g'(x) = \frac{1}{3}(4x^3 - 12x^2 - 4x + 12) = \frac{4}{3}(x^3 - 3x^2 - x + 3)$

$g''(x) = \frac{4}{3}(3x^2 - 6x - 1)$

$g'''(x) = \frac{4}{3}(6x - 6) = 8(x - 1)$

Schritt 2:

$g'(x) = 0 \Leftrightarrow x^3 - 3x^2 - x + 3 = 0$

geraten: $x_1 = 1$, dann Polynomdivision; weitere Lösungen: $x_2 = -1$, $x_3 = 3$

Schritt 3:

$g''(-1) = \frac{32}{3} > 0 \Rightarrow T(-1|0)$

$g''(1) = -\frac{16}{3} < 0 \Rightarrow H\left(1 \,\middle|\, \frac{16}{3}\right)$

$g''(3) = \frac{32}{3} > 0 \Rightarrow T(3|0)$

Schritt 4:

$g''(x) = 0 \Leftrightarrow 3x^2 - 6x - 1 = 0$

$\Rightarrow x_{1/2} = 1 \pm \frac{2\sqrt{3}}{3} \approx \begin{cases} -0{,}155 \\ 2{,}155 \end{cases}$

Schritt 5:

$g'''(x_1) \neq 0 \Rightarrow W_1(-0{,}155 | 2{,}37)$

$g'''(x_2) \neq 0 \Rightarrow W_2(2{,}155 | 2{,}37)$

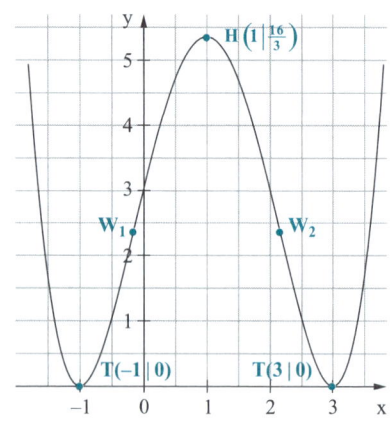

f) **Schritt 1:**
$g'(x) = 4x^3 - 8$
$g''(x) = 12x^2$
$g'''(x) = 24x$

Schritt 2:
$g'(x) = 0 \iff x^3 = 2$
$x_1 = \sqrt[3]{2} \approx 1,26$

Schritt 3:
$g''(1,26) = 19,05 > 0 \implies T(\sqrt[3]{2} \mid -7,56)$

Schritt 4:
$g''(x) = 0 \iff x^2 = 0 \implies x_{1/2} = 0$

Schritt 5:
$g'''(0) = 0$

Es kann mit dem Wendepunktkriterium keine Aussage gemacht werden, ob ein Wendepunkt vorliegt. Andere Argumentation: Da g'' bei 0 eine doppelte Nullstelle aufweist (also eine ohne Vorzeichenwechsel), ändert der Graph von g an dieser Stelle sein Krümmungsverhalten nicht.
$\implies$ Es gibt keinen Wendepunkt.

$g(0) = 0; \; g'(0) = -8$
$\implies \; t : y = -8x$

Tangente an der Stelle $x_0 = 0$

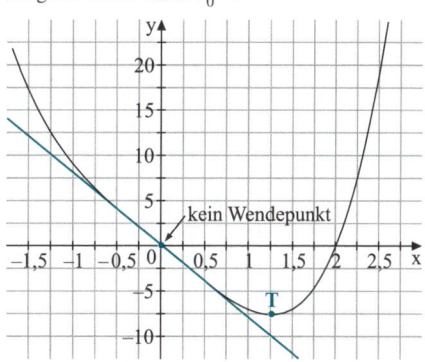

g) **Schritt 1:**
$g(x) = \frac{1}{8}(x+2)^2(x^2-4) = \frac{1}{8}(x^4 + 4x^3 - 16x - 16)$

$g'(x) = \frac{1}{8}(4x^3 + 12x^2 - 16) = \frac{1}{2}(x^3 + 3x^2 - 4)$

$g''(x) = \frac{1}{2}(3x^2 + 6x) = \frac{3}{2}x(x+2)$

$g'''(x) = 3x + 3$

Schritt 2:
$g'(x) = 0 \iff x^3 + 3x^2 - 4 = 0$
Geraten: $x_1 = 1$, dann Polynomdivision; weitere Lösung: $x_{2/3} = -2$

Schritt 3:

$g''(1) = \frac{9}{2} > 0 \;\Rightarrow\; T\left(1 \mid -\frac{27}{8}\right)$

$g''(-2) = 0$

$\Rightarrow$ „Verdacht" auf Sattelpunkt!

Schritt 4:

$g''(x) = 0 \;\Leftrightarrow\; x(x+2) = 0$

$\Rightarrow x_1 = 0; \; x_2 = -2$

Schritt 5:

$g'''(0) = 3 \neq 0 \;\Rightarrow\; W(0 \mid -2)$

$g'''(-2) = -3 \neq 0 \;\Rightarrow\; S(-2 \mid 0)$

$\qquad\qquad\qquad\qquad$ Sattelpunkt

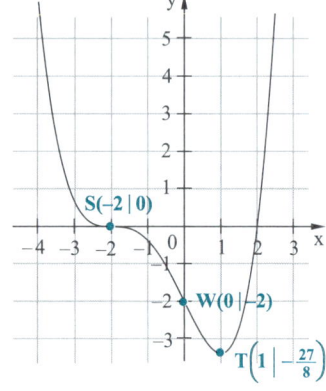

h) **Schritt 1:**

$g'(x) = -x^3 - 6x$

$g''(x) = -3x^2 - 6$

$g'''(x) = -6x$

Schritt 2:

$g'(x) = 0 \;\Leftrightarrow\; -x^3 - 6x = 0$

$\Rightarrow x_1 = 0$

Schritt 3:

$g''(0) = -6 < 0 \;\Rightarrow\; H(0 \mid 1)$

Schritt 4:

$g''(x) = 0 \;\Leftrightarrow\; x^2 = -2$

$\Rightarrow$ keine reelle Lösung, also keine Wendepunkte

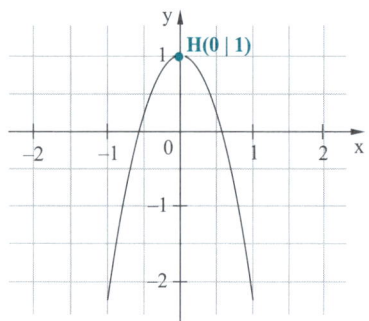

134. a) **Schritt 1:**

$f'(x) = \frac{1}{3}x^2 - \frac{4}{3}x + 1$

$f''(x) = \frac{2}{3}x - \frac{4}{3}$

$f'''(x) = \frac{2}{3}$

Schritt 2:

$f'(x) = 0 \;\Leftrightarrow\; \frac{1}{3}x^2 - \frac{4}{3}x + 1 = 0$

$\Leftrightarrow x^2 - 4x + 3 = 0 \;\Leftrightarrow\; (x-3)(x-1) = 0$

$\Rightarrow x_1 = 1; \; x_2 = 3$

Schritt 3:

$f''(1) = -\frac{2}{3} < 0 \;\Rightarrow\; H\left(1 \,\middle|\, \frac{4}{9}\right)$

$f''(3) = \frac{2}{3} > 0 \;\Rightarrow\; T(3 \,|\, 0)$

Schritt 4:

$f''(x) = 0 \;\Leftrightarrow\; \frac{2}{3}x - \frac{4}{3} = 0 \;\Leftrightarrow\; x - 2 = 0$

$\Rightarrow\; x_1 = 2$

Schritt 5:

$f'''(2) = \frac{2}{3} \neq 0 \;\Rightarrow\; W\left(2 \,\middle|\, \frac{2}{9}\right)$

b) **Schritt 1:**

$f(x) = \frac{1}{4}(x-3)(x^2 - 2x + 1) = \frac{1}{4}(x^3 - 5x^2 + 7x - 3)$

$f'(x) = \frac{1}{4}(3x^2 - 10x + 7)$

$f''(x) = \frac{1}{4}(6x - 10) = \frac{1}{2}(3x - 5)$

$f'''(x) = \frac{3}{2}$

Schritt 2:

$f'(x) = 0 \;\Leftrightarrow\; 3x^2 - 10x + 7 = 0$

Zunächst wird die Diskriminante berechnet:

$D = (-10)^2 - 4 \cdot 3 \cdot 7 = 100 - 84 = 16 > 0$

$x_{1/2} = \frac{10 \pm \sqrt{16}}{2 \cdot 3} = \frac{10 \pm 4}{6} = \begin{cases} \frac{7}{3} \\ 1 \end{cases}$

Schritt 3:

$f''\left(\frac{7}{3}\right) = 1 > 0 \;\Rightarrow\; T\left(\frac{7}{3} \,\middle|\, -\frac{8}{27}\right)$

$f''(1) = -1 < 0 \;\Rightarrow\; H(1 \,|\, 0)$

Schritt 4:

$f''(x) = 0 \;\Leftrightarrow\; 3x - 5 = 0$

$\Rightarrow\; x_1 = \frac{5}{3}$

Schritt 5:

$f'''\left(\frac{5}{3}\right) = \frac{3}{2} \neq 0 \;\Rightarrow\; W\left(\frac{5}{3} \,\middle|\, -\frac{4}{27}\right)$

c) **Schritt 1:**

$g'(x) = 4x^3 - 8x$

$g''(x) = 12x^2 - 8$

$g'''(x) = 24x$

Schritt 2:

$g'(x) = 0 \Leftrightarrow 4x(x^2 - 2) = 0 \Rightarrow x_1 = 0;\ x_{2/3} = \pm\sqrt{2}$

Schritt 3:

$g''(0) = -8 < 0 \Rightarrow H(0\,|\,0)$

$g''(\pm\sqrt{2}) = 16 > 0 \Rightarrow T_{1/2}(\pm\sqrt{2}\,|-4)$

Schritt 4:

$g''(x) = 0 \Leftrightarrow x^2 = \frac{2}{3} \Rightarrow x_{1/2} = \pm\sqrt{\frac{2}{3}} = \pm\frac{1}{3}\sqrt{6}$

Schritt 5:

$g'''\left(\pm\frac{1}{3}\sqrt{6}\right) = \pm 8\sqrt{6} \neq 0 \Rightarrow W_{1/2}\left(\pm\frac{1}{3}\sqrt{6}\,\Big|-\frac{20}{9}\right)$

d) **Schritt 1:**

$g'(x) = -x^3 - 2x$

$g''(x) = -3x^2 - 2$

$g'''(x) = -6x$

Schritt 2:

$g'(x) = 0 \Leftrightarrow -x(x^2 + 2) = 0 \Rightarrow x_1 = 0$

Schritt 3:

$g''(0) = -2 < 0 \Rightarrow H(0\,|-1)$

Schritt 4:

$g''(x) = 0 \Leftrightarrow x^2 = -\frac{2}{3}$

Schritt 5:

Die Gleichung hat keine Lösung in $\mathbb{R}$, also gibt es keine Wendepunkte.

135. a) Es liegt keine Symmetrie zum Koordinatensystem vor, da sowohl ungerade als auch gerade Exponenten von x auftreten.

b) $f_k(x) = 0 \Leftrightarrow \frac{kx^3}{3} - x^2 - x = 0 \Leftrightarrow x(kx^2 - 3x - 3) = 0$

$\Rightarrow x_1 = 0;\ kx^2 - 3x - 3 = 0$

Diskriminante: $D = (-3)^2 - 4k(-3) = 12k + 9 = 12\left(k + \frac{3}{4}\right)$

(1) Für

$D < 0 \Leftrightarrow k < -\frac{3}{4}$

kommen zu $x_1 = 0$ keine weiteren Nullstellen hinzu, sodass es nur eine Nullstelle gibt.

(2) Es gibt zwei Nullstellen, falls: $D = 0 \Leftrightarrow k = -\frac{3}{4}$

(3) Es gibt drei Nullstellen, falls: $D > 0 \Leftrightarrow k > -\frac{3}{4}$

c) $f'_k(x) = kx^2 - 2x - 1$

Ansatz: $f'_k(x) = 0 \iff kx^2 - 2x - 1 = 0$

Diskriminante: $D = 4 + 4k = 4(k+1)$

Zwei waagrechte Tangenten gibt es, wenn: $D > 0 \iff k > -1$

d) Ansatz: $f''_k(1) = 0 \iff 2k - 2 = 0 \iff k = 1$

Für $k = 1$ hat die Funktion einen Wendepunkt an der angegebenen Stelle.

e) $f_3(x) = x^3 - x^2 - x$

(1) $f_3(x) = 0 \iff x(x^2 - x - 1) = 0 \Rightarrow x_1 = 0,\ x_{2/3} = \frac{1}{2}(1 \pm \sqrt{5}) \approx \begin{cases} 1{,}62 \\ -0{,}62 \end{cases}$

(2) $f'_3(x) = 3x^2 - 2x - 1$

$f''_3(x) = 6x - 2$

$f'_3(x) = 0 \iff 3x^2 - 2x - 1 = 0 \Rightarrow x_1 = -\frac{1}{3};\ x_2 = 1$

$f''_3\left(-\frac{1}{3}\right) = -4 < 0 \Rightarrow H\left(-\frac{1}{3} \,\middle|\, \frac{5}{27}\right)$

$f''_3(x) = 4 > 0 \Rightarrow T(1 \,|\, -1)$

(3) $f''_3(x) = 0 \iff 6x - 2 = 0 \Rightarrow x_1 = \frac{1}{3}$

$f'''_3\left(\frac{1}{3}\right) \neq 0 \Rightarrow W\left(\frac{1}{3} \,\middle|\, -\frac{11}{27}\right)$

Allgemeiner Ansatz für die Wendetangente:

t: $y = f'(x_0)(x - x_0) + f(x_0)$

Mit $x_0 = \frac{1}{3};\ f_3\left(\frac{1}{3}\right) = -\frac{11}{27};\ f'_3\left(\frac{1}{3}\right) = -\frac{4}{3}$ folgt:

t: $y = -\frac{4}{3}\left(x - \frac{1}{3}\right) - \frac{11}{27} = -\frac{4}{3}x + \frac{1}{27}$

(4) Wertetabelle:

x	−1,5	−1	−0,5
y	−4,1	−1	0,13

x	0	0,5	1
y	0	−0,6	−1

x	1,5	2	2,5
y	−0,4	2	6,9

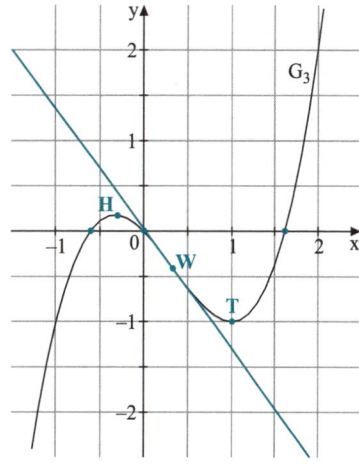

Nullstellen:

$x_1 = 0;\ x_2 = -0{,}62;\ x_3 = 1{,}62$

Extremalpunkte:

$H\left(-\frac{1}{3} \,\middle|\, \frac{5}{27}\right);\ T(1 \,|\, -1)$

Wendepunkt:

$W\left(\frac{1}{3} \,\middle|\, -\frac{11}{27}\right)$

136. **a)** (1) $f(x) = 0 \Leftrightarrow \frac{2}{9}x^3 - \frac{4}{3}x^2 + 2x = 0 \Leftrightarrow x(x^2 - 6x + 9) = 0$

$\Leftrightarrow x(x-3)^2 = 0 \Rightarrow x_1 = 0;\ x_{2/3} = 3$

An der doppelten Nullstelle $x_{2/3} = 3$ liegt ein Extrempunkt vor.

(2) $f'(x) = \frac{2}{3}x^2 - \frac{8}{3}x + 2$

$f''(x) = \frac{4}{3}x - \frac{8}{3}$

$f'(x) = 0 \Leftrightarrow x^2 - 4x + 3 = 0 \Leftrightarrow (x-1)(x-3) = 0 \Rightarrow x_1 = 1;\ x_2 = 3$

$f''(1) = -\frac{4}{3} < 0 \Rightarrow H\left(1 \,\middle|\, \frac{8}{9}\right)$

$f''(3) = \frac{4}{3} > 0 \Rightarrow T(3 \,|\, 0)$

(3) $f''(x) = \frac{4}{3}(x-2)$

$f''(x) = 0 \Leftrightarrow x - 2 = 0 \Rightarrow x_1 = 2$

Deshalb ist

$f''(x) < 0$, wenn $x < 2$, und

$f''(x) > 0$, wenn $x > 2$.

Damit ergibt sich: In

- $]-\infty;\ 2]$ ist der Graph von f rechtsgekrümmt.
- $[2;\ \infty[$ ist der Graph von f linksgekrümmt.

Man hat den Wendepunkt an der Stelle 2. Mit $f(2) = \frac{4}{9}$ folgt:

$W\left(2 \,\middle|\, \frac{4}{9}\right)$

b) t: $y = 2x$ Die Steigung des Graphen von f im Ursprung ist gleich $f'(0) = 2$.

$f(x) = t(x)$ Ansatz auf Schneiden

$\frac{2}{9}x^3 - \frac{4}{3}x^2 + 2x = 2x$

$\Leftrightarrow x^3 - 6x^2 = 0$

$\Leftrightarrow x^2(x-6) = 0$

$\Rightarrow x_{1/2} = 0;\ x_3 = 6$

Weiterer Schnittpunkt: $S(6 \,|\, 12)$

c) Wertetabelle:

x	−1	0	1	2	3	4	5	6
y	−3,6	0	0,89	0,44	0	0,89	4,44	12

Nullstellen:
$x_1 = 0$; $x_{2/3} = 3$

Extremalpunkte:
$H(1\,|\,0{,}89)$; $T(3\,|\,0)$

Wendepunkt:
$W(2\,|\,0{,}44)$

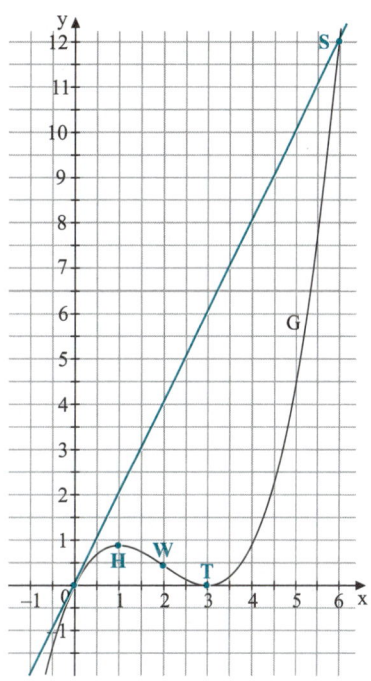

d) Weil t die Steigung 2 hat, muss gelten:

$f'(x) = 2 \;\Leftrightarrow\; \frac{2}{3}x^2 - \frac{8}{3}x + 2 = 2 \;\Leftrightarrow\; x(x-4) = 0 \;\Rightarrow\; x_1 = 0;\; x_2 = 4$

An der Stelle 4 hat der Graph von f eine Tangente, die parallel zu t ist.

137. a) $f_k(x) = 0 \;\Leftrightarrow\; (x+2)^2(x^2 - k) = 0 \;\Rightarrow\; x_{1/2} = -2;\; x_{3/4} = \pm\sqrt{k}$

Fall 1: $k = 0$ $\Rightarrow$ zwei doppelte Nullstellen: $x_{1/2} = -2$; $x_{3/4} = 0$

Fall 2: $k = 4$ $\Rightarrow$ eine dreifache Nullstelle: $x_{1/2/3} = -2$; eine einfache Nullstelle $x_4 = 2$

Fall 3: $k \in \mathbb{R} \setminus \{0;\, 4\}$ $\Rightarrow$ eine doppelte Nullstelle: $x_{1/2} = -2$; $\wedge\, k \geq 0$ zwei einfache Nullstellen: $x_{3/4} = \pm\sqrt{k}$

b) Das ist nach Teilaufgabe a für $k = 4$ der Fall.

c) $f_4(x) = \frac{1}{8}(x+2)^2(x^2-4) = \frac{1}{8}(x^2+4x+4)(x^2-4)$

$= \frac{1}{8}(x^4+4x^3-16x-16) = \frac{1}{8}x^4 + \frac{1}{2}x^3 - 2x - 2$

$f_4(0) = -2 \;\Rightarrow\; S_y(0\,|\,{-2})$

$f_4(x) = 0 \;\Rightarrow\; x_{1/2/3} = -2;\; x_4 = 2$ (nach Teilaufg. a) $\;\Rightarrow\; N_1(-2\,|\,0);\; N_2(2\,|\,0)$

d) $f_4'(x) = \frac{1}{2}x^3 + \frac{3}{2}x^2 - 2$

$f_4'(x) = 0 \Leftrightarrow \frac{1}{2}x^3 + \frac{3}{2}x^2 - 2 = 0 \Leftrightarrow x^3 + 3x^2 - 4 = 0 \Rightarrow x_1 = -2$

Polynomdivision liefert weitere Nullstellen von $f_4'(x)$:

$(x^3 + 3x^2 - 4) : (x + 2) = x^2 + x - 2$

$x^2 + x - 2 = 0 \Leftrightarrow (x + 2)(x - 1) = 0 \Rightarrow x_2 = -2; x_3 = 1$

Testwerte: $f_4'(-3) = -2; f_4'(0) = -2; f_4'(2) = 8$

x		−2		1	
$f_4'(x)$	−	0	−	0	+
$f_4(x)$	↘	S	↘	T	↗

In

- $]-\infty; 1]$ ist f_4 streng monoton abnehmend.
- $[1; \infty[$ ist f_4 streng monoton zunehmend.

Aus dem Monotonieverhalten ergibt sich der Extremalpunkt: $T\left(1 \left| -\frac{27}{8}\right.\right)$

An der Stelle −2 findet keine Monotonieänderung statt. Hier liegt also kein Extremalpunkt, sondern ein Sattelpunkt vor.

e) $f_4''(x) = \frac{3}{2}x^2 + 3x = \frac{3}{2}x(x + 2)$; nach oben geöffnete Parabel

$f_4''(x) = 0 \Rightarrow x_1 = 0; x_2 = -2$

x		−2		0	
$f_4''(x)$	+	0	−	0	+
$f_4(x)$	⌣	W_1	⌢	W_2	⌣

In

- $]-\infty; -2]$ ist der Graph von f_4 linksgekrümmt.
- $[-2; 0]$ ist der Graph von f_4 rechtsgekrümmt.
- $[0; \infty[$ ist der Graph von f_4 linksgekrümmt.

Wendepunkte: $W(0|-2)$; $S(-2|0)$

f) Wertetabelle:

x	−3,5	−2	−1
y	2,32	0	−0,38

x	0	1	2	2,5
y	−2	−3,38	0	5,7

Nullstellen: $x_{1/2/3} = -2$; $x_4 = 2$

Extrempunkt: $T\left(1 \left| -\frac{27}{8}\right.\right)$

Wendepunkte:
$W(0|-2)$; $S(-2|0)$

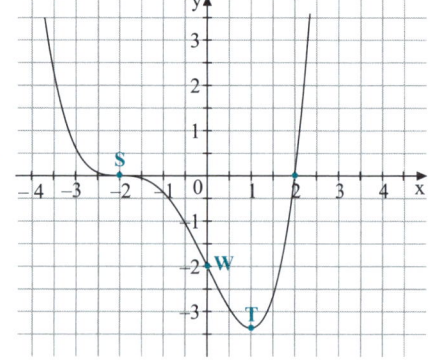

138. Im Intervall $[-1; 1[$ ist der Graph von g streng monoton zunehmend und rechtsgekrümmt; in $]1; 3]$ ist er immer noch zunehmend und links-gekrümmt.

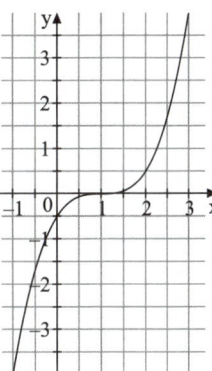

139. a) $\Omega = \{\text{männlich; weiblich}\}$

b) $\Omega = \{n \in \mathbb{N} \mid 1 \le n \le 49\} = \{1; 2; 3; 4; 5; 6; 7; 8; 9; 10; 11; 12; 13; 14; 15; 16; 17; 18; 19; 20; 21; 22; 23; 24; 25; 26; 27; 28; 29; 30; 31; 32; 33; 34; 35; 36; 37; 38; 39; 40; 41; 42; 43; 44; 45; 46; 47; 48; 49\}$

c) $\Omega = \{1. \text{Wahl}; 2. \text{Wahl}; \text{Ausschuss}\}$

d) $\Omega = \{2; 3; 4; 5; 6; 7; 8; 9; 10; 11; 12\}$; $|\Omega| = 11$

e) $\Omega = \mathbb{N}^* = \{1; 2; 3; \dots\}$
Die maximale Anzahl der benötigten Würfe kann nicht angegeben wer-den, da die erste 6 im 1. Wurf, im 2. Wurf, im 3. Wurf, … fallen kann.

140. a) $\Omega = \{$ (1; 1); (1; 2); (1; 3); (1; 4); (1; 5); (1; 6);
(2; 1); (2; 2); (2; 3); (2; 4); (2; 5); (2; 6);
(3; 1); (3; 2); (3; 3); (3; 4); (3; 5); (3; 6);
(4; 1); (4; 2); (4; 3); (4; 4); (4; 5); (4; 6);
(5; 1); (5; 2); (5; 3); (5; 4); (5; 5); (5; 6);
(6; 1); (6; 2); (6; 3); (6; 4); (6; 5); (6; 6) $\}$

$|\Omega| = 36$

b) $\Omega_1 = \{(x; y; z) \mid x, y, z \in \{1; 2; 3\}\}$
$\Omega_2 = \{(x; y; z) \mid x \in \{1; 2\} \text{ und } y, z \in \{0; 1; 2\}\}$

c) $\Omega = \{\{1; 2\}; \{1; 3\}; \{2; 3\}\}$ Die Reihenfolge der Nummern spielt keine Rolle.

d) $\Omega = \{\text{AA; BB; ABA; BAB;}$ Hierbei bedeutet beispielsweise ABA, dass A das
$\text{ABB; BAA}\}$ erste, B das zweite und A schließlich das dritte
Spiel gewinnt. Danach ist die Partie zu Ende,
weil A zweimal gewonnen hat.

141. a) $\Omega = \{1,30; 2,30; 3,10; 3,20\}$

b) $\Omega = \{0,30; 0,40; 0,50; 0,60; 1,20; 1,30; 1,40; 2,10; 2,20; 2,30; 2,40; 3,00;$
$3,10; 3,20; 4,00; 4,10; 4,20; 5,00; 6,00\}$

142. a) mit Zurücklegen

$\Omega = \{11; 12; 13; 14; 21; 22; 23;$
$24; 31; 32; 33; 34; 41; 42;$
$43; 44\}$

b) ohne Zurücklegen

$\Omega = \{12; 13; 14; 21; 23; 24; 31; 32;$
$34; 41; 42; 43\}$

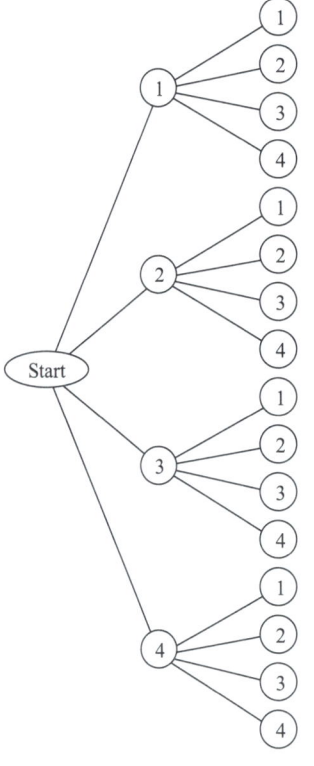

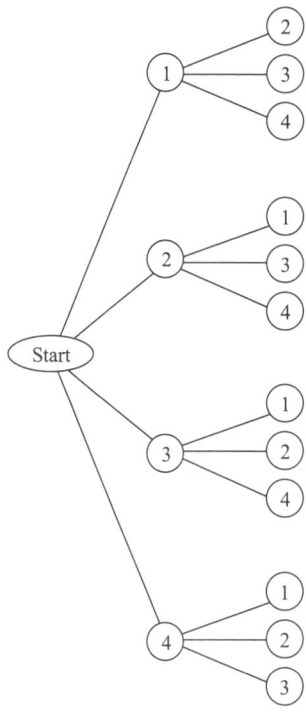

143. Dreimaliges ZoZ: $|\Omega| = 7$

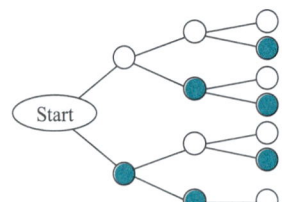

144.   Tennisspiel mit zwei Gewinnsätzen:

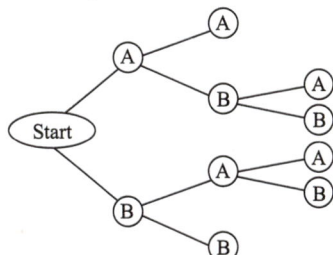

145. a)

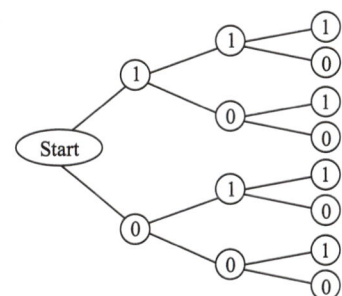

$\Omega = \{000; 001; 010; 100; 011; 101;$
$110; 111\}$

b) $A = \{111; 110; 101; 011\}$

c) $B = \{000; 001; 100; 101\} \Rightarrow$ Der zweite Schuss geht daneben.

d) $C_1 = \{100; 101; 110; 111\}$; $C_2 = \{100\}$

146. a) $A = \{2; 4; 6\}$
   $B = \{2; 3; 5\}$
   $C = \{5; 6\}$

b) $A \cap B = \{2\} \neq \emptyset \Rightarrow$ A und B sind vereinbar.
   $A \cap C = \{6\} \neq \emptyset \Rightarrow$ A und C sind vereinbar.
   $B \cap C = \{5\} \neq \emptyset \Rightarrow$ B und C sind vereinbar.

c) $\overline{B} = \{1; 4; 6\}$: Es wird keine Primzahl geworfen.

   $A \cup B = \{2; 3; 4; 5; 6\}$: Eine gerade Zahl oder eine Primzahl wird geworfen.

   $C \setminus A = \{5\}$: Es wird eine ungerade Zahl größer 4 geworfen.

   $\overline{A} \cap B = \{3; 5\}$: Eine ungerade Primzahl wird geworfen.

   $\overline{B} \cup \overline{C} = \{1; 4; 6\} \cup \{1; 2; 3; 4\} = \{1; 2; 3; 4; 6\}$: Es wird keine Primzahl oder eine Zahl kleiner als 5 geworfen.

   $A \cap (\overline{\overline{B} \cup \overline{C}}) = \{2; 4; 6\} \cap \{1; 4\} = \{4\}$: Eine 4 wird geworfen.

d) $\overline{A \cup C} = \overline{\{2; 4; 5; 6\}} = \{1; 3\}$

$\overline{A} \cap \overline{C} = \{1; 3; 5\} \cap \{1; 2; 3; 4\} = \{1; 3\}$

Damit ist das 1. Gesetz von De Morgan überprüft.

147. a) $\Omega = \{(i; j) \mid i, j \in \mathbb{N}, \text{ wobei } 1 \le i, j \le 6\} = \{(1; 1); (1; 2); \dots; (6; 6)\}$

b) $A = \{(6; 1); (6; 2); (6; 3); (6; 4); (6; 5); (6; 6)\}$

$B = \{(4; 6); (5; 5); (5; 6); (6; 4); (6; 5); (6; 6)\}$

$C = \{(2; 1); (3; 1); (3; 2); (4; 1); (4; 2); (4; 3); (5; 1); (5; 2); (5; 3); (5; 4);$
$\qquad (6; 1); (6; 2); (6; 3); (6; 4); (6; 5)\}$

c) $\overline{A}$: „Der erste Würfel zeigt keine 6."

$\overline{B}$: „Die Augensumme ist kleiner als 10."

$\overline{C}$: „Der erste Wurf zeigt keine höhere Augenzahl als der zweite."

d) $A \cap C = \{(6; 1); (6; 2); (6; 3); (6; 4); (6; 5)\}$

$A \cup B = \{(4; 6); (5; 5); (5; 6); (6; 1); (6; 2); (6; 3); (6; 4); (6; 5); (6; 6)\}$

$A \backslash B = \{(6; 1); (6; 2); (6; 3)\}$

$A \cap B \cap C = \{(6; 4); (6; 5)\}$: Nur die Elemente (6; 4) und (6; 5) sind in allen 3 Mengen enthalten.

$\overline{A \cup C} = \{(6; 6)\}$: Dieses Ereignis enthält also alle Elemente von Ω außer (6; 6); es hat demnach 35 Elemente.

148. a) $\overline{A} \cap \overline{B} \cap \overline{C}$

b) $A \cap B \cap C$

c) $A \cap \overline{B} \cap \overline{C}$

d) $(A \cap B \cap \overline{C}) \cup (A \cap \overline{B} \cap C) \cup (\overline{A} \cap B \cap C)$

e) Das ist das Gegenereignis von b: $\overline{A \cap B \cap C}$

f) $(A \cap \overline{B} \cap \overline{C}) \cup (\overline{A} \cap B \cap \overline{C}) \cup (\overline{A} \cap \overline{B} \cap C)$

g) $(A \cap \overline{B} \cap \overline{C}) \cup (\overline{A} \cap B \cap \overline{C}) \cup (\overline{A} \cap \overline{B} \cap C) \cup (\overline{A} \cap \overline{B} \cap \overline{C})$

149. Die beiden Aussagen sind nicht gleichwahrscheinlich. Eine Jungengeburt hat die Wahrscheinlichkeit von ca. $\frac{1}{2}$. Gegen diesen Wert muss sich nach dem Empirischen Gesetz der großen Zahlen die relative Häufigkeit stabilisieren. Die Abweichung auf 0,7 ist bei 10 Geburten viel wahrscheinlicher als bei 100 Geburten.

150. a) $A = \{2; 4; 6\}$

$h(A) = \frac{4+4+5}{25} = \frac{13}{25} \Rightarrow 1 - h(A) = 1 - \frac{13}{25} = \frac{12}{25}$

$h(\overline{A}) = \frac{3+5+4}{25} = \frac{12}{25}$

b) $A = \{2; 4; 6\} = \{2\} \cup \{4\} \cup \{6\}$

$h(A) = \frac{4+4+5}{25} = \frac{13}{25}$

$h(\{2\}) + h(\{4\}) + h(\{6\}) = \frac{4}{25} + \frac{4}{25} + \frac{5}{25} = \frac{13}{25}$

c) Mit $A = \{2; 4; 6\}$, $B = \{4; 5; 6\}$, $A \cup B = \{2; 4; 5; 6\}$, $A \cap B = \{4; 6\}$ folgt:

$h(A) = \frac{13}{25}$

$h(B) = \frac{4+4+5}{25} = \frac{13}{25}$

$h(A \cup B) = \frac{4+4+4+5}{25} = \frac{17}{25}$

$h(A \cap B) = \frac{4+5}{25} = \frac{9}{25}$

linke Seite: $h(A \cup B) = \frac{17}{25}$

rechte Seite: $h(A) + h(B) - h(A \cap B) = \frac{13}{25} + \frac{13}{25} - \frac{9}{25} = \frac{17}{25}$

151. $P(E_1) = P(\{1; 2; 3; 4; 5\}) = P(\{1\}) + P(\{2\}) + P(\{3\}) + P(\{4\}) + P(\{5\})$
$= 0{,}25 + 0{,}10 + 0{,}12 + 0{,}20 + 0{,}15 = 0{,}82$

oder alternativ:

$P(E_1) = 1 - P(\{6\}) = 1 - 0{,}18 = 0{,}82$

$P(E_2) = P(\{2; 3; 5\}) = P(\{2\}) + P(\{3\}) + P(\{5\}) = 0{,}10 + 0{,}12 + 0{,}15 = 0{,}37$

152. a) Da die Summe der Wahrscheinlichkeiten aller Elementarereignisse stets gleich 1 sein muss, gilt auch für diesen Würfel:

$P(\{1\}) + P(\{2\}) + P(\{3\}) + P(\{4\}) + P(\{5\}) + P(\{6\}) = 1$

Bezeichnet man die Wahrscheinlichkeit für die Augenzahlen 1 bis 5 jeweils mit x, dann ist die Wahrscheinlichkeit für die Augenzahl 6 eben 2x. Der Summenansatz lautet dann:

$x + x + x + x + x + 2x = 1 \Leftrightarrow 7x = 1 \Leftrightarrow x = \frac{1}{7}$

Es gilt dann:

$P(\{1\}) = P(\{2\}) = P(\{3\}) = P(\{4\}) = P(\{5\}) = \frac{1}{7}; \; P(\{6\}) = \frac{2}{7}$

b) $P(\text{„ger. Zahl“}) = P(\{2; 4; 6\}) = P(\{2\}) + P(\{4\}) + P(\{6\}) = \frac{1}{7} + \frac{1}{7} + \frac{2}{7} = \frac{4}{7}$

$P(\text{„ung. Zahl“}) = P(\{1; 3; 5\}) = P(\{1\}) + P(\{3\}) + P(\{5\}) = \frac{1}{7} + \frac{1}{7} + \frac{1}{7} = \frac{3}{7}$

153. Zunächst werden die gegebenen absoluten Häufigkeiten in eine sogenannte „Vierfeldertafel" eingetragen (vgl. Abschnitt 8.2).

	M	W	Σ
R	140		
E	140	120	
Σ	280	320	

Die zunächst noch leeren Felder werden stimmig ergänzt:

	M	W	Σ
R	140	**200**	**340**
E	140	120	**260**
Σ	280	320	**600**

Damit ist die Vierfeldertafel für die absoluten Häufigkeiten erstellt. Die zugehörigen relativen Häufigkeiten bzw. Wahrscheinlichkeiten erhält man, indem man die jeweiligen absoluten Häufigkeiten durch die Gesamtzahl n = 600 teilt.

	M	W	Σ
R	0,233	0,333	0,567
E	0,233	0,200	0,433
Σ	0,467	0,533	1

a) A: „Es ist eine Schülerin oder Ethik wird besucht."
$$P(A) = P(W \cup E) = P(W) + P(E) - P(W \cap E)$$
$$= 0,533 + 0,433 - 0,200 = 0,766$$

b) B: „Es ist ein Schüler oder Religionsunterricht wird besucht."
$$P(B) = P(M \cup \overline{E}) = P(M) + P(R) - P(M \cap R)$$
$$= 0,467 + 0,567 - 0,233 = 0,801$$

154. a) Baumdiagramm: siehe rechts

b) $\Omega = \{WWW; WWZ; WZW; WZZ;$
   $ZWW; ZWZ; ZZW; ZZZ\}$

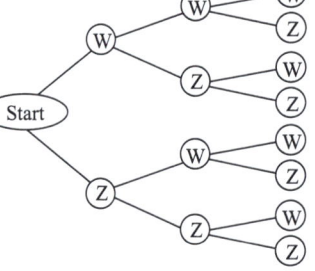

c) Da alle 8 Elementarereignisse gleichwahrscheinlich sind, kann man die Berechnung mit der $\frac{g}{m}$-Formel durchführen:

(1) $P(E_1) = P(\{WWW; ZZZ\}) = \frac{2}{8} = \frac{1}{4}$

(2) $P(E_2) = P(\{WWZ; WZW; ZWW\}) = \frac{3}{8}$

(3) Das Gegenereignis ist „dreimal Zahl":
$$P(E_3) = 1 - P(\{ZZZ\}) = 1 - \frac{1}{8} = \frac{7}{8}$$

(4) $P(E_4) = P(\{WWW; WWZ; ZWW; ZWZ\}) = \frac{4}{8} = \frac{1}{2}$

(5) $P(E_5) = P(\{ZWZ\}) = \frac{1}{8}$

155. Auch hier sind alle 36 Wurfpaare gleichwahrscheinlich!

a) $P(E_1) = \frac{15}{36} = \frac{5}{12}$ Es gibt 15 Wurfpaare, bei denen der zweite Wurf eine höhere Augenzahl aufweist als der erste.

b) $P(E_2) = \frac{1}{36}$ Es gibt nur einen günstigen Ausgang, nämlich (6, 6).

c) $P(E_3) = 1 - \frac{6}{36} = \frac{30}{36} = \frac{5}{6}$ Das Gegenereignis ist „Die Augensumme ist mindestens 10.". Dafür gibt es sechs günstige Ausgänge.

d) $P(E_4) = 1 - \frac{6}{36} = \frac{30}{36} = \frac{5}{6}$ Die Augenzahlen sind in sechs Fällen gleich (Gegenereignis).

e) $P(E_5) = \frac{11}{36}$ Mindestens eine 6 fällt in elf Fällen.

f) $P(E_6) = 1 - \frac{1}{36} = \frac{35}{36}$ Das Gegenereignis zu „Höchstens eine Sechs fällt." ist „Zwei Sechsen fallen.".

g) $P(E_7) = 1 - \frac{11}{36} = \frac{25}{36}$ Das Gegenereignis zu „Keine Sechs fällt." ist „Mindestens eine Sechs fällt."; siehe Teilaufg. e.

156. a) Jede Fläche erscheint mit der gleichen Wahrscheinlichkeit, es handelt sich daher um ein Laplace-Experiment und die $\frac{g}{m}$-Formel wird angewandt. Mit m = 6 erhält man:

$g(\text{schwarz}) = 3$; $g(\text{grau}) = 2$; $g(\text{grün}) = 1$

$P(\text{schwarz}) = \frac{3}{6} = \frac{1}{2}$; $P(\text{grau}) = \frac{2}{6} = \frac{1}{3}$; $P(\text{grün}) = \frac{1}{6}$

b) Auch bei diesem Experiment wird jede der neun Kugeln mit der gleichen Wahrscheinlichkeit gezogen:

$P(\text{schwarz}) = \frac{2}{9}$; $P(\text{grau}) = \frac{4}{9}$; $P(\text{grün}) = \frac{3}{9} = \frac{1}{3}$

157. Jede der m = 100 Kugeln besitzt die gleiche Wahrscheinlichkeit gezogen zu werden. Um g zu erhalten, muss also nur festgestellt werden, wie viele Kugeln zu dem jeweilig angegebenen Ereignis gehören.

a) x = 5: $P(E_1) = \frac{10}{100} = \frac{1}{10}$ Es gibt 10 solche Kugeln: 50; 51; ...; 59

b) x = y: $P(E_2) = \frac{10}{100} = \frac{1}{10}$ Wieder sind es 10 Kugeln: 00; 11; ...; 99

c) x < y: $P(E_3) = \frac{45}{100} = 0,45$ Es sind 45 Kugeln, was man sich so überlegen kann, wenn man das mühselige Abzählen vermeiden möchte: Es gibt 10 Kugeln mit x = y, verbleiben 90 mit x ≠ y. Bei der einen Hälfte ist x größer, bei der anderen y.

d) $x+y=7$: $P(E_4) = \frac{8}{100} = 0,08$ — Es gibt 8 solche Kugeln, nämlich 07; 16; 25; 34 und diese Ziffern vertauscht.

e) $x=2y$: $P(E_5) = \frac{5}{100} = 0,05$ — Das sind die Kugeln mit 00; 21; 42; 63 und 84.

f) $x \geq 8$ und $y < 2$:

$P(E_6) = \frac{4}{100} = 0,04$ — Beides zugleich muss erfüllt sein: 80; 81; 90; 91

158. Die gegebene Verteilungstabelle (eine sogenannte „Vierfeldertafel", vgl. Abschnitt 8.6) wird um die Randsummen ergänzt:

	Männer	Frauen	Σ
Raucher	12	24	**36**
Nichtraucher	48	16	**64**
Σ	**60**	**40**	**100**

a) Es ist $m=100$ und $g=40$, da 40 Frauen an der Befragung teilgenommen haben: $P(F) = \frac{40}{100} = 0,4$

b) Laut Vierfeldertafel gibt es 24 rauchende Frauen: $P(RF) = \frac{24}{100} = 0,24$

c) Nichtraucher gibt es 64: $P(N) = \frac{64}{100} = 0,64$

d) Aus der Tafel: $P(NM) = \frac{48}{100} = 0,48$

159. a) In der Ausgangsurne sind 12 Kugeln enthalten. In der Urne vor dem zweiten Zug ist eine unterschiedliche Zahl von Kugeln enthalten, je nachdem, welches Ergebnis der erste Zug erbracht hat. Die Zusammensetzung der Kugeln in der Urne vor dem zweiten Zug ist im Baumdiagramm in der Reihenfolge s | r | g angegeben. Das hat natürlich Auswirkungen auf die Wahrscheinlichkeiten für den zweiten Zug.

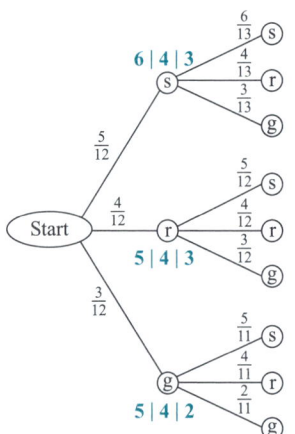

ω	ss	sr	sg	rs	rr	rg	gs	gr	gg
P({ω})	$\frac{5}{26}$	$\frac{5}{39}$	$\frac{5}{52}$	$\frac{5}{36}$	$\frac{1}{9}$	$\frac{1}{12}$	$\frac{5}{44}$	$\frac{1}{11}$	$\frac{1}{22}$
≈	0,192	0,128	0,096	0,139	0,111	0,083	0,114	0,091	0,045

b) $P(E_1)$ kann sehr einfach direkt berechnet werden, weil beim dritten Pfad nur der erste Zweig berücksichtigt werden muss:

$P(E_1) = P(sg) + P(rg) + P(g*) \approx 0{,}096 + 0{,}083 + \frac{3}{12} \approx 0{,}43$

$P(E_2) = P(\{ss; rr; gg\}) \approx 0{,}192 + 0{,}111 + 0{,}045 = 0{,}348$

$P(E_3) = P(\{sg; rg; gg\}) \approx 0{,}096 + 0{,}083 + 0{,}045 = 0{,}224$

160. Jede Stufe für sich genommen ist ein Laplace-Experiment, sodass die Zweigwahrscheinlichkeiten mit der $\frac{g}{m}$-Formel berechnet werden können. Das vollständige Baumdiagramm mit sämtlichen Zweigwahrscheinlichkeiten ist nebenstehend abgebildet.
Es gibt drei Pfade zu einer schwarzen Kugel, sodass nach den Pfadregeln gilt:

$P(s) = \frac{1}{3} \cdot \frac{3}{6} + \frac{1}{3} \cdot \frac{2}{6} + \frac{1}{3} \cdot \frac{1}{6} = \frac{3+2+1}{18} = \frac{1}{3}$

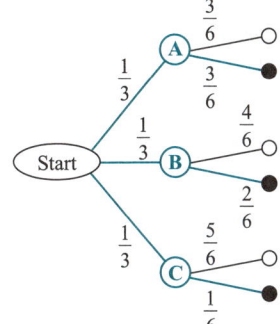

161. a) Es liegt bei jedem Zug ein Laplace-Experiment vor, allerdings ändert (vergrößert) sich bei der Anwendung der $\frac{g}{m}$-Formel von Zug zu Zug diesmal auch das m.
Beim ersten Zug befinden sich unter den fünf Kugeln zwei grüne. Wird eine grüne gezogen, so wird diese zurückgelegt und eine weitere grüne dazu.
Für den zweiten Zug ist der Urneninhalt in diesem Fall: sechs Kugeln insgesamt, darunter drei grüne.
Führt man diese Überlegung für alle Fälle durch, ergibt sich das gezeigte Baumdiagramm.

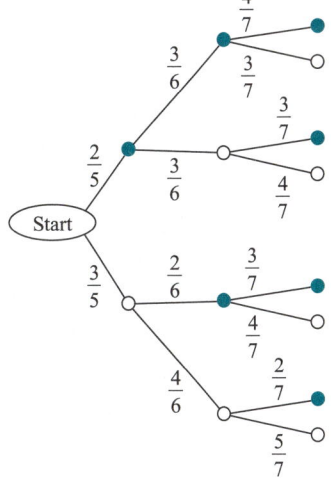

b) Die zweite gezogene Kugel soll grün sein. Man kann die Berechnung nach dem zweiten Pfad abbrechen, weil das Ergebnis des dritten Zuges keinen Einfluss mehr auf das Eintreten des Ereignisses hat:

$P(A) = \frac{2}{5} \cdot \frac{3}{6} + \frac{3}{5} \cdot \frac{2}{6} = \frac{2}{5}$

c) Beim ersten Pfad kann auch diesmal nach dem zweiten Zug abgebrochen werden, weil unabhängig davon, was danach kommt, das Ereignis bereits eingetreten ist.

$$P(B) = \frac{2}{5} \cdot \frac{3}{6} + \frac{2}{5} \cdot \frac{3}{6} \cdot \frac{3}{7} + \frac{3}{5} \cdot \frac{2}{6} \cdot \frac{3}{7} = \frac{13}{35}$$

d) $P(C) = \frac{2}{5} \cdot \frac{3}{6} \cdot \frac{3}{7} + \frac{2}{5} \cdot \frac{3}{6} \cdot \frac{4}{7} + \frac{3}{5} \cdot \frac{2}{6} \cdot \frac{4}{7} + \frac{3}{5} \cdot \frac{4}{6} \cdot \frac{5}{7} = \frac{21}{35} = \frac{3}{5}$

162. Man würfelt $(n-1)$-mal keine 6, die Wahrscheinlichkeit dafür ist jeweils $\frac{5}{6}$, und dann eine 6 mit der Wahrscheinlichkeit $\frac{1}{6}$. Also gilt:

$$P(\text{„erste 6 beim n-ten Wurf"}) = \left(\frac{5}{6}\right)^{n-1} \cdot \frac{1}{6}$$

163. a) Auch hier ist ein Baumdiagramm hilfreich, wobei es genügt, nur die Pfade mit Wahrscheinlichkeiten zu versehen, die tatsächlich gebraucht werden.

$$P(\text{„gleichfarbig"}) = \left(\frac{3}{6}\right)^2 + \left(\frac{2}{6}\right)^2 + \left(\frac{1}{6}\right)^2$$
$$= \frac{9+4+1}{36} = \frac{14}{36} = \frac{7}{18}$$

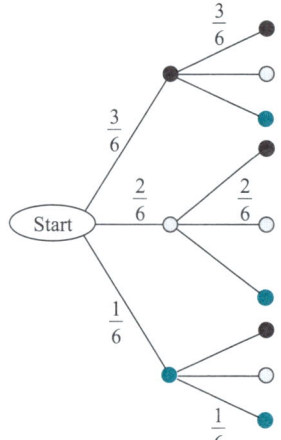

b) Der Urneninhalt verändert sich nach dem ersten Zug, da „ohne Zurücklegen" gezogen wird. Über das Gegenereignis kommt man hier schneller zum Ziel:

$P(\text{„verschiedenfarbig"})$
$= 1 - P(\text{„gleichfarbig"})$
$= 1 - \left(\frac{2}{9} \cdot \frac{1}{8} + \frac{4}{9} \cdot \frac{3}{8} + \frac{3}{9} \cdot \frac{2}{8}\right)$
$= 1 - \frac{2+12+6}{72} = \frac{52}{72} = \frac{13}{18}$

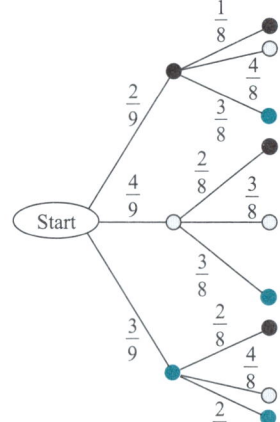

164. Maßfehler werden mit M, Farbfehler mit F und Oberflächenfehler mit O bezeichnet. Tritt ein so bezeichneter Fehler nicht auf, so wird (wie üblich bei Verneinung) ein Strich über den entsprechenden Buchstaben gesetzt. Die Berechnung der Wahrscheinlichkeiten erfolgt mithilfe eines Baumdiagramms.

Erste Wahl ist eine fehlerfreie Fliese. Die Wahrscheinlichkeit dafür ist:

$$P(\text{„1. W"}) = P(\overline{M}\,\overline{F}\,\overline{O})$$
$$= 0{,}75 \cdot 0{,}85 \cdot 0{,}8 = 0{,}51$$

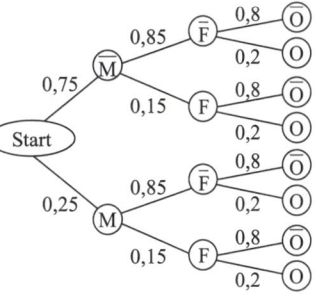

Zweite Wahl ist eine Fliese, wenn sie nur einen dieser drei Fehler aufweist:

$$P(\text{„2. W"}) = P(M\,\overline{F}\,\overline{O}) + P(\overline{M}\,F\,\overline{O}) + P(\overline{M}\,\overline{F}\,O)$$
$$= 0{,}25 \cdot 0{,}85 \cdot 0{,}8 + 0{,}75 \cdot 0{,}15 \cdot 0{,}8$$
$$\quad + 0{,}75 \cdot 0{,}85 \cdot 0{,}2$$
$$= 0{,}3875$$

Ausschuss ist eine Fliese, wenn sie mindestens zwei Fehler hat. Das ist das Gegenereignis zu erste und zweite Wahl.

$$P(\text{„Ausschuss"}) = 1 - P(\text{„1. W"}) - P(\text{„2. W"}) = 1 - 0{,}51 - 0{,}3875 = 0{,}1025$$

165. Man bezeichnet mit 1, wenn das Lämpchen in Ordnung ist, und mit 0, wenn es defekt ist. Es handelt sich um Ziehen ohne Zurücklegen. Bei jedem Zug verändert sich der Urneninhalt. Jedes Lämpchen hat die gleiche Wahrscheinlichkeit, geprüft zu werden. Beim ersten Zug sind 5 defekte unter den 20 Lämpchen, beim zweiten sind nur noch 19 Lämpchen vorhanden usw.

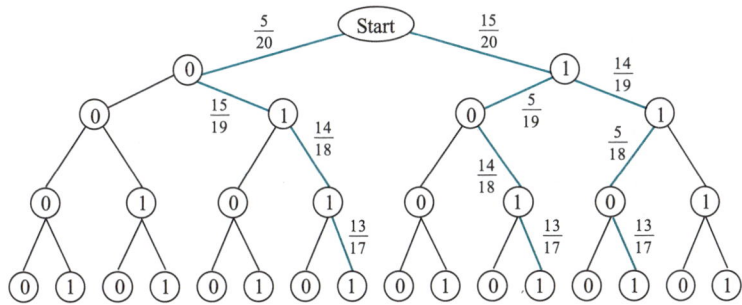

Die Wahrscheinlichkeit, dass das vierte vom Verkäufer geprüfte Lämpchen das dritte intakte ist, beträgt (grüne Pfade):

$$P = \frac{5}{20} \cdot \frac{15}{19} \cdot \frac{14}{18} \cdot \frac{13}{17} + \frac{15}{20} \cdot \frac{5}{19} \cdot \frac{14}{18} \cdot \frac{13}{17} + \frac{15}{20} \cdot \frac{14}{19} \cdot \frac{5}{18} \cdot \frac{13}{17}$$

Die drei Produkte sind gleich, lediglich Vertauschungen im Zähler treten auf:

$$P = 3 \cdot \frac{5}{20} \cdot \frac{15}{19} \cdot \frac{14}{18} \cdot \frac{13}{17} = \frac{455}{1\,292} \approx 0{,}352$$

166. a) Die Elementarereignisse und ihre Wahrscheinlichkeiten werden mithilfe eines Baumdiagramms ermittelt.

ω	$P(\{\omega\})$
MM	0,7225
MN	0,0425
MK	0,085
NM	0,0425
NN	0,0025
NK	0,005
KM	0,085
KN	0,005
KK	0,01

b) $P(\{MN;\ KN;\ N*\}) = 0,85 \cdot 0,05 + 0,10 \cdot 0,05 + 0,05 = 0,0975$

N∗ steht für „Die erste Person hat bereits Nebenwirkungen."; es spielt dann keine Rolle mehr, was die zweite Person noch hat.

167. a) Offensichtlich muss $P_U(\{6\}) = 0$ sein, da eine 6 nicht möglich ist, wenn eine ungerade Zahl $U = \{1;\ 3;\ 5\}$ geworfen wurde. Mit der Formel für bedingte Wahrscheinlichkeiten folgt das natürlich auch:

$$P_U(\{6\}) = \frac{P(U \cap \{6\})}{P(U)} = \frac{P(\varnothing)}{P(\{1;\ 3;\ 5\})} = \frac{0}{\frac{3}{6}} = 0$$

b) $\{6\} \cap G = \{6\} \ \Rightarrow \ P(\{6\} \cap G) = \frac{1}{6}; \ \ P(G) = \frac{1}{2}$

$$P_G(\{6\}) = \frac{P(\{6\} \cap G)}{P(G)} = \frac{\frac{1}{6}}{\frac{1}{2}} = \frac{1}{3}$$

Natürlich hätte man das Ergebnis auch direkt mit der $\frac{g}{m}$-Formel ermitteln können:

$$m = |G| = |\{2;\ 4;\ 6\}| = 3 \ \text{ und } \ g = |\{6\}| = 1 \ \Rightarrow \ P_G(\{6\}) = \frac{g}{m} = \frac{1}{3}$$

168. Mithilfe eines Baumdiagramms verschafft man sich einen Überblick (S: Spam; F: Filter verhindert, dass die Mail in das Postfach gelangt).

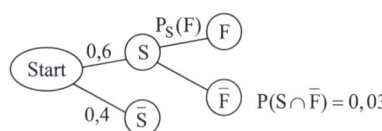

Die gesuchte Wahrscheinlichkeit ist $P_S(F)$, dass eine Spammail im Filter landet. Zunächst wird $P_S(\overline{F})$ berechnet, da $P(S \cap \overline{F})$ schon bekannt ist:

$$P_S(\overline{F}) = \frac{P(S \cap \overline{F})}{P(S)} = \frac{0{,}03}{0{,}6} = 0{,}05$$

$P_S(F)$ addiert sich mit $P_S(\overline{F})$ zu 1, sodass folgt:

$$P_S(F) = 1 - P_S(\overline{F}) = 1 - 0{,}05 = 0{,}95$$

Demnach erkennt der Filter Spammails zu 95 % richtig.

169. a) Ausgangssituation: Vervollständigt:

	A	$\overline{A}$
B		$\frac{4}{27}$
$\overline{B}$		$\frac{19}{27}$
	$\frac{1}{3}$	

$\xrightarrow{\text{Vervollständigen der Vierfeldertafel,}}_{\text{sodass } P_{\text{ges}} = 1}$

	A	$\overline{A}$	Σ
B	$\frac{4}{27}$	$\frac{4}{27}$	$\frac{8}{27}$
$\overline{B}$	$\frac{5}{27}$	$\frac{14}{27}$	$\frac{19}{27}$
Σ	$\frac{9}{27}$	$\frac{18}{27}$	1

b) $P(A \cap B) = \frac{4}{27}$ (Vierfeldertafel, Feld oben links)

$P(A \cup \overline{B}) = P(A) + P(\overline{B}) - P(A \cap \overline{B}) = \frac{9}{27} + \frac{19}{27} - \frac{5}{27} = \frac{23}{27}$

c) $P(\overline{A} \cap \overline{B}) = \frac{14}{27}$ (Vierfeldertafel, Feld unten rechts)

170. a) Es ist vorausgesetzt, dass A und B unabhängig sind, deshalb kann die Formel $P(A \cap B) = P(A) \cdot P(B)$ verwendet werden. „A und B tritt ein." bedeutet: $A \cap B$.

$P(A \cap B) = P(A) \cdot P(B) = 0{,}44 \cdot 0{,}32 = 0{,}1408$

b) (1) Ausgangslage: Vervollständigt:

	A	$\overline{A}$	Σ
B			0,40
$\overline{B}$	0,12		
Σ			1

	A	$\overline{A}$	Σ
B	**0,08**	**0,32**	0,40
$\overline{B}$	0,12	**0,48**	**0,60**
Σ	**0,20**	**0,80**	1

Die Vierfeldertafel lässt sich in folgender Reihenfolge vervollständigen: Wegen $P(B) = 0{,}40$ ist $P(\overline{B}) = 0{,}60$. Daraus ergibt sich durch Differenzbildung, dass $P(\overline{A} \cap \overline{B}) = 0{,}48$. Aus der Unabhängigkeitsbedingung $P(\overline{A} \cap \overline{B}) = P(\overline{A}) \cdot P(\overline{B})$ kann nun $P(\overline{A})$ berechnet werden:

$$P(\overline{A}) = \frac{0{,}48}{0{,}60} = 0{,}80$$

Daraus erhält man die restlichen Felder der Vierfeldertafel:
$P(A) = 0,20; \quad P(A \cap B) = 0,08; \quad P(\overline{A} \cap B) = 0,32$

(2) $P(A \cup \overline{B}) = P(A) + P(\overline{B}) - P(A \cap \overline{B}) = 0,20 + 0,60 - 0,12 = 0,68$

c) Zunächst wird die Tafel zu einer Vierfeldertafel erweitert:

	A	$\overline{A}$	
B	x	y	0,50
$\overline{B}$	0,30	0,20	0,50
	x + 0,30		1,00

Unabhängigkeit liegt vor, wenn gilt:
$x = (x + 0,3) \cdot 0,5 \iff x = 0,3$
Aus $x + y = 0,50$ folgt dann $y = 0,20$.

d)

	m	w	Σ
T	250	150	400
$\overline{T}$	100	200	300
Σ	350	350	700

	m	w	Σ
T	0,36	0,21	0,57
$\overline{T}$	0,14	0,29	0,43
Σ	0,50	0,50	1

$0,57 \cdot 0,50 = 0,285$
$\neq 0,36$
Geschlecht und Wahl der Ausbildungsrichtung sind stochastisch abhängig.

171.

	A	$\overline{A}$	Σ
R	200	3 000	3 200
$\overline{R}$	600	1 200	1 800
Σ	800	4 200	5 000

	A	$\overline{A}$	Σ
R	0,04	0,6	0,64
$\overline{R}$	0,12	0,24	0,36
Σ	0,16	0,84	1

$0,64 \cdot 0,16 = 0,1024$
$\neq 0,04$
Rauchen und Asthmaerkrankungen sind stochastisch abhängig.

172. a) $A = \{(1; 1); (1; 2); (1; 3); (1; 4); (1; 5); (1; 6)\}$
$B = \{(5; 6); (6; 5); (6; 6)\}$
Nach Laplace gilt: $P(A) = \frac{6}{36} = \frac{1}{6}$ und $P(B) = \frac{3}{36} = \frac{1}{12}$
Wegen $A \cap B = \varnothing$ kann die verkürzte Additionsformel verwendet werden. „A **oder** B tritt ein." bedeutet in mathematischer Schreibweise: $A \cup B$. Damit gilt für die Wahrscheinlichkeiten:
$P(A \cup B) = P(A) + P(B) = \frac{1}{6} + \frac{1}{12} = \frac{3}{12} = \frac{1}{4}$

b) Weil, wie angegeben, beide Fallschirme unabhängig voneinander versagen, darf der Multiplikationssatz verwendet werden. Beide Schirme öffnen sich nicht, bedeutet sprachlich „Der Hauptfallschirm öffnet sich nicht." **und** „Der Reservefallschirm öffnet sich nicht.". Mathematisch ausgedrückt tritt das Ereignis $A \cap B$ ein:
$P(A \cap B) = P(A) \cdot P(B) = \frac{1}{1\,000} \cdot \frac{1}{500} = \frac{1}{500\,000}$

c) Nur bei unabhängigen Ereignissen multiplizieren sich die entsprechenden Wahrscheinlichkeiten und führen dann zu insgesamt sehr kleinen
Ausfallwahrscheinlichkeiten mehrerer Systeme.

173. a) Das Gesamtexperiment setzt sich aus drei Einzelexperimenten zusammen, wobei wie beim 3-maligen Ziehen aus einer Urne vorgegangen
wird. Der Reihenfolge bei Ziehen aus der Urne entsprechen hier die
Scheiben $A \rightarrow B \rightarrow C$.

ω	$P(\{\omega\})$
111	$\frac{9}{64}$
112	$\frac{3}{64}$
121	$\frac{6}{64}$
122	$\frac{2}{64}$
131	$\frac{9}{64}$
132	$\frac{3}{64}$
211	$\frac{9}{64}$
212	$\frac{3}{64}$
221	$\frac{6}{64}$
222	$\frac{2}{64}$
231	$\frac{9}{64}$
232	$\frac{3}{64}$

b) $E_1 = \{112; 121; 131; 211\}$
$E_2 = E_1 \cup \{111\}$

(1) $P(E_1) = P(\{112\}) + P(\{121\}) + P(\{131\}) + P(\{211\})$

$= \frac{3}{64} + \frac{6}{64} + \frac{9}{64} + \frac{9}{64} = \frac{27}{64}$

$P(E_2) = P(E_1 \cup \{111\}) = P(E_1) + P(\{111\})$

$= \frac{27}{64} + \frac{9}{64} = \frac{36}{64}$

(2) $P(E_1 \cap E_2) = P(E_1) = \frac{27}{64}$

$P(E_1) \cdot P(E_2) = \frac{27}{64} \cdot \frac{36}{64} \neq \frac{27}{64}$

$\Rightarrow$ E_1 und E_2 sind
stochastisch abhängig.

174. a) Das zusammengesetzte Zufallsexperiment wird in zwei Schritte zerlegt: Münzwurf mit $k_1 = 2$ und Würfeln mit $k_2 = 6$. Also gibt es $n = k_1 \cdot k_2 = 2 \cdot 6 = 12$ Ausgänge.

b) Ein Tetraeder hat vier Seiten: $n = 4 \cdot 4 \cdot 4 = 4^3 = 64$ Wurfkombinationen.

c) Für jede Stelle gibt es zehn Möglichkeiten: $n = 10^4 = 10\,000$ Einstellmöglichkeiten

d) Für die erste Stelle kommen nur neun Ziffern infrage, weil dort keine Null stehen kann, während für die beiden folgenden Stellen jeweils alle 10 Ziffern Verwendung finden können: $n = 9 \cdot 10 \cdot 10 = 900$ dreistellige Zahlen.

e) Im Alphabet gibt es 26 Buchstaben und es gibt zehn Ziffern, damit folgt: $n = 26 \cdot 26 \cdot 10 \cdot 10 \cdot 10 = 26^2 \cdot 10^3 = 676\,000$ Autozulassungen maximal.

f) (1) $n = 26^2 \cdot 26^3 \cdot 10^4 = 118\,813\,760\,000$, also über 100 Milliarden.
   (2) $n = 26 \cdot 25 \cdot 26 \cdot 25 \cdot 24 \cdot 10 \cdot 9 \cdot 8 \cdot 7 = 51\,105\,600\,000$, also nur noch etwa halb soviel.

Zu den oben angegebenen Zahlen kommt man mit dem Zählprinzip wie folgt. Für die Wahl des ersten Großbuchstabens hat man $k_1 = 26$ Möglichkeiten. Nachdem nun ein Buchstabe gewählt wurde und keine Wiederholungen erfolgen sollen, hat man für die Auswahl des zweiten Großbuchstabens nur noch $k_2 = 25$ usw. Dabei wurde vorausgesetzt, dass sich der Kleinbuchstabe im Vergleich zum Großbuchstaben wiederholen darf, es kann A und a vorkommen. Soll das ebenfalls ausgeschlossen sein, so reduziert sich die Zahl der Möglichkeiten auf
$n = 26 \cdot 25 \cdot \mathbf{24} \cdot \mathbf{23} \cdot \mathbf{22} \cdot 10 \cdot 9 \cdot 8 \cdot 7 = 39\,783\,744\,000$.

175. a) $n = 2 \cdot 4 \cdot 3 = 24$ Reiserouten

b) $n = 2 \cdot 4 \cdot 3 \cdot \mathbf{2} \cdot \mathbf{3} \cdot \mathbf{1} = 144$ Rundreisen
Auf der Rückreise (oben grün) gibt es jeweils eine Möglichkeit weniger, weil ein Weg bereits bei der Hinreise benutzt wurde.

c) Die „zufällige Routenwahl" besagt, dass alle Routen als gleichwahrscheinlich anzusehen sind, sodass sich die $\frac{g}{m}$-Formel verwenden lässt. Die günstige Anzahl dafür, dass kein Weg zweimal gefahren wird, beträgt nach Teilaufgabe b: $g = 144$. Die Anzahl der möglichen Routen bei einer Rundreise ist: $m = 2 \cdot 4 \cdot 3 \cdot \mathbf{3} \cdot \mathbf{4} \cdot \mathbf{2} = 576$ (Rückreise grün). Damit ergibt sich die Wahrscheinlichkeit dafür, dass bei zufälliger Routenwahl keine Strecke zweimal gefahren wird, zu:

$$P = \frac{g}{m} = \frac{144}{576} = 0,25 = 25\,\%$$

176. a) $n = 4! = 4 \cdot 3 \cdot 2 \cdot 1 = 24$ Wörter

b) Das ist die Frage danach, wie viele Permutationen der sechs Kugeln es gibt: $n = 6! = 720$.

c) $n = 10! = 3\,628\,800$

177. $\binom{4}{2} = \frac{4 \cdot 3}{2 \cdot 1} = 6$

$$\binom{14}{10} = \binom{14}{14-10} = \binom{14}{4} = \frac{14 \cdot 13 \cdot 12 \cdot 11}{4 \cdot 3 \cdot 2 \cdot 1} = 1\,001$$

$$\binom{50}{25} = 126\,410\,606\,437\,752$$

$$\binom{100}{2} = \frac{100 \cdot 99}{2 \cdot 1} = 4\,950$$

$$\binom{10}{10} = 1$$

$$\binom{n}{2} = \frac{n(n-1)}{2 \cdot 1} = \frac{1}{2}n(n-1)$$

178. a) Das ist die Frage danach, wie viele zweielementige Teilmengen aus der Menge der acht Spieler gebildet werden können:

$$n = \binom{8}{2} = \frac{8 \cdot 7}{2 \cdot 1} = 28 \text{ Matches}$$

b) $\binom{n}{2} = \frac{n(n-1)}{2 \cdot 1} = \frac{1}{2}n(n-1)$

c) $\binom{20}{4} = 4\,845$

179. a) Für jeden Wurf gibt es zwei Möglichkeiten, nämlich W oder Z, d. h., es gibt insgesamt $2^4 = 16$ mögliche Ausgänge: $|\Omega| = m = 16$.

Man braucht die Anzahl der günstigen Fälle unter den 16 möglichen. Das ist die Frage danach, auf wie viele Arten sich genau zwei W in Vierer-Tupeln anordnen lassen. Das sind:

$$g = \binom{4}{2} = 6$$

Daraus folgt: P(„genau zweimal W") $= \frac{g}{m} = \frac{6}{16} = \frac{3}{8}$

b) Für einen „DU" gibt es nur einen günstigen Fall, nämlich genau diese sechs Karten: $g = 1$. Möglich sind $m = \binom{24}{6}$ Kartenkonstellationen.

$$P(\text{„DU"}) = \frac{1}{\binom{24}{6}} = \frac{1}{134\,596} \approx 0{,}0000074$$

Ein „DU" ist also ein sehr seltenes Ereignis!

c) Es handelt sich um ein Laplace-Experiment. Man benötigt g und m. Wie viele Möglichkeiten gibt es, aus 50 Glühbirnen drei herauszunehmen?

$$m = \binom{50}{3} = 19\,600$$

Nun geht es bei den für das Ereignis günstigen Fällen um die Anzahl, aus den 45 fehlerfreien drei (fehlerfreie) zu entnehmen:

$$g = \binom{45}{3} = 14\,190$$

Damit hat man:

$$P_1 = \frac{g}{m} = \frac{14\,190}{19\,600} \approx 0{,}72$$

Bei der Frage nach den drei defekten Glühbirnen ändert sich nur das g: Aus fünf defekten werden drei entnommen: $g = \binom{5}{3} = 10$. Somit gilt:

$$P_2 = \frac{g}{m} = \frac{10}{19\,600} \approx 0{,}0005$$

Bist du bereit für deinen Einstellungstest?

Hier kannst du testen, wie gut du in einem Einstellungstest zurechtkommen würdest.

1. **Allgemeinwissen**
Der Baustil des Kölner Doms ist dem/der ... zuzuordnen.

a) Klassizismus   b) Romantizismus
c) Gotik   d) Barock

2. **Wortschatz**
Welches Wort ist das?

N O R I N E T K T A Z N O

3. **Grundrechnen**
-11 + 23 - (-1) =

a) 10   b) 11   c) 12   d) 13

4. **Zahlenreihen**
Welche Zahl ergänzt die Reihe logisch?

17 14 7 21 18 9 ?

5. **Buchstabenreihen**
Welche Auswahlmöglichkeit ergänzt die Reihe logisch?

e d f f e g g f h ? ? ?

a) h i j   b) h g i   c) f g h   d) g h i

Alles zum Thema Einstellungstests findest du hier:

www.stark-verlag.de   **STARK**